JOHANN STRAUSS

Marcel Prawy

Ueberreuter

Die Deutsche Bibliothek – CIP-Einheitsaufnahme

Johann Strauss / Marcel Prawy. – Wien : Ueberreuter, 1991
   ISBN 3-8000-3393-3
NE: Prawy, Marcel

AU 171/1
Alle Rechte vorbehalten
Umschlag: Beate Dorfinger, unter Verwendung des Ölgemäldes
»Ein Abend bei Johann Strauß«
von Franz von Bayros, 1894
(Historisches Museum der Stadt Wien)
Bildredaktion: Ingrid Hänsel
Copyright © 1991 by Verlag Carl Ueberreuter, Wien
Printed in Austria

INHALT

»TRETEN SIE EIN MIT UNS
IN DEN HIMMEL DER ERINNERUNG ...«

Das Wien der zwanziger Jahre, in dem ich aufgewachsen bin, war für mich das Wien von Richard Strauss. Daß es in Wirklichkeit noch das Wien von Johann Strauß war, habe ich nicht bemerkt. Wir jungen Enthusiasten im Stehparterre unserer Staatsoper sahen einen unlauteren Wettbewerb darin, daß der Walzerkönig den Zunamen des größten Opernkomponisten der Gegenwart annektiert hatte. Daß er ihn schon viele Jahrzehnte vorher getragen hat, ließen wir nicht einmal als Milderungsgrund gelten. Wir liebten diesen Krieg zwischen »ß« und »ss«: Der beste Strauß-Walzer? Natürlich der Strauss-Walzer aus dem »Rosenkavalier«! Was war dagegen der Walzer »An der schönen blauen Donau«?!

Wiens prominentestes Musikerheim war trotzdem nicht die Villa in der Jacquingasse, in der Richard Strauss lebte, sondern das Palais auf der Wieden, in dem Johann Strauß gestorben war. Ganz in der Nähe, in der Gußhausstraße, lebte noch die Witwe aller Witwen, die Walzerkönigin, die niemals Adele Strauß, sondern Frau Johann Strauß genannt werden wollte. Sie war damals eine rüstige Siebzigerin. Ihr ovales Gesicht hatte die Elfenbeinfarbe eines edlen alter Fächers und die dunklen Augen, die Lenbach so schön gemalt hat. Adeles Stammplatz im Theater an der Wien war die dritte Loge, Parterre, links. Nach Vorstellungen von Johann-Strauß-Operetten stürzte sie noch immer zum Dirigenten und kritisierte die Tempi: »Mein Schani hat

das Finale viel langsamer genommen!« (Oft hatte sie recht! Schani war kein Schnell-Dirigent.) Ihr Wort war die Bibel, aber sie fand selten ein freundliches über einen Komponisten der leichten Muse; daher fühlte sich Franz Lehár als gemachter Mann, als sie bei der Uraufführung seines »Graf von Luxemburg« 1909 feststellte: »Der kann was!« Allerdings hatte die Walzerwitwe damals durch ihren Schwager als Strohmann mit den Einkünften der Straußoperetten einen Teil des Theaters an der Wien gekauft und konnte dort keine Mißerfolge brauchen; ihre abendfüllend zur Schau getragene tantiemengeschwängerte Liebe durfte sich nun hemmungslos nicht nur über die Werke ihres Gatten, sondern auch über die neuen Produkte der silbernen Operettenzeit ergießen. »Seid umschlungen, Millionen.«

Kurz bevor Johann Strauß seinen herrlichen Alterswalzer gleichen Titels (man nannte ihn »die Neunte im Dreivierteltakt«) nicht seiner Gattin, sondern Brahms gewidmet hatte, begann er im Salon meiner Großeltern zu verkehren. Mein Großvater, Dr. Marcell Frydmann von Prawy, war Chefredakteur des »Fremdenblattes«, das als offiziöse Zeitung des Kaisers galt; das ist nicht der Grund, warum Sie viele Zitate aus diesem Blatt in den folgenden Kapiteln finden werden. In unserem Haus in der Hegelgasse gingen die musikalischen Größen Wiens aus und ein, auch Johann und Johannes, Strauß und Brahms. Der große Symphoniker aus Hamburg hatte

»Treten Sie ein mit uns in den Himmel der Erinnerung«, sagt der Conferencier in dem Volksstück »Geschichten aus dem Wienerwald« von Ödön von Horvath. Liebelei und Liebe. Vergilbter Glanz und Elend. Bitterkeit, Süße und Bosheit. Wienerische Walzerwehmut. Aber »in der Luft ist ein Klingen und Singen, als spielte ein himmlisches Streichorchester ›Geschichten aus dem Wienerwald‹ von Johann Strauß«. Wie himmlisch war eigentlich dieser Himmel? *Aquarell von Otto Böhler, o. J.*

seinen genialen Wiener Kollegen und (einem *on-dit* zufolge) Tarockpartner, dessen Musik er aufrichtig bewunderte, dem Brahmsverleger Simrock zugeführt. All das muß um die Zeit des vierzigjährigen Regierungsjubiläums von Kaiser Franz Joseph stattgefunden haben, denn in unserem Hause wurde damals, wie die Familientradition berichtet, die sogenannte »Kaiser-Walzer«-Krise besprochen. Johann Strauß hatte am Jubiläumstag, dem 2. Dezember 1888, im Großen Musikvereinssaal seinen »Kaiser-Jubiläum«-Jubelwalzer persönlich aus der Taufe gehoben. Der Kaiser verbrachte den Tag in Triest – auch sonst wäre er sicherlich nicht gekommen, denn seit den Ereignissen des Revolutionsjahres 1848 hatte er für Strauß nicht viel übrig und war auch zu keiner seiner Operettenpremieren erschienen, nicht zur »Fledermaus«, nicht zum »Zigeunerbaron«.

Als Johann Strauß eingeladen wurde, in der zu einem Konzertsaal namens »Königsbau« umgebauten ehemaligen Produktenbörse von Berlin im Oktober 1889 mit einem in Berlin zusammenzustellenden Orchester von 100 Mann fünf Konzerte zu dirigieren, da wollte er dort seinen neuesten Walzer »Hand in Hand« zur Urauf-

führung bringen. Der Titel ließ an das Bündnis der Donaumonarchie mit dem deutschen Kaiserreich denken, aber der Verleger Fritz Simrock schlug den Titel »Kaiser-Walzer« zu Ehren des neuen deutschen Kaisers Wilhelm II. vor. Der Titel »Kaiser-Walzer« blieb, eine Widmung gab es nicht – man hatte nämlich begonnen, aus den wahllosen Widmungen von Johann Strauß politischen Opportunismus herauszulesen. Die Uraufführung fand am 21. Oktober 1889 unter Leitung des Komponisten im »Königsbau« statt, der Hoch-und-Deutschmeister-Regimentskapellmeister Carl Michael Ziehrer brachte ihn am 11. November 1889 in eigener Instrumentation im Ronacher zur Wiener Erstaufführung, Johann Strauß dirigierte dann den »Kaiser-Walzer« am 24. November 1889 in der Originalinstrumentation im Rahmen eines Konzertes der Straußkapelle unter Bruder Eduard im Großen Musikvereinssaal. Das »Fremdenblatt«, dem die Titelgeschichte anscheinend bekannt war, fand die Einleitung »preußisch-kriegerisch« und glaubte, die »Garden des alten Fritz vorbeimarschieren« zu hören.

Johann Strauß sprach im Salon meiner Großeltern von seinen Plänen, erstmalig eine Oper zu

Johann Strauß, 1894
Ölgemälde von Carl Rudolf Huber

hundertsten Geburtstages von Johann Strauß in das Theater an der Wien. Man gab »Wiener Blut«. Von diesem Abend ist mir nur eines in Erinnerung geblieben, die Einlage: Selma Kurz sang den »Frühlingsstimmenwalzer«. Natürlich kannte meine Großmutter auch die Kurz. Sie war die Gattin eines berühmten Frauenarztes, Professor Halban, wohnte hinter dem Volksgarten beim Burgtheater und hatte eine wundervolle Stimme. Damals gehörte es zur Etikette des guten jüdischen Wiener Bürgertums, weder am deutschen Nationalismus von Richard Wagner Anstoß zu nehmen noch am Zu-tief-Singen der Selma mit dem Ein-Minuten-Triller . . .

Als wir nach Hause kamen, erklärte mir mein Vater den Aufbau des »Frühlingstimmenwalzers«, die kurze Einleitung, die Themenfolge, die Wiederholungen. Wir hatten daheim ein schon damals altmodisches Trichtergrammophon und benützten zu meiner ersten Unterrichtsstunde eine Platte von Alfred Grünfeld. Ihm hatte Johann Strauß den Walzer gewidmet, und bald darauf wurde ich zum Konzert des k. u. k. Kammervirtuosen in den Großen Musikvereinssaal mitgenommen. Der schnurrbärtige Pianist mit der Stehfrisur und den kurzen Dackelbeinen hat keine Weltkarriere gemacht, ist aber in Wien noch heute unvergessen. Er konzertierte alljährlich, immer am Donnerstag nach dem Aschermittwoch – und insbesondere für Damen bedeutete sein pedalloses Spiel mit raffinierten, koketten Luftpausen das Alpha und Omega pianistischer Kunst. Der Schriftsteller Dr. Paul Lindau hat einmal gesagt, er habe »einen sammetweichen Anschlag, welcher die geschlagenen Tastentöne beim Vortrage der Melodie zum Legato der Geige zu binden weiß . . .« Grünfeld spielte auch damals den »Frühlingsstimmenwalzer« und als Zugabe den Strauß nachempfundenen »Diner-Walzer« aus seiner eigenen Operette »Der Lebemann«. Heute sind andere Konzertprogramme üblich, aber Wilhelm Backhaus hat noch um 1950 den »Frühlingsstimmenwalzer« als Zugabe gebracht. Bei der Eröffnung der Wiener Festwochen 1990 vor dem Rathaus spielte Friedrich Gulda mit dem Orchester beim Donauwalzer mit.

Im Radio, das in meinen Kindertagen neu war, spielte man viel Johann Strauß. Ich hatte einen jener ersten Detektorapparate, bei denen man

schreiben. Seine Musik war damals allerdings schon in der Hofoper zu hören gewesen, denn seit 1883 sang die Koloratursängerin Bianca Bianchi den »Frühlingsstimmen-Walzer« als Einlage in den Opern »Der König hat's gesagt« von Delibes und »Der Barbier von Sevilla«. Frl. Bertha Schwarz – sie hatte sich sinnigerweise den Künstlernamen Bianca Bianchi zugelegt! – hatte ihn im gleichen Jahr bei einer Wohltätigkeitsveranstaltung im Theater an der Wien kreiert.

Dieser Walzer wurde mein erstes bewußtes Johann-Strauß-Erlebnis. Im Herbst 1925 durfte ich ihn an der Stätte seiner Geburt erleben. Meine Großmutter führte mich zur Feier des

mit der Nadel auf einem Kristall so lange herumsuchen mußte, bis man etwas hörte. Wir wohnten in der Rathausstraße 17 im vierten Stock. Fachleute des Urrundfunks erklärten mir: wenn man auf dem Balkon einen Draht spanne, so ergäbe das eine gute Antenne. Viel hat sich inzwischen auf der Welt geändert, aber von der Straße sieht man immer noch diesen Draht auf dem Balkon. Welches Entzücken, wenn man den Kopfhörer aufhatte und Bert Silving mit seinem Quartett den Donauwalzer spielte. Ich glaube, er hat für das erste Tremolo der Introduktion nur eine einzige Geige eingesetzt, seine eigene. Ob mich diese eine Geige zum Johann-Strauß-Fan gemacht hat?

Jedenfalls konnte ich mich nicht satt hören, wenn mir Augenzeugen von den Festlichkeiten zum fünfzigjährigen Künstlerjubiläum des Meisters im Oktober 1894 erzählten. Manche Freunde meiner Familie waren beim Festbankett im Grand-Hotel eingeladen, manche hatte das Festkonzert der Wiener Philharmoniker mit dem Männergesang-Verein und Alfred Grünfeld gehört, andere waren beim Gedenkkonzert unter Bruder Eduard (»der schöne Edi«!) im blumengeschmückten Großen Musikvereinssaal gewesen. Diese erzählten von dem starren, kalten, abwesenden Gesichtsausdruck des Jubilars als Zuhörer. Was war aus »Jean mit dem Rattenfängerblick« geworden? Unsere Freunde waren stolz darauf, daß manche der 161 Kränze von ihnen stammten, die auf sechs Blumenwagen den Leichenzug unter Teilnahme einer endlosen Menschenmenge am Nachmittag des 6. Juni 1899 vom Palais in der Igelgasse, am Theater an der Wien und der Hofoper vorbei, zum Zentralfriedhof begleiteten.

Bei uns verkehrte ein alter Herr, Professor Josef Sulzer, pensionierter Solocellist der Wiener Hofoper. Er verstand es, interessant zu erzählen. Ich hing an seinem Munde. Er hatte in jener Nachmittagsvorstellung der »Fledermaus« am 22. Mai 1899 – es war Pfingstmontag – gespielt, bei der Johann Strauß, zehn Tage vor seinem Tod, die Ouvertüre dirigierte. Viele große Opernsänger erschienen im zweiten Akt als Gäste des Prinzen Orlofsky: die Mildenburg, Leopold Demuth, Theodor Reichmann, Elisa Elizza, Edith Walker. Und Thomas Koschat, der das volksliedartige »Verlassen, verlassen . . .« ge-

schrieben hat, war damals im Hofopernchor; er gab den Kammerdiener des Prinzen. Sulzer erzählte viel über die Interpretation von Johann Strauß: Rossini-Stretta mit unerhörtem Tempo am Ende der Ouvertüre! Kleine Zäsuren und Ritardandi im G-Dur-Walzer und seinem Gegenthema, aber nicht ganz so extrem wie heute üblich. Bald hatte ich Gelegenheit, die Interpretationen damaliger Dirigenten mit den Schilderungen Sulzers über die Wiedergabe durch den Komponisten zu vergleichen.

Um die Mitte der zwanziger Jahre hörte ich zum erstenmal einen Johann Strauß am Pult: im Burggarten, wo es allsommerlich Freilichtveranstaltungen gab (kennt auch das Wetter eine gute, alte Zeit?), dirigierte der in mancherlei persönliche Skandale verwickelte Sohn von Eduard Strauß, der sich Johann III. nannte. Noch zu Lebzeiten des Walzerkönigs hatte er am Theater an der Wien unter dem Namen »Strauß jun.« eine Operette »Katze und Maus« nach dem Lustspiel »Der Damenkrieg« von Eugène Scribe herausgebracht. Ich bekam ein Autogramm und vergaß das Konzert.

Viel erzählte man mir von dem Junisonntag des Jahres 1921, an dem das Johann-Strauß-Denkmal im Stadtpark enthüllt wurde. Es steht dort, wo einst vor den Festungsmauern das sogenannte Wasserglacis lag, die Lieblingspromenade Alt-Wiens. Bei der Enthüllung spielten die Wiener Philharmoniker unter dem berühmten Dirigenten Arthur Nikisch, der den Komponisten noch persönlich gekannt hat, den Donauwalzer. Da auch die junge Republik ohne das Wort »Walzerkönig«, das allerdings auch Richard Wagner verwendet hat, nicht auskommen konnte, feierte man den Meister als einen »König von Gottes Gnaden, dem eine Krone aufs Haupt gesetzt wurde, wie sie kein Monarch erringen kann«. Das Denkmal von Architekt Edmund Hellmer wurde eines der meistfotografierten Monumente der Welt (vielleicht knapp nach der Sphinx). Warum hat es künstlerisch einen so schlechten Ruf? Es zeigt Strauß ohne die unpersönliche Anonymität, mit der sonst Titanen auf ihren Denkmälern sitzen oder stehen, seinem Klischee als »Vorgeiger aller Wiener« entsprechend, in Aktion: die Geige im Arm, den Bogen zum kräftigen Strich angesetzt – vor einer Pergola aus weißem Carraramarmor, an der sich Jünglinge und Mädchen im Relief aus den Wellen der Donau emporranken, bis sich am Scheitelpunkt ein nacktes Paar im Kuß vereint. Es gibt viel schönere Monumente als dieses, viel wertvollere, aber wahrscheinlich kein echteres. Es verewigt nämlich nicht nur die Glorie von Johann Strauß, sondern gleichzeitig auch den unendlichen Kitsch, der ohne Schuld des Meisters am Straußkult »drum und dran hängt«, wenn man durch die »zärtlich schmeichelnden, dufterfüllten (!) Melodien des Minnesängers an der blauen Donau« die deutsche Sprache verpestet. Das Denkmal hat eineinhalb Millionen Nachkriegskronen gekostet – das Geld reichte nicht, um noch das geplante Donauweibchen, das Johann Strauß zu Füßen sitzen sollte, herzustellen. Gütiges Geschick!

Zu den unvergeßlichen Erlebnissen meiner Studentenjahre gehört ein Konzert mit der Musik der Straußfamilie, das die Wiener Philharmoniker während der Salzburger Festspiele unter dem Dirigenten Clemens Krauss gegeben haben. Das war noch lange, bevor er die Tradition der Neujahrskonzerte mit Straußmusik begründet hatte. Mit welchem Charme, mit wieviel Finesse und Raffinement hat Krauss die bezauberndsten Effekte aus den Polkas herausgeholt! Ich glaube, sie gelangen ihm noch zündender als die Walzer. Wie schade, daß er während seiner Direktionszeit an der Wiener Oper nie eine Straußoperette dirigiert hat! Vor dem Zweiten Weltkrieg brachte die Wiener Staatsoper eine Reihe klassischer Operetten, und es war wunderbar, seine Lieblinge unter den Sängern »einmal anders« zu hören und zu sehen. Leider fällt die legendäre »Fledermaus« aus dem Jahre 1920, bei der Richard Strauss dirigierte und Maria Jeritza die Rosalinde sang, vor meine Zeit. So hinreißend wie in den Puccini-Opern war sie auch in dieser Rolle, die sie noch 1951 unter Eugene Ormandy an der Metropolitan Opera, New York, gesungen hat. Ich erinnere mich an schöne »Fledermaus«-Vorstellungen an der Wiener Oper, unter Bruno Walter und Felix Weingartner. Es ist lange, lange her, aber ich habe noch immer das Mezza-voce-G von Richard Tauber als Eisenstein im Ohr, wenn er im zweiten Finale sang: »An das Wimmerl glaub ich nicht!« Später gab er den Gesangslehrer Alfred. Das aber war die Glanzrolle von Leo Sle-

zak. Ich sehe den Hünen noch vor mir, wie er, ich glaube, es war 1930, im ersten Finale Eisensteins Schlafrock anziehen wollte; den Eisenstein sang Erich Zimmermann, der ganz klein war. Prompt böhmakelte Slezak zu Wanda Achsel, seiner Rosalinde: »Hast du einen Liliputaner geheiratet?« Damals ahnte ich noch nicht, wie viele »Fledermaus«-Dirigenten ich noch erleben würde: von Carlos Kleiber bis Herbert von Karajan, von Robert Stolz bis Anton Paulik, von Eugene Ormandy bis Horst Stein, von Zubin Mehta bis Nikolaus Harnoncourt und Placido Domingo – wo soll ich beginnen, wo aufhören?

Aus mir unbegreiflichen Gründen habe ich das für meine Familie sicherlich unverzeihliche Delikt begangen und den letzten »Zigeunerbaron« im Jahre 1925 geschwänzt, bei welchem Selma Kurz die Saffi sang. Sie war 1910 unter Weingartner die erste Saffi der Hofoper gewesen. Ein richtiges Fest war die Neueinstudierung des »Zigeunerbaron« zu Silvester 1931 unter der Leitung des 1974 verschiedenen Josef Krips: Rose Pauly, die grandiose Elektra, sang die Saffi, und Franz Völker, der herrliche Lohengrin, war Barinkay. Und Alfred Jerger verwandelte sich vom Schuster-Poeten Hans Sachs zum Schweinezüchter-Analphabeten Zsupán. Ausgezeichnet!!!

Der »Zigeunerbaron« war durch das Betreiben von Frau Adele hofopernfähig geworden, durch sie wurde 1929 eine dritte Operette ihres Gatten staatsopernfähig: »Eine Nacht in Venedig« war die letzte Premiere der Direktion Franz Schalk (von der Wiener Oper, nicht von Strauß »Komische Oper« genannt!). Die Jeritza brillierte als Annina mit einem eingelegten Schwipslied, und Hubert Marischka – Direktor und Charmeur vom Theater an der Wien – debütierte an der Staatsoper als Caramello.

Diese Johann-Strauß-Feste der zwanziger Jahre waren große Tage für Wien. Sie lullten jene Nachkriegszeit in das falsche Gefühl, daß alles beim alten geblieben wäre. Der Enthusiasmus der Wiener für Johann Strauß sollte eben viel von dem wiedergutmachen, was sie andern Genies ihrer Stadt angetan hatten – und weiter anzutun bereit waren: von Anton Bruckner über Gustav Mahler bis zu Arnold Schönberg und Richard Strauss, den Wiener Intrigen 1924 aus der Operndirektion verjagten. Wien hat Johann

Strauß zum König gekrönt und ihm die Königskrone nicht, wie andern seiner Genies, wieder entrissen. Aber Arnold Schönberg nahm Rache an Johann Strauß. Er orchestrierte im Jahre 1925 zu einer Spanientournee mit seinem »Pierrot Lunaire« den »Kaiser-Walzer« für die gleiche Besetzung, also sieben Mann, und ließ in der Coda vor der geheimnisvollen Andeutung des Hauptthemas – die Kaiserhymne von Haydn anklingen. Ironie? Vielleicht. Geschmacklosigkeit – sicherlich.

Wer die Emigration mitgemacht hat, weiß, daß man bei Johann-Strauß-Musik Heimweh bekam. Nicht bei Mozart – der gehört der ganzen Welt, man kann in der ganzen Welt hervorragende Mozartvorstellungen hören, und es gibt ausgezeichnete Mozartdirigenten aller Nationalitäten. Der große Treffpunkt der Wiener während des Krieges in New York waren die Konzerte der New Yorker Philharmoniker mit Wiener Musik unter dem Titel »A Night in Vienna«. Man mußte eine lange unbequeme Fahrt der Subway bis zum Lewison-Stadium antreten und saß dann in einem höchst unromantischen Freilicht-Amphitheater, starrte ängstlich auf jede Wolke und hörte wundervolle Konzerte, die der Kontrapunkt der damals noch spärlichen Flugzeuge kaum zu stören vermochte. Ich glaube, oft kamen zwanzigtausend Menschen, wenn Robert Stolz dirigierte – zündend, mit einer seltenen Verbindung von altem Operettenschwung und raffinierten Rubati. Nie werde ich seinen »Kaiser-Walzer« vergessen, dessen erstes Thema er fast ohne Rhythmus vom Orchester aussingen ließ: »Das ist wie ein Schubertlied, meine Herren! Ich bin der Sänger, folgen sie mir!« hatte er bei der Probe erklärt.

Auch Oscar Straus hat damals schöne Konzerte mit Wiener Musik dirigiert. Er ist wie Richard Strauss mit der Straußfamilie nicht verwandt, schreibt seinen Namen mit einem »s«, hat aber trotzdem bei den Amerikanern die heillosesten Verwirrungen und Verwechslungen in Sachen Strauß und Walzer gestiftet. Es war schon nicht leicht, Johann-Vater, Johann-Sohn und die Brüder Josef und Eduard auseinanderzuhalten. Nun kam noch Richard Strauss mit seinem »Rosenkavalier« als Walzerkomponist hinzu, und, um das Maß voll zu machen, Oscar Straus als Komponist des »Walzertraums« und als Diri-

gent. Schon in meiner Kindheit hörte ich folgende Geschichte: Beim Kartenspiel sitzen Richard Strauss, der bekannte Wiener Herrenschneider Ebenstein und Oscar Straus, dessen riesige Nase oft karikiert worden ist. »Wer spielt da Karten?« – »Der Rosenkavalier, der Hosenkavalier und der Nosenkavalier!« Einmal dirigierte Oscar Straus ein Programm aller Sträuße in der Constitution Hall von Washington. Präsident Harry S. Truman, der sehr musikalisch war, erschien als Ehrengast. Er sandte dem Dirigenten in der Pause eine Visitenkarte mit dem Text: »Bitte, geben Sie den Blue Danube Waltz zu! P. S. Ich weiß, Sie haben ihn nicht komponiert.«

Meine Passion für Richard Strauss ist seit meiner Kindheit gleichgeblieben, meine Passion für Johann Strauß ist dazugekommen. Anscheinend erschließt sich jungen Menschen das sogenannte Schwere leicht, das sogenannte Leichte schwer. Johann Strauß war der erste Musiker aus Wien, der durch seine Musik im Zusammenwirken mit seinem persönlichen Einsatz zwei Kontinente in echte Wien-Begeisterung versetzt hat. Er selbst und zwei seiner Gattinnen haben aber über diese Auslandstätigkeit Standardgeschichten in die Welt gesetzt, die sich unkontrolliert durch so viele Jahrzehnte weitergeschleppt haben. Deshalb habe ich große, herrliche Auslandsreisen auf den Spuren von Johann Strauß unternommen, um selbst zu den Quellen zu gelangen. Wo immer ich hin kam, konnte ich mich von der Wahrheit des Satzes »Österreich kennen manche, Wien kennen viele, Johann Strauß alle« (kein chinesisches Sprichwort!) überzeugen. Als ich, beladen mit meinen Büchern (130 kg), auf dem Flughafen von New York landete und dem Zollbeamten erzählte, daß ich ein Buch über Johann Strauß schreibe, fragte er: »Vater oder Sohn?« Er wußte genau, daß Johann Strauß in seinem gleichnamigen Vater einen großen Vorgänger hatte. Hand aufs Herz, wie viele europäische Zollbeamten würden einen Amerikaner, der über Gershwin schreibt, fragen: »Über welchen?« (Es gibt nämlich zwei Brüder, George und Ira.) Auf meine Genugtuung über den weisen Zöllner folgte rasch die kalte Dusche, als ich die in Amerika sehr populäre Operette »The Great Waltz« in Milwaukee während eines »Operetta Carnival«

gesehen habe (dessen Programm auch den »Freischütz« enthielt!); das ist eine entsetzliche Verballhornung der Operette »Walzer aus Wien«, die Erich Wolfgang Korngold und Julius Bittner 1931 in Wien nach Johann-Strauß-Melodien zusammengestellt haben: Da streiten sich Vater und Sohn in einem hitzigen Zankduett. Melodie: »Wer uns getraut« aus »Zigeunerbaron«! Papa Strauß dirigiert, obwohl 1849 verschieden, die Uraufführung des Donauwalzers von seinem Sohn, die 1867 stattgefunden hat . . . Wir wollen aber weltanschaulich objektiv bleiben! Bei einem vage an die »Fledermaus« erinnernden Abend, den ich im Moskauer Operettentheater durchstaunte, sang Prinz Orlofsky statt »Ich lade gern mir Gäste ein« als Zeichen seltsamer Rangerhöhung den »Kaiser-Walzer« in so prunkvoller Uniform, wie sie nur in Volksdemokratien bei Darstellung kaiserlicher Hoheiten toleriert wurde. Durch alle drei Akte schleppte sich ein altes Komikerpaar; was sie wollten, habe ich nie erfahren. Mein Übersetzer Leo, der musikalisch sehr gebildet war, hat mich gebeten, nicht auf eine Übersetzung zu bestehen. Im Interesse der Beziehungen Österreichs zum Osten. Es gelang mir damals, meine Vorträge über die Wiener Oper in Leningrad zu einem Ausflug nach Pawlowsk zu verwenden, wo Johann Strauß so viele Sommerkonzerte im Park des prachtvollen Schlosses aus dem 18. Jahrhundert dirigiert hat. Den »Musikalischen Bahnhof« habe ich nicht mehr vorgefunden, die Endstation der ersten Eisenbahn in Rußland; Strauß hat dort zur Belebung des Bahnverkehrs musikalische Reklame gemacht. Ich ging aber in dem wundervollen Park spazieren, dessen Wege aneinandergefügt fünfhundert Kilometer lang sind. Ich sah, wie das Publikum von Johann Strauß, den Portikus der drei Grazien, die Apollokolonnaden und den Tempel der Freundschaft, und ich konnte mir mit einiger Phantasie einbilden, daß das dieselben Bäume waren, in denen die romantische Olga ihre Liebesbriefe an Johann Strauß in Stanniolpapier versteckt hat. In der Schloßbibliothek fand ich viel Interessantes über die Geschichte des kuriosen »Musikalischen Bahnhofs«.

Es war für mich ein großes Erlebnis, auf einer Johann-Strauß-Studienreise in Amerika zwei unbekannte Straußwalzer zu entdecken. Der Anlaß zu dieser Reise war mein Wunsch, Näheres über das Monster-Weltfriedensfestival zu erfahren, bei dem Johann Strauß 1872 zur Vorfeier des hundertsten Geburtstages der Vereinigten Staaten mitgewirkt hat. Bei seiner Rückkehr nach Europa hat er in Baden-Baden genau beschrieben, wie er den Donauwalzer mit 20 000 Chorsängern dirigiert habe, mit hundert im Chor versteckten Subdirigenten, die der Reihe nach, einer vom andern, seine Einsätze übernahmen und weitergaben, mit Kanonenschüssen als Startsignal usw. . . . . Die Enttäuschung darüber, daß all dies nur einer der von seiner Gattin Henriette um ihn fabrizierten Reklameberichte war und daß er dort lediglich das Orchester dirigiert hat (allerdings fast tausend Mann), wich bald, denn ich konnte einen in keinem Werkverzeichnis aufscheinenden »American Exposition Waltz« auffinden, den Strauß zur Hundertjahrfeier 1876 für die Weltausstellung in Philadelphia geschrieben hat. Der zweite Walzer, den ich gefunden habe, ist ein Schwindel – der »neu komponierte Manhattan Waltz«, so bei den Straußkonzerten in der Oper in New York (das war die Academy of Music, Vorläuferin der Met) angekündigt und auch so gedruckt, besteht lediglich aus zusammengestoppelten Nicht-Kopfmelodien alter Walzer, mit einer neuen Einleitung und einem neuen Ende nach Stephen Fosters in USA populärem Lied »Old folks at home«! Der Verkauf alter Nummern mit neuen Titeln (»antiquarisch«) wurde ein blühendes Amerika-Geschäft für Strauß und seine Verleger: Bei verschiedenen offiziellen Anlässen scheinen Erstaufführungen angeblicher Neukompositionen von Johann Strauß auf.

Einen großen Teil dieses Buches habe ich in Amerika geschrieben, teils in der Villa meiner verehrten, 1982 verschiedenen Maria Jeritza in Newark, New Jersey, teils an der Yale University in New Haven, wo ich eine Gastprofessur hatte. Im Tonarchiv dieser herrlichen Institution gibt es alles, sogar Tonaufnahmen von Alexander Girardi im »Zigeunerbaron«! Bei Semesterbeginn teilte ich meinem Freund Eugene Cook im Veranstaltungsbüro mit, daß ich geistig voll mit Johann Strauß beschäftigt sei und außer dem regulären Unterricht nichts anderes unternehmen könne, als an Johann Strauß zu arbeiten. Eine

Stunde später läutete mein Telefon, und Cook berichtete: »Eben flog eine Fledermaus durch das Fenster in mein Büro. Marcel, du übertreibst.«

Und es war eine große Quelle der Inspiration, so viele Seiten dieses Buches im Kurhotel des herrlichen Bad Ischl zu schreiben – wie sehr hat der Meister Bad Ischl geliebt!

Nicht zu vergessen: mein Stammasyl am Vollererhof bei Salzburg, wo viele Kapitel entstanden sind.

Ich unternahm es, einem großen Bekannten nachzugehen, und habe am Schluß mit einem großen Unbekannten Freundschaft geschlossen. Ich möchte versuchen, das Leben von Johann Strauß aus heutiger Sicht zu schildern: den genialen Komponisten auf neuen Wegen, den Unterhaltungsdirigenten voll suggestiver Kraft, den Manager mit Geschäftssinn, den Menschen mit seinem Nichtinteresse an der Welt, den Patienten mit Phobien, den Spießbürger mit Dämonie. Was dem Klischee des üblichen Johann-Strauß-Bildes noch standhält, ist lediglich die einmalige Größe seines musikalischen Genies. Aber sonst? Man könnte seine Biographie in lauter Paradoxa schreiben: Von dem großen Erotiker kennen wir nur eine einzige erfolgreiche Liebesgeschichte, und auch die hat Gartenlaubencharakter. Er lächelt auf keinem Bild. Er konnte nicht tanzen. Und: Er starb als Sachse; tausend Ängste quälten ihn. Am ärgsten war die Qual, seinem Image nachleben zu müssen. Immer Johann Strauß zu sein. Ohne diese Ängste wäre er ein Mann ohne Eigenschaften gewesen. Er hat Wien das Image der Walzerstadt gegeben und zwingt Wien noch immer, diesem Image nachzuleben. Immer das Wien von Johann Strauß zu sein. Johann Strauß selbst hat darunter gelitten. Wien nicht. Es hat freudig kapituliert. Das Schildchen »Ausverkauft« hängt über der Kassa.

Die große Umformung der Stadt Wien von der Biedermeier-Kleinstadt zur modernen Großstadt hat Johann Strauß mit seiner Musik begleitet. Als man die Basteien niederriß, spielte er 1862 beim Sperl die »Demoliererpolka«. Als die Ringstraße anstelle der alten Befestigungen erstanden war, brachte er 1870 den Walzer »Neu-Wien« beim Narrenabend im Dianasaal. Und als Wien 1890 durch Einverleibung der vor dem Gürtel liegenden Vororte zur Millionenstadt geworden war, feierte er bei einem Monsterkonzert der vereinigten Regimentskapellen der Wiener Garnison mit einem Orchester von 500 Musikern in der Sängerhalle im Prater mit dem Walzer »Groß-Wien«.

Darüber hinausgehend hat Johann Strauß mit seiner Musik die Geschichte seiner Zeit begleitet. Ein genialer musikalischer Chronist ohne ein über das Musikalische hinausgehendes persönliches Engagement. Die Revolutionäre bekamen ihre Pièce; nach Ende der Revolution bekamen ihre Unterdrücker ebenfalls eine. Kaiser Napoleon III. wie der Sieger von Sedan. Sie alle tanzten als Widmungsträger dieselbe Danse macabre; der Zar, der nächste Zar – Kopf ab, Polka –, der Schah, die Könige von Italien, Spanien, Portugal. Herr Karl? Nicht ganz, denn dessen negatives Engagement fehlt.

Was bleibt, ist die absolute Urkraft des musikalischen Genies.

Die Musik von Johann Strauß ist die Musik des Aufstiegs und Zerfalls eines großen Reiches. »Wir stecken mit Strauß den Kopf in den Sand unserer Gemütlichkeit«, schrieb 1871 der Chirurg Theodor Billroth. Die Strauß-Musik hat den äußeren Glanz, aber auch die militante Mode jener Zeit mitgemacht. Im »Zigeunerbaron« reimt sich das Ungarblut, das »eher uns're Erde färben« möge, wie erwartet, auf »Siegen oder Sterben« (ohne zu wissen für wen . . .). Was denken wir heute über Polkas mit den Titeln »Lagerlust«, »Mutig voran« und »Soldatenspiel«? Aus dem Spiel wurde Wirklichkeit. Der »Lustige Krieg«, den Strauß 1881 auf der Bühne des Theaters an der Wien entfesselt hat, war ein Vorspiel des ernsten. Und Strauß spielte, wie Ernst Decsey sagte, die Tafelmusik zu Österreichs Hochzeit mit dem Tod. »Freut euch des Lebens!«

Der Welt gilt Strauß aber noch immer als Verkörperung des Frohsinns in dem glitzernden und funkelnden, strahlenden, in tausend Facetten sich spiegelnden Diadem des Walzers.

Ich höre bei Johann Strauß – wie bei Offenbach – den Tanz auf einem Vulkan, sehe das Wetterleuchten der nahenden Tragödie.

Der Wiener war der größere von beiden.

Offenbach war das Fanal von 1870.

Johann Strauß das von 1914.

Abele von Lilienberg Johann Baron, Oberst, VIII. Ledererg. 14.
Alt Adolf, Drechsler, Huls. Frauengaffe 2.
— Alexander, Commis, II. Fruchtg. 1.
— Alois, Priv.-Bmt., III. Radetskstr. 17.
— Amalie, Bmt.-Wwe., IX. Nußdorferstr. 10.
— Anna, Hebamme, Huls. Annag. 53.
— Anton, Schuhmacher, II. Mluckg. 5.
— David, Journalist, II. Rembrandtstr. 28.
— Elisabeth, Gaudsd. Gemeindeg.
— Emil, Priv.-Bmt., Opernring 23.
— Franz, Holz- u. Kohlenhdl., IV. Margarethenstr. 26.
— Franz, af. Maler, VIII. Stodag. 18.
— Franziska, k. k. Bmt. Wwe., II. Kaiser Josefstr. 9.
— Heinrich, Schuhmacher, II. Castelleig. 10.
— Hubert, Hotelportier, II. Taborstr. 85.
— Ignaz, Privat, II. Leopoldg. 24.
— Ignaz, Fabriksleiter, X. Keplerplatz 1.
— Josef, Gemischwh. Verschl., IV. Preßg. 31.
— Julie, Kleidermacherin, Rudolfsplatz 6.
— Julius, Parquetten-Fab.-Gesch., III. Parfgaffe 3.
— Karl, Lohnkutscher, Gaudsd. Gemeindeg. 10.
— Karl, Schuhmacher, II. Jägerstr. 41.
— Katharine, Lohnfuhrwerksbesi., Gaudsd. Gemeindeg. 10.
— Leopold, Homöopath, Freiung 1 (10—7).
— Margarethe, Bmt. Wwe., III. Alleeg. 50.
— Moriz, Assec. Insp., Rudolfsplatz 6.
— Rud., Maler, k. k. Prof., ..., EZ f. K. u. W VIII. Stodag. 18.
Billroth Theodor, MDr., k. k. Hof-R., Prof. u. Vorsd. d. Operations-Inst. d. Wiener Univ., Mitgl. d. Herrenhauses, wirkl. Mitgl. d. k. Akd. d. W. E., LOR, Cmdr. d. bayr. CRO., d. r. Stan.O. (m. St.), R. d. it. Kr.O. u. d. württ. Olga..., Cmdr. d. port. Jac.O. (m. St.), Offiz. d. braf. RO., ... , Ann.O., d. bad. ZLO., d. schw. NStO., d. it. Medj.O. u. d. ferb. Jaf.O., Bef. d. ferb. Sava-O.l., Inh. d. preuß. Krj. II. Cl., d. bayr. u. bad. Erinn.Krz. u. d. öst. deutsch. M.f. Nicht-Combatt. im deutsch-franz. Kriege 1870/71, Ehrenburg. v. Hall, Ehren-Dr. d. Univ. v. Bologna ..., IX. Koling. 6 (3—4).
Brahms Johannes, Dr., Tonkünstler, Dir.-Mitgl. d. Gef. d. Musikfreunde, LOR, R. des bayr. MIO., C. des fächf. Ern.HO., Ehgr. v. Hamburg. IV. Karlsg. 4.
Bruckner Adele u. Marie, Tab.-Traf., IV. Waagg. 5, Traf. Maximilianstr. 5.
— Adolf, Bmt. der Bodencred.A., II. Ob. Donaustr. 33.
— Adolf, Zimmermaler, III. Rennweg 66.
— Adolf, Friseur, IX. Roßauerlände 9, G. Franz Josefs-Quai 35.
— Adolf, Maurermeister, III. Traung. 1.
— Adolf, Bichhdl., III. Rennweg 92.
— Alexander, Kunfth. Hanglung, 28, Cmsn. Agentur u. Export Oesterr.-ungar. Wollin-Manufactur, G. VI. Esterhazyg. 28.
— Anna, Milit. Rchngs. Off. Wwe., III. Barichg. 18.
— Anton, Hoforganist, Mitgl. d. k. u. k. Hofmusikcapelle, Lector für Harmonielehre u. Contrapunkt an d. Univ., Ehgr. v. Ausfelden, ..., Oelzg. 7.
Lewinsky Josef, k. k. Hof-Schauspieler u. Regist. am Hofburgtheater, ..., Bef. d. herz. fächf. mein. Verd.Krz. f. K. u. W. u. d. bayr. Ludw.M. f. W. u. K., Ehren-Mitgl. d. Gef. der Musikfreunde. IX. Liechtensteinstr. 53.
Frechels Bernhard, Rothg. 13.
Freud Anna, II. Unt. Donaustr. 23.
— Charlotte, IX. D'Orfang. 9.
— Friedrich, Tanzlehrer, Sechsh. Sechshauser Hauptstr. 13.
— Friedrich, Cmsn. in Getreide u. Oelsaaten, II. Lilienbrunng. 12.
— Jakob, Agent, X. Eugeng. 37.
— Sigmund, MDr., Univ.-Priv.-Doc., Maria-Theresienstr. 8 (1—3).

Frydmann Ludmilla, Schriftstellerin, Hegelgaffe 7.
— Marcell, JDr., Regrs.-R., Advocat, Chef-Red. d. „Fremdenblatt", Ehgr. von Jaslo, Hegelg. 7. T
Girardi Alexander, Schauspieler, R. d. port. Ch.O., Bef. d. württ. gold. M. f. K. u. W. am Bande d. Friedr.O., IV. Marksg. 18.
Goldmark Karl, Componist, IX. Alfertstr.
Hanslick Eduard, Ph. u. JDr., Hof-R. u. Univ.-Prof., Meister d. freien deutschen Hochstiftes, Curator der „Schweitzer-Fröhlich Stiftung", ..., IV. Wohlleben. 1.
Herzl Adolf, Agent, II. Unt. Augartenstr. 33.
— Amalie, Branntweinschänkerin, IX. Währingerstr. 2.
— Anton, Buchhalter, II. Herminen. 14.
— Bernhard, Goldarbeiter und Uhrmacher, II. Praterstr. 26, Gef. der Brüder Herzl, G. Rabenplatz 2.
— Theodor, Dr., Schriftsteller, Marc Aurelstr. 7.
Heuberger Frz., Kurichner, VIII. Josefsg. 5.
— Franz jr., VIII. Josefsg. 5.
— Juliane, VIII. Josefsg. 5, Modisten-Gesch. VIII. Josefstadterstr. 6.
— Karl, Holz- u. Spielwarenhdl., Umeidl. Hauptstr. 2.
— Rich., Tonkünstler, Maria-Theresienstr. 22.
Hofmannsthal Fanny v., Partring 20.
— Gottfried Edl. v., Bmt. d. Länderbank, VII. Lindeng. 3.
— Guido v., Bmt. d. Wiener Bank-Ver., Hegelgaffe 17.
— Hugo Edl. v., Dr., Referent u. Proc. d. ö. Central-Boden-Cred.-Bank, beeid. Ger.-Dolmetsch d. franz. u. ital. Sprache, III. Salesianerg. 12.
Jauner Rit. von **Schroffenegg** Anguſt, Hof-R. Kanzlei-Dir. d. Herrenhauses, LOR, ..., Franzensring 1 (Reichsrathsgebäude).
— **Krall** Emilie, VI. Magdalenenstr. 8.
— Franz Rit. v., v. Dir. d. Hof-Operntheaters, ..., Offiz. d. it. KrO., R. d. r. Stan.O.3., d. fächf. Albr.O., d. belg. L.O. u. d. port. Chr.O., VI. Magdalenenstr. 8.
Klimt Ernest sen., Graveur, ..., VII. Burggaffe 47.
— Ernst, Maler, ..., VII. Burgg. 47.
— Franz, Adjct. d. k. k. Gen. Dir. d. St. Bahnen, Fünfh. Märistr. 32.
— Franz, Hufschmied, X. Hafeng. 22.
— Gebrüder, F. Fr. Matsch u. Gebr. Klimt, Maler-Atelier, VIII. Josefstadterstr. 21.
— Genovefa, Kleidermach., Ottak. Wagnerg. 39.
— Gustav, Maler, ..., VII. Burgg. 47.
Lueger Alois, Gastwirth, Jdf. Augahe 98.
— Hermine, III. Seidlg. 23.
— Hildegard, III. Marokkanerg. 3.
— Josef, v. Exped. d. RWbahn., Huls. Annag. 1.
— Josef, Knopffab., VII. Neustiftg. 21.
— Karl, JDr., Advocat, Reichsraths- und Landtags-Abg., Gem.R., ..., III. Marokkanerg. 3, Kanzlei Bräunerltr. 1.
Millöcker Josef, Bahn-Bmt., IX. Schlagergaffe 8.
— Karl, Componist, IV. Heug. 4.
Millin & Becher, Grabmonumentenhdl. Fünfh. Schönbrunnerstr. 2.
Schnitzer Adolf, Posamentirer, VII. Burggaffe 68 T, G. Rothenthurmstr. 39.
— Adolf, Post-Assist. im Hdl. Minftm. III. Krieglerg. 14.
— Alois, Lederhdl., II. Robertsg. 1, Gef. d. Löwy & Schnitzer, II. Ferdinandstr. 13.
— Anna, VIII. Langeg. 26.
— Anton Adolf, Rchngs.-R. im Hdl. Minftm., III. Krieglerg. 14.
— Franz, Gärtner, E., Donaufeld Gärtnergaffe 14.
— Gottlieb, Kaufmann, II. Praterstr. 37.
— Ignaz, Schriftsteller, Kantg. 3.
Schnitzler Andreas, MDr., faif. R., E., IX. Lackierg. 10 (7—8 Vorm.).
— Arthur, MDr., Giselastr. 11 (3—5.)

Strauß D., Gemischtw. Verschl., IV. Alleegaffe 66, G. IV. Karolineng. 18.
— David, Gutspächter, IV. Alleeg. 66, [Tel.]
— David, Bmt. IV. Belvedereg. 24.
— David, Agent, II. Vereinsg. 28.
— Eduard, k. u. k. Hofballmusik-Dir., ..., Cmtr. d. span. O.CIII., Offiz. d. braf. RO., Bef. d. ott. Medj.O.IV., Cmbr. d. württ. Frdr.O., R. I. d. fic.O. d. Frz.I. L., Bef. d. Erz. u. d. fächf. Albr.O., Mitgl. d. tön. philharm. Ge. zu Neapel, ka f. braf. Ehren-Hof-Capellmeister, Reichsrathsstraße 9.
— Eduard Wilhelm, Musik-Dir., VIII. Strozigaffe 32.
— Emil, k. k. Bmt., V. Ob. Amtshaug. 27.
— Emilie, Lehrerin, Ottak. Laudong. 21.
— Franz, Kanzlei-Diener d. RWbahn., IX. Badg. 12.
— Franz, Amtsdiener im LWerth. Minftm., Ottak. Hauptstr. 37.
— Frz., Locomotivführer, Adlsfm. Pereirag. Lb.
— Franz, Schuhm., Umeidl. Miesbachg. 22.
— Friedrich, Priv. Bmt., IX. Prechtlg. 3.
— Friedrich, Bartenstein, 13, Gef. d. Horicer mechan. Weberei v. Em. Feuerstein & Cie., Helferstorferstr. 4.
— Gustav, Bmt. d. I. öst. Sparcasse, VII. Neubaug. 76.
— Heinrich, Bureau-Chef der Versich.Gef. „L'Urbaine", II. Praterstr. 16.
— Heinrich, II. Herminen. 4, Brüder Strauß, Woll- u. Zwirnhdl., Fischerstiege 2.
— Jakob Hermann, Hdl.-Agent, Realitäten-Vermittl., VI. Mariahilferstr. 111.
— Johann, vorm. k. u. k. Hofba Imusik-Dir., ..., Offiz. d. it. KrO. u. d. perf. LO., R. d. r. roth. AO.4., d. pr. KrO.4., d. fr. LEg., d. it. MrO., d. bad. ZLO.1., In.J. d. r. Verd.M. a. Al. R. Bande u. d. fächf. Ern. Verd.M., IV. Igelg. 4.
— Johann, Giselastr. 6.
— Johann, Bmt., IV. Favoriteustr. 46.
— Johann, Caffier d. angl. öBank., Währing Gürtelstr. 68.
— Johann, Fleischselcher, IX. Wieseng. 22, G. Franziskanerplatz 3.
— Johann, Nadler, Ottak. Hauptstr. 213.
— Johann Edmund, Bmt. d. Rufiedler Actien-Gef. f. Papierfab., IV. Wohllebeng. 5.
— Josef, III. Regalg. 2.
— Karoline, Capellmeister-Wwe., II. Karnerliterg. 7.
Suppantschitsch Max, An rag. 10, Asphalt-u. Mosaikanst., Wallnischg. 15.
Suppé Franz v., Capellmeister, ..., Bef. d. württ. gr. gld. M. f. K. u. W. (am B. d. Kr.O.) u. d. fächf. Cob. Gotha'schen M. f. W. u. K., R. d. frz. LEeg., Opernring 23.
— Peter v Sparcasse-Bmt. II. Obeong. 1.
Wagner Octavia Herman, IV. Stathembergg. 43, Proc. d. Günther Wagner, V. Hungelbrunng. 28.
— Oskar, Bmt. d. Länderban*, II. Treustr. 26.
— Oswald, Fleischselcher, X. Wielandplatz 3.
— Ottilie, beeid. Schätzmeisterin f. d. Minftm. fach, Modisten- u. Handischthwaren-Adlge., VII. Mariahilferstr. 56.
— Ottilie, Volksschullehrerin, Währing Firchengaffe 29.
— Otto, Uhrmacher, Fünfh. Schönbrunnerstraße 35.
— Otto, k. k. Bau-R., Architekt, R. d. r. Stan O. 2., Cmdr. d. ferb. Jaf.O., E., Stadiongaffe 6 u. 8.
Zeller Karl, JDr., Sect.-R. im Minftm., T. u. U., Cmdr. d. it. KrO. u. d. be g. LO., R. d. bchr. CrO., u. d. span. O. CIII., Offiz. d. fr. LEeg., Kärntnerring 12.
Ziehrer C. M., Capellmeister, tön. rum. Hofcapellmeister, ..., R. d. perf. LO., Bef. d. han. CAO., d. bayr. Verd.Krz., d. dän. gold. Verd.M., d. herz. cob. goth. Verd.M. f. W. u. K. u. d. rum. gr. geld. Verd.M., III Gärtnerg. 17.

Lehmann's
Allgemeiner

Wohnungs-Anzeiger

nebst

Handels- und Gewerbe-Adreßbuch

für die k. k. Reichs-Haupt- und Residenzstadt

Wien und Umgebung.

Mit 6 Theater-Plänen und 2 Plänen der Musikvereins-Säle.

Mittheilungen für den nächsten Jahrgang wolle man bis 1. September und zwar nur schriftlich an die Redaction senden.

1891

Alle Zuschriften werden ohne jede weitere Domicil-Angabe erbeten an die Redaction von Lehmann's Wohnungs-Anzeiger in Wien.

III. Nachweis.

Einwohner von Wien und Umgebung,

mit Ausschluß der Gewerbe-Gehilfen, Tagelöhner und Dienstboten.

STAMMBAUM DER FAMILIE STRAUSS

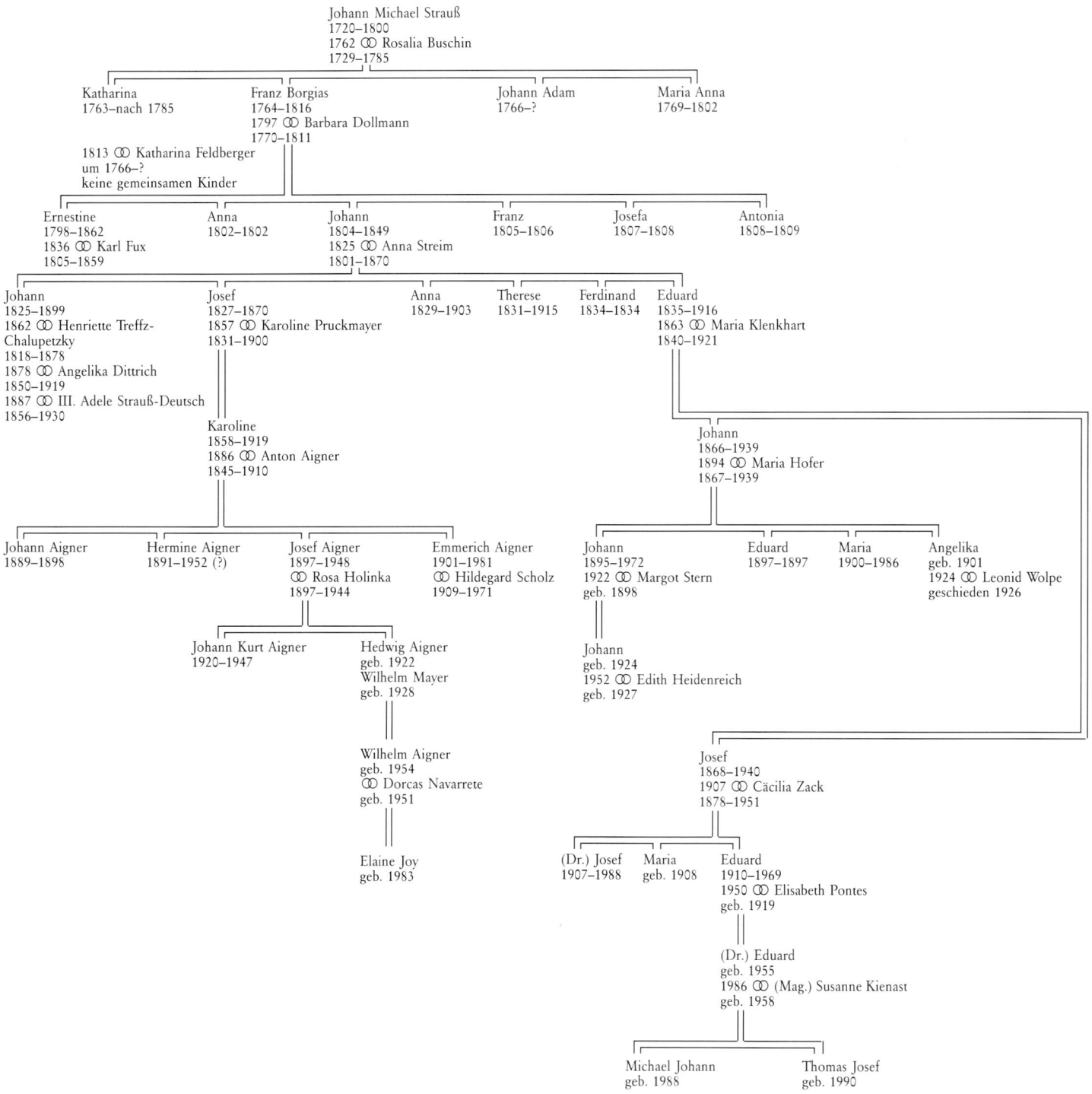

WALZERKÖNIG UND WALZERMANAGER: JOHANN STRAUSS VATER

»OH, WÄRE ICH EIN DESPOT! TONNEN GOLDES SPENDETE ICH DEN STRAUSSEN UND LANNERN, DASS SIE MIR DIE KÖPFE MEINER UNTERTANEN WIEGTEN UND ALLE ÖFFENTLICHEN GESPRÄCHE STOCKEN MACHTEN . . .«

A. Glasbrenner, »Bilder und Träume aus Wien«, 1835

Diese Worte des Berliner Schriftstellers Glasbrenner haben das Wien von damals mit liebevoller Ironie unkonventionell beschrieben: »Wenn die Meinungen sich kreuzen wollten, klopfte Meister Strauß mit dem Bogen und gebot Ruhe. Die Gedanken gingen schlafen. Man mußte sich drehen und wiegen – gute Nacht, Gespräch!«

Damals: Das waren die Jahre nach dem Wiener Kongreß von 1814/15, der nach der Niederlage Kaiser Napoleons das Zeitalter der Restauration und Reaktion unter Österreichs Führung prägte; nach jenem »walzertanzenden Kongreß«, bei dem Zar Alexander während eines Tanzes ohnmächtig wurde. Damals: Das waren die Jahre vor der Revolution von 1848, die man zärtlich das Biedermeier und kritisch den Vormärz nennt. Seither galt Wien als lustige, leichtlebige Stadt der Freude und der Feste.

Die Wiener hatten den Franzosen eher die zweimalige Besetzung ihrer Stadt in den Napoleonischen Kriegen vergeben als den Text der von Diderot und Voltaire redigierten »Encyclopédie«, in der 1765 zu lesen war, Wien habe keine schönen Straßen, wenig schöne Paläste und sei schmutzig, weil die Polizei den Unrat nicht wegräume. O nein, für sie hatte der sächsische Schriftsteller und spätere Direktor des Burgtheaters Heinrich Laube recht, der in seinen Berichten für die Leipziger Zeitung »Elegante Welt« 1833 schrieb: »Die Stadt sieht schön wie das Vergnügen aus. Jedes Haus in Wien sieht fidel aus und lächelt. Es ist allerdings das Lächeln älterer Personen, die sich noch gerne amüsieren. Es ist kein junges, modernes Lächeln. Sogar die versteckten Regierungsgebäude imponieren nicht etwa, sie zucken ein wenig die Achseln und meinen: A Urdnung muaß halt sein! Aber sie lächeln auch.«

In Wien wurde viel und durchgreifend regiert. Der »gute, alte Kaiser Franz« hatte den in Haydns herrlichem Lied, das 1854 zur Hymne wurde, ausgesprochenen Wunsch »Gott erhalte Franz, den Kaiser« bis zum Jahre 1835 erfüllt. Dieser volkstümliche Habsburger, der auch Amateurmusiker war und wienerisch sprach, hatte dreiundvierzig Jahre lang geherrscht: zunächst noch als Kaiser des Heiligen Römischen Reiches, seit 1804 als Erbkaiser von Österreich. Er galt den Wienern einfach als einer der ihren, der halt das Pech hatte, bei der Französischen Revolution seine Tante und seinen Onkel zu verlieren, Marie Antoinette und Ludwig XVI. Aber die nach Freiheit strebenden Nationen der Monarchie nannten ihn verächtlich »Nero im Schlafrock«. Nach seinem Tode gab es eine originelle musikalische Trauergeste: Die Besitzer von Drehorgeln und Leierkästen schoben ihre Instrumente mit schwarzem Flor umwunden stumm durch die Straßen.

Sein Sohn und Nachfolger, Kaiser Ferdinand, war Epileptiker und führte zum Ausgleich für seine kargen Geistesgaben den Beinamen »der Gütige«. Primitivere Leute mit schlechten Umgangsformen sprachen von ihm auf gut wienerisch als »Nandl, der Trottel«. Er hielt sich streng an das politische Testament seines Vaters: »Verändere nicht!« und regierte durch sein Kabinett, in dem der Staatskanzler alle Macht verkörperte: Clemens Wenzel Lothar Fürst Metternich. Sein System, die Doktrin des starren Absolutismus, hielt sich bis zur bürgerlichen Revolution von 1848. Man hat behauptet, Metternich habe, um keinen Gedanken an politische oder soziale Neuordnung aufkommen zu lassen, in Wien die Herrschaft der ungefährlichen Ekstase des Vergnügens organisiert. Aber wer Wien kennt, weiß, daß man dort zu keiner Zeit das Vergnügen oder die Unterhaltung organisieren mußte. Auch nicht die »Dansomanie« des Biedermeier. Das »Neue Eleganteste Conversationslexikon für Gebildete aus allen Ständen« gibt für 1837 die Bevölkerungszahl mit 320 000 an; eine Statistik früherer Jahre meldet, daß an manchen Abenden ein Viertel dieser Bevölkerung in den Tanzlokalen zu finden gewesen sei. Dabei besaß Wien keinen einzigen brauchbaren Konzertsaal!

Als k. k. Haupt- und Residenzstadt bezeichnete man nur die von einem massiven Festungswall mit Stadttoren ringförmig umgebene Innenstadt. Davor lagen die von den Wienern so gerne zu Promenaden benützten, mehrere hundert Meter breiten Grünanlagen der Glacis. Was vor ihnen lag, hieß »die Vorstädte«: Leopoldstadt, Laimgrube, Wieden, St. Ulrich, Roßau, Landstraße, Strozzigrund usw. Und hier hatte die »Encyclopédie« recht, wenn sie den Vorstädten mit ihren Adelsschlössern, Gärten und Bürgerwohnungen mehr »Apparence« bescheinigte als der engen Innenstadt. Die Vorstädte umgab der dem heutigen Gürtel entsprechende, zickzack- und ringförmig gestaltete Linienwall, an dem Einreisende Maut bezahlen mußten. Was vor dem Linienwall lag, waren Dörfer, die sogenannten Vororte: Ober- und Unterdöbling, Hernals, Hietzing ... In den Vorstädten wie in den Dörfern spielte ein Dämon, ein Besessener, mit der Geige zum Tanz auf und schrieb seine Walzer. Hier regierte Johann Strauß.

Wenn seriöse Zeitgenossen über sein Spiel berichteten, klang es wie die Ergüsse von Amateurpoeten: »In diesen leichten, lockeren Gebilden des Tanzes weht der unersetzliche Hauch des Lebens. Seine Walzer sind sprühende Funken, die in den begeisterten Tänzern zur Flamme werden und ihn selbst gleich einer Dampf-Locomotive in den Wirbel treiben ...«

Seine Geige ...

Seine Geige ist ein muthwilliger Tausendsassa, der uns Boccaccio's che Novellen, Perrault's che Feenmärchen, Bäuerle's che Zauberpossen erzählt; jeder seiner Walzer ist ein Decameron der witzigsten Melodien und fröhlichsten Rhythmen, jede seiner Melodien eine reizende Colombine, jeder seiner Rhythmen ein lachender Arlequin.
Johann Strauß ist der zu Fleisch gewordene Walzer. Und könnte man Meister Johann wie einen Apfel in vier Theile zerschneiden, jeder Theil wäre ein Walzer, und könnte man jeden seiner Walzer, wie ihn selbst, in hundert Theile theilen, jeder Theil wäre wiederum ein ganzer Walzer. Strauß hat diesen Tanz zur Höhe eines Concertstückes erhoben.

Aus »Der Wanderer« vom 11. Oktober 1845

Wenn der schlanke, bleiche Maestro – mit den dunkel blitzenden Augen, den zusammengewachsenen Augenbrauen und den wunderlichen Gesichtszügen – mit dem Bogen das Zeichen gab, stieg aus dem Orchester ein »Singen und Klingen, ein Umfassen und Lassen, ein Jubeln und Brausen, daß es die Herzen und die Beine ergriff. Die Paare wiegten und schmiegten sich im melodischen Meere, dann strich er selbst die Geige, und man hörte sie heraus über all dem tönenden Sturme. Wie viele Herzen gestanden sich, von seinen Tönen ermutigt, daß sie sich lieben! Wie schmiegte sich die Hand der Tänzerin weicher in die ihres Tänzers! Die wogende, schwellende Gestalt neigte sich der anderen entgegen. Ein Tanzsaal, wo Strauß spielte, glich einem Blumenfelde, über das ein melodisch tönender Sturm fährt, daß die Blumenhäupter zueinander wogen und selig zittern bis in die innersten Fasern ihrer Seele ...« Adolf Bäuerle, Autor von achtzig Wiener Volksstücken, nannte ihn 1833 in seiner »Theater-Zeitung« den »Mozart der Walzer, den Beethoven der Cotillons, den Paganini der Galoppe, den Rossini der Pot-

Johann Strauß Vater, 1804 bis 1849, war der erste professionelle Walzer-Komponist, Walzer-Dirigent, Walzer-Manager, Walzer-Producer, Walzer-Exporteur. Heinrich Laube verglich ihn mit dem Mohrenkönig aus dem Morgenland.
Kolorierte Lithographie von Joseph Kriehuber, 1835

Marie Anna Strauß, geb. Streim, 1801 bis 1870, war um drei Jahre älter als ihr Mann. Sie wurde eine ungeliebte, erfolglose Gattin und eine erfolgreiche, vergötterte Mutter.
Aquarell von Johann Heinrich Schramm, 1838

pourris«. Die großen Dichter des Biedermeier erfanden ihre eigene Grammatik, um die Wirkung seines Geigenspiels zu beschreiben. »Strauß gog die Violine«, meinte Johann Nestroy; »Der Strauß hat gestern geignet wie a Gott«, heißt es in Ferdinand Raimunds »Gefesselter Phantasie«. Die seriösesten Musiker seiner Zeit haben ihn hochgeschätzt. Richard Wagner hörte ihn im Sommer 1832 in Wien und bezeichnete den »wunderlichen« Johann Strauß als einen zauberischen Vorgeiger; er beschrieb, wie der »Dämon des Wiener musikalischen Volksgeistes« beim ersten Einsatz zu einem neuen Walzer erzitterte »gleich einer Pythia auf dem Dreifuß«. Schumann pries einmal die »Meister von Beethoven bis Strauß«, nannte Strauß aber an anderer Stelle einen Musiker der dritten oder vierten Klasse. Die sonderbarsten Legenden umwoben den geheimnisumwitterten Vorstadtmusikanten. Er habe einer Geliebten, die ihn verlassen hatte, zur Hochzeit aufgespielt, und sie sei beim ersten Walzerschritt tot zu Boden gestürzt – er war ein Hexenmeister!

Der Jud mit der Fiedel – so nannte ihn der Volksmund. Die Wiener hatten für so etwas seit jeher das gewisse »G'spür«, denn nur wenige wußten, daß laut Trauungsbuch der Stephanskirche am 11. Februar 1762 »der ehrbare Michael Strauß, Bedienter bey titl. Excell. H. Feldmarschall Grafen von Rogendorff, ein getauffter Jud, zu Ofen gebürtig ...«, die Jägerstochter Rosalia Buschin aus Gföll in »Unter-Österreich« geheiratet hatte. Ihr Sohn, der Kellner und spätere Bierwirt Franz Strauß, war der Vater des älteren Johann Strauß und hat sich, schwer verschuldet, 1816 in jener Donau ertränkt, die sein Enkel, der letzte Walzerkönig, in seinem unsterblichen Walzer besungen hat.
Die Eintragung paßte den Machthabern des Dritten Reiches nicht zu ihrer Ankündigung: »Es gibt wohl kaum noch eine andere Musik, die so deutsch und so volksnah ist, als die des großen Walzerkönigs. Lest alle den Stürmer!« (Sehr deutsch klingt das grammatikalisch unrichtige »als« anstelle des »wie« nicht.) Sie verschleppten das Trauungsbuch zum Reichssip-

penamt nach Berlin und schickten dem Dompfarramt St. Stephan eine Fotokopie, aus der die leidige Notiz herausgeschnitten war. Heute befindet sich das Original wieder in St. Stephan. Fast genau hundert Jahre nach dieser Trauung, am 27. August 1862, gab es wieder eine Strauß-Hochzeit in der Stephanskirche: Johann Strauß Sohn heiratete die berühmte Sängerin Henriette Treffz.

Kritische Tändeleien über Strauß Vater

Bei Gelegenheit seines Benefice-Festes im k. k. Volksgarten am 17. Juni.
Strauß's gegenwärtige Popularität ist keiner Steigerung mehr fähig, weil selbst Amerikaner, Afrikaner, Indianer und Chinesen in bachantischer Luft nach seinen Walzern hüpfen; es müßte denn höchstens ein zweiter Columbus gastiren, um eine neue Welt auf Actien zu entdecken, oder aber der neue Diogenes mit der Gaslaterne im Finstern tappen, um Menschen zu finden, die noch gar nicht existiren. Strauß ist der Mann der Mode, und ich meine, wenn er selbst nach Ungarn reisen würde, daß man seinen electrischen Wiener-Walzern, denen der Genius einen Passirschein in die ganze gebildete Welt ausstellte, nicht den Einlaß wehren würde. Auch in dem Polka-dichten Böhmen, wo es heuer mehr Polka's als Zwiebeln gab, dürfte nur Strauß das Privilegium haben, diesen unschönen, böhmischen Tanz-Hopser, der ein Bruder vom Veitstanz seyn muß, zu entnationalisiren. Schade, daß der erste Mensch kein Walzerkomponist war, ich bin überzeugt, Eva hätte sich von der Schlange nicht zu dem unheilvollen Apfelbiß verleiten lassen, und wenn Adam nur einen Walzer à la Strauß geschrieben hätte, würde er gewiß nie aus dem Paradiese getrieben worden seyn.

Aus »Der Wanderer« vom 20. Juni 1845

Johann Strauß hat den Walzer nicht erfunden, aber er hat das erfunden, womit der Wiener Walzer die Welt des Biedermeier eroberte: Den Walzerrausch, die Walzerseligkeit, die Walzerekstase. Man fühlte in dieser Folge von Themen im Dreivierteltakt mit Introduktion und Coda den Höhenflug, den Flug in den Himmel. Ist es nicht merkwürdig: Ganz Europa tanzte zu seinen Melodien, und doch hat sich nur sein »Radetzky-Marsch« bis auf den heutigen Tag lebendig erhalten. Die Wiedererweckung der Musik jener Zeit, die Donizetti und Bellini in das Bewußtsein der Gegenwart getragen hat, gelang beim älteren Johann Strauß nicht.

Johann Strauß brachte die Erstaufführungen seiner neuesten Tänze meist im Rahmen jener feenhaften Feste des Biedermeier, die er in verschiedenen Lokalen mit ungeheurem Talent selbst arrangierte und »Produktionen« nannte; sie wurden von vielen Tausenden besucht, und eine Unzahl von Schreibern erfand am laufenden Band effektvolle Titel. Johann Strauß – das bedeutete beim Sperl in der Leopoldstadt die Feste »Rübezahls Zaubergefilde im Festschmuck«, »Der Kirchtag im Olymp«, »Der Fasching zu ebener Erd und im ersten Stock«; im k. k. Augarten: die Sommerfeste »Eine Nacht in Venedig«; bei der Goldenen Birn auf der Landstraße: das »Bankett im Paradies« und das »Flora-Freuden-Fest«; beim Dommayer in Hietzing: »Der Ball im Mond« und das »Stell Dich Ein im Tempel der Nacht«; im k. k. Volksgarten: die »Redouten im Freien« und das »Nächtliche Sonnenfest«; beim Odeon: »Eine Nacht im Eldorado«; schließlich die Sommerfeste auf dem Wasserglacis.

Johann Strauß – das bedeutete ein Meer raffiniert arrangierter Lichter – darauf verstand sich sein Freund Karl Friedrich Hirsch, ein gescheiterter Komponist, der kurze Zeit sogar bei Beethoven studiert hatte und nun als Beamter der Kameral-Buchhaltung wirkte. Wenn es im Volksgarten ein Fest gab, bei dem auch das nahe Paradeisgartl miteinbezogen war, dann hatte er 50 000 Lampions effektvoll zu placieren. Die Rechnung des Seifensieders für gelieferte Lampen zu einem Straußfest in der Brühl bei Mödling (1846), bei dem das Programm zwischen Johann Strauß und Franz Liszt geteilt war, betrug siebenmal soviel wie die des Orchesters. Oft gab es im Rahmen eines Straußfestes eine Meisterleistung des Kunstfeuerwerkers Anton Stuwer zu bestaunen. Hoch in den nächtlichen Himmel aufsteigende Transparente oder hell leuchtende Ballons. Von einem Blumenfest beim Sperl, 1839, rühmte die Zeitung »Der Wanderer« die »sinnige Ordnung der schönsten Kinder Floras«, die sich in ihren mannigfachen Ab-

Ein Carnevals-Gewitter
in den Sälen im
SPERL.
Großer
Fest-Ball
welcher
bei Eröffnung der sämmtlichen Localitäten, außergewöhnlichen
Beleuchtung und Decorirung
heute den **29. Jänner 1845**
zum Benefice des Kapellmeisters
J. Strauss
Statt findet.

Der Unterzeichnete gibt sich die Ehre, einen hohen Adel und das geehrte Publikum hiezu
ergebenst einzuladen, und erlaubt sich die Bemerkung beizufügen, daß oben bezeichnetes »Carnevals-
Gewitter« wohl keineswegs furchterregend — sondern nur einen kleinen überraschenden Scherz,
insbesondere für die anwesenden Damen biethen dürfte.

Getanzt wird sowohl in den obern als untern Sälen.

Die Musik steht unter der Direction des Unterzeichneten, welcher nebst seinen letzteren
Compositionen:

Odeon-Klänge, Eunomien-Tänze, Musen-Quadrille und
Haimonskinder-Quadrille,
neue Walzer (im Ländler-Style) betitelt:

„Faschings-Possen"

zum ersten Male vorzutragen die Ehre haben wird.
Herr Rabensteiner wird die Quadrilles, Mazur und Mennets arrangiren.
Billets zu 1 fl. C. M. sind bis zum Ballabende in der Stadt, am Kohlmarkt im k. k. Hofmusi-
kalien-Verlage des Herrn Haslinger, in Herrn Sauer's Kaffeehaus in der Goldschmiedgasse und
im Sperl zu bekommen.
An der Cassa ist der Eintrittspreis 1 fl. 20 kr. C. M.
Anfang um 8 Uhr. — Die bestimmte Fahrtaxe der Fiaker ist bei der Cassa einzusehen.
Johann Strauß.

wechslungen und Schattierungen übertrafen: »Stolz blickte eine exotische Pflanze im Gefühl ihrer Heimat mit überraschender Farbenpracht und hohem Wuchse auf ein niedriges Veilchen, das anmuthig ein duftendes Aroma um ihre perennierenden Geschwister streuend, dem Ausländer gegenüber stand ... Eine Menge buntfarbiger Lampen, die gruppenweise teils zwischen Blumen ihre Strahlen verteilen, teils in schönen Formen flimmernd unseren Augen zuglänzten, verherrlichten die Trillagen und Bäume. Rechnet man zu diesen Kunstgebilden noch unsere Frauen und Mädchen, die glanzstrahlend durch das frische Roth ihrer Wangen beinahe die herrlich entfalteten Rosen beschämten ...«

Johann Strauß – das bedeutete auch die Erinnerung an glanzvolle Anlässe zu diesen Festen, an Kaisergeburtstage, Krönungen und Fürstenhochzeiten. Und die Erinnerung an zauberhafte Abende, an denen man im eleganten Fiaker oder zu Fuß in die Vorstadt pilgerte. Erinnerung an die kleinen grauen Mietesel, auf denen man von Grinzing auf den Kahlenberg ritt. Und an die von »Nil-Pferden« gezogenen Wagen, in denen Ferdinand Zögernitz gut zahlende Kunden in sein Casino nach Döbling bringen ließ, wo Johann Strauß spielte. Nilpferde? Nil hieß der Leiter des Fuhrwerksbetriebes.

Johann Baptist Strauß stammte aus sehr ärmlichen Verhältnissen. Er wurde am 14. März 1804 als Sohn des Wirtes der Schenke Zum heiligen Florian in der Leopoldstadt geboren – in Wien lebten noch der alte Haydn und Beethoven, der seine bedeutendsten Werke noch nicht geschrieben hatte. Der kleine Junge machte schon sehr früh seine erste Bekanntschaft mit der Musik, wenn im Wirtshaus die Harfenisten oder die Bierhausfiedler mit ihren armseligen Instrumenten aufspielten – ihr Honorar war das Nachtmahl, deshalb nannte man sie die »Bratlgeiger«. Der kleine Johann, Schani, war begeistert und ging für sie mit dem Hut oder dem Zinnteller absammeln. Als seine Eltern ihm aber eine kleine Mignon-Geige aus einer berühmten Fabrik in Berchtesgaden schenkten, da konnte er bald mitspielen – bei jenen derben Ländlern, die sich gerade damals in Walzer zu wandeln begannen. Besonders gefiel Klein-Schani den französischen Soldaten, den »Blauröcken«, die wäh-

»Ich beklage schmerzlich den Verlust einer guten Tochter, der die unsinnigen Tempi der Walzer und Galoppaden Bluthusten, Lungensucht und den Tod gebracht haben«, heißt es in einer Zuschrift an die »Theaterzeitung«. Der Galopp stammt aus Paris – »Wenn die Galoppade erschmettert«, schrieb Heinrich Heine von dort, »dann erreicht der satanische Spektakel seine unsinnigste Höhe . . . «
Kolorierte Radierung aus »Hans Jörgel«, 1838

»Es muß sogar die Seufzerbrucken da g'wesen sein, denn i hab ein Menge Leut seufzen g'hört, weil's nix z'essen kriegt haben«, schrieb die humoristische Zeitschrift »Hans Jörgel« über das Sommerfest »Eine Nacht in Venedig«, das Johann Strauß Vater am 31. Juli 1834 zum zweiten Male im k. k. Augarten veranstaltete. Das war ein großer Tag für den Lamperlhirsch: »Es müssen wenigstens ein paar Millionen Lampen brennt haben und dreimalhunderttausend Menschen da g'wesen sein, die Stadt Venedig is so natürlich darg'stellt g'wesen . . .«
Kolorierte Lithographie von Franz Wolf

rend der Besatzung von 1809 bis in die Vorstädte eingedrungen waren und oft in die Schenke kamen. Nach fünfjähriger Lehrzeit bei einem Buchbinder namens Lichtscheidl und nach dem bei so vielen Komponisten obligaten Fluchtintermezzo aus dem bürgerlichen Beruf machte Schani als Bratschist das Tanzmusiktrio des um drei Jahre älteren Geigers Josef Lanner, der seit 1819 mit den beiden böhmischen Brüdern Drahanek aufspielte, zum Quartett.

Polizeilicher Straffall

Johann Strauß, 30 Jahre alt, in Wien gebürthig, katholisch, verheurathet, Vater von fünf Kindern, Musikdirektor, in der Leopoldstadt Nr. 314 wohnhaft, hat selbst eingestanden, am heiligen Abend und am Sylvesterabend 1833 beim Sperl Macao gespielt zu haben. Auch hat er bei dieser Gelegenheit eingestanden, am 18. September 1834 und auch früher im Gasthausgarten »Zum Sträußel«, in dessen Nähe mehrere Schindeldächer sind, an der Oberlichte des Salons an einem vorspringenden Kupferdache acht Feuerwerkskörper angebracht zu haben, welche beim Losbrennen leuchteten. Es wird von ihm zur Entschuldigung angeführt, daß er glaubte, es sey hiedurch keine Feuersgefahr vorhanden. Als erschwerend kommt vor, daß hier zwei Uebertretungen zusammentreffen, als mildernd, daß er alles einbekannte und das erste Mal in Untersuchung ist. Er wurde daher auch zu 900 fl Wr. W. verurtheilt und nebst dem verbothenen Spiel auch einer feuergefährlichen Handlung als schwere Polizey-Uebertretung für schuldig erkannt.

Aus dem »Neuen Wiener Tagblatt« vom 13. Oktober 1834

Auch Josef Lanner war ein Kind der Vorstadt: Er wurde in Sankt Ulrich (heute der Bezirk Neubau) als Sohn eines Handschuhmachers geboren und wuchs in der vornehmeren Landstraße auf. Der blonde Lanner, »Flachskopf« genannt, und der »Mohrenschädel« Strauß, später als Komponisten die beiden Dioskuren der ersten Glanzzeit des Wiener Walzers, waren zunächst unzertrennliche Freunde und wohnten beisammen. Man erzählte, die beiden bettelarmen jungen Musikanten hätten gemeinsam nur

ein Hemd besessen und es abwechselnd getragen. Das Quartett war erfolgreich und wurde zum Orchester erweitert; es debütierte 1824 in einem Kaffeehaus im Prater. Um zwei Engagements gleichzeitig erfüllen zu können, teilte Lanner das Orchester in zwei Lannerkapellen – die zweite leitete Johann Strauß, der nun, wie Lanner, gleichfalls die Geige spielte und dirigierte. Im Jahre 1825 kam es zwischen den beiden zum Bruch und zur Trennung – und seit 1826 dirigierte Johann Strauß seine eigenen Musiker.

Zunächst hatte er bloß rund ein Dutzend Mann. Sein Talent als Manager und Organisator zeigte sich aber sehr früh, und bald kontrollierte er im Fasching 200 Musiker, so daß er an einem einzigen Tag mehrere Verpflichtungen erfüllen konnte. Er selbst fuhr im Fiaker von Lokal zu Lokal, damit man überall seine »persönliche Leitung« ankündigen konnte. »Lannerianer« und »Straußianer« konnten den Aufstieg ihrer Idole verfolgen – als Dirigenten wie als Komponisten, denn von jedem Tanzmusik-Dirigenten erwartete man eigene Kompositionen. Die erste Komposition von Johann Strauß, die Aufsehen erregte, war der »Kettenbrücken-Walzer«, den er im Fasching 1828 im Saal zur Kettenbrücke in der Leopoldstadt aus der Taufe hob; man hatte damals gerade den Bau einer Kettenbrücke über die Donau geplant. Der Höhepunkt im Wettstreit der beiden Konkurrenten kam mit dem Wienbesuch des weltberühmten Geigers Niccolo Paganini im Jahre 1828; sowohl Lanner als auch Strauß brachten Tanzkompositionen nach Paganinis »Rondo mit dem Glöckchen« heraus. Im Jahr darauf wurde Strauß Musikdirektor eines der elegantesten und populärsten Lokale Wiens, des Sperl in der Leopoldstadt. Schon bald danach dirigierte er die Hofbälle des Kaisers – abwechselnd mit Josef Lanner, der wegen seines übermäßigen Trinkens bei Hofe nicht allzugern gesehen war. Während Lanners Karriere und Ruhm als Komponist und Dirigent auf Österreich beschränkt blieben, lag Johann Strauß bald halb Europa zu Füßen.

Was Johann Strauß wollte, war eine Novität: daß man seinen Tanzkompositionen wirklich zuhörte. Nicht mit einem Viertelohr beim Essen im Wirtshaus, nicht mit einem halben beim Tan-

Das Programm dieses »Außerordentlichen Festes« versprach »große Illumination« und auch, daß »der Beschluß des Festes auf eine imposante Art ausgestattet« sein werde. Zwischen den einzelnen Piècen spielte die Deutschmeisterkapelle unter Philipp Fahrbach. Johann Strauß dirigierte als Nr. 9 die »Ouvertüre zur Leonore in C« (welche der drei mag es wohl gewesen sein?), als Nr. 12 das Finale aus »Die Ghibellinen« (= »Die Hugenotten«, die Zensur gestattete diese Oper nicht unter ihrem Originaltitel!) von Meyerbeer (mit »a«!).

Johann Strauß dirigiert Beethoven

Große Soiree im »Odeon« – vorgestern zum Besten des Wiener Bürgerspitalfondes.
Man sollte es nicht für möglich halten, daß ein Orchesterkörper, der meist leichte Dreivierteltactmusik producirt, eine so gehaltvolle, gediegene Aufführung von Beethovens großer C-dur-Symphonie zu Stande brächte, wie dieß das Strauß'sche Musikpersonal auf eine so überaus glänzende Weise darthat. Strauß ließ keine Nuance dieser klassischen Musik fallen, und die Begeisterung, die ihn durchzitterte, theilte sich in harmonischer Weise seinem Personale mit, so daß – ohne zu übertreiben – Beethoven ein heiliges Recht widerfuhr.

Aus »Der Wanderer« vom 23. Februar 1845

Das Paradeisgartl auf der Löwelbastei (linke Seite). Das Bild oben zeigt den Blick von der Bastei auf den an das Paradeisgartl anschließenden »Volksbelustigungsgarten« mit dem Cortischen Kaffeehaus und dem Theseustempel.
Kolorierte Lithographie von G. Albrächt, o. J.

zen, nicht mit einem dreiviertel wie auf den Festen, die als »Konzert mit Illumination und Feuerwerk« angekündigt worden waren. Er betrachtete seine Schöpfungen als Kunstwerke. Oft waren sie durch einen Schöpfungsakt entstanden – obwohl »kollektives Komponieren«, wie er es auch als Mitglied der Kapelle Lanner erlebt hatte, noch lange immer wieder auf der Tagesordnung stand: Da waren die Musiker der Kapelle beisammengesessen, und dem einen war dieses Thema eingefallen, dem anderen jenes; man sang oder pfiff es einander vor, und so erfand und komponierte man gemeinsam in kürzester Zeit die großen Walzererfolge. »Schauen S', daß Ihnen was einfallt, Strauß«, pflegte Lanner zu rufen. Manche Themen der unter Lanners Namen bekannten Piècen stammten von Strauß, und vielleicht auch umgekehrt. Johann Strauß wollte seine Werke in reiner Konzertform erproben – in gemischten »Pop-Programmen«, neben Werken von Rossini und Beethoven. Die Aufführungen waren so gut, daß der Kritiker Eduard Hanslick unter den öffentli-

chen Instituten, die bis zum Jahre 1849 instrumentale Musik pflegten, nach den Philharmonischen Konzerten gleich das Straußorchester anführte. Und Strauß hatte die kühne Idee, seine Walzer aus den Wiener Vorstädten in die große Welt hinauszuführen – 1833 dirigierte er in Budapest, zwischen 1834 und 1836 leitete er mehrmals Konzerte und Bälle in Deutschland und in den Niederlanden. In Berlin fand man 1834, daß »sein ganzes Ich über die Saiten tanze«, in Stuttgart sah man 1835 »in Straußens Geige den Räsonanzboden mit Luft vom Prater erfüllt«. Der Walzerkomponist, Walzerproducer wurde zum ersten Walzerexporteur. Mit seiner Persönlichkeit und seinem Organisationstalent schuf er im Ausland das Image der Walzerstadt Wien. Zum Entzücken der Welt und zum Leidwesen der Progressiven besteht es noch bis zum heutigen Tag – trotz des Bombenerfolgs von Claudio Abbados Projekt »Wien modern«. Und obwohl Wien zur Musicalhauptstadt Europas wurde. Daran bin ich persönlich nicht ganz unschuldig, denn meine Produktion von »Kiss me Kate« an

der Wiener Volksoper (1956) war die erste große amerikanische Musicalproduktion auf dem europäischen Kontinent und bereitete den Weg für die späteren Produktionen von Rolf Kutschera und Peter Weck am Theater an der Wien.

Seine berühmte Reise durch Frankreich und England hat Johann Strauß in der Zeit von Oktober 1837 bis Ende 1838 in Postkutschen als selbständiger Unternehmer mit einem Orchester von 26 Mann durchgeführt. Schon bei seinem ersten Auftreten im Gymnase Musical von Paris erregte er großes Aufsehen, und bald spielte er in den Tuilerien vor dem Bürgerkönig Louis-Philippe. Cherubini und Auber, Adam und Berlioz waren seine Bewunderer. Bei den Konzerten und auf den Bällen pries man mehrmals den »Schmiß« (mit einem Schuß von Byronscher Melancholie) seiner Kompositionen, insbesondere die Walzerinterpretation des »allemand« – die Bezeichnung »Österreicher« wurde nur selten verwendet –, die feinen Nuancierungen und freien Rubati, den Schwung und die Verve, die Disziplin und Präzision des kleinen Orchesters (das während der Bälle unter strengem Alkoholverbot stand!). Interessanterweise machten auf die Presse nicht die Streicher, sondern die beiden Trompeten den größten Eindruck. Das Straußorchester benützte die überlangen Trompeten alten Stils, die mit dem kleinen Schalltrichter, und erzielte damit hinreißende Effekte. Strauß, der zeitlebens den Mangel jeglicher musikalischer Ausbildung nachholen wollte – als gefeierter Geiger nahm er immer noch Violinstunden –, studierte genau die Tänze Frankreichs, die er später nach Wien brachte; insbesondere »den« Quadrille, dessen Meister Philippe Musard war, der beliebte Kapellmeister der Pariser Tanzmusik. Bei den gemeinsamen Konzerten beider Kapellen in der Salle Vivienne spielte Strauß im ersten Teil mit seinen 26 Mann und siegte bei diesen musikalischen

Josef Lanner
Anonymes Aquarell, o. J.

Josef Lanner dirigiert die »Hans Jörgel Polka«.
Kolorierte Lithographie aus »Hans Jörgel«, 1842

Der Quadrille – die Walzer

Die Tanzform Quadrille, die im Schaffen von Strauß Vater einen großen und in dem von Strauß Sohn einen geringeren Raum einnimmt, heißt auf französisch »Le Quadrille« und ist männlichen Geschlechtes. Man versteht darunter eine Folge von fünf Tänzen, von einer geraden Anzahl von Paaren in choreographisch genau festgelegten Figuren getanzt, nach einer seit Anfang des 19. Jahrhunderts feststehenden musikalischen Gestaltung. Auf den Eröffnungstanz »Pantalon« im ⅝-Takt folgt ein langsamer »Eté« im ²/₄-Takt, als dritter Tanz die ernste »Poule« im ⅝-Takt, darauf – in immer rascherem Tempo – »Trenis« und als Finale »Pastourelle«, welche oft in einen wilden Galopp mündet.

Der Meister der Quadrille war Philippe Musard (1789–1853), Leiter der Opernbälle von Paris Er wurde zunächst durch die »Concerts Musard« in seinem eigenen Saal in der Rue Vivienne bekannt, wo Johann Strauß Vater auf seiner Frankreichtournee 1837/38 mit ihm gemeinsam Konzerte gegeben hat. »Le Quadrille« wurde manchmal als musikalisches Neuigkeitsblatt verwendet und brachte Motive aus neuen Opern, zum Tanz bearbeitet. Musard verarbeitete zu seinen Quadrillen auch Teile aus Mozarts »Requiem« und Haydns

»Schöpfung«, Johann Strauß Vater schrieb Quadrillen nach Opern von Meyerbeer, Johann Strauß Sohn ließ sogar zu »verquadrilleten« Versionen von »Maskenball«, »Rigoletto«, »Troubadour« tanzen. »Maskenball«-Melodien als Quadrille wurden ein kleines Meisterwerk von Johann Strauß Sohn. Über meinen Rat hat es Claudio Abbado mit triumphalem Erfolg beim Neujahrskonzert der Wiener Philharmoniker 1987 dirigiert. Beim Neujahrskonzert 1991 dirigierte er »Carmen«-Quadrille von Eduard Strauß, eine schreckliche Banalität. Man behauptet, niemand habe »Le Quadrille« mit solchem Elan und »Poesie de l'ivresse« (Poesie des Rausches) gebracht wie Musard. Bei seinen Monsterkonzerten spielten 24 Trompeten und 12 Posaunen im Orchester.

In den Tagen von Strauß Vater und Lanner sowie in den Anfangstagen von Strauß Sohn hieß es nicht »der Walzer«, sondern »die Walzer«. Dies bedeutete kein weibliches Geschlecht, sondern eine Mehrzahl: »Die Schönbrunner ... (zu ergänzen – Walzer)«. Man sah in der Aufeinanderfolge der einzelnen Walzermelodien noch keine durch Meisterhand gefügte Einheit. Viel später, der Zeit nachhinkend, schrieb man noch immer über »die« Donauwalzer.

Duellen stets mit seinen Walzern über die achtzigköpfige Quadrillekapelle Musards. Einmal vereinigte Strauß in der Salle St-Honoré seine Kapelle mit der des französischen Tanzkapellmeisters Dufrene zu einem Monsterkonzert mit 140 Mann.

Sehr kritisch beurteilte die Presse die anderen Teile seiner Programme. Man fand die Opernouvertüren von Auber und Herold, die Strauß als Verbeugung vor dem französischen Publikum spielte, überflüssig. »Ekelerregend« und »widerlich« nannten die Rezensenten oft die beim Publikum stets erfolgreichen »Potpourris«, in denen Melodien aus Opern, Volkslieder und Walzerfragmente durch primitive Modulationen miteinander verbunden waren, wobei es auch die Schellenklänge der Postgäule, das Peitschenknallen der Kutscher, Pistolenschüsse und ähnliches zu hören gab. Es schien eine groteske

Variante jener Programmusik zu sein, die Berlioz gerade damals erschuf.

Von Frankreich ging es im April 1838 nach England, wo am 28. Juni die Krönung der neunzehnjährigen Königin Victoria stattfand. »Mister Johannes Strauß from Vienna« triumphierte bei Hofbällen, gab Konzerte »unter dem Protektorat Ihrer Majestät der Königin« mit Ouvertüren von Rossini und Meyerbeer – neben seinen eigenen Polkas und Märschen. Am Krönungstag selbst spielte er mit seiner Kapelle auf der Straße »God save the Queen«.

Was Management betrifft, war Johann Strauß seiner Zeit weit voraus, insbesondere auf dem Felde der Publicity. Er wußte, daß zum Walzer auch die Walzerreklame gehörte, und organisierte persönlich wirkungsvolle Annoncen-, Flugzettel- und Plakataktionen für seine jeweiligen Auftritte. Schon in frühen Tagen schaffte er das prestigewidrige Geldsammeln mit Hut oder Teller ab und verlangte bei seinen Produktionen ein fixes Eintrittsgeld. Er verpflichtete seinen Verleger Tobias Haslinger, daß sein Name in besonders großen Lettern auf den Ausgaben der Kompositionen gedruckt wurde, manchmal mußte auch sein Bild erscheinen. Die Klaviernoten der neuen Walzer wurden während seiner Feste oft als Mitternachtsspende durch Kellner an die Damen verteilt – gelegentlich mit der Erklärung, die Noten würden in den Musikalienhandlungen nicht verkauft werden.

Auf dem Boden der Reitbahn von Liverpool ließ Strauß sein nächstes Konzert in riesigen Buchstaben aus Sägespänen ankündigen. Und er erntete größte Publicity, als er sich in Paris mit seiner Kapelle bei einem Großfeuer in der Italienischen Oper an den Löscharbeiten beteiligte.

Müde, krank, zermürbt von den Anstrengungen der Reise und gewissen Konflikten mit seinen Musikern, die auf eigene Faust Konkurrenzunternehmungen planten, kehrte Johann Strauß Ende 1838 nach Wien zurück. Er wurde als Walzerkönig begrüßt – als hätte man in London nicht die junge Königin, sondern ihn, den »österreichischen Napoleon«, gekrönt. Doch nun begann die tragische Wendung in seinem Leben. Er sah noch ein weiteres Ziel vor sich: die Tanzmusik ganz vom Tanz zu erlösen, sie in die Sphären absoluter Musik zu heben, wie es die Wiener Klassiker mit dem Menuett getan hatten, und das Geschäft mit der Gaudé anderen zu überlassen. Dies sollte aber nicht ihm gelingen, sondern einem anderen, mit dessen Genie heute die Menschheit den Namen Johann Strauß verbindet.

Seinem Sohn.

Strauß in England

Von den Eindrücken, die Strauß Vater auf die englischen Zuhörer machte, berichtete Ignaz Moscheles: »Alles tanzt, muß tanzen, wenn er geigt. In den Konzerten, die er mit seinem kleinen Orchester gibt, tut man es sitzend; in Almecks, diesen fashionabelsten aller Subskriptionsbälle, hüpfen die aristokratischen Füßchen nach seinen Weisen, und auch wir hatten neulich das Glück, in einer Soiree darnach zu tanzen, wobei wir alten Eheleute uns decidiert verjüngten. Er selbst tanzt übrigens, »corps et âme«, während des Spielens, nicht mit den Füßen, aber mit der Geige, die beständig auf- und niedergeht, während der ganze Mensch jeden guten Taktteil markiert; dabei ist er so ein gemütlicher Wiener, nicht raffiniert gebildet, wie ein Weltmann, aber amüsant und immer heiter; hat man doch der betrübten Exemplare genug . . .«

Mein Vater entdeckte zufällig sein Compositions-Talent. Das Componiren war offenbar damals eine leichtere Kunst als heutzutage. Zur Hervorbringung einer Polka durchstudirt man jetzt die gesammte Musikliteratur und vielleicht auch noch einige philosophische Systeme. Früher gehörte zum Componiren nur Eines: »es mußte Einem was einfallen«, wie man sich populär auszudrücken pflegte. Und merkwürdigerweise »fiel Einem auch immer was ein«. Das Selbstvertrauen in dieser Richtung war so groß, daß wir Alten häufig eine Walzerparthie für einen bestimmten Abend ankündigten, von welcher am Morgen desselben Tages noch keine Note vorhanden war. In einem solchen Falle erschien zumeist das Orchester in der Wohnung des Compositeurs. Sobald dieser einen Theil fertiggestellt hatte, wurde er vom Personale für das Orchester hergerichtet, copirt etc. Inzwischen wiederholte sich das Wunder des »Einfallens« beim Compositeur bezüglich der übrigen Theile; nach einigen Stunden war das Musikstück fertig, wurde durchprobiert und am Abend vor einem in der Regel enthusiastischen Publicum zur Aufführung gebracht.

Johann Strauß, aus der Einleitung zur Gesamtausgabe der Werke seines Vaters, 30. November 1887

»EIN NEUER WALZERSPIELER – EIN STÜCK WELTGESCHICHTE«: JOHANN STRAUSS SOHN

»Hat Strauss Vater nächst Walzern und Galoppen auch noch Musse gefunden, der Welt Söhne zu präsentieren?«

West in »Der Wanderer«, 19. Oktober 1844

Das Jahr 1825 war in vieler Beziehung ein Schicksalsjahr für Johann Strauß. Es brachte die endgültige Trennung von Josef Lanner und den Anfang seines selbständigen Wirkens als Tanzkomponist und Balldirigent. 1825 war noch keine seiner Kompositionen im Druck erschienen; erst mit dem »Täuberl-Walzer«, den er ein Jahr danach in der Gastwirtschaft ›Zu den drei Täuberln‹ in der Marokkanergasse spielte, lenkte er die Aufmerksamkeit auf sein Schaffen. Auch in seinem Privatleben war dieses Jahr 1825 von Bedeutung: Er hatte sich in Anna Streim, die um zwei Jahre ältere Tochter eines Bierwirtes aus dem Liechtenthal, verliebt, und als das Verhältnis nicht ohne Folgen blieb, mußte Strauß sich entschließen, zu heiraten – eiliger als geplant. Sein Vormund, der »bürgerliche Kleidermacher« Anton Müller, suchte am 5. April 1825 beim löblichen Magistrat der k. k. Haupt- und Residenzstadt um den »Ehe-Consensus« für sein Mündel an und betonte in dem Ansuchen, daß Johann Strauß seit 1824 Landwehrmann beim Hoch- und Deutschmeisterbataillon Nr. 2 sei, ein jährliches Einkommen von 400 Gulden in Metallmünze habe und daß die Braut mit zusätzlichen Verdiensten durch weibliche Handarbeit rechnen könne. Die obervormundschaftliche Bewilligung wurde am 24. Juni erteilt und gleichzeitig das zwischen den Brautleuten getroffene Einverständnis zur Kenntnis genommen, daß alles, was sie gegenwärtig besäßen und während der Ehe erwerben würden, gemeinschaftliches Gut sein sollte. Johann und Anna heirateten am 11. Juli in der Liechtenthaler Pfarrkirche. Sie wohnten zuerst in der Josefstadt, dann in St. Ulrich, und tauften ihr erstes Kind nach dem Vater Johann Baptist.

Johann Strauß Sohn wurde für die Nachwelt »Johann der Einzige«. Er wurde am 25. Oktober 1825 in dem einfachen Altwiener Haus St. Ulrich Nr. 76 geboren (heute Lerchenfelder Straße 15); eine Gegend, in der die Familien des Hochadels wohnten – grundverschieden von der »plebejischen« Leopoldstadt, aus der Vater Strauß stammte. Das Ehepaar wechselte oft die Wohnung, beinahe jedes ihrer fünf Kinder wurde in einer anderen geboren: 1827 kam Josef zur Welt, der gleichfalls als Komponist unsterblich wurde, 1829 und 1831 folgten die Mädchen Anna und Therese. 1834 fand die Familie ihre endgültige Bleibe im Hirschenhaus, Taborstraße 17, neben der Karmeliterkirche. Das war eine Zinskaserne mit 77 Wohnungen und einem großen Hof, in dem ständig Bettelmusikanten aufspielten. Sie trug ihren Namen von dem vergoldeten Hirsch, der als Wahrzeichen einer Schenke auf der Vorderfront zu sehen war. Hier wurde im selben Jahr Ferdinand geboren (er starb noch im Jahr seiner Geburt am »hitzigen Wasserkopf«) und 1835 Eduard, als »der fesche Edi« der letzte Dirigent der Straußkapelle; er wohnte bis 1886 in seinem Geburtshaus.

Das Hirschenhaus war der Schauplatz der Jugend von Johann Strauß Sohn. Den Sommer verbrachte die Familie von 1828 bis 1834 in einem kleinen, von Efeu umrankten Landhäuschen bei Salmannsdorf im Wienerwald, zu dem man noch heute aus aller Welt pilgert. Es gehörte den Eltern der Mutter, der Familie Streim. In diesem Haus hat der kleine Johann auf dem Klavier geklimpert und im Alter von sechs Jahren seinen ersten Walzer komponiert. Die Mutter hat ihn viel später aus dem Gedächtnis aufgeschrieben, und Frau Adele Strauß, die dritte Gattin des Sohnes, veröffentlichte ihn zu einem wohltätigen Zweck.

Das Salmannsdorfer Häuschen trug eine Gedenktafel:

> Hier hat ein großer Musikant,
> der Meister Strauß ist er benannt,
> den ersten Walzer komponiert
> und dadurch dieses Haus geziert.

Dieser »Erste Gedanke« ist ein linkisches, ungelenkes, aber rhythmisch ganz ungewöhnliches und eigenwilliges Gebilde. Kenner hätten schon damals den Geniefunken aufleuchten sehen können. Aber Vater Strauß war in keiner Weise geneigt, auf Genieblitze seines Sohnes zu achten. Seine Karriere ging mit Riesenschritten voran. Die beiden unerbittlichen Wiener Fanclubs spielten Lanner gegen Johann Strauß aus.

Die Jahre vergingen, Strauß war Musikdirektor des beliebten Vergnügungslokals Sperl in der Leopoldstadt und schien der eindeutige Gewinner in diesem ersten, noch harmlosen Walzerkrieg zu werden. Er hatte den Kontakt mit Josef Lanner, der anläßlich des Ausscheidens von Strauß einen melancholischen »Trennungswalzer« geschrieben hatte, bald wiedergewonnen – aber der Kontakt zu seiner Familie verschlechterte sich von Jahr zu Jahr. Johann Strauß war energisch und herrisch, nervös und autoritär. Was ihn am Pult so hinreißend machte, wurde im Hirschenhaus zur Qual. Bald bewohnte er einen separierten Teil der Wohnung – was sicherlich notwendig war, denn oft probierte er mit seinem Orchester daheim, und wenn er nach langen Nächten, in denen er oft in mehreren Lokalen dirigierte, überarbeitet und erschöpft am Morgen nach Hause kam, brauchte er Ruhe und Abgeschiedenheit. Durch verschiedene Liebschaften des von den Frauen verwöhnten Mannes erkaltete das Verhältnis zu seiner

Das Landhaus in Salmannsdorf. Hier schrieb der sechsjährige Johann Strauß Sohn im Jahre 1832 seinen ersten Walzer. Das Häuschen gehörte seinen Großeltern mütterlicherseits und steht noch heute.
Aquarell von Martha Schreiber, 1913

Das Hirschenhaus war ein nach dem ehemaligen großen Einkehrgasthof Zum Goldenen Hirschen benannter großer Wohnblock (Taborstraße 17), gegenüber der Karmeliterkirche. Strauß Vater zog 1834 hier ein, die Familie bewohnte später den ganzen ersten Stock. Johann Strauß Sohn wohnte hier bis zu seiner Heirat im Jahre 1862. Eduard Strauß wurde 1835 im Hirschenhaus geboren und zog als letztes Mitglied der Straußfamilie im Jahre 1886 aus.
Aquarell von Franz Gerasch, o. J.

Gattin. Zu seinen Söhnen fand er überhaupt keines.

Johann war schon von frühester Kindheit an entschlossen, in die Fußstapfen des von ihm vergötterten Vaters zu treten, den er bei seinen Übungen belauschte; er wollte ebenfalls Berufsmusiker werden. Aber mit solchen Wünschen stieß er beim Vater auf taube Ohren. Johann jun. besuchte seit 1836 das berühmte Gymnasium des Schottenstiftes (als Chorsänger bei St. Leopold hatte er Schulgeldbefreiung), ab 1841 die Kommerzielle Abteilung des Polytechnikums (Merkantilrechnen, Warenkunde und Handelswissenschaften), denn der Vater hatte für ihn eine Bankposition in Aussicht. Im April 1843 trat Johann jedoch aus dieser Schule aus; vermutlich stand dies in Zusammenhang mit dem Tod Josef Lanners am 14. April 1843.

Einmal kamen Schani und Pepi, wie Johann und Josef zu Hause genannt wurden, zum Vater und spielten ihm vierhändig auf dem Klavier aus seinen Kompositionen vor. Das stimmte den Vater nachdenklich. Zur großen Auseinandersetzung aber kam es erst, als er entdeckte, daß sein Sohn Johann heimlich das Geigenspiel übte: schon ganz professionell, wobei er im Gedanken an sein künftiges Publikum vor dem Spiegel elegante Haltung und eine optisch schöne Bogenführung einstudierte, denn ein richtiger »Stehgeiger« galt als potentieller Verführer jeder Zuseherin.

Johann jun. hatte einem kleinen Mädchen im Hirschenhaus für sechzig Kreuzer Klavierstunden gegeben und sich so sein Geigerstudium finanziert. Äußerlich genommen, waren die Gründe, aus denen Vater Strauß seinen Söhnen verbot, Berufsmusiker zu werden, plausibel: Es war ein unsicherer Beruf, gesellschaftlich nicht geachtet, anstrengend, sorgenvoll; die meisten Musikanten konnten sich nur durch Nebenverdienste als Kellner oder Hausdiener erhalten. Vergeblich hatte er sogar versucht, die Ehe seiner Schwester Ernestine mit einem Mitglied seiner Kapelle zu verhindern. Gleichzeitig aber war klar, daß er sich vor der Konkurrenz aus der eigenen Familie fürchtete; vielleicht hatte er instinktiv die Größe von Johanns Begabung erfaßt. Also nahm er dem Sohn die Geige weg – die Mutter verschaffte ihm eine neue.

Während sich Josef den väterlichen Wünschen zunächst fügte, war Johann keineswegs gewillt, sein Lebensziel nicht weiter zu verfolgen. Die akute Krise im Elternhaus kam ihm dabei zu Hilfe. Vater Strauß hatte 1834 bei einem Ball eine blutjunge kokette Modistin kennengelernt; sie hieß Emilie Trampusch und wurde sehr bald seine Freundin. Von der Ehe, die ihm zur Qual geworden war, flüchtete er in sein wahres Heim, die Ballsäle, und schließlich in die Welt hinaus. Nach der Rückkehr aus Frankreich und England verließ Johann Strauß sen. das Hirschenhaus und zog mit Emilie zunächst in die Leopoldstadt, dann in eine Wohnung in der Kumpfgasse, nahe der Stephanskirche – ähnlich wie Josef Lanner seine Gattin verlassen hatte, um mit einer Fleischerstochter in Döbling zu leben. Emilie Trampusch, die Johann Strauß nach dem in Österreich geltenden katholischen Eherecht zu Lebzeiten seiner Frau nicht heiraten konnte, gebar ihm zwischen 1835 und 1844 sieben uneheliche Kinder; das erste kam, zum Schmerz von Mutter Strauß, knapp zwei Monate nach Eduard zur Welt.

Obwohl Vater Strauß die Berufswahl seiner ehelichen Kinder auch weiterhin mitbestimmen wollte, war es klar, daß die Hauptlast der Versorgung nun auf den Schultern von Johann jun. lag. Die Mutter förderte mit ihren Ersparnissen seine musikalische Ausbildung und begleitete ihn auf der Gitarre, wenn er seine eigenen Kompositionen auf dem Klavier spielte; einer heute längst widerlegten Familienlegende zufolge war Frau Strauß die Enkelin eines emigrierten spanischen Marquis.

Der junge Strauß lernte das Geigenspiel zunächst bei Franz Amon, dem Konzertmeister des väterlichen Orchesters, dann bei Anton Kohlmann, dem Ballettkorrepetitor des kaiserlichen Hofoperntheaters. Die Mutter leistete ihm sogar einen prominenten Lehrer im Generalbaß, den berühmten Domkapellmeister der Kirche »Zu den neun Chören der Engel« Am Hof, den damals einundsechzigjährigen Josef Drechsler. In jüngeren Jahren war Drechsler Hauskomponist des Leopoldstädter Theaters gewesen, und wir kennen und lieben noch heute die Melodien, die er für Ferdinand Raimunds Zaubermärchen geschrieben hat, zum Beispiel »Brüderlein fein« aus dem »Bauer als Millionär«.

Drechsler, jetzt Kirchenorganist und Autor von Gebrauchsmusik für Gottesdienste, wäre glücklich gewesen, wenn er aus seinem hochtalentierten Schüler gleichfalls einen Kirchenkomponisten hätte machen können. »Aus Ihnen wird nichts!« schrie er einmal, als Johann während einer Unterrichtsstunde in der Kirche an der Orgel Walzermelodien improvisierte.

Für den jüngeren Johann Strauß war es klar, welchen Weg er gehen müsse, und er war gewillt, ihn kompromißlos zu beschreiten. Er wollte es seinem Vater gleichtun, den er grenzenlos bewunderte und von dem man so oft in den Zeitungen las, ... wie der schmächtige blasse Mann mit raschen Schritten durch den Saal zum Podium lief, hinaufsprang, die Geige ergriff und, wie vom Teufel befallen, zu spielen begann, ... wie das Orchester im selben Augenblick von derselben dämonischen Kraft ergriffen wurde, ... und wie dann der Taumel vom Podium auf das Publikum überging, ... wie die ganze Menge im Saal oder im Garten zu einem einzigen Wesen verschmolz, das nichts mehr hörte als diese Rhythmen, diese Klänge, und nichts mehr sah als diesen wunderlichen, einzigartigen Hexenmeister.

Auch der Sohn wollte ein Orchester haben, wollte Tanzstücke komponieren und an der Spitze seiner eigenen Musiker in den Vergnügungsstätten Wiens Tanzweisen und gute Unterhaltungsmusik spielen. Dazu mußte man aber die Erlaubnis des Magistrats einholen, und so machte der junge Strauß, noch nicht neunzehn Jahre alt, am 31. Juli 1844 eine diesbezügliche Eingabe: Er habe vier Grammatikalklassen absolviert und zwei Jahre am Polytechnikum studiert, in der Kirche Am Hof und in Privatkreisen die Violine gespielt und wolle nunmehr mit einem Orchester von 12 bis 15 Mann »in Gastlocalitäten Musikunterhaltungen« abhalten und auch »Opernstücke und Concertsachen« aufführen. Er legte die Zeugnisse seiner Lehrer bei. Drechslers positive Beurteilung hatte der nach den Worten seines Lehrers »bescheidene, sehr gebildete Jüngling« durch eine Kirchenkomposition »Tu qui regis totum orbem« errungen; sie war in der Kirche Am Hof 1844 ein einziges Mal aufgeführt worden. Dem Gesuch wurde am 5. September 1844 stattgegeben, so rasch hat man damals in Alt-Wien gearbeitet! Ein wohl-

wollender Magistratsrat fand sogar einen Weg, die Einvernahme des Vaters zu vermeiden, »da dieser Erwerbszweig eine freie Beschäftigung ist und deshalb weder die Großjährigkeit noch im Falle der Minderjährigkeit die väterliche Einwilligung hiezu erforderlich wird«. Mutter Strauß hatte, um dies zu erleichtern, am 10. August die Scheidungsklage eingebracht; die Ehe wurde 1846 geschieden.

Orchestermusiker zu finden war nicht schwer. Johann brauchte nur in das Gasthaus Zur Stadt Belgrad auf dem Josefstädter Glacis in der Nähe seines Geburtshauses zu gehen, die Musikantenherberge des Vormärz. Dort trafen sich an jedem Montagmorgen die arbeitslosen Musiker, um sich von Kapellmeistern und Impresarios prüfen und anwerben zu lassen. Schon am 8. Oktober 1844 schloß der angehende Debütant, der noch gar keine Erfahrung hatte, mit 24 Orchestermusikern einen Vertrag, der sich so modern liest, daß man über den Weitblick des jungen Mannes nur staunen kann. Vieles, was der Vertrag verlangt, hat noch heute seine Gültigkeit: Die Musiker mußten den Orchesterraum lautlos betreten und ebenso lautlos verlassen. Sie durften weder bei Proben noch bei Konzerten einen Substituten schicken, und jede

In diesem Haus in der Vorstadt St. Ulrich wurde am 25. Oktober 1825 Johann Strauß Sohn geboren. Nach der Eingemeindung der Vorstadt erhielt das Gebäude die Adresse Lerchenfelder Straße 15. 1892 wurde es demoliert und durch einen Neubau ersetzt.

Rechts: Dieses Tableau wurde Johann Strauß bei den Jubiläumsfeiern 1894, zum fünfzigsten Jahrestag seines ersten öffentlichen Auftretens, überreicht. Die Medaillons zeigen den Walzerkönig, seinen Vater, die Brüder Josef und Eduard sowie sein Geburtshaus.
Aquarelle auf Elfenbein, 1894

Widerspenstigkeit gegen die Anordnungen des Kapellmeisters sowie Trunkenheit galt als Entlassungsgrund. Der junge Strauß wußte bereits, daß man nur mit eiserner Disziplin aus bunt zusammengewürfelten Musikern einen einheitlichen Klangkörper formen kann.

Keine Substituten!

„... Keinem der in diesem Contracte Unterfertigten Herrn Orchester Mitglieder ist es gestattet, seinen Platz im Orchester, weder bey Proben noch bey Productionen, durch einen Substituten zu besetzen, wenn er hiezu nicht wehrend angemeßener Zeit die ausdrückliche Bewilligung des Herrn Kapellmeisters Strauß angesucht und erhalten hat. Von der Verbindlichkeit der aufgetragenen Dienstleistung überhaupt ist kein Orchester Mitglied außer im Falle einer wirklichen, durch ärztliches Zeugniß erwiesenen Krankheit befreyt ..."

Eine noch heute aktuelle Klausel aus dem Vertrag zwischen Johann Strauß Sohn und seinem Orchester

---

Nun hatte er also die Lizenz und ein Orchester. Ein Skizzenbuch, das sich heute in Amerika befindet, beweist, daß er schon seit 1843 an Walzern, Quadrillen und Polkas arbeitete, denn ohne ein Repertoire aus selbstkomponierten neuen Piècen konnte kein Tanzkapellmeister vor sein Publikum treten. Und was das wichtigste war: er hatte auch schon ein Lokal. Das war gar nicht so leicht gewesen, denn kaum einer von den Gastwirten Wiens wollte es sich mit Vater Strauß verderben; seine Popularität und Zugkraft hatten gerade ihren Höhepunkt erreicht, seine Walzer wurden als Kunstwerke anerkannt, er war in Wien ein Machtfaktor.
Aber der Cafetier Ferdinand Dommayer hatte schon Wochen zuvor dem jungen Strauß versprochen, ihm anläßlich des Theresienfestes die Chance zu einem spektakulären Debüt zu geben und ihn bei sich »sein eigenes Orchester-Personale dirigieren zu lassen«. Dommayer besaß ein elegantes Vergnügungslokal in dem Dorf Hietzing, gleich beim Schloß Schönbrunn, und war entschlossen, dort dem Sperl

mit ungewöhnlichen Mitteln Konkurrenz zu machen. Der Dommayer war ein vornehmes Etablissement – die Besucher waren Mitglieder des Kaiserhauses, Angestellte von Schloß Schönbrunn, noble Hietzinger Villenbesitzer und reiche Wiener, die sich die teure Fiakerfahrt dort hinaus leisten konnten. Das Lokal wurde schon 1787, in der Zeit Kaiser Josephs II., gegründet. Es war ein typisches Altwiener Etablissement mit Garten, Pavillon und einem mit antikem Fries geschmückten Hauptgebäude. Der Tanzsaal wurde 1833 eröffnet. Hier leitete Josef Lanner seine »Subscriptionsbälle« und Reunionen; hier hatte er seinen schönsten, dem Genius loci gewidmeten Walzer, »Die Schönbrunner«, bei der Uraufführung einundzwanzigmal wiederholen müssen. Und

hier tat Lanner 1843 seinen letzten Geigenstrich. Künstlerisch genügsame Kritiker des alten Wien nannten den Dommayer »eines der herrlichsten Architekturwerke« ... Heute steht an dieser Stelle das Parkhotel Schönbrunn. Der Dommayersaal war nicht groß, er bot nur Raum für sechshundert Menschen und konnte die Völkerwanderung, die am 15. Oktober 1844 aus Wien nach Hietzing pilgerte, per Fiaker und zu Fuß, um der ersten »Soirée Dansante« des jungen Johann Strauß beizuwohnen, nicht fassen. Natürlich haben Sensationslust und Wiener Lokaltratsch mitgespielt, ganz Wien war voll von wahren und erfundenen Geschichten über den Konflikt zwischen Vater und Sohn. Jener habe Gastwirte bedroht und bestochen, dem Sohn kein Lokal zu geben – dieser des Vaters

»Funkensprühend wie eine galvanische Batterie«

Mir kommt Strauß Sohn bisweilen vor wie ein junges ungebändigtes Füllen von echt arabischer Race, das übermüthig mit den Mähnen herumwirft, dem jede Ader von Lebenskraft strotzt, das wild nach allen Seiten hin ausschlägt und das bei aller wilden Ungebärdigkeit doch ein anmuthiges reizendes Bild gewährt. Strauß Sohn soll erst seit einigen Monaten an der Spitze dieses Orchesters stehen; wenn das der Fall, dann müssen wir neuerdings das eminente Talent dieses jungen Mannes – das Talent, sich ein Ensemble zu bilden – rühmend anerkennen. Es war wirklich in allen producirten Musikstücken das abgerundetste, graziöseste Zusammenspiel wahrzunehmen und selbst in den rapidesten Tempos, die bisweilen genommen wurden, jene eingehende haarscharf ausgeprägte Raschheit, die sonst kaum Jahrelang zusammengeübten Orchestern dieser Art eigen ist. Strauß Sohn hat am Abende des 15. Oktobers die Feuer- und Wasser-Probe (denn er muß sich in Wasser gebadet haben) glänzend bestanden. Er hat die Herzen Aller im Sturm genommen und am TheresienAbend eine Schlacht gewonnen, für welchen Sieg wir ihm einen musikalischen Theresien-Orden verleihen möchten. Triumph, mein Strauß Sohn – erst 21 Jahre alt und so viel schon für die Ewigkeit in Walzer und Quadrille gethan! Triumph, mein

Wien, das jetzt einen Strauß Vater und Strauß Sohn in seiner Mitte hat – das Geschlecht der Oerindur stirbt nicht aus. Wie werden nun in der nächsten Carnevals-Saison die Wiener-Füße jubelnd aufjauchzen, wenn dieser Strauß Sohn als schlagfertiger Adjutant an der Seite des WalzerGeneralissimus die Massen ins Feuer führt – wie viele Opfer werden da erst fallen? – Ich verließ um 12 Uhr die noch immer vollgepfropften Räume Dommayers, Strauß Sohn spielte eben zum 19. Male die »Sinngedichte«. Junges Leben, dachte ich mir, Du wirst die Wiener-Freunde, diese Wütheriche im Wiederholenlassen, noch kennenlernen. – Mein Fiaker rollte der Stadt zu, und sonderbar, war es Fiakerlaune oder Spiel des Zufalls, von Mariahilf bog er ab und fuhr der Kothgasse zu.

An der Ecke da – am Bergabhang hinab steht ein kleines Haus – ich glaube es heißt zum Hahn. Ich sah zum Wagen nach den Fenstern dieses Hauses – es war alles finster und Grabesstille. Da oben hat auch einmal ein Wiener keine üblen Walzer geschrieben! Gute Nacht Lanner! Guten Abend Strauß Vater! Guten Morgen Strauß Sohn!

Zum Debüt von Johann Strauß Sohn.
Aus »Der Wanderer« vom 19. Oktober 1844

Dommayers Kasino in Hietzing als
Kulisse für das Biedermeier-
Zauberspiel »Der Zaubermund«.
*Kolorierte Lithographie nach
Johann Christian Schöller, o. J.*

Johann Strauß Sohn bei seinem
legendären Debütkonzert in
Dommayers Kasino am
15. Oktober 1844. Der Eigentümer
des Etablissements, der
Kammacher Ferdinand Dommayer,
hatte das alte »Kaffee- und
Traiteurhaus« – zu dem man schon
seit 1825 mit Stellwagen aus der
Innenstadt fahren konnte –
demolieren lassen und eröffnete
1833 an derselben Stelle einen
Prachtbau. Bei seinen populären
»Täuberl-Bällen« wurden die
Damen mit lebenden Tauben
beschenkt, die Briefchen mit
galanten Versen um den Hals
trugen. An der Stelle des
ehemaligen Dommayer steht heute
das Parkhotel Schönbrunn.
*Kolorierte Xylographie von Theo
Zasche, o. J.*

Musiker abzuwerben versucht. Zwischen Ferdinand Dommayer und Vater Strauß sei es zu einer Prügelei gekommen . . . Man erwartete jedenfalls einen Skandal.

Bei dem Gedränge war an Tanzen nicht zu denken. Dennoch verlief das Debüt des Mannes, der bestimmt war, die sogenannte leichte Muse auf die höchste Höhe der Kunst zu führen, in jeder Beziehung sensationell. Johann Strauß, noch etwas linkisch, ungeschickt, schüchtern, fühlte sich als Sohn seines Vaters und erlebte an diesem Abend einen vollen Triumph. Er dirigierte mit dem Geigenbogen, geigte manchmal selber mit – ganz wie Johann Strauß sen. und doch mit einer unverkennbar persönlichen Note. Die Frauen verliebten sich in den wachsbleichen, hageren jungen Mann mit den schwarzen Locken und den dunkel funkelnden Augen. Das Programm begann mit der Ouvertüre zur »Stummen von Portici« von Auber, die sogleich wiederholt werden mußte. Dann kamen jubelnd aufgenommene Walzer, Quadrillen und Polkas des Debütanten, und als der Sohn den schönsten Walzer seines Vaters spielte, den einzigen, in dem dieser zum Tondichter geworden war – die damals erst ein Jahr alten »Loreley-Rhein-Klänge« –, war der Enthusiasmus grenzenlos. In einer Ecke saß die Mutter. Vater Strauß war nicht zugegen, hatte aber den erfahrenen Lamperlhirsch als Spion entsandt. Es soll auch etwas zischende Opposition gegeben haben, die angeblich Tobias Haslinger, Freund und Verleger des Vaters, organisiert hatte.

Der Humorist Moritz Saphir schrieb in Unkenntnis der Hintergründe, der Vater habe »Walzertränen geweint«, und die Mutter sei »bis zum Galopp gerührt« gewesen. »Möge der Bogen seines Vaters schützend über der Geige seines Sohnes schweben«, schrieb Saphir.

Sein Wunsch ging in Erfüllung. Allerdings wurde auch festgestellt, daß zum Erfolg des Abends auch »Herrn Dommayers vortreffliche Bedienung, seine ausgezeichneten Getränke und seine bei allen Gourmets berühmte Küche« das Ihre beigetragen hätten, so daß der Pianist Ignaz Moscheles, der dabei war, berichten konnte, daß ihm »das Essen im Leibe tanzte«.

Seit dem Tod Josef Lanners im Jahre 1843 war Johann Strauß Vater Alleinherrscher im Walzerreich des Biedermeier-Wien gewesen.

Noch im Oktober 1844 erhob Vater Strauß beim k. k. Kreisamt in Hietzing Beschwerde gegen das Auftreten seines Sohnes. Über Weisung der übergeordneten Behörde, des Hofrichters in Klosterneuburg, wurde der Beschwerde nicht stattgegeben. Es muß ihn besonders gekränkt haben, daß er, Johann Strauß der Einzige, in diesem mit 11. Oktober 1844 datierten Akte zum ersten Male als »Musikunternehmer Strauß Vater« bezeichnet wurde.

In der Zeitung »Der Demokrat« stand einmal zu lesen: »Zwei Seelen wohnen in der Brust des Wieners, und eine davon ist eine Straußsche Geige.«

Doch seit dem 15. Oktober 1844 gab es deren zwei.

WALZERKRIEG IM ABENDROT DES VORMÄRZ

»STRAUSS SOHN NIMMT ES MIT DEM *Heilig ist das Eigentum* NICHT SEHR GENAU. BESONDERS IST ES DER VATER, DER ARG GEPLÜNDERT WIRD ...«

Es gab Jubel und Tränen, Applaussalven und Beifallsschreie, Tücherschwenken und Umarmungen, Furore und Fanatismus beim Debüt von Strauß Sohn im Dommayer. »Sein Erfolg widerhallte in den Tanzsälen und Tanzseelen«, so feierte die einstimmig überschwengliche Presse das »neue Wundertier« und seine ersten vier Kompositionen (zwei Walzer, eine Polka, eine Quadrille), seinen markigen Strich als Geiger und sein dem Vater gleichendes Feuer als Dirigent. Wien hatte seine Sensation und ein anscheinend unerschöpfliches Gesprächsthema. Für einige Tage. Dann setzte wieder der Alltag ein, und es zeigte sich, daß Strauß Vater viel zu gute Beziehungen hatte und viel zu mächtig war, um durch den Erfolg eines neuen Namens, und sei es auch der eigene, gleich entthront zu werden. Zunächst wollte kaum ein Etablissementbesitzer den Sohn engagieren, um es sich mit dem Vater nicht zu verderben. Die Stadt zählte im Jahre 1844 samt den Vorstädten über 300 000 Einwohner, »Seelen« sagte man damals, von denen etwa zehn Prozent »Dienstboten« waren, und es gab Hunderte Gasthäuser und Beiseln; viele von ihnen hatten Tanzmusik – ob es nun eine dreißigköpfige Kapelle war oder nur eine einsame Zither. Trotzdem blieb das Wirken des Sohnes zunächst auf zwei Lokale beschränkt. Ferdinand Dommayer hielt treu zu dem von ihm entdeckten neuen Star. Die »schöne Welt«, die Jeunesse dorée mit Glacéhandschuhen und Steifröcken, verkehrte bei ihm in Hietzing.

Vollblut-Salonlöwen mit hohen Vatermördern »lorgnierten mit den künstlich eingezwängten Glasscherben« die Salonlöwinnen in Balltoiletten, die man »explosiv« nannte. Sie alle wollten den neuen Liebling immer wieder sehen und hören. Der junge Strauß dirigierte beim Dommayer auch zugunsten der Opfer einer Brandkatastrophe und hielt Benefizabende ab, deren gesamte Einnahme nach Abzug der Spesen ihm allein gehörte. Das zweite Lokal, das sich ihm geöffnet hatte, waren die Säle Zum Goldenen Strauß, die Sträußel-Säle im Gebäude des Theaters in der Josefstadt (heute die Pausenräume), mit ihrem völlig anderen Publikum aus Schauspielern und deren Verehrern, aus Bürgern und Bohemiens. Und in dem neuen riesigen Odeon in der Leopoldstadt spielte Johann jun. im Sommer 1846 regelmäßig jeden Dienstag und Samstag; für sein erstes Auftreten am 13. Juli komponierte er die »Odeon-Quadrille«. Vater Strauß hatte diese ungemütliche, schlecht organisierte Mammuthalle mit einem achtzigköpfigen Monsterorchester eröffnet. Der Sohn dirigierte aber auch schon im Sommer des vorangegangenen Jahres im Stammlokal des Vaters, dem Sperl. Im »k. k. privilegierten Theater in der Leopoldstadt« erntete Strauß jun. drei Wochen nach seinem Debüt den ersten Erfolg auf der Bühne: In einer Wohltätigkeitsvorstellung für einen alten Komödianten spielte er in den Pausen zwischen drei Einaktern mit seinem »neuorganisierten Orchester« eigene Kompositionen,

Nach seinem Debüt beim
Dommayer dirigierte der junge
Johann Strauß auch in den Sälen
des Gasthauses Zum Goldenen
Strauß, den heutigen Sträußel-
Sälen des Theaters in der
Josefstadt.
*Kolorierte Federlithographie von
Carl Graf Vasquez, 1835*

»Nur den nächsten Weg, meine Damen, der Strauß hat schon angefangen« ... Diese »Wiener Scene« aus »Bäuerles Theaterzeitung« zeigt das Portal des Einkehrwirtshauses Zur Goldenen Birn' auf der Landstraße, wo auch Beethoven verkehrte. Man nannte es den »Annentempel«, weil hier das Namensfest vieler Wiener Annerln gefeiert wurde. Im Garten und im Saal fanden musikalische Darbietungen statt.

Der Titel dieses 1838 veröffentlichten Blattes bezieht sich auf Strauß Vater, doch bald sollte die Goldene Birn' Stammlokal des Sohnes werden ...
Kolorierter Kupferstich nach Johann Christian Schöller

einen Walzer seines Vaters und eine Ouvertüre von Franz von Suppé.

Die Flitterwochen des »Kronprinzen im Dreivierteltakt« mit der Kritik waren bald vorbei. Immer häufiger fielen die Vergleiche der Journalisten zugunsten des Vaters aus. »Unser einziger Strauß, d. h. Vater Strauß«, las man immer öfter. Man sagte, »es lebe ein so jugendlicher als arroganter Dunstkreis um die neue Dirigentensonne«, und es gab auch ganz ordentliche Verrisse, insbesondere als Johann jun. einmal im alten Musikvereinssaal, heute Tuchlauben 12, die »Egmont«-Ouvertüre von Beethoven dirigierte. Man las, es wäre ein Kreuzerkonzert, aber kein »Drei-Gulden-Konzert« gewesen, und empfand es als »Taktlosigkeit«, wenn er dabei mit dem Fuß taktierte, wie wenn es zur Polka ginge. Und bei seinem Gastspiel in Graz (1845) riet ihm eine Zeitung, sein Heil nicht im Genre des Walzers zu suchen . . . Allerdings schrieb man hier auch, er vereinige die hinreißende Glut und das Feuer des Vaters mit der Gemütlichkeit und Weichheit Lanners. Oft warf man ihm und seinen Veranstaltern Mystifikation vor, wenn auf den Plakaten der Name Strauß sehr groß, das Wort »Sohn« hingegen ganz klein gedruckt war. (Der Vater empfand sich auch nach dem Debüt seines Sohnes als einziger Johann Strauß und nannte sich niemals Johann Strauß Vater.)

Strauß und Lanner waren stets die heterogenen Elemente der Tanzcompositionen, hinreißende Gluth und Feuer beim einen, Gemüthlichkeit, Laune und Weichheit beim andern. Strauß Sohn, möchte ich sagen als dritter im Bunde, steht hier in der Mitte zwischen inne und versöhnt und vereint die beiden Elemente. Dabei durchdringt der junge Mann die ernsten und classischen Compositionen aller Meister mit einem solchen Geist, und spielt sie mit seinem Orchester so exact und virtuos, daß auch hierin den strengsten Anforderungen entsprochen wird.

Ein Vergleich zwischen Lanner, Strauß Vater und Strauß Sohn. Aus »Der Wanderer«, 8. Juli 1845

Der jüngere Strauß war sich der ersten Krise in seiner Karriere genau bewußt. Äußerlich ging es mit seinem Leben bergauf. Nach dem Tode Josef Lanners war er dessen Nachfolger als Kapellmeister des Zweiten Bürgerregiments geworden. Diese Regimenter hatten keine militärische Funktion, sie repräsentierten lediglich bei Denkmalenthüllungen und Kaiserparaden. Der romantische Klatsch der Wiener Salons brachte Strauß jun. auch in Beziehung zu Lanners Tochter Kathi, die als Tänzerin am Kärntnertortheater schöne Erfolge hatte; sie wanderte jedoch nach England aus, ohne Schani zu heiraten.

Strauß Sohn war noch weit davon entfernt, Tanzkapellmeister Nr. 2 in der Gunst der Wiener zu sein. Manche bevorzugten Ballin, andere Bende, viele Morelli, die meisten aber Philipp Fahrbach, einen ehemaligen Flötisten im Orchester von Vater Strauß. Fahrbach, der zeitweilig Kapellmeister des Hoch- und Deutschmeister-Regiments gewesen war, hatte 1846 mit einer eigenen Tanzkapelle im alten Biedermeierstil besonders in den Vorstädten viel Erfolg. Vater Strauß, der nun über zweihundert Musiker kontrollierte, war nicht zu schlagen. Der Einundvierzigjährige war nicht sehr glücklich, als man ihn auf einmal »den ewig jungen Altmeister« nannte – aber er dirigierte mehr als je zuvor, im Karneval von 1845 allein 76 Bälle! In den sieben Karnevalswochen spielte er täglich, außer Freitag, die ganze Nacht Violine und brachte die letzten Walzer um sechs Uhr morgens mit ebensoviel Freude, Ehrgeiz, Kraft und Animo wie die ersten um acht Uhr abends. Außerdem gab es an jedem Sonn- und Feiertag die Soireen im Volksgarten um vier Uhr nachmittags. Dazu gehöre, so schrieb man, »mehr als eine Menschennatur – eine Strauß-Natur!« Am 24. Januar 1846 wurde Strauß vom Kaiser mit dem Titel »k. k. Hofball-Musikdirektor« ausgezeichnet, nachdem er bereits seit über fünfzehn Jahren zu verschiedenen Gelegenheiten die Musik zu Hof-, Kammer- und Jugendbällen am Kaiserhof geleitet hatte. Mit diesem Titel war weder ein Gehalt noch ein ausschließlicher Anspruch auf die Leitung der Musik bei Hofbällen verbunden. Immerhin bewies die Verleihung, daß man ihm alle unerfreulichen Momente seines Privatlebens, die Ehescheidung, die Pfändung wegen Nichterfüllung von Alimentationspflichten usw. vergab. Es war peinlich genug, als bald darauf, am 19. April 1846, die Kapellmeister des Ersten und Zweiten Bürgerregiments, also Strauß Vater und Strauß Sohn, gemeinsam in ihren ganz ähnlichen Uniformen als Geburtstagshuldigung vor Kaiser Ferdinand und dem Hof in der Burg paradierten und es sich bereits herumgesprochen hatte, daß die gepfändete Uniform des Vaters nur über Intervention des Regimentes freigegeben worden war.

So methodisch wie Johann jun. sein Debüt gegen die Intrigen des Vaters erzwungen hatte, ging er auch an die Planung seiner nächsten beruflichen Schritte. Er hatte in den zwei Jahren seit seinem ersten öffentlichen Auftreten zweiundvierzig Kompositionen geschaffen, aber er mußte sich ein Publikum heranbilden, sein eigenes, verschieden von dem Publikum des Vaters. Woraus bestanden dessen Anhänger? Da waren zunächst die jovialen, ewigen alten Wiener, die Generation, die den Aufstieg von Vater Strauß miterlebt hatte. Dazu gesellten sich die Ausländer, die Gäste, die Touristen, die mit der neuen Eisenbahn und den neuen Dampfschiffen angereist kamen und Wiens international bewunderter Attraktion, Strauß Vater, huldigten. Ein frü-

her Walzer des Sohnes hieß jedoch »Die jungen Wiener«. Er war klug genug, nicht das Publikum von gestern zu umwerben, sondern sich das Publikum von morgen zu erschließen. Instinktiv fühlte er, wo es zu finden war: bei den vielen Nationen, deren Macht und Einfluß in der Donaumonarchie im Steigen begriffen war; bei den Slawen aller Schattierungen, den Böhmen, Mährern, Polen, Serben, Kroaten, Slowenen und bei den Magyaren. Er wollte der Mann des Volkes werden, indem er den aufkeimenden Nationalismus im Vielvölkerstaat auf seinen Schild hob.

Die Slawen hatten ein Stammlokal, das bald auch das Stammlokal des jungen Meisters wurde; die uralte Goldene Birn' auf der Landstraße. Hier hatten seinerzeit Josef Lanner und Strauß Vater sowie die Kapelle des Wiener Geigers und Komponisten Michael Pamer gespielt, dessen groteske Späße viel belacht wurden: So leerte er zum Beispiel bei einem bestimmten Takt einer eigenen Komposition stets vor Publikum ein Glas Hütteldorfer Bier, was natürlich jedesmal ein Bier-Dakapo bedeutete, bis Pamer nicht mehr konnte ... In der Goldenen Birn' sangen die Slawen ihre Lieder, hier machten sie Politik, und für sie alle spielte Strauß seinen

---

Ein Begräbnis mit Straußmusik

Wie seine Musik tief ins Volk gedrungen ist, das weiß Jedermann. Wenig oder gar nicht bekannt ist jedoch eine kleine Geschichte, die jene Popularität in ganz einziger Weise illustrirt. Johann Strauß hat sie mir selbst erzählt, und so mag sie als Beitrag nicht nur zu seiner Biographie, sondern auch zur Psychologie des Wiener Volkscharakters hier stehen. In einer Vorstadt Wiens lebte eine wohlhabende, einfache Bürgersfrau, die kein größeres Vergnügen kannte, als Straußsche Tanzmusik zu hören. Das hat sie in jeder Lage des Lebens heiter und zufrieden gestimmt, wie sie in ihrer letzten Krankheit oft noch ihrer Umgebung erzählte. Ihr Strauß-Cultus reichte aber noch über ihren Tod hinaus. Die Frau verfügte testamentarisch, daß bei ihrem Begräbnisse die Straußsche Capelle ihre Lieblingswalzer spielen solle, und bestimmte dafür jedem Musiker einen Dukaten. Dieser letzte Auf-

trag war in so dringender, entschiedener Weise ausgesprochen, daß die Erben trotz einiger religiöser Scrupel sich ihm nicht entziehen konnten. Johann Strauß erschien mit seiner Capelle pünktlich zur angesetzten Begräbnisstunde im Hause der Verstorbenen. Nachdem der Geistliche oben die Einsegnung der Leiche vollzogen hatte, wurde der Sarg hinabgetragen und in dem geräumigen Hausflur niedergestellt. Die Musiker bildeten einen Kreis darum und spielten eine Straußsche Walzerparthie von Anfang bis zu Ende. Hierauf erst wurde der Sarg in den Leichenwagen gehoben und zur letzten Ruhestatt geführt. Die gute Frau war ihrem Wunsche gemäß unter Straußschen Walzerklängen bestattet worden – eine fröhliche Auferstehung kann ihr nicht entgehen.

Eduard Hanslick, 15. Oktober 1894

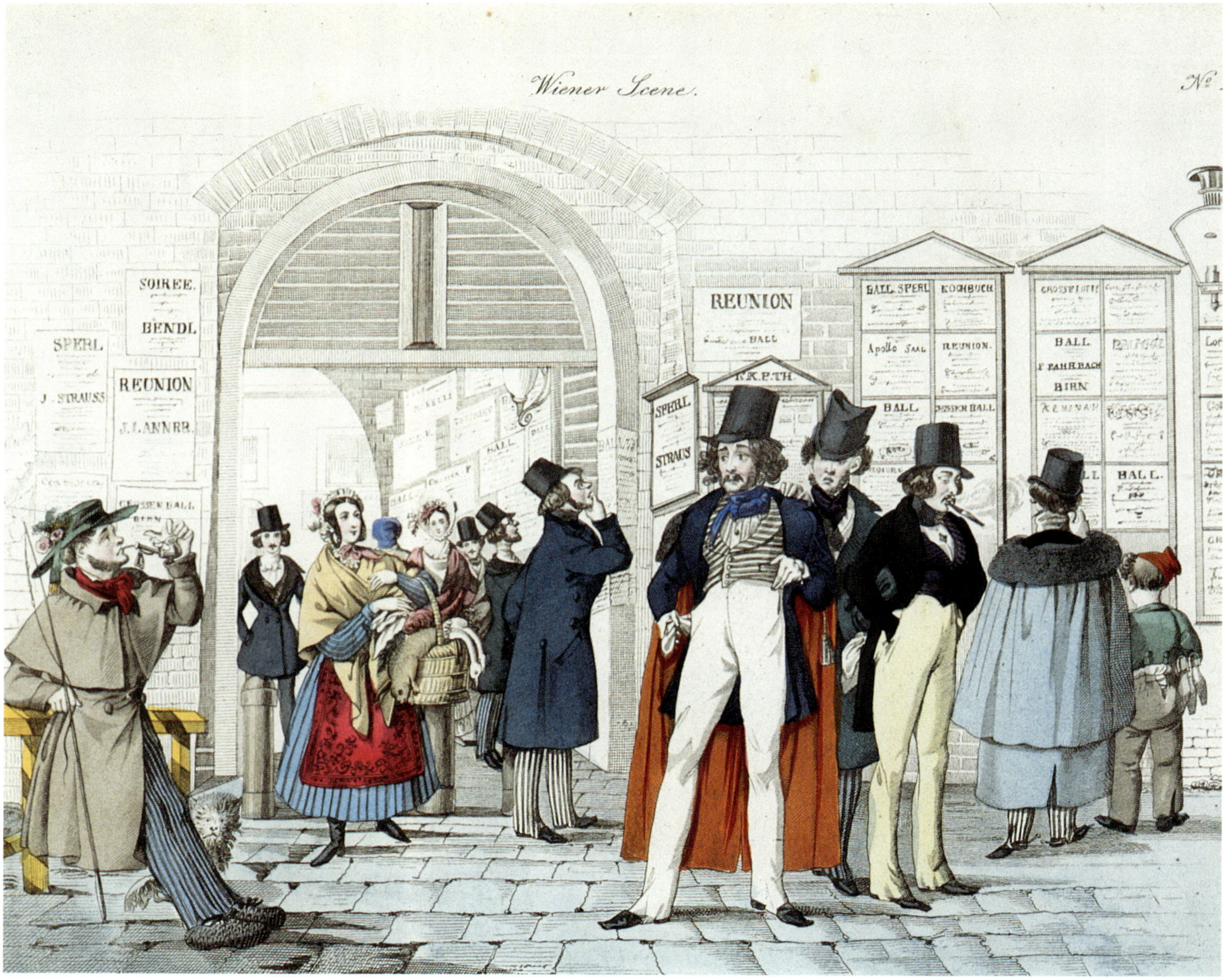
Wiener Scene.
SOIREE.
BENDL
SPERL
J. STRAUSS
REUNION
J. LANNER
REUNION
BALL
SPERL
STRAUS
K.K.P.TH
BALL. SPERL
KOCHBUCH
Apollo SAAL
REUNION.
BALL.
BALL
F. FAHRBACH
BIRN
BALL.

Aller
Ball

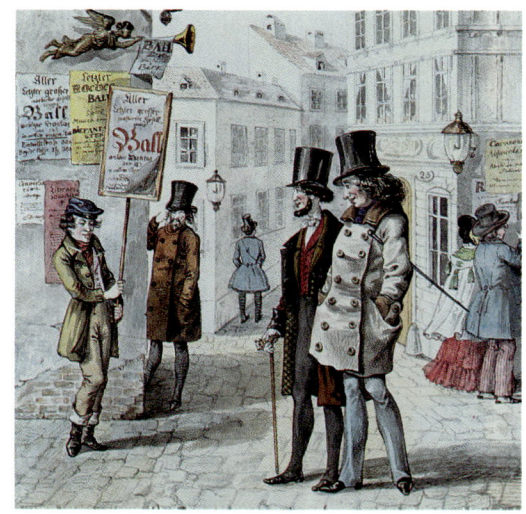

Die rauschenden Bälle und Feste
des vormärzlichen Wien – für die
Veranstalter wie Besucher oft mehr
ausgaben, als sie sich eigentlich
leisten konnten – waren beliebte
Themen der zeitgenössischen
Karikatur.
Kolorierte Kupferstiche nach Johann
Christian Schöller aus »Bäuerles
Theaterzeitung«, 1839 (oben);
unten: Kolorierter Kupferstich von
Anton Elfinger (Cajetan).

»Serbischen Marsch«, seine »Czechen-Polka«, seine »Serben-Quadrille«. Die Jugend dieser Nationen, der Nationalstaaten von morgen, sah in dem jungen Johann Strauß ihren Kapellmeister; ihr galten die »Zeitgeister«, die er 1846 in Walzerform kleidete. Sein großer Protektor wurde der pittoreske Balkanfürst Miloš Obrenović, der es unter den Türken bis zum Regenten von Serbien gebracht hatte und erst wenige Jahre zuvor durch Alexander Karadordević entthront worden war. Er trug noch im Wiener Exil sein goldverschnürtes Staatskleid mit den türkischen Orden und die Fellmütze mit dem Roßschweif, dazu einen reichverzierten, zweischneidigen Dolch. So kam er oft aus seinem Palais in der Salesianergasse in die Goldene Birn' und erfreute sich an der Musik von Strauß jun., sie begleitete seine Träume von einer Rückkehr auf den Thron.

Inzwischen war es zwischen Vater und Sohn Strauß zum offenen, in ganz Wien vieldiskutierten Krieg gekommen. Der Vater versuchte nicht nur, dem Sohn die Lokale zu sperren, sondern auch die Rechte zur Exekution bestimmter Musiknummern. Als zu Ende des Jahres 1845 Hector Berlioz im Theater an der Wien Konzerte gab – Solistin war Henriette Treffz, die spätere erste Gattin von Johann jun. – und am 29. November seine Ouvertüre »Carneval Romain« vorstellte, ließ er, wie es Sitte war, die Noten an die Tanzkapellmeister verteilen, damit sie das Werk in ihren »Nachmittags-Conversationen« spielten und so populär machten. Der Sohn kam dem Vater zuvor: Strauß brachte schon nach wenigen Tagen das effektvolle Stück im Casino Zögernitz in Oberdöbling – und mußte es wiederholen! Berlioz war zugegen und begeistert, obwohl der Pariser Meister auch in richtige Beiseln ging und die dortigen Kapellmeister lobte, wenn sie seine Musik spielten. Ganz Wien kolportierte die Wutausbrüche von Vater Strauß, der »Carneval Romain« erst später, bei einer Winter-Soiree im Volksgarten, in einer, wie es hieß: »kunstdurchglühten, präzisen Produktion« spielte. (Ob sich wohl Strauß Sohn an diesen Titel erinnerte, als er 1873 seine Operette »Carneval in Rom« schrieb?) Noch schärfer entbrannte der Krieg um die Ouvertüre zu Meyerbeers Oper »Das Feldlager in Schlesien«, die 1847 in Anwesenheit des Komponisten im

Theater an der Wien erstaufgeführt wurde. Star war die weltberühmte »schwedische Nachtigall« Jenny Lind; Strauß Vater und Sohn widmeten ihr Kompositionen. Carl Haslinger, seit dem Tode seines Vaters Tobias der Verleger von Meyerbeer und Strauß sen., hatte die Noten exklusiv für Vater Strauß reserviert und verkündete, nur dieser allein werde die neue Ouvertüre spielen. Aber Johann jun. besaß im Theater an der Wien einen guten Freund, den jungen Kapellmeister Franz von Suppé, dessen Ouvertüre »Sommernachtstraum« er in seinem Repertoire führte. Durch ihn verschaffte er sich illegal die Noten und spielte die Meyerbeer-Pièce ebenfalls. Haslinger versuchte, ihm die Polizei auf den Hals zu hetzen, bis der Streit durch Meyerbeer persönlich entschieden wurde: Er übertrug offiziell das Aufführungsrecht auch an Strauß Sohn. Strauß Vater tobte. »O tempora, o mores, die Menschheit geht capores«, las man in der satirischen Zeitschrift »Humorist«.

Niemals wollten die Gerüchte verstummen, daß beide Sträuße Journalisten bestachen. Es waren Zeiten, in denen der journalistische Ehrbegriff die käufliche Kritik noch tolerierte. »Blechen« ist der wienerische Ausdruck für bezahlen, und Moritz Saphir schrieb im »Humorist«, daß es bei beiden Sträußen zu sehr prominenter Verwendung der »Blechinstrumente« gekommen sei. Insbesondere Strauß sen. sagte man nach, daß er sich für eine zwischen fünf und zehn Gulden schwankende Taxe in der Presse als »Wundermann mit Nabob-reicher Walzerphantasie« und »Magnet-Nadel für alle Tanzmusik-Direktoren« preisen ließ, »der die Walzer-Amouretten aus dem Ärmel schüttle«. In diesem Kampf schien der Zweck jedes Mittel zu heiligen.

Im Grunde aber hatte die Bevölkerung Wiens ganz andere, ernstere Sorgen, denn die Revolution von 1848 warf mit einer schweren Wirtschaftskrise bereits ihre Schatten voraus. Not und Verarmung wuchsen, Hilfsvereine schenkten Suppe an Bedürftige aus, in den Vorstädten wurde geplündert. Man sagte, die neue Gasbeleuchtung der Straßen könne das innere Dunkel nicht erhellen – das Ende des Metternich-Regimes lag in der Luft.

Gerade in diesen Tagen aber beschloß Johann Strauß, sich das Publikum, das er als sein ureigenstes betrachtete, ganz zu erobern. Er hatte schon vorher in Ungarisch-Altenburg und Ofen-Pest donnernde »Éljens« zugejubelt bekommen; das gab ihm jetzt den Mut, sein Dreißigmannorchester auf eine lange Reise in die Donaufürstentümer Moldau und Walachei zu führen, auf eigene Rechnung, ganz wie sein Vater es in Frankreich und England getan hatte. Am 8. Oktober 1847 trat er die große Kunstfahrt nach dem Südosten an. Erste Station: Preßburg. Dann ging's mit Dampfer der Donaudampfschiffahrtsgesellschaft stromabwärts nach Pest, nach Temesvar, nach Neusatz und endlich über die türkische Grenze bei Semlin nach Belgrad. Überall wurde er für seine Musik und oft auch für seine Freiheitsbotschaft aus Wien stürmisch gefeiert. Fürst Alexander von Serbien beschenkte Strauß Sohn nach dem Konzert in Belgrad mit Geld und einer kostbaren Repetieruhr mit dem fürstlichen Wappen. Die wegen Nichtbezahlung des Fuhrlohnes in Belgrad gepfändeten Reisewagen waren rasch wieder ausgelöst, sie trugen Strauß mit seiner Kapelle durch die eisige Winterkälte auf engen gefährlichen Bergstraßen über Siebenbürgen nach Bukarest. In Wien begann man unterdessen die Abwesenheit des jungen Komponisten zu fühlen; immer mehr Stimmen erhoben sich, die der Befürchtung Ausdruck gaben, der hochtalentierte Zweiundzwanzigjährige könnte für alle Zukunft aus Wien vertrieben sein.

Mitten in der Zeit seiner rauschenden Erfolge in Bukarest ereilte Strauß die Nachricht vom Ausbruch der März-Revolution, »die alle Köpfe und Herzen in Österreich für die Sache der Freiheit in Brand steckte«, wie Eduard Strauß in seinen »Erinnerungen« später schrieb. In der kleidsamen Galauniform des Zweiten Bürgerregiments mit Zweispitz und weißem Federbusch beteiligte sich Johann in Bukarest an einer echten Köpenickiade, indem er mit vierzehn Auslandsösterreichern in das Amt des österreichischen Generalkonsuls eindrang, um mit gezücktem Säbel dessen Abdankung zu erzwingen. (Das war sein Debüt in der Welt der Operette . . .) Der Putsch mißlang, der Generalkonsul ließ die ungebetenen Besucher durch bewaffnete Walachen hinauswerfen; auf dem Zweispitz des künftigen Walzerkönigs fehlte nun der weiße Federbusch. Der Generalkonsul

machte einen entsprechenden Bericht an das Staatskanzleramt nach Wien – als das Papier dort eintraf, gab es keinen Staatskanzler mehr. Doch hatte Strauß noch sehr lange Zeit bei Hof und bei den Wiener Behörden an den Folgen dieses Streiches zu leiden. Am 20. März gab er sein Abschiedskonzert in Bukarest und spielte dabei seinen neuen »Rumänischen Nationalmarsch« – völlig gezielt, denn am Tag vorher hatten sich die Rumänen gegen die Ungarn erhoben. Er konzertierte auf der Rückreise noch da und dort und war im Mai 1848 wieder in Wien – selbstverständlich mit neuen »revolutionären« Kompositionen in der Tasche: den »Freiheitsliedern« und dem »Revolutions-Marsch«.

Man hat sehr viel über die gegensätzliche Haltung der beiden Sträuße im Revolutionsjahr geschrieben. Der junge Strauß war nach Auflösung der Bürgerregimenter der vom Kaiser im März 1848 »zum Schutze von Thron und Vaterland« gegründeten Nationalgarde beigetreten. Trotzdem waren seine Sympathien sicherlich mehr auf der Seite der Revolutionäre – ihnen galt der »Freiheits-Lieder-Walzer«, der »Studenten-Marsch«, der »Brünner Nationalgarde-Marsch« und die »Liguorianer-Seufzer-Polka«, komponiert anläßlich der Vertreibung des bei

der Jugend verhaßten Redemptoristen-Mönchs-ordens der Liguorianer aus Wien. Auch spielte er nach der Niederwerfung der Revolution am 3. Dezember 1848 – einen Tag, nachdem der achtzehnjährige Franz Joseph nach der Abdankung Kaiser Ferdinands in Olmütz den Thron bestiegen hatte, »um alle Länder und Stämme der Monarchie zu einem großen Staatskörper zu vereinigen« – im Gasthaus Zum grünen Tor, neben seinem Geburtshaus, die Marseillaise. Mit dreimaliger Wiederholung – eine »Grüne Torheit«, die ihm amtlicherseits lange nicht vergeben wurde.

Protokoll vom 6. Dezember 1848,
aufgenommen im hohen Auftrage bei der Stadt-hauptmannschaft in Wien mit dem Musik-Direktor Johann Strauß Sohn, aus Anlaß seiner letzten im Saale beim grünen Thor in der Josefstadt am 3. d. abgehaltenen musikalischen Abend-Unterhaltung.
Nach geschehener Erinnerung zur Angabe der Wahrheit gibt der Vernommene an: Es ist allerdings wahr, daß ich während der am 3. dieses Monaths beim grünen Thore abgehaltenen musikalischen Abend-Unterhaltung die Marseillaise gespielt habe und sogar zweymal wiederholen mußte. Die Sache hat sich folgendermaßen zugetragen. Wie sich von selbst versteht, ist es mir ganz gleichgültig in Beziehung auf politische oder National-Interessen, welche Stücke ich aufzuführen habe, weil bei mir jede Nummer am Repertoire ist und nur als Ausfüllungsstück dient. Doch sagt mir mein politischer Takt, daß ich bei dieser schwer bewegten Zeit und besonders während des Belagerungs-Zustandes alle Piècen zu vermeiden habe, welche irgendeine politische Aufregung erregen oder Nationalsympathien berühren. Zuerst verlangte ein Theil des Publikums das Lied »Das deutsche Vaterland«. Um auszuweichen, ließ ich die Volkshymne aufführen, und die Sache legte sich.
Später wurde die Marseillaise verlangt, was ich wiederholt ablehnte. Da in mich diesfalls immer mehr und heftiger gedrungen wurde, und ich anderweitiges unangenehmes Aufsehen oder einen Exzeß fürchtete, mußte ich nachgeben, und dieselbe sogar wiederholen. Sie wurde stark applaudiert, aber auch ausgezischt.

Die Nationalgarde stellte in jedem Bezirk ein Abbild der Gesinnung der Bevölkerung dar – die Nationalgardisten der Inneren Stadt empfanden konservativ, die vieler Vorstädte demokratisch. Als Mitglied der Leopoldstädter Nationalgarde teilte man den jungen Strauß einmal vor dem Bezirkskommando bei Arbeiterdemonstrationen zum Schildwachedienst ein, den er jedoch schon nach wenigen Stunden fluchtartig, unter Zurücklassung seines Gewehres, verlassen haben soll. Mutter Strauß hielt sich in den stürmischen Tagen der Oktoberrevolution im Kloster der Barmherzigen Brüder versteckt. Im November gelang es ihr durch Bestechung, die kroatischen und polnischen Soldaten bei einer Hausdurchsuchung im Hirschenhaus friedlich zu stimmen; sie waren im Gefolge des Fürsten Windischgrätz in Wien einmarschiert, um die Stadt zur bedingungslosen Kapitulation vor den Kaiserlichen zu zwingen.

Mit Vater Strauß war die Sache ganz anders: er war ein eingefleischter Kaiserlicher, »schwarzgelb bis in die Knochen«. Er war Kapellmeister der Nationalgarde der Innenstadt. Trotzdem zollte auch er der Revolutionskonjunktur seinen Tribut durch einen »Marsch des einigen Deutschland« – im Zusammenhang mit der Eröffnung der Deutschen Nationalversammlung in der Paulskirche zu Frankfurt; ferner mit einem »Freiheits-Marsch« und einem »Marsch der Studenten-Legion«, in dem das Fuchs-Lied »Was kommt dort von der Höh'« verwendet ist. Seinem Marsch »Schwarz-Rot-Gold«, den er geschrieben hatte, als die großdeutsche Lösung eines Deutschen Bundes mit Einschluß der österreichischen Monarchie aktuell war, gab er aber gleich, als die kleindeutsche Lösung populär erschien, den nichtssagenden Titel »Landesfarben«. Als Zugabe spielte er sowieso meistens die Kaiserhymne . . .

In Wirklichkeit waren beide Sträuße weder für noch gegen Habsburg, weder für noch gegen die Revolution, sondern für sich selbst und ihre Musik. Johann jun. versuchte lange Zeit vergeblich, seine konjunkturbedingten »Sünden« von 1848 wiedergutzumachen. Im August 1849 feierte er den Geburtstag Seiner Majestät in Dengler's Bierhalle in Fünfhaus mit einem Fest, das er »Österreichs frohe Zukunft« nannte, wobei der »Kaiser Franz Joseph-Marsch« aufgeführt wurde. »Bei Aufstellung eines großartigen Tempels in Brillantfeuer, als Symbol der Huldigung und Dankbarkeit unseres Kaisers‹ – welch schwache Grammatik! War der Kaiser etwa dankbar? – »und der getreuen, heldenmüthigen, tapferen k. k. österreichischen Armee bei Gelegenheit, des erfreulichen Friedensschlusses in Italien« . . .

Zum Jahresbeginn 1850 erschien der »Triumph-Marsch«, rückblickend auf politische Erfolge des Jahres 1849. Johann Strauß drehte sein Fähnchen nach dem Wind. Nur Bruder Josef dachte aus Überzeugung freiheitlich und kämpfte 1848 wirklich mit der Akademischen Legion.

»Am leichtesten starb man beim Radetzkymarsch«

Er liebte sie alle aufrichtig, mit einem kindlich ergebenen Herzen, vor allen andern den Kaiser, der gütig war und groß, erhaben und gerecht, unendlich fern und sehr nahe und den Offizieren der Armee besonders zugetan. Am besten starb man für ihn bei Militärmusik, am leichtesten beim Radetzkymarsch. Die flinken Kugeln pfiffen im Takt um den Kopf Carl Josephs, sein blanker Säbel blitzte, und, Herz und Hirn erfüllt von der holden Hurtigkeit des Marsches, sank er hin in den trommelnden Rausch der Musik, und sein Blut sickerte in einem dunkelroten und schmalen Streifen auf das gleißende Gold der Trompeten, das tiefe Schwarz der Pauken und das siegreiche Silber der Tschinellen.

Joseph Roth in seinem Roman »Radetzkymarsch«

Strauß Vater aber gelang im Revolutionsjahr seine einzige Komposition, die bis zum heutigen Tag unsterblich geblieben ist, der »Radetzky-Marsch«. Nachdem der Feldmarschall den Aufstand in der Lombardei niedergeworfen hatte und mit seinen Truppen in Mailand eingezogen war, gab es am 31. August 1848 ein großes »Siegesfest zu Ehren der tapferen Armee in Italien und zur Unterstützung verwundeter Krieger«. Auf dem sogenannten Wasserglacis befand sich jene Mineralwasser-Trinkanstalt, von der dieses Glacis seinen Namen hatte, mit einem Säulenpavillon und verschiedenen Ki-

osken. Jeden Morgen wurde dort auch Ziegenmilch ausgeschenkt, jeden Abend spielte eine Kapelle bei freiem Entree. Das Wasserglacis war ein Lieblingsplatz der konservativen Wiener. Bei diesem Siegesfest wurde der »Radetzky-Marsch« uraufgeführt und mußte zweimal wiederholt werden; ein brillanter und rasanter Marsch, weder kaiserlich noch revolutionär, mit einem zündenden Anfangsthema und einem alten Wienerlied als Mittelteil, das sich angeblich auf die vielen Freiwilligen aus Wien in Radetzkys Heer bezog. Für die italienische Freiheitsbewegung, der Verdi nahestand, galt der »Radetzky-Marsch« als Hymne der Henker. Modernen Ohren klingt der Marsch reizend unkriegerisch. Bei der Hochzeit von Prinzessin Anne in London im Jahre 1973 wurde er über Wunsch des Bräutigams Mark Phillips auf der Orgel gespielt, während die Neuvermählten langsam aus der Westminsterabtei schritten – und doch sagt Joseph Roth in seinem Roman »Radetzkymarsch«, es ließe sich bei diesem Marsch am leichtesten sterben. »Der bessere Marsch für die schlechtere Sache!« lautete der Vergleich der Studenten mit dem lahmen Revolutionsmarsch von Strauß Sohn.

Feldmarschall Radetzky war eine sehr populäre Figur, und kaum jemand in Wien verargte Vater Strauß diese Huldigung. Als er aber im Frühjahr 1849 mit fünfunddreißig Musikern wieder eine Konzertreise durch Deutschland unternahm, bekam er den Haß der Studenten zu fühlen. In diesem Jahr widmete er sogar dem Banus Jella-čić von Kroatien einen Marsch, jenem Mann, der am 31. Oktober 1848 – nach der Flucht Kaiser Ferdinands und rund eines Viertels der Wiener Bevölkerung – die Stadt in schwarz-gelben Diensten unter Blutvergießen eingenommen und zahlreiche Erschießungen angeordnet hatte. Diese letzte Konzertreise führte ihn auch noch einmal nach England, wo er jedoch nur mehr eine gedämpfte Version seiner früheren Triumphe erlebte und ein letztes Mal mit dem ehemaligen Staatskanzler Metternich zusammentraf, der dort seit 1848 im Exil lebte.

Nach seiner Rückkehr dirigierte Strauß sen. noch einige Male in Wien; sein Orchester galt als das beste nach dem der Hofoper. Am 25. September 1849 verbreitete sich die Trauerkunde von seinem plötzlichen Ableben. Der erst

Ziegenmilch in der
Trinkkuranstalt, gutes Gefrorenes
im Kaffeehaus und die besten
Kapellen Wiens galten als die
Attraktionen des Wasserglacis, das
schon unter Kaiser Joseph II. eine
beliebte Promenade war. Es lag an
der Stelle des heutigen Stadtparks,
ungefähr zwischen Schwanenteich
und Johann-Strauß-Denkmal.
Strauß Vater dirigierte hier die
Uraufführungen seines Walzers
»Loreley-Rhein-Klänge« und des
»Radetzkymarschs«.
Kaffeehauspavillon am
Wasserglacis
Aquarell von Josef Wohlmuth, 1872

Die Promenade am Wasserglacis
mit Musikpavillon
*Kolorierte Radierung von Johann
Vinzenz Reim, o. J.*

Beim Morgenkonzert im Augarten
*Aquarell von Georg Emanuel Opitz,
1810*

Fünfundvierzigjährige war von der Reise über-
müdet und geschwächt heimgekehrt und hatte
sich an einem seiner unehelichen Kinder mit
Scharlach angesteckt. Emilie Trampusch verließ
noch in der Todesnacht samt ihren Kindern die
gemeinsame Wohnung im Großen Rahmhof in
der Kumpfgasse – allerdings ohne Mitnahme
von Geld und Wertgegenständen, was Eduard
Strauß später zu Unrecht behauptet hat.
Gattin und Söhne – sie waren auf ihr Pflichtteil
gesetzt – fanden den Liebling Europas, allein
und verlassen.

Nur ein kleiner Walzermacher?

*Ich gehöre nicht zu denen, die sagen: Das ist
nichts, nur ein kleiner Walzermacher. Ich be-
haupte, das ist sehr viel, denn Strauß war von jedem Gesichtspunkt aus ein Künstler. Manche seiner Rivalen machen aus schöner Opernmusik
scheußliche Tanznummern. Er hat aber, ganz im
Gegenteil, so entzückende Dinge für ein Tanzorchester geschrieben, daß sie für manche Oper ein
Glück gewesen wären. Noch sehe ich ihn auf der
Estrade des Redoutensaals – sechshundert oder
achthundert schöne Wienerinnen zu seinen Füßen
wirbelnd – im Tanz versunken, trunken von Bewegung und Harmonie – sie folgten ihm mit so
viel Liebe – sie riefen ihn, entzückt, bezaubert,
zwischen den Piècen, um ihm zu applaudieren
und Blumen zu werfen ... Strauß hat übrigens
der Kunst der Musik einen eminenten Dienst erwiesen, indem er bei einem Teil des Publikums das
Gefühl für die Feinheiten und die Launen des
Rhythmus entwickelt hat. Er ist der Schöpfer des
synkopierten Tanzes. Wir danken ihm die Befreiung vom banalen Walzer, vom banalen Rhythmus, den wir vor ihm für dazugehörig gehalten
haben ... Wien ohne Strauß, das ist Österreich
ohne die Donau ...*

Hector Berlioz, Nachruf auf Johann Strauß Vater. »Gazette
Musicale«, Paris, 3. Oktober 1849

Hunderttausend Wiener folgten dem Trauerzug.
Die Orchestermitglieder trugen den Sarg, auf
dem die rote Uniform des Hofballmusikdirek-
tors mit dem Dreispitz und dem Degen lag, von
der Wohnung in den Stephansdom. Von dort

führte ihn nach der Einsegnung ein vierspänni-
ger Galawagen bis zum Schottentor. Dann trugen ihn wieder die Orchestermitglieder zum
Döblinger Friedhof. Die Kapelle Philipp Fahrbach verabschiedete sich von dem weltberühmten Toten mit einem Trauermarsch von Franz
von Suppé. Die Straußkapelle und der Wiener
Männergesangverein ehrten ihn bei der Toten-
feier in der Kirche Am Hof mit dem Mozart-
Requiem.

---

*Beklagenswert ist jeder Sohn, der hienieden am
Grabe seines zu früh verschiedenen Vaters weint;
beklagenswerter jedoch jener, dessen Schicksal von
den feindlichen Elementen zerrütteter Familien-
verhältnisse geleitet wird, und der, dem nicht selten parteiischen Richterstuhl der Öffentlichkeit
preisgegeben, das Urteil über sich und die ihm
Treugebliebenen aus dem streng richtenden Munde
seiner Gegner hören mußte, indes ihm keine Waf-
fen zur Verteidigung seiner Handlungsweise zu
Gebote stehen als das Hinweisen auf eigene, in
dem Treibhaus zu früher Selbständigkeit erzogene
Jugend, auf eine verlassene Mutter und unmün-
dige Geschwister. Diese Letztgenannten zu unter-
stützen und zu nähren, wagte ich, mein schlichtes
Talent anzuwenden! Ein schwacher Hebel – doch
er sollte drückende Lasten lüften, wenn auch nicht
heben! Es galt nicht, wie feindliche Gegner wähn-
ten, einen Ringkampf einzugehen mit den erprobt
weit überragenden Kräften eines der tüchtigsten
Meister vom Fache, der ja zugleich mein stets ge-
liebter Vater war; nicht messen wollte sich der
Sohn im Bewußtsein seiner Schwäche mit der be-
währten Stärke des Vaters! Gott sei mein Zeuge,
nein! Doch des neunzehnjährigen Jünglings
Pflicht war es geworden, kein unnütz Mitglied in
einem Familienschoß zu bleiben, dessen Ober-
haupt und natürlich Stütze ein beklagenswertes
Geschick moralisch seinem Wirken entrissen. Mein
Ehrgefühl hieß sich dem spärlichen Erhalt meiner
jüngeren Geschwister nicht länger entziehen, und
ich wählte die Kunst, deren schwacher Jünger zu
werden ich Beruf und Neigung fühlte.*

Anläßlich der Übernahme der verwaisten Kapelle seines
Vaters wollte Johann Strauß Sohn durch einen etwas
pathetischen Brief in der »Wiener Zeitung« die alte Vater-
Sohn-Fehde aus dem Gedächtnis der Wiener löschen.

Soiree von Johann Strauß Vater im Volksgarten.
Seit 1840 waren die sommerlichen Veranstaltungen von Johann Strauß Vater im Volksgarten eine ständige Einrichtung geworden. Nach dessen Tod dirigierte hier der Sohn am 7. Oktober 1849 erstmals die Musikkapelle seines Vaters.
Aquarellierte Zeichnung von Anton Zampis

Die Erinnerung an den Namen Strauß Vater als Symbol des vormärzlichen Wien hat die Erinnerung an seine Musik überlebt. Das Genie des Sohnes ließ den Plan der von ihrem Gatten verlassenen Mutter größer in Erfüllung gehen, als sie es erträumen konnte. Sie wollte einen zweiten Johann Strauß erschaffen und erschuf den einzigen.

Nun galt es, die Zukunft der beiden Kapellen zu klären: der verwaisten Kapelle des Verstorbenen und der Kapelle des Sohnes. Die Musiker des Vaters zögerten zunächst, dem Sohn die Nachfolge anzubieten, sie fürchteten, zugunsten der Musiker des Sohnes ausgebootet zu werden. Nach langem Pro und Kontra entschlossen sie sich aber doch zu diesem Schritt, und schon am 7. Oktober 1849 konzertierte Johann Strauß Sohn im Kolonnadensaal des Volksgartens erstmalig als Leiter der Musikkapelle seines Vaters. Ein Jahr später spielte nur noch ein Drittel der väterlichen Musiker in der neuen Straußkapelle. Die Jahre, in denen das Altwiener Showbusineß mit dem jüngeren Johann Strauß über den größten Trumpf seiner Geschichte verfügte, hatten begonnen.

52

ALTWIENER TANZPALÄSTE –
BUSINESS DES BÜRGERTUMS

»Ist das junge Leben der Wiener ein rot angestrichener Freudentag im ewigen Kalender der Zeit, so steht der Fasching rot in rot ...«

Moritz Saphir, 1842

Das aufstrebende Bürgertum des 19. Jahrhunderts hat sehr bald festgestellt, daß die in der Luft liegende Industrialisierung und Kommerzialisierung sich nicht auf Eisen, Stahl, Wolle, Blech und Papier beschränken müsse, und hat das uralte Busineß des Vergnügens und der Unterhaltung zu einer nach kaufmännischen Gesichtspunkten aufgebauten Großmacht entwickelt. Weinorgien bei Walzermusik, die heimliche Heuchelei des Hm-ta-ta, Freßsucht und Feste, Patriotismus und Polka tanzende Pärchen, eng umschlungene Leiber in dunklen Lauben, die lächelnde Lustigkeit der Lichter, Bälle im Glanz unzähliger Blüten und Blumen, die beineschwingende Fröhlichkeit der Galopps oder elegische Erotik bei sinnlicher Salonmusik – all das richtete sich nach Angebot und Nachfrage, war eine Ware und hatte ihren Preis.

Der sichtbare Ausdruck dieses Showbusineß altwienerischer Prägung waren riesige Tanzsäle, extravagante Paläste des Vergnügens, geführt von ideenreichen Großmanagern. Sie waren mehr als das: Regisseure, Bühnenbildner, kleine Cecil B. De Milles, Mini-Zeffirellis, die aus Blüten und Wasser, Spiegeln und Leuchtern im Perpetuum mobile des Faschings die Szene für das Delirium setzten. Die stets wechselnde Kulisse für die eine Show, die hieß: Tausendundeine Nacht in Wien. Diese Personalunion von Gastwirt, Impresario und Künstler wäre in unserer Zeit undenkbar. Solche Produktionen wären bei den heutigen Löhnen unerschwinglich,

und das Publikum bliebe daheim. Fernsehen. Im Biedermeier sagte man, Metternich wäre der wichtigste Mann von Wien, der zweitwichtigste aber der Sperl. Dabei gab es einen Mann dieses Namens gar nicht, das vielfrequentierte Etablissement Zum Sperl in der Leopoldstadt, die als besonderes Vergnügungsviertel der Wiener galt, war eine Schöpfung des Unternehmers Johann Georg Scherzer; der Name des Lokals erinnerte an den kaiserlichen Jäger Sperlbauer, den Schwiegergroßvater Scherzers, der schon im 18. Jahrhundert an dieser Stelle ein Gasthaus geführt hatte. Der Sperl befand sich in der Nähe des Leopoldstädter Theaters, wo man wienerische Volksstücke, manchmal mit Ferdinand Raimund oder Johann Nestroy, sah (und einander mitunter »staatsgefährliche« Späße zuflüsterte), und nicht weit von der breiten, prachtvollen Jägerzeile, der heutigen Praterstraße. Durch diese Jägerzeile fuhr der Kaiser alljährlich zu Ostern in einem von sechs Schimmeln gezogenen Wagen in den Prater. Der Sperl wurde 1807 eröffnet, galt schon zur Zeit des Wiener Kongresses als das vornehmste Vergnügungsetablissement der Stadt und wurde im Biedermeier ein Lieblingslokal der Wiener Bürger. Die beiden Stockwerke glänzten von hohen, zwischen originellen Palmenarrangements angebrachten Spiegeln; das untere stand mit dem schönen, geräumigen Garten in Verbindung. In den prachtvollen Speisesälen genoß die Wiener Hautevolee die berühmten Sperl-Backhendl und Sperl-

Beim Sperl – in der Kleinen Sperlgasse, unweit der Karmeliterkirche in der Leopoldstadt – fanden zur Zeit des Wiener Kongresses die elegantesten Repräsentationsfeste statt. Johann Georg Scherzer, der das Lokal 1807 eröffnet und im Gedenken an seinen Ahnen, den Hofjäger Sperlbauer, »Sperl« benannt hatte, sah auf Zucht und Sitte: bei den Ländlern durfte kein Tänzer seine Tänzerin umfangen. Spezialität des Hauses waren Backhühner und Faschingskrapfen. Der Eintritt kostete 20 Kronen, 8 Kronen wurden von der Rechnung wieder abgezogen. Der Sperl wurde wiederholt vergrößert – Johann Strauß Vater und Sohn waren hier sehr oft zu hören. Als der Glücksstern des Etablissements verblaßte, feierten dort Dämchen von zweifelhaftem Rufe unter Führung der bekannten »Fiaker-Milli« ihre Orgien. Der Sperl machte 1874 einer Schule Platz. Hinter dem Hause befanden sich ein Musikpavillon und Tische zum Speisen. Hier ist »der herrliche Garten mit die Salon« aus den »Briefen eines Eipeldauers an seinen Herrn Vetter in Kagran über d' Wienstadt«, Jahrgang 1820. *Aquarell von Gustav Zafourek, o. J.*

Faschingskrapfen; in der Mitte des Gartens spielte Johann Strauß Vater oft im Schein von tausend farbigen Lampen, wobei auch Leuchtkugeln durch die Lüfte flogen und man unter illuminierten Bäumen in offenen Arkaden an zahllosen Tischen das süße Leben Alt-Wiens genoß. Gleich dem Stich einer Tarantel brachte Strauß, der »österreichische Napoleon«, wie Heinrich Laube ihn nannte, das junge Blut beim Sperl in Aufruhr: »Geh hinaus auf die Straße, küsse die Mädchen und iß Backhendl – was geht dich denn der Weltlauf an?« Bei Schlechtwetter und im Winter wälzten sich die Tanzpaare im 1834 zugebauten Fortuna-Saal. Der ältere Strauß hatte hier schon als Kind in anderen Tanzkapellen mitgespielt, lange bevor er beim Sperl Musikdirektor wurde, der Sohn dirigierte schon 1845 gelegentlich als Gast in der 1839 nach Pariser Muster umgebauten Hochburg seines Vaters.

Scherzer war ein geschäftstüchtiger Mann, der es zuwege brachte, daß man jahraus, jahrein von seinem Lokal sprach. Plakate forderten die Wiener auf, sich doch über die Ferdinandsbrücke in die Vorstadt Leopoldstadt zu begeben, um den Festen beim Sperl beizuwohnen. Oft gab es dreißig solcher Elitebälle während eines einzigen Faschings: Blumenfeste »Sperl in floribus«, Sommerträume und Wintermärchen, den Technikerball, den Rococoball, den Caffée-Ball, den Bürgeroffiziers-Ball und die alljährlichen Bälle der Gesellschaft der Musikfreunde. Scherzer hatte Johann Strauß Vater seine erste künstlerische Heimat geboten, und viele der erfolgreichsten Piècen des Meisters wurden für die Feste beim Sperl geschrieben: der »Sperl-Walzer«, die »Sperl-Polka« sowie die für die Bälle der Gesellschaft der Musikfreunde geschaffenen »Musikvereinstänze«.

Nach der Revolution von 1848 geriet der Sperl bei der guten Gesellschaft aus der Mode, er wurde zum Treffpunkt der verrufenen sogenannten »Ob'st hergehst?«-Dämchen, die protzenden Roués für teuren Schampus »das Goderl kratzten«. Der Sperl verfiel. Am Ende fanden dort im Frühjahr Assentierungen des Heeres statt, im Herbst israelitische Gottesdienste. 1873 kam das von Nostalgie umwobene Symbol vormärzlicher Lebensfreude unter die Spitzhacke; an seiner Stelle wurde eine Schule gebaut, und nur der Name »Sperlgasse« erinnert noch an diese Tempi passati.

Immerhin war es der Geschäftstüchtigkeit Scherzers und seiner Manager-Nachfolger gelungen, den Sperl fast siebzig Jahre zu halten. Das imposanteste Konkurrenzunternehmen,

Der Apollosaal am Brillantengrund, eröffnet 1808, war der größte Tanzpalast Europas. Im Bild die üppig dekorierte Eingangshalle.
Anonyme Radierung, o. J.

der Apollosaal beim damaligen Linienwall in der heutigen Zieglergasse, ging schon nach wenigen Jahren seines Bestehens in Konkurs. Man nannte ihn den »Feenpalast am Brillantengrund«. Sein Gründer, Sigmund Wolffsohn aus London, war Brucharzt und hatte einen makabren Nebenberuf: Er verfertigte künstliche Arme und Beine für die Soldaten, die in den Napoleonischen Kriegen Gliedmaßen verloren hatten. Wolffsohn wurde sogar als eine Art Volkswohltäter betrachtet; er warb für seine Armprothesen mit der Zusage, daß die Träger – je nach dem Preis – damit schreiben, ja eventuell sogar fechten könnten. Er galt als Patriot, da er den Bürgersöhnen direkt Lust machte, Soldaten zu werden. Wolffsohn war alles: Arzt, Orthopäde, Kosmetiker, Erfinder von Gesundheitsbetten (aus aufblasbaren Rentierfellen!), aber er steckte seine enormen Einkünfte zur Gänze in eine Fehlspekulation: er baute den größten Tanzpalast Europas, den Apollosaal. Das Etablissement wurde am 10. Januar 1808 anläßlich der Vermählung von Kaiser Franz mit der Prinzessin Ludovica d'Este eröffnet. Das Silberservice hatte 600 000 Gulden gekostet – bei Wolffsohn wurde nur auf Silber gespeist. Später sollen an manchen Abenden 10 000 Besucher in den Apollosaal gekommen sein. Der Dichter Justinus Kerner berichtete, »man übersieht dort mit einem Blick so viele schöne Mädchen, als in Tübingen Einwohner sind«. Voll Begeisterung beschreibt er die Labyrinthe, Springbrunnen,

Felsen, Grotten und Bassins mit Schwänen, die Blumengänge ... alles sei lebendig und doch kein Garten ... man gehe auf lauter grünen Teppichen ... beim oberen Eingang glaube man von einem Berg auf eine weite Ebene zu sehen, die mit Tanzenden angefüllt ist, über denen tausend und tausend Lichter funkeln ... Auf Kronleuchtern erglitzerten im Speisesaal 5 000 Wachskerzen, in einem anderen Saal gaukelten Alabasterlampen eine milde Mondnacht vor.
Die sechsunddreißig Säle trugen Namen; es gab darunter einen türkischen Pavillon und eine Lappländerhütte. In der Mitte des großen Speisesaales – ein belächeltes Gemisch aus gotischen und griechischen Stilelementen – erhob sich ein riesiger Felsen, aus dem Quellen hervormurmelten und als Bäche herabstürzten, die von Fischen wimmelten. Wolffsohn behandelte all dies wie eine Theaterdekoration, die er unter enormen Kosten periodisch veränderte. Bei Maskenbällen vereinigten sich Orgien des Tanzes mit Orgien des Diebstahls – aber Wolffsohn hielt die Bestohlenen stets schadlos.
Im März 1810 kam Napoleons Generalstabschef nach Wien, um für seinen Herrn bei Kaiser Franz um dessen Tochter Marie-Luise zu werben. Der Kaiser führte Tochter und Brautwerber in den Apollosaal – es war der Höhepunkt in der abenteuerlichen Amateurkarriere Wolffsohns als Manager dieses überdimensionalen Panoptikums des Vergnügens, zu dessen Führung er in keiner Weise qualifiziert war.

Treffpunkt der Revolutionäre von
1848 war der Riesentanzsaal des
Odeon in der Leopoldstadt, das
1845 eröffnet worden war. Es war
ein verschwenderisch ausgestatteter
Tanzpalast mit Springbrunnen,
Palmen, mythologischen
Deckengemälden. Strauß Vater
spielte bei der Eröffnung, bald
danach Strauß Sohn. Die Pracht
währte aber nur drei Jahre. Die
kaiserlichen Truppen unter Fürst
Windischgrätz haben das Odeon,
weil es als politisches
Versammlungslokal gedient hatte,
in der Nacht des 28. Oktober 1848
angezündet und vernichtet.

Kolorierte Lithographie von
Riemensperg Ritter von
Radmansdorf, 1845

Im Tivoli auf dem Grünen Berg in der Nähe des Schlosses Schönbrunn fanden Feste mit Strauß Vater und Sohn statt. Neben den musikalischen Darbietungen war die Fahrt mit den kleinen Wägelchen die große Attraktion des Etablissements. *Kolorierte Lithographie von Franz Wolf, 1831*

Er spekulierte nur auf das reiche Publikum (»Dienern in Liverey« war der Eintritt verboten) – bei ihm verwendete man Champagnerflaschen als Kegel, Hundertguldennoten als Feuerzeuge. 1812 mußte er Konkurs anmelden. Scherzer, zum Unterschied von ihm ein Fachmann des Rechenstiftes, durfte sich ins Fäustchen lachen; aus dem Apollosaal wurde 1839 eine Kerzenfabrik, und Sigmund Wolffsohn starb 1852 als armer Mann.

Ein anderes Riesenetablissement, gleichfalls in der Leopoldstadt, hielt sich nur drei Jahre lang; das Odeon in der heutigen Odeonsgasse, unweit vom Sperl. Auch dieser gigantische Tanzsaal konnte angeblich zehntausend Personen fassen, doch stellten sich diese niemals ein. Er wurde 1845 durch Strauß Vater mit einer achtzigköpfigen Kapelle eröffnet, mit der er im selben Jahr auch bei der glanzvollen »Huldigung vaterländischer Industrie« spielte. Die Publicity des Odeon behauptete, daß drei Kapellen gleichzeitig musizieren konnten, ohne einander zu stören (wie in Mozarts »Don Giovanni«) – dafür reichten die Garderoben nur für ein Zwanzigstel der Besucher, die Küche war zu klein, die Bedienung schlecht. Strauß Sohn hat, wie wir bereits wissen, schon 1845 im Odeon gespielt. Da es 1848 als Versammlungslokal der Revolutionäre galt, wurde es am 28. Oktober von den »Kaiserlichen« unter Fürst Windischgrätz niedergebrannt. In den »Odeonstänzen«, einem Walzer von Strauß Vater, lebte der Name eine kurze Zeit lang weiter. An ganz anderer Stelle liegt das heutige »Odeon«, das gelegentlich auch von kleinen Produktionen der Wiener Staatsoper bespielte Heim des Serapionstheaters von Erwin Piplits in der ehemaligen Getreidebörse in der Taborstraße.

Die Vergnügungspaläste Alt-Wiens sind von Legenden umwoben. In den k. k. Redoutensälen der Hofburg, in denen Hofbälle und elegante Bürgerfeste stattfanden, soll es – so behauptet

Michael O'Kelly, der erste Basilio in Mozarts »Figaro« – besondere Zimmer gegeben haben, in denen Damen entbinden konnten, wenn sie die Tanzwut bis zur letzten Minute im Tanzsaal festgehalten hatte.

Es gab den nach der Ziegelbrennerin Margarethe Mondschein benannten Mondscheinsaal in der Nähe der Karlskirche, der schon seit 1772 als Tanzlokal diente. Hier mußte einst die Polizei die wildesten der frühen Walzerorgien verbieten. Später zog eine Klavierfabrik ein.

Wo heute die U-Bahnstation Alser Straße steht, führte in der Mitte des vorigen Jahrhunderts der Unternehmer Franz Unger ein Kasino mit dem größten Wirtshausgarten Wiens, dem blumenreichen »Unger'schen Kafféehausgarten«. In Ungers Kasino gab Vater Strauß fünfstündige Monsterkonzerte, hier konzertierte 1853 Josef Strauß, und Strauß Sohn dirigierte beim Unger 1851 vor dreitausend Zuhörern eine Gedenkfeier für seinen Vater. Eine nie bestätigte Legende sagt, daß Johann Strauß sen. hier bei einem seiner letzten öffentlichen Auftreten im Jahre 1849 der Geigenbogen zerbrochen wäre. Wenige Wochen später war Strauß tot. Auch Meyerbeer, Berlioz und Liszt zählten zu Ungers prominenten Gästen.

Wenn man Hahnenkämpfe sehen und auf den Rutschbahnen in Wägelchen zu zweit einen langen Abhang hinunterrutschen wollte, ging man in das Tivoli, ein Vergnügungslokal auf dem Grünen Berg in der Nähe des Schlosses Schönbrunn mit herrlicher Aussicht. Dort gab es auch Feste mit Strauß Vater und Sohn. In späteren Jahren wurde aus dem Tivoli eine Jausenstation, in der gelegentlich auch die Mitglieder des Kaiserhauses ihren Kaffee tranken.

Noch lange sprach man von der legendären Freßlotterie, die im alten kaiserlichen Augarten, den Joseph II. im Jahre 1775 dem Publikum geöffnet hatte, abgehalten wurde. Zu den spektakulärsten Augartenfesten mit Strauß Vater gehörte »Eine Nacht in Venedig«; der Lamperlhirsch verwandelte 1833 und 1834 den Park in eine hellerleuchtete Lagunenstadt. 1837 wurde hier die Eröffnung der Nordbahn mit dem Volksfest »Die Lustfahrt mit der Eisenbahn« gefeiert.

Die kommerzielle Verflechtung von Tanzen, Baden (und Nichtbaden!) war ein Kuriosum Alt-Wiens. In der Hoffnung, die Wiener würden das Jahr über dort baden, eröffnete man 1842 eine imposant gedeckte Schwimmhalle, das

Ein unterirdischer Feenpalast war das Neue Elysium, das sich in den umgebauten Weinkellern des St.-Anna-Gebäudes, eines ehemaligen Jesuitenklosters, befand. Er zog sich vom heutigen Haus Annagasse 3 bis etwa zum Metrokino in der Johannesgasse. Jedem Weltteil war ein Saal gewidmet. »Afrika« zum Beispiel zeigte sechs riesige, naturgetreu nachgebildete hockende Elefanten unter einem tiefblauen Sternenhimmel. Australien hatte man vergessen – da die Geschäfte gut gingen, baute man dafür einen feuerspeienden Berg in einen anderen Erdteil.

Das dargestellte Faschingsfest stand unter der Devise »Die Reunion im Wasser- und Feuerreich«.
Kolorierte Lithographie von Franz Wolf, 1834

---

500 Paare in sechs Kolonnen

E. Den Glanzpunkt jedes Carnevals in Wien bildet der »Bürger-Comite-Ball«, der alljährlich in den k. k. Redoutensälen stattfindet.

Eine besondere Ausschmückung hatte der große Theesalon oberhalb des Orchesters erhalten. An der Hauptwand desselben war ein kostbarer Baldachin von rothem Sammt, Hermelin und Gold, von einer goldenen Kaiserkrone überschattet, angebracht, der in seiner Mitte die lebensgroßen Porträts Ihrer Majestäten des Kaisers und der Kaiserin trug. Zu deren Füßen war eine imposante Gruppe von Blüthen, heimischen und fremden Bodens, aufgestellt. Zu beiden Seiten des Baldachins befand sich eine reiche Draperie von Mousseline, an die sich eine große Decoration von grünenden Bäumen und Sträuchern schloß. Tausende und abermals Tausende der schönsten Camelien und sonstigen kostbarsten Blüthen, die die Kunst des

Gärtners dem rauhen Winter abgewonnen, vertrockneten an den Busen der Schönen, und mußten ihr junges Leben in einer Nacht opfern. Die imposante Beleuchtung fand in den vielen Brillanten und Juwelen, die namentlich bei der älteren Damenwelt in Hülle und Fülle zu sehen waren, die günstigsten Reflexe. Um sich einen Begriff von dem Gewoge, das im Saale herrschte, zu machen, sei nur bemerkt, daß ein fast riesenartiges choreographisches Tableau sich entrollte, und mehr als 500 Pare in sechs Colonnen Quadrille, und mehr als 400 Pare Walzer tanzten. Capellmeister Strauß dirigierte die Ballmusik, und wußte durch seine reizenden und pikanten Melodien, die bei ihm gleich einem unerschöpflichen Born entspringen, die Tanzlust zu erhöhen.

Aus »Wiener Konversationsblatt«, 8. Februar 1855

Dianabad in der Oberen Donaustraße am Donaukanal. Die Hoffnung war leider trügerisch –
das Baden in der Wintersaison erwies sich bei
den Wienern der Vor-Swimmingpool-Ära als
undurchsetzbar. In ihrer Verzweiflung riskierte
es die Dianabad AG., die Schwimmhalle im
Winter zu überdecken und als Ballsaal zu verwenden. Es lohnte sich: Tanzen war immer
noch viel populärer als Baden. In diesem Ballsaal erlebte Wien im Februar 1867 während
einer Veranstaltung des Wiener Männergesang-
Vereins die Uraufführung des Johann-Strauß-
Walzers »An der schönen blauen Donau«. Vom
ursprünglichen, 1945 durch Kampfhandlungen
schwer beschädigten Gebäude ist heute nichts
mehr erhalten.

Ähnliche Erfahrungen wie die Dianabad AG.
machte der böhmische Tischler und Tuchsche-
rer Franz Morawetz, der als erster erfolgreich

das Prinzip der Sauna nach Wien gebracht hat.
Als junger Mann hatte er während der Na-
poleonischen Kriege von flüchtenden russi-
schen Offizieren gehört, daß diese zu Hause ein
Dampfbad nähmen und hernach nackt ins
Freie, in die Kälte, liefen.
Morawetz heiratete eine wohlhabende Dame
und kaufte sich in Wien ein Haus in der Marxergasse, wo er nebeneinander ein Dampfbad
und ein kaltes Schwimmbad zu abwechselndem
Gebrauch baute. Die Ärzte begannen diese Kur
bei rheumatischen Erkrankungen zu empfehlen.
Als eine leidende Kammerfrau der Erzherzogin
Sophie, der Mutter des späteren Kaisers Franz
Joseph, hier Heilung fand, war Morawetz ein
gemachter Mann und eröffnete 1838 offiziell
sein »Sophienbad«. 1848 ließ er durch die Architekten Siccardsburg und Van der Nüll, die
späteren Schöpfer der Hofoper, das Gebäude

mit dem Dampfbad völlig umbauen. Im Mittelsaal wurde im Sommer gebadet, im Winter getanzt.

Der alte Sophienbadsaal entwickelte sich zu einem bedeutenden Schauplatz von Altwiener Festen von Strauß Sohn. Da war der Rosenmädchenball des Jahres 1853, bei dem Terpsichore mittels eines zierlich geschmückten Ballons unter einem Blumenregen durch die Decke des Tanzsaales entschwebte, waren die alljährlichen Concordiabälle der Wiener Presse (bei einem von diesen wurde 1864 der Walzer »Morgenblätter« uraufgeführt) und das patriotische Fest des Jahres 1863 zum fünfzigsten Jubiläum der Völkerschlacht von Leipzig. Im Jahre vorher hatte hier Johann Strauß Beethovens »Schlacht bei Vittoria« samt obligatem Kanonendonner dirigiert. Bei dem Maskenball von 1863 verwandelte sich der Sophienbadsaal in den Markusplatz von Venedig, und man konnte zur Musik

---

»Es zeigten sich den trunk'nen Sinnen«

Der Ball der »Concordia«
Wenn der Mensch 3 Walzer, 3 Quadrillen, 4 Polkafrancaises, 2 Polkamazurs, 1 Polka schnell, und 1 gewöhnliche Polka getanzt – wenn der Mensch einige ehemalige Kabinetsmitglieder und den japanesischen Handelsminister Nakas hima Tsutsio No-Kami eine Nacht hindurch in nächster Nähe angestaunt hat – woher soll er am nächsten Morgen Ruhe, Kraft, Klarheit, Arbeitslust, Humor, Fähigkeit, Fassung, Behendigkeit, Ueberblick, Erinnerungsvermögen und Sammlung genug besitzen, um dem Publikum genau und gewissenhaft zu schildern, was der Sophiensaal vorgestern Nachts Interessantes, Wunderbares, Pikantes, Amusantes, Merkwürdiges, Klassisches, Originelles, Seltsames, Imposantes, Charakteristisches, Bemerkenswertes, Schönes, Häßliches, Elegantes, Gewöhnliches, Ungewöhnliches, Ordentliches, Außerordentliches, Herziges, Hübsches, Allerliebstes, Erträgliches, Unerträgliches, Berühmtes, Obskures, Luftiges, Gelangweiltes, Nochnichtdagewesenes, Tanzendes, Promenirendes, Sitzendes, Stehendes, Gehendes, Plauderndes, Lachendes, Gähnendes, Dekorirtes, Undekorirtes, Angenehmes, Unangenehmes, Junges, Altes, Ernsthaftes, Komisches, Umschwärmtes und Vereinsamtes enthielt! Wer all das nach Gebühr beschreiben wollte, dem müßte eine Muse – und wenn es auch nur die Eduard Mauthner'sche wäre – alle glühendsten Farben der Palette und des Regenbogens leihen, und der müßte, um all das besingen zu können, die Zaubertöne jenes Orpheus besitzen, welcher Steine erweichte durch die Macht seines göttlichen Gesanges...
Wer nennt die vielen großen Namen, wer zählt die Erhabenen, die gastlich da zusammenkamen;
ein Kommen und ein stetes Drängen, wie's nie noch gewesen, im Saal und in den Seitengängen; es zeigten sich den trunk'nen Sinnen Beamte und Dichter und uns're Künstlerinnen; es kamen Ungarn, Deutsche, Slaven, auch einige Preußen, Barone, Ritter, Fürsten, Grafen, die größten Männer unseres Landes – sie sind nicht so wenig – im Schmuck des schwarzen Festgewandes. Kurzum, in Prosa gesprochen, wer Augen hatte, um zu sehen, der hatte einen unbezahlbaren Eindruck; eine Fluth von berühmten, ja sogar von gescheidten Leuten, eine kleine Armee von reizenden Tänzerinnen, dahinschwebend in den diskreten Gazekleidern, mit geröthten Wangen und blitzenden Augen und fliegendem Busen am Arme unermüdlicher Tänzer. Freilich steht auf dem Concordiaball die amusante und sinnreiche Kunst des Tanzes immer in zweiter Linie; sehen und gesehen werden, plaudern und grüßen, drängen und gedrängt werden – das sind Kardinalpunkte des Programms. Die elegante Welt hat da ihr Rendezvous, man trifft Bekannte, die man schon lange nicht gesehen, man bekomplimentirt seine intimsten Feinde, man sagt den Damen einige Höflichkeitsworte, die entsprechend beantwortet werden und freut sich – natürlich nur, wenn »man« zu den Journalisten gehört – daß die »Concordia« wieder zu einer beträchtlichen Einnahme gekommen, zu Beträgen, die vielleicht morgen schon einem arbeitsunfähigen Schriftsteller oder den Waisen eines dahingeschiedenen Kollegen zugute kommen.

So beschrieb »Die Morgenpost« den Concordiaball im Sophienbadsaal 1871, bei dem Strauß dirigierte.

Die Dame, welche die rote Rose fing, bekam bei den Rosenmädchenbällen im Sophienbadsaal an der Kasse eine kostbare Damenuhr. Während einer Tanzpause wurde ein riesiger Blumenkorb vom Plafond bis zur halben Saalhöhe heruntergelassen – darin saß ein Mädchen, das verschlossene Papiertüten auf die Damen warf. In allen waren weiße Rosen – nur in einer eine rote. Wie der Dianasaal war auch dieser eine für die Wintersaison in einen Tanzsaal verwandelte Schwimmhalle. Das Gebäude steht noch heute in der Marxergasse auf der Landstraße.
Kolorierte Xylographie von Franz Kollarž, 1855

von Johann Strauß sogar Gondelfahrten machen. Einmal saß der Meister nach Ende eines Balles in den frühen Morgenstunden müde im Sophiensaal – da erinnerte ihn ein Komiteemitglied, daß er für den am selben Abend stattfindenden Technikerball einen neuen Walzer versprochen habe. Strauß hatte das vergessen – und schrieb in nicht mehr als dreißig Minuten auf eine Speisekarte seinen wundervollen Walzer »Accelerationen«. Die Sophiensäle in der Marxergasse stehen noch heute; bis vor kurzem wurden sie im Fasching als Tanzlokal, wegen der guten Akustik auch als Schallplattenstudio verwendet. Wo einst Johann Strauß dirigierte, habe ich den Aufnahmen zur »Rosenkavalier«-Schallplatte mit Leonard Bernstein beigewohnt. Nun ist eine Generalsanierung der Sophiensäle geplant.

Auch das Casino Zögernitz in der Döblinger Hauptstraße kann man noch besichtigen. Ferdinand Zögernitz hatte 1837 Strauß Vater zur Eröffnung engagiert. Hier hat Strauß Sohn 1845 vor Hector Berlioz aufgespielt.

Wenn man sehr viel Geduld hat und sich nicht abweisen läßt, kann man zwei Stockwerke unter dem heutigen Tanzlokal »Tenne«, tief unter dem Haus Annagasse 3 – es ist der Keller des alten St.-Anna-Gebäudes –, einen mit Gerümpel angefüllten, verfallenen Saal mit Spuren alter Bemalung finden: Er ist ein Teil des seinerzeit so

berühmten Elysiums. So hieß ein Komplex luxuriöser unterirdischer Unterhaltungsstätten, in denen es Musikproduktionen, Eisenbahnfahrten, exotische Gaststätten, kleine Bühnen und sogar die Nachbildung eines Serails gab. In den zwanziger Jahren unseres Jahrhunderts spielten hier Paula Wessely und Hans Jaray unter der Theaterdirektion des Komponisten Robert Stolz, dann wurde aus dem Saal das Kabarett »Max und Moritz«.

Auch das unter Kaiserin Maria Theresia erbaute Paradeisgartl, in dem Lanner und Strauß Vater oft gespielt haben, existiert nicht mehr: An seiner Stelle wurde das neue Burgtheater errichtet. Aber man kann noch immer im Volksgarten den halbkreisförmigen Kaffeesalon mit den Säulen sehen, das ehemalige Cortische Kaffeehaus aus dem Jahre 1820; an dieser Stelle waren anno 1817 die von den Franzosen 1809 gesprengten Basteien abgetragen worden. Pietro Corti aus Bergamo hatte für Kaiser Franz in den Napoleonischen Kriegen Spionagedienste geleistet und als Gegenleistung die sogenannte Kaffeegerechtigkeit bekommen; er errichtete an dieser Stelle ein Lokal.

Johann Strauß Vater veranstaltete hier seine Frühlingsfeste, 1847 seine große »Redoute im Freien« für ein Kinderspital und 1848 das Reichstagsfest »im ganzen k. k. Volksgarten zu Ehren der anwesenden hohen Reichsversamm-

lung«. Johann Strauß Sohn hat noch vor den Wiener Erstaufführungen Fragmente aus den Wagneropern »Tannhäuser«, »Der fliegende Holländer« und »Lohengrin« dirigiert, Josef Strauß 1860 Teile aus »Tristan und Isolde«. Außerdem gab es bei Corti das beste italienische Gefrorene Wiens.

Festabende, an denen »die Sträuße« dirigierten, wurden oft mit einem Feuerwerk beschlossen. Diese sogenannten »Lustfeuerwerke« versetzten die Wiener in Entzücken. Ungefähr hundert Jahre lang waren die farbenfreudigen pyrotechnischen Kunststücke das Monopol von vier Generationen der Familie Stuwer. Bis 1876 gab es fast alljährlich vier Stuwer-Feuerwerke im Prater. Zur Zeit des Wiener Kongresses war eines,

dem alle anwesenden Fürstlichkeiten beiwohnten, das Tagesgespräch von ganz Europa.

Zu den imposantesten Großmanagern der Wiener Vergnügungsindustrie gehörte Karl Schwender, ein ehemaliger Kellner aus Karlsruhe, der zum »Maître de plaisir« der Kaiserstadt wurde. 1835 hatte er einen Teil des Arnsteinparks in Rudolfsheim erworben, in der oberen Mariahilfer Straße, unweit des heutigen Technischen Museums. Dort schuf er Schwenders Colosseum. Es gab da ein richtiges Theater (man spielte nachts, nach Vorstellungsschluß der anderen Wiener Bühnen!), einen Amorsaal, einen Florasaal, den Harmoniesaal und eine Bierhalle mit einem muschelförmigen Orchesterraum in Stockwerkshöhe über dem Saalparkett. Johann

»Wenn der Kapellmeister Strauß an 3 Orten zugleich überall ›persönlich‹ die Ballmusik dirigieren will, was ihm doch unmöglich sein muß, weil man zur selben Zeit nicht an 3 verschiedenen Orten sein kann, so soll er eine porträtähnliche Figur machen und dieselbe auf die hier bezeichnete Weise arbeiten lassen. (Wenigstens für die Zwischenpausen, während welchen er von einem Ball auf den anderen zu fahren pflegt.«
Karikatur aus »Kikeriki«, 8. Februar 1866

Strauß dirigierte dort 1855 bei der »Industrie-Ausstellung aller Wiener Juxe«. Besonders populär aber waren die »Lumpenbälle« beim Schwender, auf denen die reichsten Leute Wiens, als Bettler kostümiert, die Nacht durchschwärmten.

Ein anderer Komplex des Schwenderschen Vergnügungsimperiums war die Neue Welt in Hietzing. Sie befand sich in dem durch die Lainzer Straße und Hietzinger Hauptstraße geschaffenen Dreieck und war ein Beitrag zur Wiener Sommernachtsromantik: Man pilgerte in diese Unterhaltungsstadt vor allem wegen des Tanzparketts im Freien, wo natürliche Tulpen neben gläserne Tulpenkelche gesetzt waren, die abends durch kleine Gasflämmchen magisch beleuchtet wurden. Am oberen und unteren Ende dieses Parketts stand je ein Orchesterpavillon; alle Brüder Strauß haben hier konzertiert. Man tanzte auf einem mosaikbedeckten Boden in der Mitte einer englischen Gartenanlage und bewunderte zwischendurch den Kamelienflor im Treibhaus. Eine weitere Attraktion von Schwenders Neuer Welt war ein im maurischen Stil errichteter Holzbau, die sogenannte Alhambra, wo Konzerte und Theaterabende stattfanden. Oft vereinigten sich Tanzparkett und Alhambra bei raffinierten Beleuchtungseffekten. Fünf- bis sechstausend Besucher kamen alljährlich zum Annenfest in die Neue Welt. In Wiens bester Gesellschaft war es Tradition, die Firmlinge dorthin zu führen.

Schwender war ein »Showman«, der wußte, was er seinem Publikum zu bieten hatte. Eines Tages war das Parterre der Neuen Welt in großer Höhe mit einem Seil überspannt. Blondin, der 1859 auf dem Seil ohne Netz den Niagarafall überquert hatte, trat auf . . .

Aber Strauß Sohn war der König in dieser nächtlichen Börse des Vergnügens. Wenn er dirigierte und fühlte, wie seine Kunden und Kundinnen dabei tanzten und tranken, lachten und liebten, ihre Sorgen vergaßen und schwer dafür zahlten . . . wenn er bei den Ballabrechnungen schwarz auf weiß die Einnahmen und Ausgaben dieser Spekulanten des Vergnügens kontrollierte, reifte in ihm der Entschluß, in dieses Geschäft selber groß einzusteigen.

„Josef und seine Brüder."

Josef mit dem Lockenhaare   **Johann** spielt nur mehr in Russland,   Dieser ist der „schöne **Edi**",
Dirigirt das Tongewühl;   Wien hat selten dieses Glück;   Auf ihn blicken alle Mädi;
Spielt er seine eig'nen Walzer,   Einmal kommt der Wiener **Johann**   Dirigirt **Vélocipédi**,
„**Schwimmt**" er fast „vor lauter G'fühl".   Noch als „**Strauss-Hannslovlkoff**" zurück!   Denn er hat es stets sehr gnädi!

FAMILIENTRUST DER UNTERHALTUNGSINDUSTRIE: JOHANN UND SEINE BRÜDER

»DER JUNGE STRAUSS SAH VORAUS, DASS DAS DURCHS GANZE JAHR TANZENDE WIEN DES VORMÄRZ NICHT MEHR WIEDERKOMMEN KONNTE. FÜR DIE ZEIT DER MILITÄRHERRSCHAFT UND DES STRAFFEN ZENTRALISMUS GENÜGTE EIN EINZIGES ERSTKLASSIGES ORCHESTER, UND DAS MUSSTE STRAUSS HEISSEN. SOLLTEN BESSERE TAGE KOMMEN – NUN, DA WAREN NOCH JOSEF UND EDUARD DA . . .«

Aus den »Alt-Wiener Erinnerungen« des Kapellmeisters Philipp Fahrbach sen., 1883

Strauß hatte eine neuartige, aber plausible Managementidee. Er verstand genau, daß sein bedeutendstes Busineßkapital die Straußkapelle war. Er selbst, wie schon sein Vater, war immer heftig kritisiert worden, weil diese Kapelle oft an einem Abend in mehreren Lokalen angekündigt war und den größten Teil des Programms unter der Leitung von Substituten absolvierte, während der Meister selbst von Lokal zu Lokal fuhr, wo dann nur wenige Nummern »unter persönlicher Leitung« dargeboten wurden. Strauß Vater hatte in den Jahren nach dem Debüt beim Dommayer dem Sohn einmal vorgeschlagen, in die väterliche Kapelle einzutreten, was dieser ablehnte. Nun mußte er wieder an diese Episode denken. Würde es nicht viel besser aussehen, wenn die Kapelle statt von Substituten immer von einem Strauß dirigiert würde? Wäre sie nicht in dieser Form viel stärker und effektvoller einsatzfähig? Wer würde noch irgendeine andere Kapelle engagieren, wenn immer ein Strauß zur Verfügung stand? Wie wäre es mit Josef?

Daß Josef hochtalentiert war, hatte Johann längst erfaßt. Schon Vater Strauß hatte das begriffen, wenn die beiden Söhne ihm seine Kompositionen vierhändig vorspielten. Josef war um zwei Jahre jünger als Johann. Er war 1827 zur Welt gekommen, besuchte dieselben Schulen wie sein Bruder: erst das Schottengymnasium, seit 1841 das Polytechnikum. Obwohl auch er nur mit Hilfe der Mutter musikalischen Unter-

richt bekam, beugte er sich durch sein eher melancholisches und elegisches Temperament dem Befehl des Vaters ergebener als sein älterer Bruder. Josef war vielseitig talentiert: er dichtete – einmal sogar eine große romantische Tragödie über eine angeblich wahre Episode aus der Vorgeschichte seiner Vorfahren mütterlicherseits, die, so die Fama, von einem spanischen Marquis abstammten. Sechs Jahre lang lernte er Zeichnen. Korrektor Kajetan Perger von der Akademie der bildenden Künste bestätigte ihm (1850) in einem Zeugnis sein besonderes Talent im Blumen- und Landschaftszeichnen; Josef bewies es später in ausgezeichneten Aquarellen, die er seiner Braut schenkte. (Bezieht sich vielleicht der »Aquarellen-Walzer« auf sein Lieblingshobby?)

Zunächst spezialisierte er sich noch auf Bauzeichnen und leitete 1851 den Bau eines Stauwerkes bei Trumau im Triestingtal. 1852 arbeitete Josef einige Monate lang in der »k. k. landesprivilegierten Speker'schen Maschinenfabrik am Tabor« (das Zeugnis nennt ihn: Ingenieur aus Wien) und reichte beim Magistrat den Entwurf einer Straßenreinigungsmaschine ein. »Aber ich bitt' Sie, was sollen wir denn nachher mit all den armen Teufeln von Straßenkehrern anfangen?« entgegnete ihm der zuständige Magistratsrat. Die Maurer- und Steinmetzzunft hat Josef Strauß als Lehrling freigesprochen.

All das war nicht nach den Plänen des Vaters verlaufen, der nichts von der Psyche seiner Kin-

»Josef und seine Brüder« Karikatur aus »Der Zeitgeist«, 1. März 1869

der verstand und ausgerechnet aus dem weichen, völlig unmilitärischen Josef einen Berufssoldaten machen wollte. Josef hat diesen Wunsch in einem berühmten Brief abgelehnt, in dem er seinem Vater schrieb, er wolle nicht »durch Jagdmachen auf Menschenleben ausgezeichnet werden«. Überhaupt war Josef Idealist und Demokrat aus Überzeugung. Bei der Oktoberrevolution von 1848 stand er in der Feuerlinie am Tabor in den Reihen der »Akademischen Legion«, der er als Techniker angehörte (und deren Studenten nach Logarithmentafeln studierten, die Josef errechnet hatte!).

Rascher als Johann es geahnt hatte, wurde der sofortige Einsatz von Josef im Interesse der Aufrechterhaltung des Geschäftsbetriebes der Straußkapelle Notwendigkeit. 1849 hatte er das volle Erbe seines Vaters übernommen und vier Jahre lang allnächtlich in Lokalen gespielt. Er komponierte, instrumentierte und plante das Management seiner Karriere. Diese Anstrengungen führten zu einem völligen Zusammenbruch. Die Ärzte verordneten Johann dann eine Kur in Neuhaus bei Cilli, wo die kohlensäurehältigen Mineralquellen ihn wieder einsatzfähig machen sollten. Er war dazu bereit, wenn Josef

zu gewinnen wäre . . . »Du bist der Begabteste! Du bist der Größte!« sagte er zu Josef, der daraufhin zustimmte, das Experiment zu wagen und seinen Bruder zu vertreten.

Josef debütierte am 23. Juli 1853 als Dirigent der Straußkapelle im Garten des Sperl. Er fühlte sich zwar nicht ganz wohl in seiner Haut, doch niemand nahm an dem Ersatzmann Anstoß. So konnte Johann beruhigt mit der Kur beginnen. Johann hatte ohnedies damit gerechnet, daß Josef das Dirigieren nur mehr oder weniger mimen würde, und erwartete einige – nicht gerade musikwidrige – Armbewegungen; die Kapelle spielte ja ihr Repertoire auch ohne Dirigenten, und Josef hatte weder Dirigieren noch Geigen gelernt. Aber der neue Strauß, der schon vor seinem Debüt mit dem Komponieren begonnen hatte, erwies sich bald als äußerst musikalisch und gefiel auch »mit dem Staberl«, obwohl die Presse ihm noch einige Jahre später vorwarf, er »erscheine hilflos am Orchesterpodium und mache einige phlegmatische Handbewegungen« – so selbstverständlich war der geigende Tanzdirigent zur Tradition geworden.

Josef betrachtete seinen Einsatz von nun an als Lebensaufgabe. Bei seinem Debüt brachte er

---

Lebt ein solcher Mensch wirklich?

Johann Strauß – der Name hat einen eben so guten Klang wie seine flotte berauschende Tanzmusik; und der Fremde, der noch nicht die kleinen Tücken des Wiener Lebens kennt, beschließt die betreffenden Locale aufzusuchen. Es geht in dasjenige, welches ihm mit den größten Lettern angekündigt zu sein scheint, zu Sperl z. B., er wird in seinem Vorhaben bestärkt, weil er unterwegs ungeheure Omnibusse durch die Straßen rasseln hört, von welchen in einem Glastransparent der Name »Sperl« durch die Nacht schimmert. Er kommt an: was nicht angekündigt war, findet er – einen ungeheuren, mühsam seine Pelze beherrschenden Portier, eine niedliche demimonde, auch eine Tanzmusik – aber keinen Johann Strauß. Rasch steigt er darauf in einen Stellwagen, fährt in ein anderes Hotel, welches sich ebenfalls mit Johann Strauß ankündigt; wieder findet er dort alles und mehr noch als er verlangt – nur keinen Johann

Strauß. So geht es ihm drei-, viermal – die Nacht ist fast herum. So geht es ihm auch in den nächsten Tagen, und schließlich steigen ihm billige Zweifel über die Existenz dieses Johann Strauß auf. Lebt ein solcher Mensch wirklich, fragt er sich, oder bezeichnet dieser Name nur ein schönes Wesen aus dem Fabelland? Hat Wien einen Johann Strauß immer auf dem Papier, oder hat es einen von Fleisch und Blut? Ja, es hat einen, aber die glücklichsten Menschen, die sonst alles sehen, was gewöhnliche Sterbliche nicht sehen, die Sonntagskinder, erblicken ihn fast nie. An den Faschingssonntagen fährt Johann Strauß wie ein böser Geist aus einem Etablissement in das andere; er soll überall sein, und so ist er nirgends; jetzt dirigiert er hier ein Orchester, dann dort, und so kommt es, daß man lange suchen muß, bis man ihn findet.

Aus »Theaterzeitung«, 27. Januar 1860

noch keine eigene Komposition, aber schon fünf Wochen später mußte er für den kranken Johann auch bei einem Kompositionsauftrag einspringen und dirigierte bei einem Kirchweihfest in Ungers Casino in Hernals seinen ersten Walzer. Er erlernte das Geigenspiel, wenn er auch niemals so zündend und virtuos spielte wie Johann. Schon am 23. Juni 1856 dirigierte er beim »Zeisig« zum erstenmal als Vorgeiger.

Lassen Sie mich doch, wo ich bin; lassen Sie mich, was ich bin; entreißen Sie mich nicht einem Leben, das mir Freuden bringen kann, einem Leben voll Zufriedenheit. Stoßen Sie mich nicht in jenes unstete, rauhe, allen Sinn für das Menschliche zerstörende Treiben hinaus, zu dem ich nicht tauge, zu dem ich nicht geboren bin. Ich will nicht Menschen töten lernen, will nicht durch Jagdmachen auf Menschenleben ausgezeichnet werden mit einem militärisch höheren Rang, ich will den Menschen nützen als Mensch und dem Staat als Bürger.

Brief von Josef Strauß an seinen Vater, 1848

Inzwischen studierte er auch mit großem Fleiß Generalbaß und Komposition. Sein erster Walzertitel »Die Ersten und die Letzten« deutete noch an, es könne sich vielleicht nur um ein kurzfristiges Intermezzo handeln. Aber in der Folge komponierte er wundervolle Walzer von einer ganz persönlichen Note – »Sphärenklänge«, »Dorfschwalben aus Österreich«, »Mein Lebenslauf ist Lieb und Lust«, »Delirien« – und viele andere gelungene Piècen, so die berühmt gewordene Polka Mazur »Frauenherz«. Musikwissenschaftler nennen Josef Strauß oft einen Moll-Komponisten. Er war es, aber er hat meistens in Dur geschrieben, in Hans Weigels »Ö-Dur«: elegisch schwärmerisch, »ein halb mal lustig, ein halb mal traurig«, wie es bei Hofmannsthal heißt. »Er ist der Begabtere, ich bin der Populärere«, hat Johann einmal gesagt. Der Jüngere war schlank, braunäugig, trug sehr langes Zigeunerhaar und dirigierte meist in schwarzem Frack mit weißen Hosen. Die Frauen entschieden auch seinen Erfolg: Josef

wurde der vollwertige Vertreter seines Bruders. Das neue Arrangement bewährte sich. Im Winter spielte die Kapelle unter Johann, unter Josef oder unter beiden. Im Sommer dirigierte Johann fast alljährlich in Rußland und überließ die Kapelle in Wien meistens der Führung Josefs.

Diese Arbeitsteilung hätte genügt, wenn Johann nicht im Jahre 1862 die Vorbereitungen zur Hochzeit mit der Sängerin Henriette Treffz getroffen hätte. Er plante, sich nach seiner Heirat von den allerdrückendsten Tag-um-Tag-Verpflichtungen der Kapelle zurückzuziehen. Daher brauchte er, wenn er keinen Fremden an der Spitze der Straußkapelle sehen wollte, noch einen, den dritten Strauß, und das war natürlich Eduard, der um zehn Jahre jüngere Bruder. In grotesken Zukunftsvisionen sah man auch schon die Schwestern Anna und Therese als Dirigentinnen im Volksgarten . . .

Bei Eduard gab es die Probleme, die es bei Josef gegeben hatte, nicht. Er war beim Tod des Vaters erst vierzehn Jahre alt, hatte das Akademische Gymnasium besucht und bereitete sich auf den Eintritt in die Orientalische Akademie vor, da er die Konsularlaufbahn ergreifen wollte. Auch er hatte große musikalische Interessen, war seit den Gastspielen der Jenny Lind ein leidenschaftlicher Opernbesucher, studierte Komposition, Geige und Harfe. Schon im Februar 1855 stellte Johann seinen zwanzigjährigen Bruder zum erstenmal in einem Konzert vor: Eduard spielte im Sophienbadsaal bei dem Walzer »Glossen«, der von zwei Pedalharfen begleitet wurde, die erste Harfe. Als Dirigent trat er zum erstenmal am 5. Februar 1859 im Sophienbadsaal vor das Publikum. Eduard machte schon bei diesem Monsterball »Tag ohne Ende« Furore. Er war zierlich, trug gerne einen eleganten gelben Überzieher mit hellen Handschuhen, ähnelte mit seinem Spitzbart Napoleon III. und hieß in Wien bald nur mehr »der fesche Edi«. Als Komponist war er seinen beiden genialen Brüdern weit unterlegen; seine Walzer zählen wenig, er schrieb einige gute Polkas und Märsche: zur Eröffnung der Ersten Hochquellenwasserleitung, für die Entdecker der Inselgruppe Franz-Josefs-Land usw. Dafür war er ein richtiger Showdirigent und mit all seinen eigenbrötlerischen Schrullen, Komplexen und Lau-

Glattrasiert sehen wir den achtzehnjährigen Johann Strauß auf diesem ersten erhaltenen Porträt. Die Haltung und auch der Hintergrund erinnern an die gewissen »Maturabilder« aus den Urzeiten der Fotografie. Er trägt einen übertaillierten, eleganten Rock mit einer Plastronkrawatte. Das gewellte Haar ist hochgekämmt, die Unterlippe etwas vorgeschoben – so erschien er zu den Generalbaßstunden bei Joseph Drechsler in der alten Jesuitenkirche Am Hof. Seine Augen leuchten auf diesem Bild. Man fühlt, daß er große Pläne hat. Als er ein Jahr später dazukam, sie zu verwirklichen, trug er bereits einen Bart . . .
Bleistiftzeichnung von J. Dietz, 1843

Mit Schnurrbart und Finne debütierte Schani der Zweite 1844 beim Dommayer in Hietzing. So dirigierte er 1848 die Marseillaise beim Grünen Tor, so wurde er in den fünfziger Jahren zum König der Wiener Walzerbälle.
Lithographie von Joseph Kriehuber, 1853

Wie Kaiser Franz Joseph sollst Du Deinen Bart tragen! war Henriettes Rat nach der Hochzeit, und Johann Strauß befolgte ihn im Jahre 1867. Obwohl Johann Strauß schon lange gelegentlich zur Hofmusik herangezogen worden war, bekam er erst 1863 den Titel k. k. Hofball-Musikdirektor. In dieser Barttracht dirigierte er bei der Pariser Weltausstellung im Jahre 1867, machte 1871 sein Debüt als Operettenkomponist und konzertierte 1872 in Boston und New York.

Mit gestutztem Backenbart dirigierte Johann Strauß 1874 die Uraufführung seiner »Fledermaus«. Man nahm es ihm bei seinen italienischen Konzerten im selben Jahr nicht übel, daß er sich herrichtete wie der in Italien so verhaßte Kaiser »Cecco Beppe« (Franz Joseph), man umjubelte ihn auf seinen Konzertreisen durch Deutschland 1876 und bei den Pariser Opernbällen 1877. Nach dem Tod seiner ersten Gattin und seiner Wiederverehelichung 1878 änderte er seine Barttracht nicht, aber seit 1880 ließ er vom Friseur das Haar mit der Brennschere »zum Stehen« bringen.

dem Älterwerden und Älteraussehen – deshalb blieben sein Haar und sein Schnurrbart immer pechschwarz gefärbt. Mit Schnurrbart erlebte er 1892 die Premiere seiner einzigen Oper an der Hofoper und reiste so mit seiner Frau zu den Bayreuther Festspielen. Mit Schnurrbart dirigierte er 1892 vor 15 000 Zuschauern im Prater die vereinigten Kapellen der acht in Wien stationierten Infanterieregimenter bei der 25-Jahr-Feier des Donauwalzers sowie am Pfingstmontag 1899, elf Tage vor seinem Tod, zum ersten und letzten Mal, in der Hofoper die Ouvertüre zur »Fledermaus«.

Mit Schnurrbart sehen wir Johann Strauß auf den Bildern und Fotos seit den späten achtziger Jahren. Auf Wunsch seiner dritten Gattin trug er diesen »Adelen-Bart«. Er hatte eine namenlose Furcht vor

Der Schnurrbart von Johann Strauß wurde in der zeitgenössischen Karikatur »musikalisch« interpretiert.

nen eine Persönlichkeit, die zeitlebens im Mittelpunkt des öffentlichen Interesses stand. Man lächelte oder lachte über Edi (oder »Edison«, wie man ihn später nannte), man nahm ihn nicht ganz ernst, aber seine Popularität stand der Johanns nicht viel nach – vielleicht nicht gerade bei den Musikern. Für Witzblätter und Karikaturisten lieferte er immer Stoff.

Johann, Josef und Eduard hatten nun das Walzergeschäft in Wien in der Hand. Die Straußkapelle war überall im Einsatz, immer »von Strauß« dirigiert – oft verheimlichten die Annoncen absichtlich, von welchem, und manchmal wußten es die Brüder selbst erst im letzten Augenblick. Bei den Maskenbällen im Etablissement Schwender im Februar 1863 kamen um Mitternacht alle drei Brüder: »Die Herren Kapellmeister Strauß persönlich.«

Johann über Josef

Der Stellvertreter Büttner's, der Herr Rather, hat mir eingestanden, daß nur ich für Asien zu schreiben die Fähigkeit habe, und daß die Werke Josef's nicht einmal in St. Petersburg durchgegriffen haben. Der Vertreter Büttner's ist so liebenswürdig, zu behaupten, daß sein Chef vollkommen Narr aus Geiz geworden, und daß alle Musikverleger die größten Spitzbuben sind. Dieser Herr Rather ist mein Mann.

Aus einem Brief von Johann Strauß an seinen Verleger Carl Haslinger (Pawlowsk, Datum unbekannt). Johann Strauß ließ sich die Gelegenheit nicht entgehen, auf den schwächeren Erfolg seinen Bruders hinzuweisen. Büttner war ein Musikverleger in St. Petersburg. Er dachte offensichtlich auch an Verkäufe in Sibirien!

Johann und seine Brüder entwickelten sich zu einer wahren Walzermafia. Sie ließen kein Mittel der Einschüchterung, keine Drohung gegenüber Unternehmern ungenützt, um bei wichtigen Anlässen andere Kapellen vom Engagement auszuschließen. Der königliche Johann machte sich im Lauf der Jahre immer rarer. Der verbindliche Eduard war am häufigsten im Einsatz. Der hitzige Josef stand beiden an Beliebtheit nach; man warf ihm vor, seine Programme im letzten Augenblick zu kürzen und das Publikum unvermittelt mit einem »Hinausschmißmarsch«

nach Hause zu schicken. Auch er war manchmal von brutaler Aktivität, wenn es galt, anderen Kapellen ein Engagement zu verpatzen: »Wenn der Fuchs bei Ihnen dirigiert, spielt die Straußkapelle nie wieder bei Ihnen!«

Josef Strauß alternierte mit Johann manchmal bei den Sommerkonzerten in Rußland, hatte dort aber keinen durchschlagenden Erfolg. Er war seit jeher kränklich, war ein Zigarrenkettenraucher, trank literweise Kaffee und war ein geschworener Feind jeder Form von frischer Luft. Sein Teint war fahl. Seit 1865 litt er in rapid zunehmendem Maße an Kopfschmerzen und Ohnmachtsanfällen. 1868 mußte er sich einer Kur in Fusch im Land Salzburg unterziehen. Während dieser Zeit trug er sich ernstlich mit dem Gedanken, nie mehr zu komponieren, nie mehr zu dirigieren, nie mehr Geige zu spielen. Es kam anders. Als Johann für die Saison 1870 in Rußland nicht mehr abschließen wollte, nahm Josef es sich sehr zu Herzen, daß die russischen Unternehmer ihn nicht als Ersatz akzeptierten. Und gerade damals bot sich ihm eine faszinierende Gelegenheit, in die Fußstapfen seines Vaters und seines Bruders zu treten und selbst Unternehmer zu werden. In Warschau, in der vornehmen Straße Aleja Ujazdowska, hatte man 1870 das beinahe fünfzig Jahre alte Etablissement Schweizertal umgebaut und festlich eröffnet. Es bestand aus einem Konzertsaal mit Terrasse, mehreren Speisesälen und einem großen Garten. Hier wurden seit Jahren Bälle und musikalische Darbietungen veranstaltet. Warschau gehörte damals noch zu Rußland, und das Schweizertal galt als Treffpunkt polnischer Patrioten. Hier konnte man polnische Freiheitslieder hören, und oft kam es dort zu regelrechten antirussischen Demonstrationen. Viele ausländische Kapellen hatten im Schweizertal konzertiert – die Programme verzeichnen Kuriosa wie etwa Aufführungen von Beethovens Neunter Symphonie (Schlußsatz entfällt!).

Josef Strauß pachtete das Lokal auf eigene Rechnung um 3 000 Rubel für die Sommersaison 1870. Er hatte 1857 seine Jugendliebe Karoline Pruckmayer geheiratet, die Tochter eines k. k. Hof-Postamt-Kontrolleurs. Die Gattin warnte ihn vor dem Warschauer Abenteuer, weil sie es seiner Gesundheit nicht zutraute, hatte er doch erst im Februar 1870 am Totenbett der

Der sonderbare »Afrikanerin-Abend« der Brüder Josef und Eduard Strauß im Dianasaal brachte am 28. Oktober 1865 – also sechs Monate nach der Pariser Uraufführung, vier Monate vor der Wiener Erstaufführung der vollständigen Oper von Meyerbeer – eine konzertante Erstaufführung. Statt der Rezitative gab es Straußmusik. Wir leben im Zeitalter der Nostalgie: könnte jemand etwa Gottfried von Einem oder Friedrich Cerha vorschlagen, ihre neue Oper konzertant in der Stadthalle zur Uraufführung zu bringen, leicht gekürzt, mit Einlagen aus »Cats« oder dem »Phantom der Oper«?

Mutter einen schweren Ohnmachtsanfall erlitten. Es zeigte sich bald, daß Josef zum Manager überhaupt kein Talent hatte. Da die Straußkapelle in Wien unter Eduard unabkömmlich war, hatte er sich durch das Stellungsvermittlungsbüro des allgemeinen Musikerbundes in Deutschland ein Orchester von 37 Mann zusammenstellen lassen. Bei seiner Ankunft in Warschau waren sieben der bestellten Musiker nicht eingetroffen, was für ihn, den Amateurunternehmer, einen Schock bedeutete. Eduard mußte buchstäblich in letzter Minute Ersatzmusiker aus Wien nach Warschau schicken. Das erste Konzert fand am 22. Mai 1870 statt und war ein halber Mißerfolg. Die führende Zeitung »Kurjer Warszawski« schrieb, das deutsche Orchester von Benjamin Bilse, das früher dort gespielt hatte, wäre dagegen »eine Legion von Harmonie« gewesen. Josef Strauß habe Walzer und Polkas »ziemlich effektvoll« gespielt, jedoch die ernsteren Kompositionen »ohne Präzision«. Beim vierten Konzert brach Josef, gerade während er sein Potpourri »Musikalisches Feuilleton« dirigierte, am Podium zusammen. Der Primgeiger hatte eine Kürzung übersehen und dadurch ein völliges Chaos hervorgerufen, dem Josef Strauß nervlich (und wahrscheinlich auch dirigiertechnisch) nicht gewachsen war. Er mußte das Konzert unterbrechen, seine Gattin

reiste sofort nach Warschau und fand ihn mit den Symptomen eines Gehirnschlages und der Sprache nicht mächtig vor. Am 17. Juli brachte sie ihn nach Wien, wo er am 22. Juli 1870 im Alter von 43 Jahren starb. Unter großer Teilnahme der Wiener wurde er auf dem Sankt Marxer Friedhof begraben.

Mit Josef Strauß war ein Komponist von genialer Begabung dahingegangen. Peter Cornelius, der Komponist des »Barbier von Bagdad«, hörte ihn im Dianasaal, hat für ihn geschwärmt und nannte ihn als Musiker »kultivierter« als Johann. Richard Wagner hörte in Wien in der Neuen Welt Josefs Arrangement des Duettes aus dem »Fliegenden Holländer« und fand Worte höchsten Lobes dafür. Eine Posaune spielte das Solo des Holländers: »Wie aus der Ferne längst vergangener Zeiten . . .« Josef war auch der erste »Tristan«-Dirigent: Zum allererstenmal erklangen drei orchestrale Fragmente aus Wagners 1859 vollendeter, noch unaufgeführter Oper »Tristan und Isolde« am 3. Juli 1860 unter seiner Stabführung im Volksgarten.

Josef Strauß waren nur vierzehn aktive Jahre als Komponist vergönnt; in diesen hat er 283 Werke mit Opuszahl geschrieben. Er hatte weniger Zeit zur Entwicklung als sein Bruder, daher sind seine Walzer untereinander weniger verschieden. Sie sind alle voll elegischer, romantischer, melancholischer Stimmung, immer erfindungsreich und inspiriert. Weniger Tanzwalzer, sondern Liebeslieder. Josef lebte ein kleinbürgerliches Leben, war glücklich verheiratet, und wir wissen nicht, ob die Walzer seiner »Linscherl« galten oder den Liebesgeschichten, die er nicht erlebt hat.

Die Brüder haben auch gemeinsam komponiert: Johann, Josef und Eduard zeichnen zusammen für den »Trifolien-Walzer« aus dem Jahre 1865, Johann und Josef für die weltberühmt gewordene »Pizzicato-Polka«. Die außermusikalischen Beziehungen der drei Brüder untereinander waren korrekt, aber ohne Herzlichkeit. Johann vermerkte in seinen Briefen stets, wenn Josef irgendwo nicht erfolgreich war, und fand für den eitlen Eduard liebevolle Worte der Verachtung. Josef litt unter der Geschäftigkeit seiner Brüder. Eduard fühlte sich ausgenützt und in den Hintergrund gedrängt. Wie Josef Strauß gestorben ist, wissen wir von dem Diener der Kapelle, einem Wiener, der bei dem Warschauer Gastspiel dabei war. Seine Version wird durch einen Bericht des österreichischen Generalkonsuls in Warschau an das Ministerium des Äußeren bestätigt. Die Presse jedoch verbreitete unmittelbar nach dem tragischen Ereignis das Gerücht, Josef sei während des Konzertes von betrunkenen russischen Offizieren attackiert worden, weil er ein russisch-chauvinistisches Lied nicht habe spielen wollen, und die erlittenen Verletzungen hätten zu seinem sofortigen Tod geführt. Die Witwe habe Schweigegeld erhalten und statt der Leiche eine Wachspuppe nach Wien transportiert ...

Eduard über Josef

Josef selbst rühmte sich, den Stephansplatz während der Dauer eines ganzen Jahres mit keinem Fuße betreten zu haben. Dagegen ließ er sich von seiner Frau an manchen freien Tagen zu Ausflügen in Wiens landschaftlich unvergleichlich schöne Umgebung bewegen. Aber weder das erbauliche Abendspielchen noch die köstlich frische Waldluft vermochten seiner aufreibenden Tätigkeit das Gegengewicht zu halten, da er ersteres bis tief in die Nacht – oder gar schon frühen Morgenstunden – ausdehnte und sich den reinen Ozon der Wälder durch den Rauch von 17 bis 19 Cigarren (Cigaretten gabs noch keine), die er an einem Tage rauchte, verdarb. Die Folgen dieser Lebensführung blieben nicht aus: häufige, von Convulsionen begleitete Ohnmachtsanfälle, welche die Ärzte für Nervendepressionen erklärten, die aber schon in seiner Kindheit sporadisch aufgetreten waren, ließen sich als Vorboten eines schweren inneren Leidens erkennen.

Aus den »Erinnerungen« von Eduard Strauß

Die Josef-Strauß-Konzerte im Schweizertal fanden in einer Atmosphäre äußerster politischer Spannung statt. Sieben Jahre vorher hatten die Russen einen Aufstand in Polen blutig unterdrückt; der intellektuelle Teil der polnischen Bevölkerung, insbesondere die musisch interessierten Besucher der Theater und Konzerte, waren antirussisch eingestellt. Erzählungen von russischen Exzessen kamen aus diesen Kreisen sehr häufig. In Wien war es unter der deutsch-liberalen Regierung des Ministerpräsidenten Hasner zu einem Exodus der slawischen Abgeordneten aus dem Parlament gekommen. Auch dem am 12. April 1870 eingesetzten Beamtenkabinett unter dem polnischen Grafen Adam Potocki gelang es nicht, eine Versöhnung herbeizuführen. Außerdem wuchs die deutsch-französische Spannung – drei Tage vor Josefs Tod kam es zur Kriegserklärung Frankreichs an Preußen.

Da Josef das Schweizertal selbst gepachtet hatte, fühlte sich Johann verpflichtet, den unausweichlich drohenden finanziellen Zusammenbruch zu verhindern. Anfang Juli 1870, als sein Bruder noch schwer krank in Warschau lag, übernahm er drei Konzerte. Er dirigierte Beethovens Fünfte, Ouvertüren von Weber und Rossini, auch Straußtänze, und wurde als die »Verkörperung des Walzers« gefeiert. Später sandte er Kapellmeister Gotthold Karlberg, der in Wien in den Blumensälen niemals Eindruck gemacht hat, nach Warschau. Überraschenderweise schrieb man, mit seinen Konzerten habe »eine sichtliche Verbesserung des Orchesters begonnen«. Schließlich führte der alte erfahrene Philipp Fahrbach die Saison zu Ende. Seine Stellung als Militärkapellmeister hatte er sehr bald verloren, da er als leidenschaftlicher Leser des »Ägyptischen Traumbuches« von einem die Soldaten ansteckenden Spielteufel besessen war. Nun wirkte er als musikalischer Instruktor von Blinden.

Rätselhaft wie Josefs Tod blieben auch die Schicksale seines Nachlasses. Johann konnte nach Beendigung der Warschauer Saison eine ziemlich bedeutende Gewinnsumme an die Witwe des Bruders abführen. Auf seinen Wunsch folgte sie ihm den musikalischen Nachlaß aus. Eduard hat dem zugestimmt, obwohl er später behauptete, der Gesellschaftsvertrag mit Josef hätte ihm das Recht auf den unveröffentlichten Nachlaß gegeben. Gehässige Stimmen hörten nicht auf anzudeuten, daß die Zahlung ein verschleierter Kauf durch Johann gewesen wäre, der Melodien seines Bruders in der »Fledermaus« verwendet habe. Eduard ließ gelegentlich durchblicken, daß er dies für nicht ausgeschlossen hielte. Nichts in der »Fledermaus« erinnert jedoch »an Josefs Schubert- und Chopin-nahen Duktus« (eher in Johanns Operette »Carneval in Rom«!).

Eduard Strauß wurde 1872 Hofball-Musikdirektor. Als er im Jahre 1901 der Leitung der Hofballmusik auf eigenen Wunsch enthoben wurde, widmete ihm die Gesellschaft der Musikfreunde dieses Blatt, auf dem das Musikvereinsgebäude und im Hintergrund die Karlskirche abgebildet sind.

Eine Bombe platzte im Jahre 1903, als der Theaterunternehmer Gabor Steiner im Vergnügungsetablissement Venedig in Wien im Prater die Uraufführung einer nachgelassenen Operette von Josef Strauß unter dem Titel »Frühlingsluft« ankündigte. Wieso habe er, Eduard, von der Existenz dieser Operette nichts gewußt? Johann habe ihm doch mitgeteilt, es gäbe im Nachlaß kein ungedrucktes Material! Gabor Steiner hingegen behauptete, er habe die Noten direkt von Josefs Tochter bekommen, der sie Johann 1886 ausgefolgt habe. Das Material wäre laut Steiner aber unvollständig gewesen, man habe die Operette nur durch Verwendung anderer Kompositionen von Josef Strauß spielbar machen können. Eduard versuchte auf dem Rechtsweg, die Aufführung zu verhindern. Vergeblich. Der Urheberschutz erlosch damals dreißig Jahre nach dem Tod eines Komponisten; Josef war vor dreiunddreißig Jahren gestorben.

Nach Josefs Ableben zog sich Johann Strauß von der Führung der Straußkapelle zurück, und Eduard übernahm offiziell die Leitung. 1872 wurde er auch Hofball-Musikdirektor, nachdem ein Jahr vorher Johanns Ansuchen um Enthebung von seinen Dienstfunktionen stattgegeben worden war. Er spielte in vielen Tanzkapellen; besonders populär waren die Promenadenkonzerte, die Eduard Strauß im Großen Musikvereinssaal an Sonntagen um fünf Uhr nachmittags gab. (Auf den Programmen nannte er sich »k. k. Hofball-Musikdirektor und Kaiserlich-Brasilianischer Hofkapellmeister Honoraire«.) Da konnte man eine Phantasie über Donizettis »Lucia« als Harfensolo hören, Schumanns »Träumerei« für Streichquartett, aber auch Fragmente aus Wagners »Götterdämmerung«, »Tristan« und »Parsifal« – noch immer vor dem Erscheinen dieser Werke an der Hofoper. Als das Wiener Hofopernorchester 1884 für Nachmittagsvorstellungen eine zusätzliche

Gage verlangte, sprang Eduard Strauß mit seinem Orchester ein: Bis zur Beilegung des Konflikts begleitete er die Vorstellung des Balletts »Melusine« von Franz Doppler.

Unter ihm ging die Kapelle auf sehr erfolgreiche Auslandsreisen, sie spielte wiederholt in Deutschland und den Vereinigten Staaten; während der Gastspiele in England sprach Königin Victoria mit Eduard in Windsor Castle über seinen Vater und über seinen Bruder, den sie mit ihm verwechselte. Überhaupt mußte Eduard in ausländischen Kritiken oft feststellen, daß man ihn für Johann hielt. Wie aber muß er sich gefühlt haben, als ihm der Bürgermeister von Wien 1901, zwei Jahre nach Johanns Tod, die Große Goldene Salvator-Medaille verlieh und auf den Einladungen in das Rathaus zu lesen stand: »... zur Überreichung an den Hofball-Musikdirektor Herrn Johann Strauß.«

Je älter er wurde, desto verbissener wurde

Johann (Mitte), Josef (rechts) und Eduard Strauß (links) beherrschten in von Johann verteilten Funktionen die Wiener Vergnügungsindustrie. Wenn sie in der Öffentlichkeit erschienen, zeigten sie mehr Schwung als auf diesem Bild (es ist eine alte Fotomontage!).

Als ihre Mutter Anna Strauß, geb. Streim, am 23. Februar 1870 starb, wurde ein Wiener Eliteball, der Studentenball, abgesagt. »Die glänzende Laufbahn ihrer Söhne entschädigte die Greisin in hohem Maße für so vieles Ungemach, das sie in jungen Jahren hat erleben müssen!« schrieb das »Neue Wiener Tagblatt«.

Die Schwestern Therese Strauß (oben links), 1831 bis 1915, und Anna Strauß, 1829 bis 1903; beide blieben unverheiratet.

Eduard mit seiner Gattin Maria, geb. Klenkhart (1840 bis 1921), und seinen Söhnen Johann (links im Bild) und Josef.
»Meine Frau, mit welcher ich bis zum Eintritt meiner beiden Söhne ins Jünglingsalter in bestem Einvernehmen lebte, unterstützte in Vergessenheit der Pflichten gegenüber ihrem Gatten, dem Ernährer der Familie, die beiden Söhne in ihrem leichtsinnigen Lebenswandel . . .«
(Aus den »Erinnerungen« von Eduard Strauß.)

Eduards Komplex gegen Johann. Er entwickelte sich zum Querulanten, protestierte viel und gern. Er protestierte schon, als 1873 für die Weltausstellung im Prater nicht die Straußkapelle engagiert wurde, sondern die Kapelle Julius Langenbach aus Elberfeld, bei deren Konzerten gegenüber dem Palais des Vizekönigs von Ägypten Johann Einlagen dirigierte. Als man zur Fünfzig-Jahr-Feier des künstlerischen Wirkens von Johann Strauß 1894 im Carltheater mit Genehmigung des Jubilars den Einakter »Sein erster Walzer« vorbereitete, protestierte Eduard am Abend vor der Premiere, weil in dem Stück seine Eltern vorkommen sollten. In letzter Minute machte man aus Vater Strauß einen Violinlehrer Johann Pammer und aus Mama Strauß, um Eduard zu ärgern, eine geschwätzige Madame Edi. Er protestierte auch, als sich 1878 eine Gruppe entlassener Musiker unter der Leitung des späteren letzten Hofball-

Musikdirektors Carl Michael Ziehrer zusammenschloß und sich »frühere Kapelle Eduard Strauß« nannte. Eduard hatte nämlich in diesem Jahr Amateurmusiker aus seiner Kapelle entlassen und diese Posten mit Berufsmusikern neu besetzt, denen er zum erstenmal eine ganzjährige Gage zahlte.

Man darf mit Eduard nicht zu hart ins Gericht gehen; er hatte ein denkbar unglückliches Familienleben. Seine Gattin, die Tochter eines Kaffeehausbesitzers aus dem Haus gegenüber dem Sperl, brachte gemeinsam mit dem ältesten Sohn, Johann, im Jahre 1897 sein ganzes erspartes Vermögen durch, indem sie die Bankkonten behoben, alles ausgaben und dazu noch so viele Schulden machten, daß Eduards Haus zwangsversteigert werden mußte.

Ich habe als Kind diesen Johann III., der gelegentlich mit den Gerichten (und als Komponist schon 1898 durch seine Operette »Katz und Maus« im Theater an der Wien auch mit dem Publikum) in Konflikt geriet, im Wiener Burggarten als Dirigent von Straußkonzerten gehört. Johann Strauß hat in seinem 1895 errichteten Testament Eduard ausdrücklich nicht bedacht, weil er sich »in günstigen Lebensumständen« befände. In einem angeschlossenen Kodizill aus dem Jahr 1897 gab er zu, von den veränderten Vermögensumständen seines Bruders zu wissen, doch ändere er sein Testament nicht, in der Hoffnung, »daß die Verhältnisse sich wieder bessern«. Eduard ging nicht zu Johanns Begräbnis. Er war auf einer Konzertreise in Deutschland.

Eduard Strauß löste im Jahre 1901 überraschend die Straußkapelle auf und brachte die Instrumente ins Versatzamt. Am 22. Oktober 1907 fuhr ein Lastkraftwagen mit vielen Hunderten Kilo Noten bei einer bekannten Tonofenfabrik in Mariahilf vor. Eduard hatte die Verbrennung des gesamten Notenarchivs der Straußkapelle angeordnet. Er selbst saß fünf Stunden lang in einem Fauteuil vor dem Ofen und sah dem gespenstischen Vernichtungsakt zu, in dem das kostbare Archiv mit Originalpartituren und manchen unveröffentlichten Werken als »Makulaturpapier« um zwei Kronen pro hundert Kilogramm in die Flammen geworfen wurde. »Ich kann nicht«, hatte er ausgerufen, als der Ofenfabrikant ihn in letzter Minute beschwor, den Auftrag rückgängig zu machen. Ein anderer Teil des Notenarchivs soll in einer Ofenfabrik in der Porzellangasse »unter persönlicher Leitung« vernichtet worden sein. Eduard berief sich darauf, dies wäre seinerzeit im Gesellschaftsvertrag mit Josef so vorgesehen gewesen, für den Fall, daß einer von beiden seine künstlerische Tätigkeit aufgeben sollte: damit die Arrangements nicht ohne Nennung der Autoren von anderen Kapellen nachgespielt werden könnten. Dadurch gingen große Schätze unwiederbringlich verloren: fünfhundert ungedruckte Orchesterarrangements von Josef Strauß, dreihundert von Eduard, einige wenige von Johann, auch einige ungedruckte Kompositionen. Der allergrößte Verlust aber besteht darin, daß das verbrannte Material durch die darin enthaltenen Anweisungen die einzige authentische Quelle für die Interpretation der Straußwerke gewesen war und daß viele Piècen seither in fremden Orchestrationen gespielt werden müssen.

Wenn es nicht um Musik ging, hatte Eduard eine Art von schwarzem Humor. 1906 veröffentlichte er seine »Erinnerungen«. Falls jemand sich dafür interessiert, wie man 1853 im Sophiensaal einen ägyptischen Sarkophag mit einer Mumie öffnete, wie man in den Katakomben unter der Stephanskirche Gerippe von Pestleichen fand, ein totes Baby auf hoher See bestattete, wie man Farbige in Texas lynchte, Krokodile in New Orleans jagte, wie man in Alt-New York Spucknäpfe im Madison Square Garden aufstellte und die Akustik verbesserte, dann möge er das Buch lesen.

Als Quelle für geographische Informationen ist von Eduard abzuraten. Über seinen Besuch in Chicago schreibt er beispielsweise: »Der Michigansee ist ein kolossaler und imposanter Strom, der ruhig und majestätisch dahinfließt, der aber, wenn er wild wird, ganze Länder überschwemmt...« Vielleicht ist die ganze Geschichte um den Nachlaß von Josef Strauß auch so ein Michiganstrom.

Eduard Strauß starb im 81. Lebensjahr. Ein philosophierender kaiserlicher Hofbeamter hatte einmal gesagt: »Kaiser Franz Joseph regierte in Wahrheit 1848 bis zum Tod von Johann Strauß.« Er regierte bis zum Tod von Eduard. Beide starben 1916.

DER MUSIKALISCHE BAHNHOF VON PAWLOWSK: JOHANN STRAUSS IN RUSSLAND

»MAN LEBT NUR IN RUSSLAND! HIER IST GELD, UND WO DASSELBE VORHANDEN IST, EXISTIERT LEBEN!«

Strauß an seinen Verleger Carl Haslinger, 1857

Als präzise planender Manager seiner Karriere wußte Johann Strauß nur zu gut, daß er, dessen Verhalten im Jahre 1848 unvergessen war, den Kaiser eines Tages für sich gewinnen mußte. Dazu bot sich eine ungewöhnliche Gelegenheit, die Strauß beim Schopf packen wollte. Er hatte in Erfahrung gebracht, daß Franz Joseph am 28. Oktober 1850 in Warschau mit Zar Nikolaus I. zusammentreffen wollte. Also entschloß sich Strauß, mit seiner Kapelle scheinbar ganz zufällig in Warschau zu erscheinen.

Bei dem vorausgegangenen Warschauer Kaisertreffen am 21. Mai 1849 hatte der Zar dem österreichischen Kaiser jene Waffenhilfe zugesagt, die zur Niederwerfung der ungarischen Erhebung im gleichen Jahr führte. (Zur Niederwerfung jener Ungarn, für die Johann Strauß 1846 seinen »Pester Csárdás« im Horvathgarten von Pest gespielt hatte!) Am 28. Oktober 1850 sollte nun die gemeinsame Front von Kaiser und Zar in der aktuellen deutschen Frage deklariert werden. Es liest sich wie die Inhaltsangabe einer schwächeren Operette von Offenbach, wenn wir hören, daß vier Tage später die preußischen Truppen prompt in Kurhessen einmarschierten und die Stadt Kassel besetzten . . . Der Kurfürst von Hessen hatte nämlich den Eingriff des Deutschen Bundes verlangt, weil der Hessische Landtag die Eintreibung der vom Kurfürsten ausgeschriebenen Steuern verweigert hatte. Der König von Preußen wiederum wollte diese Exekution durch den Deutschen Bundestag mit allen Mitteln verhindern, weil er den Deutschen Bund, der unter Führung Österreichs stand, nicht anerkannte.

Johann Strauß wußte, daß Nikolaus ihm freundlich gesinnt war; knapp ein Jahr zuvor, im Sommer 1849, war der Zar aller Reußen zu Gast in Schönbrunn gewesen, die Herren seiner Entourage hatten das nahe gelegene Kasino Dommayer besucht und hernach ihrem Herrn von dem neuen Liebling Wiens vorgeschwärmt, der noch dazu dem ausländischen Herrscher seine Reverenz erwiesen habe, indem er – zeitgerecht wie immer – eine neue »Nikolai-Quadrille« nach russischen Themen aus der Taufe hob. Der kaisertreue Dommayer hatte das gerne gesehen, denn er wußte natürlich, daß sein umjubelter Kapellmeister beim österreichischen Hof wegen seiner Haltung im Jahre 1848, wenn nicht gerade als schwarzes, so doch als graues Schaf galt. Noch 1856 wurde ja sein Gesuch um die Verleihung des Titels Hofball-Musikdirektor, den sein Vater getragen hatte, abgelehnt: Ein Bericht der k. k. Obersten Polizeibehörde an das »löbliche k. k. Obersthofmeisteramt« bezeichnete Johann Strauß als einen »leichtsinnigen, unsittlichen und verschwenderischen Menschen«.

Bot also das neue Kaisertreffen in Warschau nicht die beste Gelegenheit, durch Musik die Versöhnung mit Kaiser Franz Joseph herbeizuführen, zu der es in Wien noch nicht gekommen war? Strauß, der vor einer Konzertreise nach Preußen stand, beantragte am 10. Oktober 1850 beim Konskriptionsamt für sich selbst, für 24 Orchestermusiker und einen Orchesterdiener Reisepässe mit Vermerken »einschließlich Russisch-Polen«. Signalement des Paßwerbers: Statur mittel, Haare braun, Augen braun . . .

Nach vier Konzerten in Breslau von 18. bis 21. Oktober machte sich die Gruppe auf die Reise – nicht eingeladen, nicht erwartet. Die ausgestellten Pässe waren anscheinend für Warschau nicht gültig, denn nahe der Stadtgrenze wurde die Gruppe von der russischen Polizei aus den Waggons geworfen und auf Heu und Stroh umquartiert. Nur Strauß persönlich gelang es, nach Warschau zum General Abrahamowicz zu kommen, der seiner Meinung deutlichen Ausdruck gab: Die Leute seien überhaupt nicht das Strauß-Orchester aus Wien, sondern eine Bande von Revolutionären, die nach Sibirien gehöre! – Der österreichische Konsul in Warschau, den man verständigte, getraute sich nicht, ohne offiziellen Auftrag zu intervenieren. Aber zum Glück traf Strauß einen bekannten Kunsthändler, der ihn glühend verehrte und der sogleich die in Warschau weilende Zarin ver-

ständigte. Über deren Intervention nun wurden die Mitglieder der Kapelle freigelassen. Johann Strauß erhielt die Order, sowohl beim Théâtre-Paré der Majestäten als auch beim Hofball in Warschau zu spielen. Außerdem bekam er die Erlaubnis zu drei Konzerten im Kaiserlichen Theater. In privatem Kreis hat er dieses Abenteuer oft und gerne – und reich ausgeschmückt – erzählt. Wir wissen, daß Kaiser Franz Joseph in Warschau Johann Strauß spielen gehört hat; die erhoffte politische Rehabilitierung in Österreich blieb dennoch aus.

Nach seiner Rückkehr brachte Strauß in Wien bei einer »Fest-Assemblee« in der »neu und elegant dekorierten Bierhalle bei vollständiger brillanter Beleuchtung des Saales« seine »Warschauer Polka« und andere neue Kompositionen. Von der Freiheitsbewegung der unterdrückten Polen nahm er, begreiflicherweise, diesmal keine Notiz.

Rußland war ein rätselhaftes Land, das ist Johann Strauß bei dieser ersten Begegnung klargeworden. Auch beim nächsten Kontakt zeigte sich das geheimnisvolle Zarenreich von derselben Seite. Es war im Sommer 1854. Johann

---

Johann Strauß über seine »Schutzhaft« in Warschau

Friedlein quartierte mich bei guten Bekannten ein. Es war dies eine polnische Familie mit zwei Töchtern, der Mann ein Säufer. Ausgehen durfte ich nicht, nicht einmal den Fuß vor die Tür setzen. Ich mußte mich zu Bette legen, der Pole brachte Branntwein in Seitelgläsern, der ihm sehr warm machte, sodaß er, bis aufs Hemd entkleidet, trinkend bis Mitternacht in meinem Zimmer blieb. Friedlein riet mir schließlich, doch noch einmal zu Abrahamowicz zu gehen; ich solle den Beweis führen, daß die Leute, die ich gebracht habe, Musiker sind. Ich tat dies und Abrahamowicz gab darauf den Auftrag, daß sämtliche Mitglieder meiner Kapelle mit ihren Instrumenten zur Polizei kommen und jeder geigen und blasen müsse, damit man sich überzeugen könne, daß sie Musiker sind. Dann sagte er: »Das ist fein angelegt! Kein Mann darf herein! Alle sind doch nur Räuber! Marsch!« und damit schickte er meine Leute weg.

Wie wir dann verzagt beisammensaßen und frugen: »Was tun? Wir haben nichts mehr zum Leben«, klopfte es an der Tür, und es kam ein Leiblakai der russischen Kaiserin mir einem Schreiben des Inhalts, ich habe mich sofort ins Schloß Laschenski zu begeben. Mir wie Friedlein war ein Stein vom Herzen gefallen. Er lief wie ein Besessener überall in Warschau herum und verbreitete voll freudiger Erregung die Kunde: »Der Strauß aus Wien ist da!«

»Wie gefällt Dir dieser Johann Strauß?« flüstert ein junger Mann im Paletot Moyen Age mit grauem Hut in das Ohr seiner schönen brünetten Begleiterin. Sie haucht mit ermüdetem abwesendem Ausdruck: »Seelchen.« Der Begleiter rückt von ihr ab, als hätte ihn eine Schlange gebissen . . .

Aus den »St. Petersburger Nachrichten«

Ein Pavillon für Konzerte und Bälle wurde an der Endstation der ersten russischen Eisenbahn in Pawlowsk errichtet, da man überzeugt war, dieses neumodische Ungeheuer werde sich nur mit einem »Beiprogramm« rentieren können ... An diesem »musikalischen Bahnhof« hat Johann Strauß von 1856 bis 1865 und wiederum 1869, teilweise mit seinen Brüdern, Sommerkonzerte gegeben. Er wurde vergöttert, die Bahn florierte.
Getönte Lithographie von C. Schultz

Strauß machte eine Kur in Gastein und erhielt den Besuch einer Delegation, die ihn im Namen einer russischen Eisenbahngesellschaft einlud, am »Musikalischen Bahnhof von Pawlowsk« gegen ein fürstliches Honorar Konzerte zu dirigieren.

Dieses bizarre Kuriosum russischer Kulturgeschichte war dem Hirn eines Österreichers böhmischer Herkunft entsprungen: Am 6. Januar 1835, noch bevor es in Rußland Eisenbahnen gab, hatte Ingenieur Franz von Gerstner an Zar Nikolaus I. ein Memorandum übergeben, mit dem Titel: »Von den Vorteilen, eine Eisenbahn von St. Petersburg nach Zarendorf und Pawlowsk zu bauen.« Im Zarendorf – Zarskoje Selo – liegt ein damals von der Zarenfamilie frequentiertes Schloß. Hier hat Puschkin studiert, der Ort trägt heute seinen Namen.

Pawlowsk hingegen war ein Ausflugsort, etwa dreißig Kilometer von der Hauptstadt entfernt, mit einem prachtvollen Schloß aus dem 18. Jahrhundert und einem großen Park in englischem Stil. Schon das erste Memorandum versprach, daß die Bahn »mit der Geschwindigkeit eines Pfeiles« fahren werde. Gerstner war jedoch überzeugt, daß sich die Bahn aus den Einnahmen des Personenverkehrs niemals werde erhalten können, und schlug deshalb vor, die Endstation im Park von Pawlowsk zu einem Gebäude mit Festsaal und Garten auszubauen – zu einer Art Tivoli, in dem die höheren und mittleren Schichten der Reichshauptstadt sich im Sommer und Winter bei Tanz, Spiel und reicher Küche erholen könnten. Daraus müßte ein neues Kulturzentrum entstehen, mit einer Reihe prächtiger Datschas entlang der Bahnlinie. Es sollte sich also bei Rußlands erster Eisenbahn um eine Ausflugslinie handeln; man dachte schon damals an eine Gelegenheit zur Flucht aus der »umweltverschmutzten« Metropole St. Petersburg.

Der Zar hörte nicht auf die Besserwisser, die behaupteten, Rußland brauche mehr Schiffe auf den Flüssen, keine Eisenbahnen. Die Zarskoje-Selo-Bahn verkehrte seit dem 30. Oktober 1837. Schon 1838 schrieb man: »Niemand fürchtet die Eisenbahn, sie ist zahm wie ein für Damen zugerittenes Pferd.« Am 22. Mai 1838 wurde der »Musikalische Bahnhof«, das »Vauxhall«, eröffnet. Dieses unübersetzbare Wort wird auf russisch »Voksal« geschrieben, phonetisch, wie alle Fremdwörter – wie auch zum Beispiel »Fejerwerk«, »Buterbrod« oder »Schtraus«. Vauxhall – das erinnert an jene Lady Jane Vaux aus London, die im Jahre 1615 in ihrem Garten eine Hall mit musikalischen Darbietungen errichtet hat. Vauxhall – das bedeutet sowohl ein Bahnhofsgebäude als auch einen Pavillon für gesellschaftliche Belustigungen. So entstand ein prächtiges Riesengebäude mit halbkreisförmigen offenen Galerien, vierkantigen Säulen und Sälen mit raffinierten Springbrunnen. Unten sang man Tiroler Lieder (!), oben jedoch, auf den Chören, spielte ein Orchester – zunächst nur Tanzmusik oder Militärmusik, bald aber auch Melodien von Glinka. Schon 1839 erklangen dort Tanzweisen von Johann Strauß Vater, und man erwog, den Wiener Meister einzuladen. (Dieser hatte noch vor Eröffnung der ersten Nordbahn-Teilstrecke von Wien nach Deutsch-Wagram – 1837 – einen tonmalerischen Walzer »Eisenbahnlust« geschrieben.) Es gab Bälle und Maskeraden in »Voksal«, aber im Verlauf der Jahre in zunehmendem Maße Konzerte. Sie fanden oft im reizenden Garten statt: Dort war es den Herrn offiziell gestattet, vor Damen den Hut nicht zu ziehen, um Rheuma zu vermeiden . . . Es musizierten manche Kapellen aus Mitteleuropa, so von 1845 bis 1848 der in Berlin sehr populäre Tanzkomponist Johann Gungl aus Ungarn. Von 1850 bis 1855 spielte sein Onkel Josef Gungl, den man als Militärkapellmeister in Graz den »Grazer Strauß« nannte; er spielte mit fünfzig Mann, und seine Programme reichten von seinen eigenen preußischen Militärmärschen bis zu Mozart.

Die Leitung der Bahn suchte aber nach einer größeren Attraktion als Gungl. Durch Johann

Russia. 1836.

Diese Dampflokomotive wurde 1836 für die Zarskoje-Selo-Bahn von der Eisenbahngesellschaft importiert.
Abbildung aus »La Vie du Rail«

Strauß sollte dieser belächelte Musikalische Bahnhof zu einer originellen Stätte russisch-westlichen musikalischen Kulturaustausches werden.

Die Zarskoje-Selo-Bahn sandte also im Jahre 1854 ihre Vertreter zu Johann Strauß. Sie priesen ihr Vauxhall: Der schöne Saal fasse 3 000 Personen . . . bei der allabendlichen Gasillumination würden 1 200 Gasflammen die Fassade beleuchten . . . sogar die Bäume des Parks wären von Licht-Tableaus umschmeichelt . . . rote, weiße, grüne Glaskugeln gewährten einen feenhaften Anblick . . .

Johann Strauß gefiel dies. Doch tobte eben der Krimkrieg, und deshalb war vorläufig an eine Realisierung des Projektes nicht zu denken. Dieser Krieg hatte als lokaler russisch-türkischer Konflikt um die Schutzherrschaft Rußlands über die orthodoxen Christen in der Türkei begonnen. Österreich, wie auch die Großmächte England und Frankreich, stellte sich auf die Seite der Türkei. Mit dem Abschluß des Friedens von Paris im Fasching 1856 war das europäische Übergewicht Rußlands beendet. Nun erst konnte Johann Strauß nach Rußland reisen und seine Vortragstätigkeit beginnen. (Neues Paßprotokoll: Statur groß, Haare und Augen schwarz-braun.) Er ließ sich in Rußland durch den in St. Petersburg lebenden Wiener Pianisten Johann Promberger ein Orchester von knapp vierzig Mann zusammenstellen (nach den Erfahrungen der ersten Saison geschah dies in Berlin) und hatte bereits an seinem

Dieser 1838 in Berlin angefertigte Plan zeigt die Bahnstrecke von St. Petersburg über Zarskoje Selo nach Pawlowsk.
Stich von Ernst Reyher

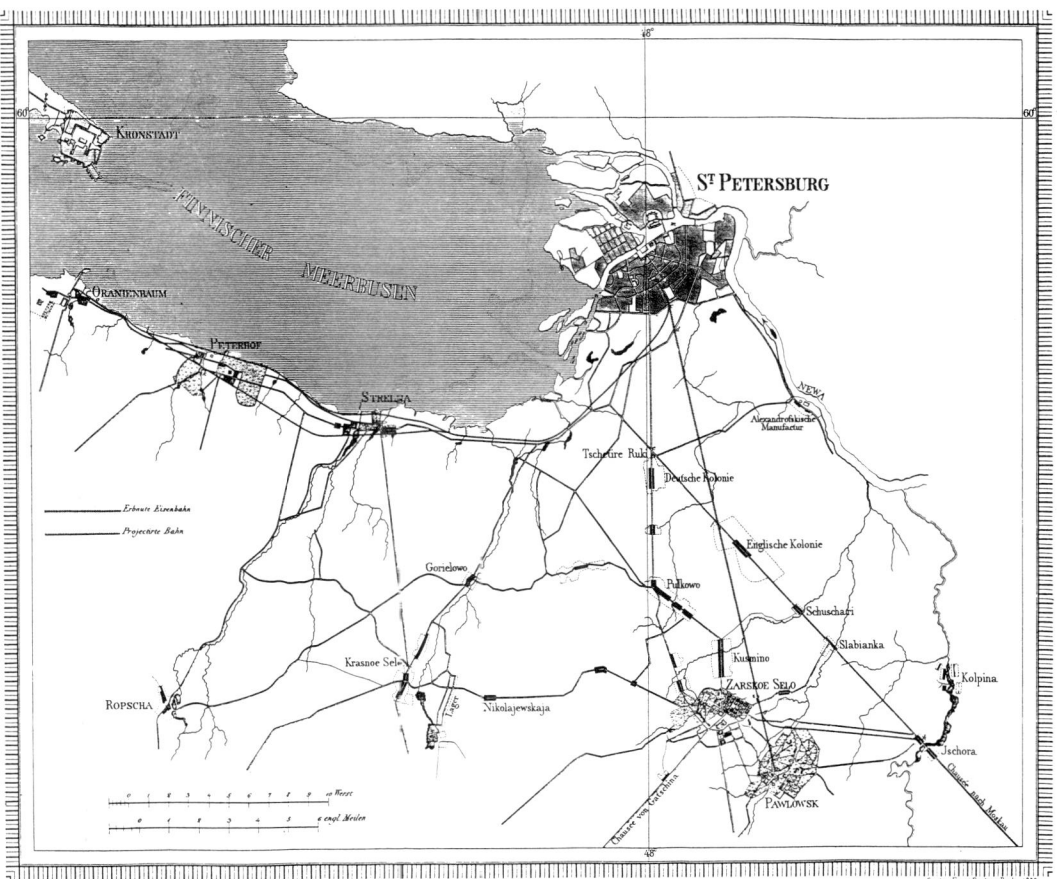

Debütabend am 6. Mai des russischen Kalenders, das entspricht unserem 18. Mai, einen überwältigenden Erfolg, der die ganze Saison hindurch anhielt. Im Oktober kehrte er nach Wien zurück, wo inzwischen die Kapellmeister Gungl und der Ungar Kéler Béla, die die Lanner-Kapelle wiederbeleben wollten (Lanners Sohn August, auch Komponist und Dirigent, war jung verstorben), vergebens versucht hatten, Fuß zu fassen.

In der Folge dirigierte Strauß alljährlich bis 1865 im Saal und Garten von Pawlowsk. Die Saison dauerte ungefähr von Mai bis Oktober, und Tausende pilgerten von St. Petersburg dorthin, wo der »Magier aus Wien« zu sehen und zu hören war. Die Konzerte begannen meist um sieben Uhr abends, und sie endeten abrupt, wenn – oft mitten in einer Nummer – die schrillen Zugsglöckchen die Abfahrt der letzten Garnitur nach St. Petersburg ankündigten. Bei Festen spielte alternierend eine Militärkapelle, denn Strauß wollte nicht, daß bei seinen Dar-

bietungen gegessen und getrunken würde. 1864 vereinigte Strauß mehrere Kapellen zu einem Monsterkonzert mit dreihundert Musikern. Manchmal waren 10 000 Besucher im Park, darunter hohe Offiziere, schöne Frauen aus St. Petersburg mit blitzenden Juwelen, auch asiatische Emire in weißen Turbanen – die Bahn machte Geschäfte, die sie sich nie hätte träumen lassen. Oft gab es Sonderzüge. Manchmal bimmelte und bimmelte das Glöckchen – die Bahn hatte nicht nur schlecht gefederte Waggons, sie war auch nicht sehr pünktlich –, und die Leute weigerten sich, den letzten Zug zu besteigen. Sie zwangen Meister Strauß weiterzuspielen – das tat er dann meistens gegen ein zusätzliches Entree zu wohltätigem Zweck – und wanderten zu Fuß nach Hause oder suchten sich in Pawlowsk ein Nachtquartier. Strauß war das Entzücken der Damenwelt; aber auch die seriöse Kritik, die ihn anfangs nicht ernst nehmen wollte (»Er ist kein Gungl!«), war bald gewonnen. Johann verstand es ausgezeichnet, auf dem Klavier des gesellschaftlichen und politischen Lebens in Rußland zu spielen. Er dirigierte die Tanzmusik auf Bällen des Großfürsten Konstantin im Schloß von Pawlowsk – selbstredend durfte der Amateur-Cellist-Großfürst auch bei Konzerten im Orchester mitwirken. Konstantin war der Bruder Zar Alexanders II., und er sagte oft, es mache ihm Freude, als »gemeiner Soldat zu dienen« – unter dem Kommando des Walzerkönigs. Natürlich widmete Strauß der Großfürstin Olga, einer Prinzessin aus Baden, eine Polka und nahm sogar eine von der Dilettantin geschriebene Komposition in sein Repertoire auf. Geduldig spielte der Löwe der Saison mit den Damen der einflußreichen Gesellschaft vierhändig Klavier und wählte seine Flirts aus dem Hochadel. Wenn ein gefürchteter Kritiker, wie A. N. Serow, gleichfalls komponierte, wurde selbstredend auch er aufgeführt. Zar Alexander II., der Nachfolger von Zar Nikolaus, kam zu Besuch nach Pawlowsk; Strauß wurde eine hohe Auszeichnung verliehen, und er spielte mit seinem Orchester bei der glanzvollen Zarenkrönung in Moskau. Der russische Adel überhäufte ihn mit Geschenken – Diamantringen, Tuchnadeln, Brillantknöpfen. Begeisterte Anhänger trugen ihn nach den Konzerten auf den Schultern in sein Quartier. Seine Einnahmen wuchsen besonders durch die Benefizkonzerte. Tante Josefine, die Schwester seiner Mutter, kam in späteren Saisons mit und sparte so gut für den Neffen, daß der Grundstock zu seinem Reichtum hier in Rußland gelegt wurde.

Die Strauß-Programme waren originell, phantasievoll und von unerhörter Publikumswirksamkeit. Viele der weltberühmten Meisterkompositionen sind ganz oder zum Teil in oder für Pawlowsk geschrieben worden, etwa die »Tritsch-Tratsch-Polka« (1858), der »Persische Marsch« (1864), der »Ägyptische Marsch« (1869) – und die Polka-Schnell »Train de Plaisir«, die im Jahre 1864 im Sophienbadsaal uraufgeführt wurde, wir kennen sie als »Vergnügungszug«. Der Titel erinnert an die damals populären Wochenend-Überraschungsfahrten der Südbahn mit unbekanntem Ziel. Der geniale musikalische Scherz »Perpetuum mobile« war der Schlager der Saison 1862. (Über dreißig Jahre später bat Richard Strauss seinen Namensvetter um Überlassung dieser Nummer für seine Kon-

Karikatur von der Titelseite der St. Petersburger Zeitung »Oskolki« (»Splitter«), 12. April 1886

82

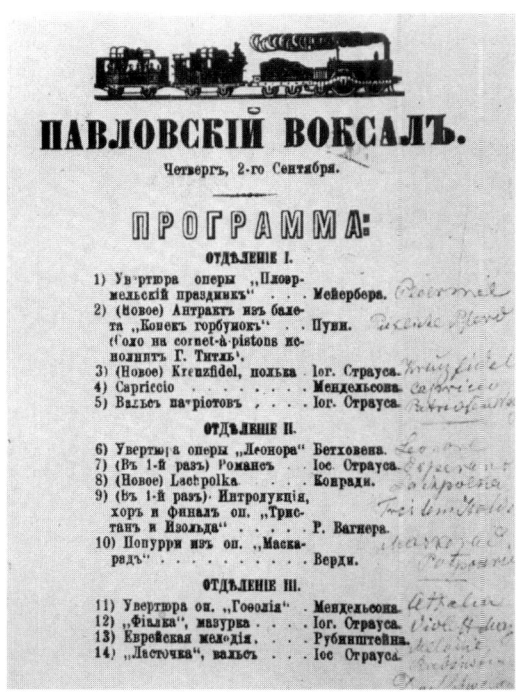

zerte!) Johann Strauß brachte aber auch Ouvertüren, Sätze aus Beethoven-Symphonien, oft Schubert (meistens Liedbearbeitungen mit Instrumentalsolisten), Potpourris aus populären Opern, oft Mozart (am häufigsten die Ouvertüre zur »Zauberflöte«) und in Rußland noch völlig unbekannte Fragmente aus Opern von Verdi und Wagner, etwa das Vorspiel zum dritten Akt des »Lohengrin«. Er setzte sich auch als Pionier für die neueste russische Musik ein, insbesondere für den Nationalkomponisten Michael Iwanowitsch Glinka, der schon in den ersten Zeiten des »Voksal« dort Stammgast war. Rimskij-Korssakow erzählte, daß ihm eine blendende Aufführung von »Souvenir d'une nuit d'été« von Glinka in Pawlowsk größten Genuß bereitet habe. Viele Piècen dirigierte nicht Johann, sondern der jeweilige Konzertmeister.

Am 11. September 1865 erlebte dort ein fünfundzwanzigjähriger Konservatorist unter Johann Strauß die allererste öffentliche Aufführung seines Lebens: Peter Iljitsch Tschaikowski mit »Tänzen der leibeigenen Mädchen«, die er später in seiner Oper »Der Wojwode« eingebaut hat; vielleicht sind die späteren, berühmten Tschaikowski-Walzer – aus den Balletten »Nußknacker« und »Dornröschen«, aus der Streicherserenade und der 5. Symphonie – eine Frucht der Erlebnisse von Pawlowsk.

In einer Periode, in der das russische Musikleben völlig westlich orientiert war und die nationale russische Musik noch in den Kinderschuhen steckte, begann Johann Strauß diesen für die Zukunft richtungweisenden Kulturaustausch: Er setzte sich später in Wien für russische Komponisten ein und ließ sich selbst in Rußland zu Kompositionen russischen Charakters inspirieren. Seinem Verleger Carl Haslinger kündigte er scherzhaft einen »für den Geschmack Asiens berechneten Walzer« an. Auch für die Entwicklung des Tanzwalzers zum symphonischen Konzertwalzer waren die russischen Jahre entscheidend.

Besonders raffiniert operierte der Straußsche Familientrust in der russischen Unternehmung des Jahres 1862. Johann ließ am 6. April seinen Bruder Eduard bei einer Soiree im Dianabadsaal als künftigen Wiener Dirigenten des Strauß-Orchesters vorstellen. Dann fuhr er nach Pawlowsk, leitete dort eine große Glinka-Feier, bestellte sich aber gleich telegrafisch Bruder Josef als Einspringer! Josef debütierte am 2. August – und schon am 3. August meldete sich Johann krank und fuhr über Berlin nach Wien zurück, um am 27. August in der Stephanskirche die Sängerin Henriette Treffz zu heiraten. »Diesmal hatte er Ärzte und Doktoren, alle gefoppt«, schrieb Josef an seine Frau. »Jetty« begleitete ihren Gatten Johann im nächsten Jahr nach Pawlowsk – »14 Grad Kälte, Schnee und Eis«, berichtete sie am 1. Juni 1863; sie hat dort im Vauxhall und bei Hofkonzerten vor dem Zarenpaar in St. Petersburg gesungen: Lieder von Schumann, Kompositionen einflußreicher hochadeliger russischer Dilettanten – aber auch ein neues Lied ihres Gatten, »Dolci Pianti«, aus dem er später eine Romanze für Cello und Harfe gemacht hat.

Die Damenwelt war auf »Jean« seit dessen Verheiratung nicht mehr so gut zu sprechen. Eine Karikatur zeigt ihn als Vogel Strauß, in der einen Klaue einen Sack mit 10 000 Rubel, in der anderen die verwundeten Herzen. Er selbst meinte dazu: »Rubel habe ich genug, Herzen zuviel!«

Da Johann und Josef krank waren, hat Eduard die Pawlowsker Saison von 1865 eröffnet – und sie machte keine Kasse. »Es fehlten Blumen-Bewerfungen«, schrieb Johann mit einem Seitenhieb auf den eitlen Bruder. In der letzten Strauß-Saison, die nach vierjähriger Pause 1869 stattfand, teilten sich Johann und Josef die Lei-

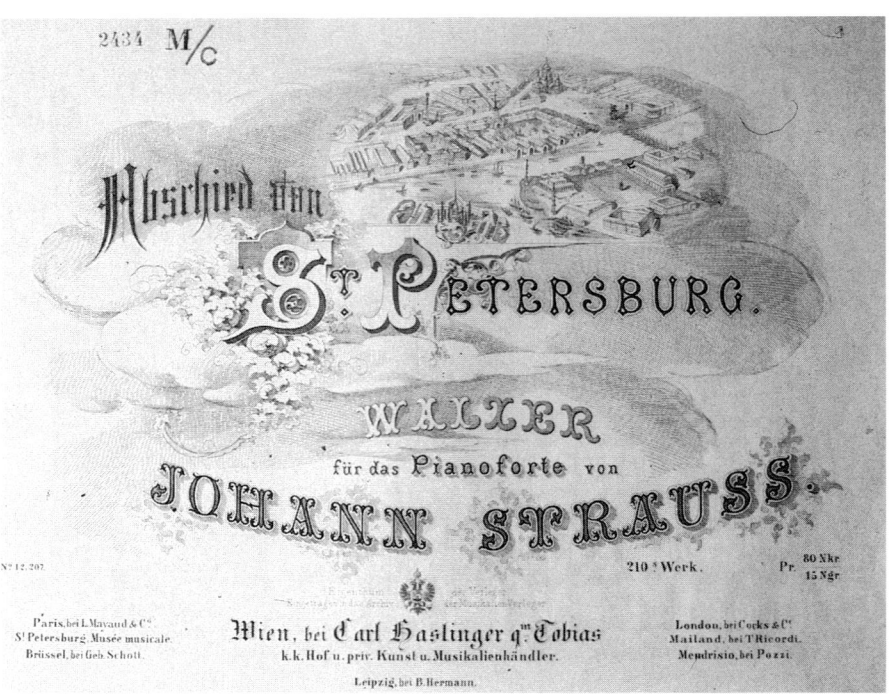

Ehrliche Schurkerei

(Pawlowsk, 1863)

Lieber Freund Haslinger!
Es steht nichts über ehrliche Schurkerei! Und welchen Leuten ist sie eigen?
Du fühlst Dich in dieser Frage schon hinlänglich betroffen, als daß ich über die Beantwortung ein Wort zu schreiben hätte.
Eure Schandthaten sind aber doch zu frech! In Wien hatte ich an Carl Haslinger, meinem Freunde, 800 Fl. ö. W. für in Petersburg erhaltene 400 Rubel zahlen müssen. Jetzt zieht mir der Schweinehund Büttner 130 Rubel von meinem Honorar ab, weil ich an Carl Haslinger nicht den Wert von 400 Rubel abgegeben. Ich bin doch neugierig, wieviel Ihr mich noch für 400 Rubel abziehen werdet? Wie hoch Ihr Kerls den Wert von 400 Rubels, sage vierhundert Rubel, stellen werdet? Bis jetzt kosten sie mich über 1 000 Fl. Abscheuliche Creaturen! Ich weiß ja, daß Ihr keine Gelegenheit übersehet, wo Ihr Eure honoriren sollenden Componisten zwicken und ausziehen könnt, doch diese oben erwähnte Gräuelthat beweist, daß Ihr nur uns armen Compositionswerkern das Blut auszusaugen in Absicht habet.

Johann Strauß an Carl Haslinger

tung der Konzerte und brachten als Novität ihre gemeinsam geschriebene »Pizzicato-Polka«.

Der russische Kalender jener Jahre, der sogenannte Alte Gregorianische Kalender, hing dem unseren um zwölf Tage nach; das heißt, der 1. Januar nach dem russischen Kalender entsprach dem 13. Januar bei uns. Im Jahre 1869 bestellten Johann und Josef Strauß irrtümlich die Musiker der Kapelle um zwölf Tage zu früh nach Pawlowsk. Sie hatten die Kalenderdifferenz übersehen und mußten die Gagenmehrkosten selbst tragen.

Das Orchester bestand wieder fast zur Gänze aus russischen Musikern. Aber die Sensation von einst war vorbei. Schon in früheren Saisons

hatte man es Johann sehr verübelt, daß er zu oft den Konzertmeister dirigieren ließ. Nun sagte er häufig ab. Josef schlug als Dirigent überhaupt nicht ein. Da Johann nicht mehr nach Pawlowsk kommen wollte und die Eisenbahn Josef allein nicht akzeptierte, schloß Josef 1870 mit Warschau ab, von wo er als Sterbender nach Wien zurückkehrte.

Nach seinen elf Pawlowsker Sommern (1856 bis 1865 und 1869) unterschrieb Johann Strauß noch einmal, und zwar für die Saison 1872, einen Vertrag mit der Zarskoje-Selo-Bahn. Er wurde aber kontraktbrüchig, ging nach Amerika, nach Baden-Baden – und verlor einen Prozeß, den die Bahn gegen ihn angestrengt hatte. Von einer einzigen Episode seiner frühen Tätigkeit in Rußland hat Johann Strauß – ganz gegen seine sonstige Gewohnheit – fast nie gesprochen: Der Zar hatte ihm das Bolschoitheater in Moskau für drei Konzerte bei geteilten Einnahmen zur Verfügung gestellt. Aber schon das erste Konzert am 17. Oktober 1858 war so schlecht besucht, daß er die beiden weiteren absagte. Strauß kehrte erst 1886 noch einmal nach Moskau zurück, wo man ihm zum Honorar für drei Konzerte zwei prächtige russische Rappen schenkte, die später dann ihren Stall im Hof seines Palais in der Igelgasse hatten. Damals dirigierte er auch eine Vorstellung des »Zigeuner-

Strauß hat viel für oder zumindest in Rußland komponiert: Tanzmusik, aber auch die vier Romanzen, deren eine seine Frau Jetty dort gesungen hat. In seinen Konzerten spielte er eigene Werke sowie für Rußland neue Piècen von Wagner und Verdi, auch Werke der russischen Moderne: Glinka, Tschaikowski.

barons« im Deutschen Theater von St. Petersburg, einige Wohltätigkeitskonzerte für das Rote Kreuz mit dem Achtzig-Mann-Orchester der Kaiserlich-Russischen Oper in der Manege von St. Petersburg und ein letztes nostalgisches Festkonzert im Vauxhall in Pawlowsk. Und der neue Zar Alexander III. bekam seinen »Russischen Marsch«. Tempora non mutantur. Damals reiste Strauß bereits in Begleitung von Adele, die bald danach seine dritte Gattin werden sollte.

Zahllos sind die romantischen Anekdoten, die sich an die ersten Pawlowsker Aufenthalte des von den Frauen umschwärmten und verwöhnten Wieners knüpften. Da gibt es die Geschichte von dem russischen Offizier, der Strauß zum Duell forderte, weil seine Frau ihm Blumen geschickt hatte. Angeblich ließ Strauß den Othello durch seinen Diener Leibrock in die Wohnung führen und ihm ein Zimmer voll von Blumensträußen zeigen – mit der Aufforderung, die Blumen seiner Frau zu identifizieren . . . Ein anderes Mal soll gegen den Willen Jeans die Hochzeitskutsche bereits auf dem Wege zur Kirche gewesen sein, als sich zwei mitleidige Freunde seiner erbarmten und ihn per Troika in die österreichische Botschaft entführten und retteten . . .

Die meistpublizierte Episode aber ist die Romanze mit jener adeligen russischen Beamtenstochter Olga Smirnitzki, die von ihrer Mutter so streng bewacht wurde, daß sie ihre Billets d'amour an Strauß als Bonbons verpackte und an vereinbarten Stellen des Parkes an Bäumen versteckte, von wo sie durch Leibrock abgeholt wurden. Johann Strauß schrieb der komponierenden jungen Dame, deren »Romanze« er orchestriert hatte, Liebesbriefe, die so ungeheuer russisch klingen, als wären sie von einer Puschkin-Figur verfaßt. Mama Smirnitzki machte der Sache ein rasches Ende . . . Strauß nannte Olga seinen »Kobold«, und im Titel der gleichnamigen Polka-Mazur lebt die Erinnerung an das russische Mädchen, das der Frauenbetörer 1858 und 1859 so leidenschaftlich geliebt – und so schnell vergessen hat.

Er vergaß aber nicht, seine Polka »Im Pawlowsker Wald« in Wien rasch umzutaufen: »Im Krapfenwaldl«. Und aus dem Walzer »Les Dames de Petersbourgh« wurde »Wiener Frauen«.

Love Story 1858/59:
Jean an Olga

31. Juli (1858) morgens.
An mein geliebtes Kind Olga – Smirnitzki
Ich glaube immer mehr und mehr, daß Du das von Gott für mich bestimmte Wesen bist und der Gedanke, ohne Dich leben zu können, findet keinen Raum mehr in Kopf und Herz . . . Ich wäre nicht unzufrieden, wenn ich tatsächlich nicht so verliebt wäre, dann könnte ich, wenn ich schon Deinen süßen Mund nicht küssen kann, mich doch an Anderer Küsse schadlos halten – aber so bin ich nicht imstande, auch nur einen kalten Kuß Jemandem zu geben.

3.45 Uhr morgens.
. . . Es kann keinen letzten Kuß mehr geben, als denjenigen, welchen ich Dir vor meinem Tode auf die Lippen pressen werde . . . Mein edles Kind, was wird mit uns geschehen?

30. Juli (1859) morgens.
Wie unglücklich bin ich – warum kannst Du nicht bei mir sein! Warum kann ich nicht wie ein anderer Mensch sein? – Ich will mich durch Musik trösten – will es versuchen – doch ich kann nicht fortsetzen, meine Nerven zittern, die Kraft verläßt mich. – – – Olga, wie bin ich unglücklich! Ich habe kaum so viel Kraft diese Zeilen zu schreiben. Nie habe ich mich beweint – heute – ich gestehe es nur Dir – geschah es. Ach Olga, ich fühle es, daß ich bald sterben werde – und allein . . . Aber es ist besser, daß Niemand weiß, was gelitten
Dein Jean.

Pour l'espiegle, 17 Septembre matin (1859), Mittwoch.
Du schlimmes kleines Kind, warum zankst Du mich in Deinem heutigen Bonbon aus? Leide ich doch ohnedies sehr sehr viel, da ich seit gestern so traurig bin, Dich nicht gesehen zu haben und bis morgen abends das Glück Dich zu erblicken, entbehren muß. Verzeihe mir, Engel Olga, wenn ich manchmal etwas scherzweise sage, um Dich zu necken, nie aber um Dich zu verletzen. Nimm dir auch nicht alles so zu Herzen, wenn Deine Eltern gegen Deine Wünsche handeln, ich will Dich heiter wissen. Dir darf keine Minute getrübt sein.

85

19 Septembre matin (1859), Freitag nachts.
Mama sprach mit mir nur zuviel, um mir nicht mein Unglück in hellster Beleuchtung klar zu zeigen ... da unwillkürlich empfand ich geradezu Haß gegen eine Mutter, welche selbst und absichtlich um ihren Plan durchzusetzen, Schmähliches über ihr Kind zu dem Manne spricht, von welchem sie weiß, daß er es über alles liebt ... Denn als sie Deine Briefe von mir erlangen wollte und ich sie bat, mich nicht für unedel, für indiskret zu halten, ja als ich ihr geschworen, daß Deine Briefe mich bis ins Grab begleiten sollen, erklärte sie mir rundweg, »daß ich bei meiner geschwächten Gesundheit jede Minute sterben kann und sie könne daher nicht ruhig sein!« Absolutement müßten ihr Deine Briefe verabfolgt werden ... Ich bat Mama um die Erlaubnis, die Briefe behalten zu dürfen, gab ihr aber nicht das Versprechen sie abzugeben. – Selbst wenn Dein Vater sie verlangen würde, würde ich ihm sagen, ich habe sie verbrannt. Ich brauche diese Briefe für die Erhaltung meines Lebens, ich kann sie nicht entbehren. Höchst kränkend war ihre Äußerung, daß sie die Briefe schon deshalb zurückverlangen müsse, weil dies Deiner Zukunft wegen notwendig sei – – also wegen Deines Bräutigams ... Ich war wie vom Donner gerührt und hatte schmerzliche Mühe, mich resigniert zu verhalten.

Septembre soir.
Wie glücklich war ich gestern, als Du mich herzlicher als sonst empfangen und nicht gar so ökonomisch mit Deinen Küssen gewesen. Mit welcher Sehnsucht wollte ich den Inhalt der erhaltenen Bonbons wissen, ich trachtete von dem Scheine der Wagenlaternen zu profitieren, und es gelang mir auch, Einiges lesen zu können, doch war es natürlich unmöglich alles zu entziffern. Daher war es mein Erstes, als ich in das Palais kam, die Billets durchzulesen, was nun zur Entschädigung bei strahlendster Beleuchtung geschehen konnte. Ich ließ sämtliche Pawlowsker und Zarsko selo-Damen an mir vorüberspazieren, und nur das Rauschen ihrer Kleider, das Streichen ihrer breit-ausladenden Krinolinen an meine Füße, riß mich aus meinen Träumereien und erinnerte mich an die bevorstehende Langeweile und Öde solcher Feste.

Den 14. November 1859. Wien, Montag.
Es ist fast allgemein bekannt, daß ich in Petersburg mein Herz zurückgelassen, und da sprechen denn die Wienerinnen, in ihrer Konversation mit mir, den Namen Olga zu meiner größten Freude sehr häufig aus, um mich zu necken, doch bewirken sie damit das Gegenteil. Nächsten Sonntag ist in den k. k. Redoutensälen Maskenball, und erhielt ich vor einigen Tagen ein anonymes Schreiben, worin ich gebeten wurde, auf dem Maskenballe nicht lange die Musik zu dirigieren, um mich um ½12 Uhr auf einem bestimmten Platz einfinden zu können, wo ich Nachrichten von Olga erhalten werde. Wenn ich dieses Rendezvous annehme und mich pünktlich einfinden werde, ist es mir nicht zu verdenken.

Montag. Wien, 21. November 1859.
Auf der Redoute fand ich mich zur angezeigten Stunde ein und es sprach mich eine elegante Maske mit den Worten an: »Wäre Olga hier, wie glücklich wärest Du! O könnte ich mich in sie verwandeln!« Ich brannte vor Neugierde zu erfahren, wieso sie Nachricht von Dir bekommen, als sie antwortete: »Ich habe aus Dresden Erkundigungen über sie eingezogen – ich weiß Alles, was sich in Petersburg zugetragen. Ich kenne Dein Mißgeschick und bedauere Dich deshalb.« Ich merkte bald, daß sie mich eigentlich nur hatte necken wollen und damit schwand auch mein Interesse an der Fortsetzung des Gespräches ... Du siehst nun ein, daß der höhnische Glaube der Leute, ich könnte Dich wie Andere vergessen, nicht zutrifft, denn ich habe ohne Aufforderung, einzig dem Verlangen meines Herzens folgend, die Feder zur Hand genommen, um Dich zu fragen, ob Du mich noch liebst und Dich zu bitten Du möchtest nicht vergessen

Deinen aufrichtigen Jean.

STRAUSS UND WAGNER –
WAGNER UND STRAUSS

»JA, DER STRAUSS, DER IST WIRKLICH UNSER WALZERKÖNIG!«

Richard Wagner während der Feier seines 60. Geburtstags

Die Uraufführung der »Nacht in Venedig« fand am 3. Oktober 1883 in Berlin statt, eine Woche später sollte die Wiener Erstaufführung erfolgen. Wie würde das Wiener Publikum reagieren? In der Karikatur hat Johann Strauß eine himmlische Erscheinung des in diesem Jahr verstorbenen Richard Wagner:
»Strauß: Wenn mir die Wiener auch so einen Scandal machen wie die Berliner, dann rühre ich nie wieder eine Feder an!
Wagner: Sei beruhigt, lieber Strauß, ein Publikum, welches die Geduld hat, einen Abend hindurch den ›Tristan‹ anzuhören, hält auch ›Eine Nacht in Venedig‹ aus.«
Karikatur aus »Kikeriki«, Oktober 1883

Johann Strauß spielte, wie es Brauch war, in seinen Unterhaltungskonzerten auch klassische Musik (Beethoven!) sowie die damalige Moderne: Meyerbeer, Gounod. Er und seine Brüder brachten Fragmente aus Opern von Richard Wagner vor den Wiener Erstaufführungen, manchmal – wie bei »Tristan« – vor der Uraufführung. Die Ausnahmsstellung Wagners in ihren Programmen zeigt sich darin, daß sie italienische und französische Opern – auch Verdi – oft zu Tanz-Quadrillen bearbeiteten. Niemals Wagner, da sich seine Melodien nicht in demselben Maß für ein Tanzmusikarrangement anbieten. Sie spielten Wagner immer im Original, wenn auch in reduzierter Orchestration. Wagner wiederum pries in einem Trinkspruch »unsere Klassiker von Mozart bis Strauß«, nannte Johann Strauß den »Walzerkönig«, ließ sich gerne seine Walzer am Klavier vorspielen und spielte sie selbst. In seinem Traktat »Das Wiener Hofoperntheater« schrieb er 1863, »ein einziger Straußscher Walzer überragt, was Anmut, Feinheit und wirklichen musikalischen Gehalt betrifft, die meisten der oft mühselig eingeholten ausländischen Fabrikprodukte« – gemeint ist besonders die Oper »Die Rheinnixen« des ihm verhaßten Offenbach. Sie wurde in Wien anstelle des nach langen Proben als unspielbar abgesetzten »Tristan« aufgeführt – und fiel durch. Eine in den »Rheinnixen« unbemerkt gebliebene Melodie machte Offenbach viele Jahre später in »Hoffmanns Erzählungen« als »Barcarole« zum Opernschlager.

Die einzige Begegnung der beiden großen Männer soll 1875 stattgefunden haben, anläßlich der Wiener Konzerte Richard Wagners. Er hat Johann Strauß angeblich seinen »Kaisermarsch« vorgespielt.
Und die Wechselwirkung? Es gibt »Wagner-Momente« bei Strauß, wie die Einleitung zum Walzer »Phänomene« oder das Melodram im dritten Akt der »Fledermaus«, das oft mit dem Melodram Beckmessers im dritten Akt der »Meistersinger« verglichen wurde.

Eine Nacht in Venedig.

Wie Meyerbeer und Mendelssohn

So viel wir nach der einmaligen Anhörung der »Tannhäuser-Ouverture« uns über dieses Werk selbst Rechenschaft geben konnten, müssen wir gestehen, daß der Eindruck derselben ein großartiger, überwältigender sei, und daß wir aus diesen, bald wie das Anwehen einer Aeolsharfe dahinsäuselnden, bald wie Sturm- und Wogengebraus andringenden Tonmassen jedenfalls die Offenbarung eines geweihten Genius sich unserer Seele bemächtigen fühlten. In der Großartigkeit der Instrumentation dürfte Richard Wagner nur mit Meyerbeer und Mendelssohn verglichen werden können, aber ohne deshalb seiner Originalität den geringsten Eintrag zu thun. Die Charakteristik seiner Musik ist vielmehr so eigenthümlich, daß wir den Ausdruck des Ganzen beinahe »dämonisch« nennen möchten.

Die Aufführung war, bei der außerordentlichen Schwierigkeit, doch höchst befriedigend und man muß den Fleiß und die Ausdauer bewundern, die dazu nöthig sein mochten, diese Ouverture so trefflich einzustudiren. Herr Capellmeister Strauß wurde dafür durch den einstimmigen Beifall des anwesenden musikverständigen Publikums gelohnt und wiederholte einen Theil des Ganzen.

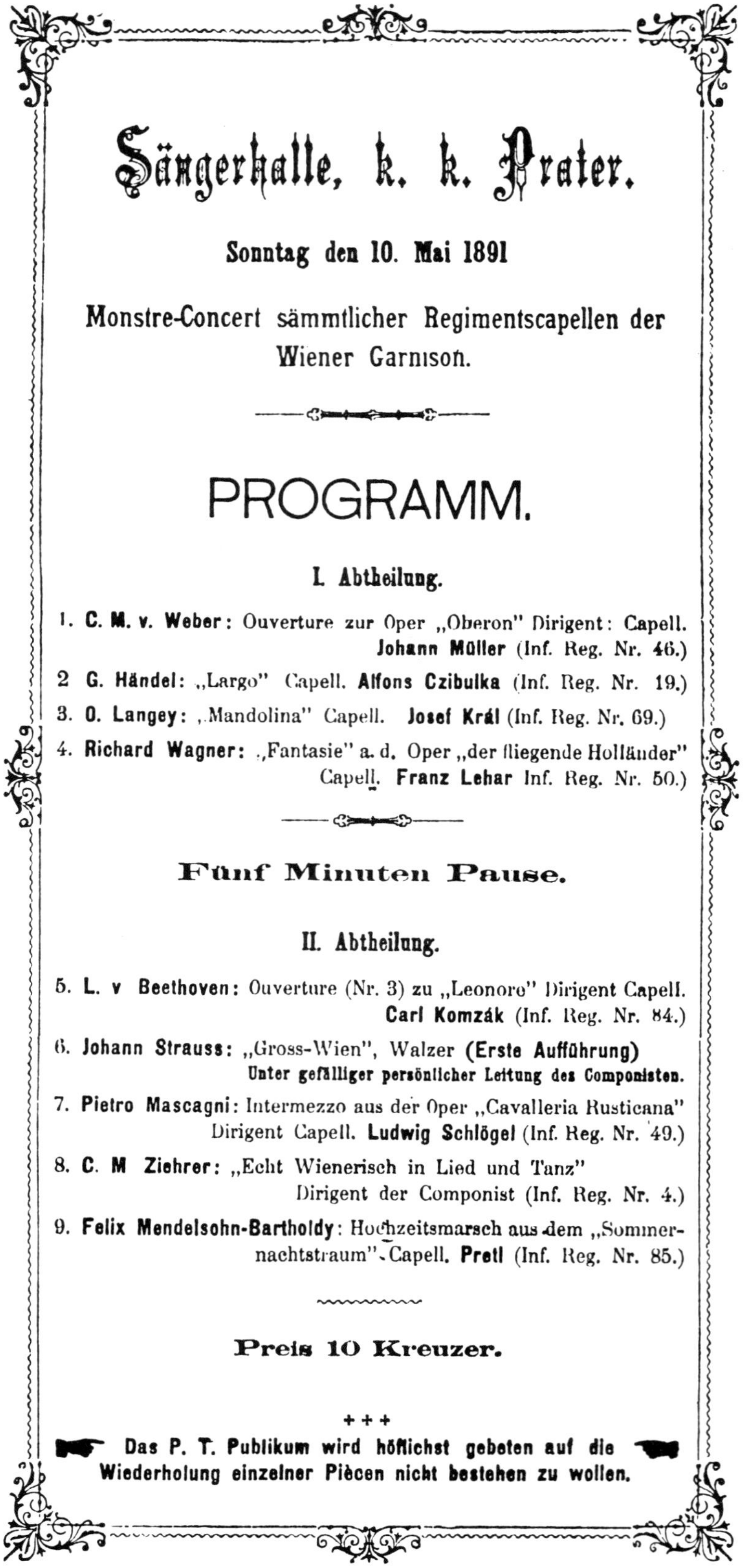

Lehár als Wagner-Dirigent – Carl Komzák dirigiert die Leonoren-Ouvertüre – Alfons Czibulka das Largo von Händel, Johann Strauß die Uraufführung seines Walzers »Groß-Wien«! Die Militärkapellen waren in entfernten Garnisonsstädten die einzige Quelle guter Musik, und sie hatten auch die Klassik im Repertoire.

Sängerhalle, k. k. Prater.

Sonntag den 10. Mai 1891

Monstre-Concert sämmtlicher Regimentscapellen der Wiener Garnison.

PROGRAMM.

I. Abtheilung.

1. C. M. v. Weber: Ouverture zur Oper „Oberon" Dirigent: Capell. Johann Müller (Inf. Reg. Nr. 46.)
2. G. Händel: „Largo" Capell. Alfons Czibulka (Inf. Reg. Nr. 19.)
3. O. Langey: „Mandolina" Capell. Josef Král (Inf. Reg. Nr. 69.)
4. Richard Wagner: „Fantasie" a. d. Oper „der fliegende Holländer" Capell. Franz Lehar Inf. Reg. Nr. 50.)

Fünf Minuten Pause.

II. Abtheilung.

5. L. v Beethoven: Ouverture (Nr. 3) zu „Leonore" Dirigent Capell. Carl Komzák (Inf. Reg. Nr. 84.)
6. Johann Strauss: „Gross-Wien", Walzer (Erste Aufführung) Unter gefälliger persönlicher Leitung des Componisten.
7. Pietro Mascagni: Intermezzo aus der Oper „Cavalleria Rusticana" Dirigent Capell. Ludwig Schlögel (Inf. Reg. Nr. 49.)
8. C. M Ziehrer: „Echt Wienerisch in Lied und Tanz" Dirigent der Componist (Inf. Reg. Nr. 4.)
9. Felix Mendelsohn-Bartholdy: Hochzeitsmarsch aus dem „Sommernachtstraum" Capell. Pretl (Inf. Reg. Nr. 85.)

Preis 10 Kreuzer.

+ + +

Das P. T. Publikum wird höflichst gebeten auf die Wiederholung einzelner Piècen nicht bestehen zu wollen.

Oben: »Offenbarung eines geweihten Genius« – zum ersten Mal in Wien die »Tannhäuser«-Ouvertüre.
Aus »Fremdenblatt«, 1. Januar 1854

Mitte: Zwei Tage vor der Münchner Uraufführung (21. Juni 1868) brachten Josef und Eduard Strauß (welcher hat wohl dirigiert?) die erste Wiener Aufführung dieser Fragmente aus Wagners »Die Meistersinger von Nürnberg«. Eigentlich waren nur zwei Fragmente neu, denn Wagner hatte in seinen Konzerten im Theater an der Wien 1862/63 bereits die Versammlung der Meistersingerzunft gespielt und auch das Vorspiel. Unter dem »Volkslied des L. Johannes« (Lehrbube) ist sicherlich Davids Liedchen »Am Jordan Sankt Johannes stand« aus dem dritten Akt zu verstehen.

Ein merkwürdiges Orchestersolo – aber Wagner hat sich ja einmal auch lobend über ein Orchesterarrangement Josefs aus dem »Holländer« geäußert.

Rechts: »Ein wahrer künstlerischer Triumph.« Erstmals in Wien: Musik aus »Tannhäuser« und »Lohengrin«.
Aus »Fremdenblatt«, 27. März 1853

»Der Tannhäuser« im Volksgarten

Herr Capellmeister Johann Strauß brachte in der Soiree im k. k. Volksgarten am vergangenen Sonntag zum ersten Male einen Entre-Act aus der Oper: »Lohengrin« und einen Chor aus der Oper: »Der Tannhäuser«, beide von Richard Wagner componirt, zur Aufführung. Diese im Auslande längst als genial erkannten, eben so tief gedachten als höchst effektvoll instrumentirten Compositionen wurden von dem trotz der so ungünstigen Witterung äußerst zahlreich versammelten Publikum, mit den lebhaftesten Beifalls-Acclamationen aufgenommen. Herr Strauß, welchem jedenfalls das Verdienst gebührt, diese höchst interessanten Tonstücke zuerst dem musikliebenden Publikum Wiens in so vollendeter Weise vorgeführt zu haben, feierte an diesem Abende einen wahren künstlerischen Triumph, den der freudigsten und beifälligsten Anerkennung der trefflichen Leistungen der Straußschen Capelle.

Aus »Wiener Allgemeine Theaterzeitung«, 31. März 1853. Die Wiener Erstaufführung des »Tannhäuser« hat über vier Jahre später, am 28. August 1857, am Lerchenfelder Thalia-Theater stattgefunden, jene von »Lohengrin« fünf Jahre später, am 19. August 1858, am Kärntnertortheater. Johann Strauß soll den Einzugsmarsch (es handelt sich bei dem Konzert fraglos um diesen) schon am Pfingstsonntag des Sturmjahres 1848 bei einem Studentenkommers in Hainbach dirigiert haben.

---

*Wagner dirigiert an seinem 60. Geburtstag Strauß
– und hört Mendelssohn . . .*

*Als der Liederkranz den »Festgesang an die Künst-
ler« von Mendelssohn vor der Villa vorgetragen
hatte, zeigte der Meister mehreren Sängern die seltenen Blumen und herrlichen Anlagen seines Gartens. Nachdem alles besichtigt und bewundert
war, rief Wagner plötzlich: »Nun kommen Sie,
meine Herren, nun will ich Ihnen etwas besonders
Schönes zeigen!« Er eilte voraus, machte lächelnd
die Türe des Gewächshauses auf und ließ die Sänger einen Blick in dessen Inneres tun, wobei er sie
bat, tüchtig zuzulangen. – Als der Musikverein
den Straußschen Walzer »Wein, Weib und Gesang« gespielt hatte, betrat Wagner das Podium
und bedankte sich für den Vortrag dieses heiteren
Tonstückes, wobei er bemerkte, daß ihm Straußsche Musik sehr sympathisch sei. Plötzlich ergriff
der Meister den Taktstock und mit den Worten:
»Kinder, wollen wir den Walzer noch einmal
spielen, ich werde selbst dirigieren«, stellte er sich
an das Dirigentenpult und dirigierte mit sichtli-
chem Vergnügen den Straußschen Walzer zu
Ende. Bevor er das Podium verließ, bemerkte er:
»Ja, der Strauß, der ist wirklich unser Walzerkönig!«*

*Aus »Richard Wagner in Bayreuth«, herausgegeben von
Heinrich Schmidt und Ullrich Hartmann, Leipzig 1909*

MUSIKVEREINSSAAL.
Saison 1878–79.

Heute Sonntag den 1. December 1878:

PROMENADE-CONCERT
von
EDUARD STRAUSS,

k.   k.
Hofballmusik-   Director,

kais. brasil. Hofcapellmeister honoraire

Wagner-Abend.
PROGRAMM.

1. Vorspiel zur Oper: **Lohengrin** von . . . **R. Wagner.**
2. **Ballchronik**, Walzer von **Eduard Strauss.**
3. **Duett** aus der Oper: **Der fliegende Holländer** von . . . . **R. Wagner.**
4. **Gruss an Stockholm**, Polka française von **Eduard Strauss.**
5. **Lied an den Abendstern** aus der Oper: **Der Tannhäuser** von . . . . **R. Wagner.**
6. **Idyllen**, Walzer von **Johann Strauss.**
7. **Entr'acte** aus der Oper: **Lohengrin** von **R. Wagner.**
8. **Die Syrene**, Polka-Mazur von **Josef Strauss.**
9. **Ouverture** zur Oper: **Rienzi** von . . . . **R. Wagner.**

Pause.

10. **Scene und Finale** aus der Oper: **Tristan und Isolde** von . . . . **R. Wagner.**
11. **Lustschwärmer**, Walzer von **Josef Strauss.**
12. **Aufzug der Sänger** aus der Oper: **Die Meistersinger von Nürnberg** von . . **R. Wagner.**

Anfang 5 Uhr.   Programme an der Cassa à 3 kr. ö. W.

Nächstes Promenade-Concert:
Sonntag den 8. December.

DEMI-DIVA UND DEMI-MONDAINE: HENRIETTE STRAUSS, GEB. TREFFZ

»SIE HAT EIN KLEINES HILFSCORPS EN RESERVE, WELCHES GEWOHNT
IST, ZU SIEGEN, OHNE ZU STERBEN – NÄMLICH EIN PAAR
CHARMANTE AUGEN, DIE DA ZUGLEICH SPRECHEN, WÄHREND IHR
MUND SINGT.«

Arthur M., aus London, »Wiener Tageszeitung«, 1857

S. 90, links: Josef – nicht Johann!
– Strauß dirigiert Musik aus
»Tristan und Isolde«. Es ist
anzunehmen, daß es sich bei
diesem Konzert vom 3. Juli 1860
um die Welturaufführung von
Fragmenten aus »Tristan und
Isolde« durch Josef Strauß handelt,
denn Wagner hat das Werk 1859
vollendet, und die Gespräche und
Proben für eine Uraufführung an
der Wiener Oper (zu der es nie
gekommen ist) begannen erst
1861. Josef Strauß hat diese
Auszüge auch in späteren Jahren
öfters gespielt.
Aus »Fremdenblatt«, 3. Juli 1860

Der 27. August 1862 war ein schwarzer Tag im Kalender der Damen von Wien und Pawlowsk. Um neun Uhr morgens hatte sich das bis dahin unmöglich Scheinende ereignet: Ihr Idol, der eingefleischteste aller Junggesellen, Johann Strauß, hatte in der Stephanskirche geheiratet. Es war unschwer zu übersehen, daß die Erwählte älter war als der Meister. Die Braut war den einen als Henriette Treffz oder »von Treffz« bekannt, den anderen als »Baronin Todesco« – jedenfalls hatten die Wiener allerhand zu tuscheln. Die Trauung fand im Straßenkleid statt, denn Jetty durfte nach kirchlichem Gebrauch nicht mit den Symbolen der Unschuld, Schleier und Myrthenkranz, vor den Altar treten. Die Hochzeitsreise ging nach Venedig und Triest.
»Henriette Treffz, Rentière« war laut Adolf Lehmanns »Allgemeinem Adreßbuch nebst Geschäftshandbuch für die k. k. Haupt- und Residenzstadt« des Jahres 1862 wohnhaft im Hause Nr. 1076 in der Kärntner Straße nahe dem Stephansplatz; es trug das Schild »Zum blauen Engel« (!). Ganz in der Nähe, im Hause Nr. 1073, dem sogenannten »Hasenhaus« in der Kärntner Straße, gegenüber der Weihburggasse, wohnte Moritz Todesco. Er gehörte einer Altwiener Millionärsfamilie an und war Gesellschafter des Bankhauses »Hermann Todescos Söhne«, einer Gründung seines Vaters, der sich als jüdischer Industrieller und Humanist mit Maschinenbaumwollspinnereien ein Vermögen geschaffen

hatte. Moritz, der sich gern »Ritter von« nennen ließ, war ein typischer Vertreter des Wiener Großbürgertums der Ringstraßenzeit: Bankier, freigiebiger Mäzen von Künstlern und Künstlerinnen – und Liebhaber der Henriette Treffz. Schon damals wurden gewisse »freie Frauen« von der Gesellschaft akzeptiert, besonders in den höheren Einkommensklassen. Man wußte auch von einer ganzen Reihe unehelicher Kinder. Freunde des Paares versicherten, daß sie nicht heiraten konnten, weil es damals noch keine Zivilehe gab. Todesco hatte seiner Mutter auf dem Totenbette gelobt, sich niemals taufen zu lassen, während Henriette ihrerseits den christlichen Glauben nicht aufgeben wollte.
Die Brüder Todesco waren beliebt und populär. Sie stifteten Krankenhäuser, Schulen, Kinderbewahranstalten, und ganz Wien kolportierte wahre oder gut erfundene Todesco-Aussprüche als typische Enunziationen von Neureichen mit nicht allzu fundierter Bildung. (»Die Börse ist wie eine Lawine, einmal geht sie hinauf, einmal hinunter.«) Moritz Todesco führte einen Salon, in dem die hervorragendsten Persönlichkeiten aus der Welt der Musik, der Malerei und der Literatur verkehrten. Unter ihnen auch Johann Strauß. Und Henriette war eine bezaubernde Hausfrau. Sie wußte, wie man mit Künstlern spricht, sie hatte ja selbst eine Karriere als Sängerin hinter sich. Aber das Gedächtnis des Theaterpublikums ist bekanntlich

kurz, und Jettys schöne Wiener Erfolge im Vormärz waren fast vergessen.

Todescoiaden

Baron Todesco begegnete dem »Dichter« Mosenthal und will ihm ein Kompliment machen, indem er sagt: »Ah, Herr Doktor, ich höre mit Vergnügen, daß wir nächstens im Burgtheater eine Nudität von Ihnen zu sehen bekommen.«

Der Baron kauft einen neuen Flügel und findet, daß der Finanzboden ausgezeichnet ist.

Der Herr Baron erscheint in seiner Loge. Es wird »Romeo und Julie« gegeben. Im ersten Akte lehnt er sich in einen Winkel zurück, schließt die Augen und sagt seinem Begleiter: – Wenn er schwimmt, wecken Sie mich.
Der Herr Baron verwechselt nämlich die Stücke »Romeo und Julie« – »Hero und Leander« mit gewohnter Konsequenz.

Bei der Ausstellung im Künstlerhause äußerte Herr von Todesco: »Nein, was diese Bildergaleeren schön zum Anschauen sind.«

Der Name Todesco wurde in Wien typisch für den halbgebildeten Neureichen. Die hier aus Zeitschriften des Jahres 1870 wiedergegebenen Anekdoten beziehen sich teils auf Moritz, den Freund von Jetty Treffz, teils auf seinen Bruder und Firmen-Compagnon Eduard.

Das Leben dieser Frau schlägt eine kuriose Brücke zwischen Friedrich Schiller und Johann Strauß, denn ihre Großmutter war jene Margareta Schwan gewesen, Tochter eines reichen Mannheimer Hofbuchhändlers, dem der jugendliche Stürmer und Dränger mit dem Überschwang seiner späteren Dramenhelden »den kühnen Wunsch, Ihr Sohn seyn zu dürfen« unterbreitete, um das Mädchen sodann mit der Brutalität des deutschen Naturalismus sitzenzulassen. Die »Schöne Schwanin«, möglicherweise mit Schillers Laura identisch – heiratete den Heilbronner Anwalt Karl Friedrich Treffz, durch dessen mütterliche Vorfahren Johann Strauß mit den Dichtern Uhland und Mörike »verwandt« wurde. Die Tochter des Ehepaars Treffz zog nach Wien, verehlichte sich mit dem

Silberarbeiter Josef Chalupetzky und wurde Henriettes Mutter. Schon diese liebte es, sich mit dem erfundenen Adelsprädikat »Edle von Treffz« zu schmücken. Die Tochter wiederum betrachtete »Henriette von Treffz« als ihren Künstlernamen. Ihr Geburtsdatum schwankt, je nach der Galanterie der Quellen, zwischen 1816 und 1826. Nimmt man die Trauungsurkunde, die 1818 angibt, als Grundlage, so war Jetty um sieben Jahre älter als Meister Johann. Die galanten Lügen über ihr Alter führten dann zu grotesken Ammenmärchen: Sie habe bereits mit vierzehn (sprich einundzwanzig) Jahren an der Wiener Oper gesungen, mit fünfzehn (sprich zweiundzwanzig) an der von Dresden.
Fest steht, daß ihre Stimme sehr früh entdeckt wurde. Vater Chalupetzky wurde Juwelier und bewog einen seiner Kunden, den komponierenden polnischen Fürsten Josef Poniatowski, der später in Paris Senator wurde und Kaiser Napoleon III. ins Exil folgte, Jetty Gesangunterricht zu geben. Eine Spielzeit lang (1837) war die neunzehnjährige Henriette Treffz am Wiener Kärntnertortheater engagiert – es stand an der Stelle, wo heute das Hotel Sacher steht –; doch war sie wohl nur Elevin, denn sie trat nicht auf. Ihre Karriere begann erst in Deutschland. Sie sang 1839 in Dresden die Julia in Bellinis damals vielgespielter Oper »Romeo und Julia« (»I Capuleti e i Montecchi«); ihr Partner war Wagners Lieblingssängerin Wilhelmine Schröder-Devrient in ihrer Glanzrolle als Romeo. In jenen Jahren wurden die deutschen Opernhäuser fast ausschließlich von Italienern geleitet. Am Dresdner Institut herrschte als Königlicher Hofkapellmeister Francesco Morlacchi aus Perugia, und diesem gab der König von Sachsen, dessen Interesse die blutjunge Anfängerin erweckt hatte, den Befehl, sie auszubilden. Die große Schröder-Devrient soll ihr sogar Unterricht gegeben haben. Von ihr konnte ein junges Mädchen viel lernen: Sie war die gefeierteste Hochdramatische ihrer Zeit und hinterließ in den »Memoiren einer Sängerin« ein kurioses Werk der erotischen Literatur.
Henriette von Treffz sang in der Oper und gab Konzerte – angeblich hat Mendelssohn sie als die »beste deutsche Liedersängerin« bezeichnet, als sie im Leipziger Gewandhaus sein »Es ist bestimmt in Gottes Rat« vorgetragen hatte.

Henriette Treffz
Aquarell von Louise Berka, o. J.

Als arrivierte Künstlerin kam Henriette Treffz über Brünn in ihre Vaterstadt Wien zurück. Hier sang sie zunächst im Kärntnertortheater; von 1841 bis 1844 hörte man sie als Cherubino, Papagena, als Pamela in »Fra Diavolo«, als Adalgisa in »Norma«. Ihre kurze Glanzzeit begann 1845 am Theater an der Wien, wo sie der Star der Direktion Franz Pokorny wurde; das Theater entwickelte sich in dieser Periode zu einer gefährlichen Konkurrenz für die Hofoper. Die Treffz sang 1845 in der Eröffnungsvorstellung die Leonore in »Alessandro Stradella«, 1846 die Camille in »Zampa«, die Marie in »Zar und Zimmermann« und die Adalgisa beim Sensationsgastspiel der schwedischen Nachtigall Jenny Lind in »Norma«.

Das war noch im Zeitalter vor der strengen Trennung der Stimmfächer: Ihrem Repertoire nach war Henriette in der heutigen Terminologie Mezzosopran und Sopran zugleich. Es gibt Mozartsängerinnen, Wagnersängerinnen – Henriette Treffz war eine Balfesängerin. Die Opern des irischen Sängers und Komponisten Michael William Balfe – des ersten englischen Papageno in der »Zauberflöte« – sind heute vergessen. Die Treffz sang seine Opern am Theater an der Wien, manchmal unter der Stabführung des Komponisten: »Die Zigeunerin«, »Der Liebesbrunnen«, »Die Belagerung von Rochelle«, »Die vier Haimonskinder« – Werke, in denen der romantischen Phantasie ein weiter Spielraum gesetzt wird. Am 4. November 1845 brillierte Jetty in »Liebesbrunnen«, laut Theaterzettel als »Geraldine, Mündel des Sheriffs«. Fünf Tage später dirigierte Johann Strauß Sohn in »Wagners Kaffeehaus« im Prater bereits eine neue Quadrille nach Themen dieser Oper. Sollte er seine zukünftige Gattin auf der Bühne des Theaters an der Wien bewundert haben? Nach der Premiere der »Vier Haimonskinder« am 24. September 1845 hatte auch Strauß Vater eine Quadrille nach Balfes Melodien herausgebracht – sollte auch er seine zukünftige posthume Schwiegertochter als »Hermine, Tochter des Baron« gehört haben? Angeblich hat er im Frühling 1849, auf seiner letzten England-Tournee, in jenen Jahren nach der Revolution, als Henriette Treffz meist in England auftrat, ein Konzert mit ihr dirigiert. Sie sang vor Königin Victoria im Buckingham-Palast, trat in Orche-

sterkonzerten neben den größten Stars ihrer Zeit auf und bezauberte insbesondere mit kleinen Zugabeliedchen, die sie unnachahmlich vorgetragen haben soll – das englische Publikum geriet außer Rand und Band vor Entzükken, wenn Jetty den Refrain »Hopp, hopp, hopp, Pferdchen lauf Galopp« in jenem Lied des deutschen Komponisten Friedrich Wilhelm Kücken sang, dessen Vorstrophe »Wer will unter die Soldaten« zum Volkslied geworden ist; wer kennt noch den Namen seines Schöpfers? In Wien freilich erschienen Artikel, die feststellten, Jetty Treffz sei in England um eine Klasse zu tief herabgestiegen. Man nahm ihr die Teilnahme an den von Jullien geleiteten »Promenadenkonzerten« – so genannt, weil das Publikum dabei nicht saß, sondern auf und ab promenierte – sehr übel. Jullien, ein hochtalentierter Abenteurer, der im späteren Leben in Schuldhaft und in Wahnsinn geriet, war ein brillanter, nach heutigen Begriffen grotesker Showman. Oft leitete er Monsterkonzerte mit fünfhundert Instrumentalisten und blies beim Dirigieren selbst das Piccolo. Wenn aber eine »Nummer«

von Beethoven kam, ließ er sich vor dem Publikum auf einer Silberschüssel einen juwelenbesetzten Taktstock reichen. In Amerika brachte Jullien neben seinen eigenen Symphonien »Das Jüngste Gericht« und »Der Untergang von Pompeji« gerne seine »Feuerwehr-Quadrille«, bei der die amerikanische Feuerwehr aus echten Schläuchen echtes Wasser über das spielende Orchester spritzte . . .

In den Jahren 1841 bis 1852 hatte Henriette Treffz sieben Kinder geboren: Henriette, Alois, Franziska, Alfred, Heinrich, Louise, Emil. Henriette jun. wurde von dem Realitätenbesitzer Cavaliere di Galvagni adoptiert (als Bauunternehmer der frühen Ringstraßenzeit schuf er unter anderem den »Galvagni-Hof«, das Gebäude der Versicherungsgesellschaft »Anker« am Hohen Markt mit der »Anker-Uhr«) – ob er ihr Vater war, wissen wir nicht.

Den Töchtern Franziska und Louise wurde durch Beschluß der k. k. Niederösterreichischen Statthalterei aus dem Jahre 1863 gestattet, sich statt Chalupetzky nun Todesco zu nennen; es ist als sicher anzunehmen, daß sie Nachkommen des Ritters Moritz von Todesco waren. Das ermöglichte ihnen »aristokratische« Ehen: Franziska heiratete zuerst den Ungarn Alexander Erös von Bethlenfalva, in zweiter Ehe den Prinzen Philipp von Liechtenstein; Louise wurde Gattin eines Gustav von Dreyhausen, der sich allerdings seines Adelstitels ohne rechtliche Grundlage bedient haben soll.

Seit der Heirat mit Johann Strauß hat sich Henriette sehr wenig um ihre Kinder gekümmert. In ihrem Testament vom 15. März 1873 setzte sie Johann zum Universalerben ein, vermachte aber Schmuckstücke den Kindern Louises von Dreyhausen. Gustav von Dreyhausen schlug das Erbe seiner Kinder aus, weil sich Henriette (»das unnatürliche Weib«) nicht um die anderen Kinder, »von welchen einige harte Noth leiden«, kümmere. Franziska heiratete in zweiter Ehe den regierenden Fürsten von Liechtenstein – das mußte Johann Strauß passieren, der zeitlebens vergeblich die Erhebung in den Adelsstand angestrebt hatte!

Nun wurde also Jetty Treffz die erste Gattin von Johann Strauß. Er war siebenunddreißig, sie wahrscheinlich vierundvierzig. Die Liebe soll im Hause des Ritters von Todesco während einer

Die Karriere der Henriette Treffz begann mit den Vorstellungen am Königlichen sächsischen Hoftheater in Dresden, in dem sie in Bellinis »Romeo und Julia«-Oper die Julia neben Wilhelmine Schröder-Devrient (später Wagners erste Senta!) als Romeo sang.

Jetty war um sieben Jahre älter als Johann. Wie später die Marschallin im »Rosenkavalier« ihren Oktavian, nannte sie ihn »mein Bub«, er seine Gattin und unermüdliche Managerin »mein Millionenstückl«.

musikalischen Soiree begonnen haben, bei der Strauß mit dem berühmten Geiger Henri Vieuxtemps musizierte. War es Liebe? Sehnte sich der imagegemäß in amouröse Abenteuer verwickelte Komponist nach dem ruhigen Hafen der Ehe? Suchte er mütterliche Betreuung? Und wollte Jetty weg aus der Atmosphäre der Börse, der Welt des Geldes, obwohl gerade diese Welt sich ihr gegenüber sehr generös gezeigt hatte? Todesco gab Jetty sechzig Tausendguldenscheine als Abfertigung. Das neuvermählte Paar wohnte von 1863 bis 1870 in der Praterstraße 54, wo der Walzer »An der schönen blauen Donau« entstand, und kaufte dann die zweistöckige sandgelbe Villa in der Maxingstraße 18 (damals Hetzendorfer Straße) vor dem Seitentor des Schloßparks von Schönbrunn. Hier entstand die »Fledermaus«. Beide Häuser stehen noch heute. In der Praterstraße ist ein Museum, in der Maxingstraße wohnte lange der bekannte Dirigent Felix Prohaska.

Aus der ehemaligen Sängerin, deren Liebschaften viel betratscht wurden, aus der späteren Geliebten des Börsenmagnaten wurde genau das, was die »Fachleute« der Gesellschaftskunde

nicht für möglich gehalten hätten: eine perfekte Hausfrau und bemühte Gattin. Sie richtete die »Villa Strauß« mit erlesenem Geschmack ein – dunkelrot war die führende Farbe – und schuf ihrem Gatten ein reizendes, behagliches Künstlerheim. Ihre Kleider, Hüte, Fächer, Schals und Blumen füllten das Obergeschoß, das zwei kleine Balkons hat: der eine blickt auf den Schönbrunner Park, der andere auf einen idyllischen Altwiener Hof.

Jetty hatte kleine Kinderfüße und trug seidene Maßschuhe. Oft saß sie stundenlang mit ihren Freundinnen zu Hause über den Stickrahmen gebeugt und stocherte auf weißen Kanvas, bis im Kreuzstich gestickte Blumen entstanden – wenn Johann guter Laune war, dann packte er eine Nadel und nähte Jetty heimlich an eine Freundin an . . .

Sie gab ihm, was er während seines ganzen Junggesellendaseins vermißt hatte und in den ersten Ehejahren genoß: Ruhe. Johann Strauß fühlte sich in Hietzing wohl. Von seiner Villa hatte er nur wenige Schritte bis zu Dommayers Casino. Alles erinnerte ihn hier an die Tage seiner Anfänge, und er fand in Hietzing die herrlichsten Inspirationen.

Bei Gesellschaften war Jetty charmant, klug und sprühte nur so von Erinnerungen an glanzvolle Tage. Sie nahm Strauß alle Sorgen des täglichen Lebens ab. Jetty war sein Impresario, seine Sekretärin, gelegentlich seine Krankenpflegerin (1863 stand Johann unter Kompositionsverbot des Arztes); sie schrieb seine Briefe, er unterschrieb, sie führte seine Buchhaltung und schirmte ihn von der Welt ab. Sie arrangierte seine Tourneen – und fuhr mit. Zuerst nach Rußland – hier nannte Josef sie »unersetzlich«, denn sie schrieb alle Rechnungen, kontrollierte die Küche und kopierte im Notfall sogar Orchesterstimmen – und dann nach Paris, nach Amerika. Überall verstand sie sich glänzend auf »Public Relations«. Sie sprach gut Englisch und wußte den richtigen Personen im richtigen Augenblick das richtige Wort zu sagen. Und in der Villa waren die Lorbeerkränze immer effektvoll placiert – »wie bei einer Balletteuse«, sagte Strauß einmal. Wie die Marschallin im »Rosenkavalier« ihren Oktavian, nannte Jetty ihren Gatten »mein Bub«, er seine Marschallin »Millionenstückl«.

Eine merkwürdige Beziehung verband den Komponisten mit dem alten Stiefvater seiner Gattin, Josef Freiherr von Scherer. Der pensionierte Statthaltereisekretär wohnte bei ihnen in der Hietzinger Straußvilla. Meister Johann, der zeitlebens vergeblich versucht hat, geadelt zu werden, ließ sich von Scherer adoptieren. Ein altes Hofkanzleidekret gestattete nämlich unter besonderen Umständen die Übertragung eines aussterbenden Ritterstandes samt Wappen vom Wahlvater auf das Wahlkind. Doch wurde das diesbezügliche Gesuch des Freiherrn vom Kaiser abgelehnt. Franz Joseph hatte das Jahr 1848 noch immer nicht vergessen, und die Ehe mit der ehemaligen Sängerin, die in prüden Kreisen als Demi-Mondaine galt, war auch nicht gerade nach dem Geschmack Seiner Majestät.

Immerhin erhielt Johann Strauß im Jahre 1863 – nach so vielen vergeblichen Bemühungen – den Titel eines »k. k. Hofball-Musikdirektors« und 1871, als er diese Stellung niederlegte, das Ritterkreuz des Franz-Joseph-Ordens, womit er nicht ganz zufrieden war.

Henriette Strauß gebührt ein Stück Unsterblichkeit. Sie hat Johann Strauß dazu gebracht, für das Theater zu schreiben.

***

Die Treffz an Redakteur Frankl

»Der Ruf, dessen Sie sich allgemein erfreuen, ist ein so ausgezeichneter, daß ich unmöglich glauben kann, daß es in Ihrer Absicht liegt, das, durch angestrengten Fleiß und das eifrigste Bemühen, mühsam errungene bißchen Renomee einer jungen Künstlerin untergraben zu wollen.
Ich werde in den Besprechungen über meine Leistungen, in Ihrem geschätzten Blatte, stets bitter getadelt, nahm es ruhig hin, wenn ich mir auch das Zeugnis geben konnte, es nicht verdient zu haben, denn es schien daß Animosität im Spiele sei. Meines Wissens habe ich, seit ich bei Pokorny's Bühne engagiert bin, nur erste Rollen gesungen, und in Opern, worin eine Lutzer früher sang, und eine noch singt, die Zufriedenheit und die Gunst des Publikums errungen.«

In diesem Brief beschwerte sich Henriette Treffz beim Redakteur des »Sonntagsblattes« über schlechte Kritik . . .

Wenige Monate später waren die Beziehungen der Treffz zu dem Kritiker schon vertrauter:

Jetty in mittleren Jahren

Redakteur Frankl an die Treffz

»Sie rühmen Sich, eine vortreffliche Köchin zu sein und so erlaube ich mir, für Ihr eben bezogenes Speisezimmer, Ihnen ein ›Abendmahl‹ zur Kritik zu übersenden, bitte nur um keine zu scharfe, wie sie in den gottlosen Sonntagsblättern vorzukommen pflegt. Wenn Sie liebes Fräulein! auch mit dem Koch dieses ›Abendmahles‹ bei ›Ihrer Kunst, rivalisieren‹ dürfen, so werden Sie doch Leonardo da Vinci als ebenbürtigen Meister ahnen.
Mit dem herzlichen Wunsche, daß Sie in Ihrer neuen Wohnung viel Freudiges erleben, scheide ich und ergreife den Anlaß zum Ausdrucke meiner Verehrung, mit der zu sein ich die Ehre habe. Huldigend

L. A. Frankl

»AN DER SCHÖNEN BLAUEN DONAU«: WELTPOLITIK UM EINEN WALZER

»DER STROM IST UM EIN BEDEUTENDES DER STADT NÄHER
GERÜCKT, UND SO IST DIE ALTE GEOGRAPHISCHE BEZEICHNUNG,
WIEN LÄGE AN DER DONAU, ERST DURCH DIESE REGULIERUNG
TATSÄCHLICH WAHR GEWORDEN.«

Aus »Die Donau-Regulierung bei Wien«, 1875

Ungefähr viereinhalb Jahre nach seiner Hochzeit gelang Johann Strauß der größte musikalische Wurf seines Lebens. Im Haus Praterstraße 54, das er mit seiner Gattin bezogen hatte, schrieb er den Walzer »An der schönen blauen Donau«. Das geniale erste Thema der drei aufsteigenden Noten des D-Dur-Dreiklangs hat diesem Strom zum erstenmal Melodie gegeben. Als nach dem Ersten Weltkrieg die herrliche alte österreichische Hymne von Haydn von der Republik nicht übernommen wurde, da empfand man nicht die neue republikanische als Volkshymne, sondern nur den Donauwalzer, den Eduard Hanslick »ein patriotisches Volkslied ohne Worte« genannt hat. Die Faszination dieser Musik ist eine einigende Kraft, die alles Trennende überwindet – deshalb hören wir sie nach alter Tradition als erstes Musikstück des Rundfunks in der Neujahrsminute, als Abschluß jedes Neujahrskonzerts der Wiener Philharmoniker oder als Ballettwalzer beim Eröffnungsabend der Wiener Festwochen vor dem Rathaus. Dasselbe scheinen auch die 18 000 Chinesen empfunden zu haben, die in spontanen Jubel ausbrachen, als der Dirigent der Wiener Philharmoniker Willy Boskovsky beim ersten Gastspiel des Orchesters in China im April 1973 im Sportpalast von Peking den Donauwalzer brachte – dieser schien dort allerdings so gefährlich, daß er im Zuge des Klassenkampfes auf dem Gebiet der Musik ein halbes Jahr später verboten wurde, da er »nach der Niederlage der europäischen Revolution von 1848 geschrieben worden sei und den Menschen eine Illusion des Friedens vorgaukle«. Dafür wurde er im Mai 1975 beim 30. Geburtstag der Sozialdemokratischen Partei Österreichs vor dem Kaiserschloß Schönbrunn getanzt. Und in dem Klassiker des Science-fiction-Films »2001 – Odyssee im Weltraum« bewegt sich ein Raumschiff der Zukunft zu den Klängen dieses Walzers durch den Weltraum. Ein Klassiker der (nicht ganz echten) Blues-Literatur ist der »Blue Danube Blues« des Musicalkomponisten Jerome Kern. Und das englische Programm des Österreichischen Rundfunks heißt »Blue Danube Network«.

Was zeigt unsere Phantasie beim ersten Tremolo der Geigen, das so oft von Applaussalven unterbrochen wird? Flimmerndes Sonnenlicht auf dem blauen Strom – oder, je nach Geschmack, Mondlicht? Oder einfach den ganzen versunkenen Zauber der alten Kaiserstadt an der schönen blauen Donau? Wie blau ist der Strom wirklich? Wie schön war die Donau zu Zeiten ihres größten Sängers? Und lag denn Wien damals »an« der schönen blauen Donau? Eine statistische Untersuchung aus dem Jahre 1935 hat festgestellt, daß die Donau bei Wien 6 Tage im Jahr braun, 55 lehmgelb, 38 schmutziggrün, 49 Tage hellgrün, 47 Tage grasgrün, 24 stahlgrün, 109 smaragdgrün, 37 dunkelgrün – aber niemals blau ist . . .

Walzertitel sind oft von Veranstaltern oder Widmungsträgern vorgeschlagen worden, aber diesen Walzer hat Strauß selbst »An der schönen blauen Donau« überschrieben – es könnte also wohl sein, daß diese Worte wirklich seine Inspiration ausgelöst haben. Er kannte die gleichlautende Zeile aus einem Gedicht des ungarischen Literaten Karl Isidor Beck. Wußte er, daß es sich nicht auf Wien bezog? Beck war Feuilletonredakteur des »Pester Lloyd« und gilt in seiner Heimat als einer der frühesten Dichter des Proletariats; in seinen »Liedern vom armen Mann« (1846) attackierte er nämlich die Finanzmacht der Rothschilds. Beck schrieb deutsch, obwohl er ungarisch erzogen worden war und bis zu seinem neunten Lebensjahr nur Ungarisch konnte.

An der Donau

Und ich sah Dich reich an Schmerzen,
Und ich sah Dich jung und hold,
Wo die Treue wächst im Herzen,
Wie im Schacht das edle Gold,
An der Donau,
An der schönen, blauen Donau.

In den Sternen stand's geschrieben
Daß ich finden Dich gemußt
Um auf ewig Dich zu lieben,
Und ich las es mir zur Lust,
An der Donau,
An der schönen, blauen Donau.

Karl Isidor Beck

Die Worte »An der schönen blauen Donau« kommen in Becks Gedichten öfters vor. Er besang darin die Welt seines Geburtsortes Baja, wo man von der »blauen« Donau im Gegensatz zur nahen »blonden« Theiß sprach. Im Gedicht »Die feindlichen Brüder« heißt es:
»An der schönen blauen Donau
liegt mein Dörfchen still und fein«
– das war also keinesfalls Wien! In Becks »Stillen Liedern« (1844/45) steht das Gedicht »An der Donau«. Darin sieht der Dichter sein Mädchen »jung und hold – an der schönen blauen Donau« –, er beklagt ihren Weggang »von der schönen blauen Donau«, und zwar nach dem bunten Orient »auf der schönen blauen Do-

nau«. Beck wußte genau, wie so ganz anders die Donau bei Wien aussah, denn in seiner Dichtung »Der fahrende Poet« (1838) heißt es, allerdings mit politischem Doppelsinn:
»Was wanderst Du dahin
und trüb und trüber
an der bewegten Kaiserstadt vorüber,
was sieht so trüb,
o Donau, deine Flut!«
»An der grauen Donau« hieß ein Trauerwalzer, den Lehár 1919 geschrieben hat.
Die Wiener des »Ausgleichs«-Jahres 1867 empfanden noch keineswegs, daß ihre Stadt an der Donau läge. 1867 floß die Donau noch in mehreren Armen durch sumpfiges Auen- und Wiesenland an Wien vorbei. So zeigt sie auch das Bild auf der Erstausgabe des Walzers. Der Hauptarm hatte seine Richtung des öfteren gewechselt, wodurch die Stadt immer wieder von Überschwemmungen bedroht worden war; aus diesem Grund blieb das Ufergebiet unbesiedelt. Johann Strauß selbst hatte in frühester Kindheit mit den Eltern in einer Wohnung in der Leopoldstadt gewohnt, aus der die Familie über Nacht ausziehen mußte, weil das Hochwasser nach der Eisschmelze auf der Donau durch die Fenster in die Stuben floß. Nein, damals galten die schleichenden Sumpfwässer als häßlich und gefährlich, kein nostalgisches Sentiment verknüpfte die Donau mit den Herzen der Wiener. 1866/67 – das war ein trauriger Winter. Im Juli 1866 hatten die Preußen die Österreicher bei Königgrätz besiegt. Und Österreich mußte es dulden, daß die Neugestaltung Deutschlands ohne seine Mitwirkung erfolgte. Der alte Exkaiser Ferdinand »der Gütige« knurrte zynisch, im Alter anscheinend weise geworden, über die Leistung seines Neffen Franz Joseph, zu dessen Gunsten er 1848 abgedankt hatte: »Das hätt' ich auch zusammengebracht!«
Wie ernst die Lage war, ersehen Wienkenner daran, daß man es wagte, die Tanzvergnügungen einzuschränken. Johann Strauß hatte seinen Besitz der Armee als Offiziersspital offeriert – ein Gerücht hatte ihn sogar totgesagt: Bei Königgrätz war ein (anderer) Johann Strauß gefallen. Der Hofball entfiel, ebenso der traditionelle Narrenabend des Wiener Männergesang-Vereins. Diese Vereinigung war 1843 gegründet worden, als Staatskanzler Metternich jede Verei-

So romantisch sah die Donau aus, als Johann Strauß im Jahre 1867 seinen berühmten Walzer schrieb. Sie floß ferne der Stadt durch Auen und Wiesen; außer dem 1598 künstlich erschaffenen Donaukanal zog nur ein Arm durch Wien. Auf unserem Bild bricht das Sonnenlicht durch ein abklingendes Gewitter. »Ein Schimmer des Lichts? Wir seh'n noch nichts«, hieß es im ersten Chortext des Walzers, der als kabarettistische Tröstung für den Verlust der Schlacht von Königgrätz gemeint war ...
Ölgemälde von Josef Hoffmann, 1870

nigung singender Männer voll Mißtrauen beobachtete. (Es hätte ihnen ja einfallen können, statt zu singen – zu reden! Oder gar zu denken!)

Schon 1847 hatte der zweiundzwanzigjährige Strauß dem Männergesang-Verein den Walzer »Sängerfahrten« gewidmet, angeregt durch die Sängerausflüge des Vereins in die Umgebung der Stadt. Die Bitte um eine Komposition zur Sommerliedertafel 1865 mußte Strauß ablehnen, er hatte krankheitshalber die Leitung der Konzerte der ersten Saisonhälfte in Pawlowsk seinem Bruder Josef übertragen und mußte eine Klage der dortigen Eisenbahngesellschaft gewärtigen, wenn er anderswo mit einer neuen Komposition aufschien. Als ihn der befreundete Männerchor jedoch einlud, für die den Narrenabend ersetzende Liedertafel des Jahres 1867 (zugunsten der Errichtung eines Schubertdenkmals) einen Konzertwalzer zu schreiben, nahm er an. Es wurde sein erster Vokalwalzer.

Der Männergesang-Verein hatte den Einfall, dieser Liedertafel einen kabarettistisch-parodistischen Charakter mit zeitkritischer Satire zu geben. Das Fest fand am 15. Februar 1867 im Dianasaal statt – jenem Saal an der Oberen Donaustraße, der im Sommer als gedecktes Schwimmbad, im Winter als Ballsaal diente. »Den Damen wird der Eintritt gestattet, getanzt soll aber nicht werden«, verkündete »Die Presse« wenige Tage vorher. Viele Mädchen verurteilten das Tanzverbot als Blasphemie. Wochen zuvor hatte man schon von dem Fest gesprochen, die Eintrittskarten wurden zu Agiotagepreisen von zwanzig Gulden verkauft, und nun stand man, Leib an Leib gezwängt, in einem dunsterfüllten Saal, »wie Pickelheringe in einer Tonne aneinandergepreßt«, schrieb die »Vorstadt-Zeitung«. »Der Eingang zum Saal war vom Wintergarten aus verlegt worden«, berichtet das »Fremdenblatt«. »Die Estrade, auf der sich bei den Bällen die Credenz befindet, war in

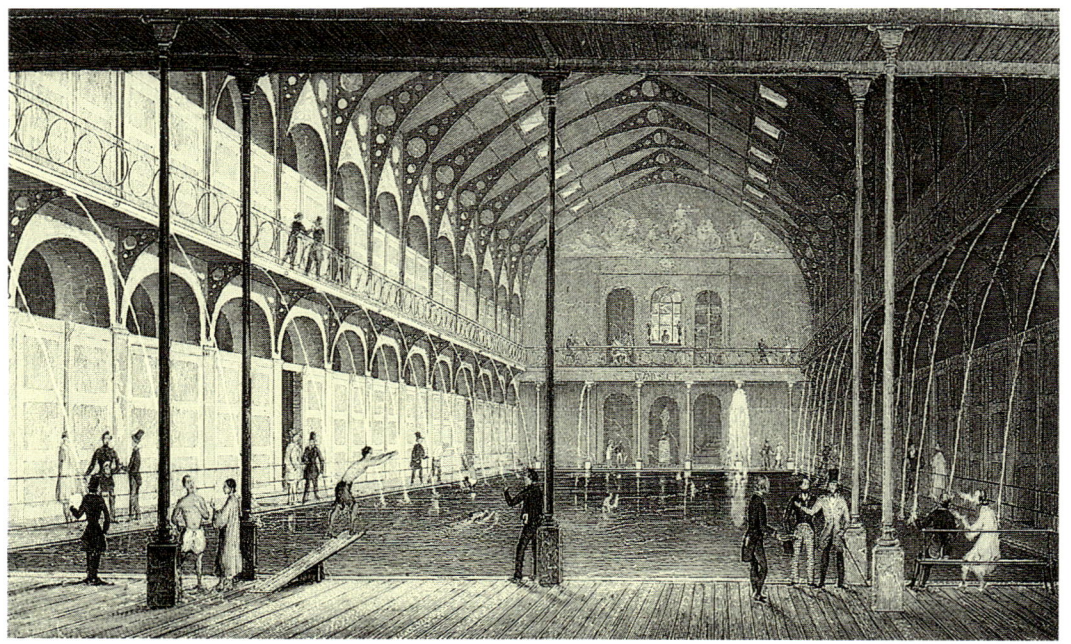

einen Bühnenraum verwandelt worden, und eine dicht geschlossene Courtine verhüllte die Merkwürdigkeiten, welche sich auf dem Podium in Kürze zeigen sollten. Vor der Bühne waren eine lange Reihe von Fauteuils und Sitzen aufgestellt, welche der galante Verein für die Frauen reserviert wissen wollte. Hinter dem Parterre war eine zweite Estrade errichtet, auf der sich die Sänger aufstellten, im Halbkreis vor ihnen eine Militärkapelle, und ringsum in mächtig schimmerndem Bogen schloß sich die lange Kette der Zuhörer und Zuschauer an ...«

Im ersten Teil des überlangen Programms – es dauerte fünf Stunden! – sang der Chor verschiedene Nummern persiflierenden Charakters, darunter eine Sophokles parodierende oratorisch-musikalische Tragödie »Antik? O ne!« über die Leiden des neuen Wien. Darin hieß es über die viel zu langsame Pferdebahn (wie in einer schlechten Mittelschul-Griechisch-Übersetzung):

»Auf der Eisenbahnschiene
nach Dornbach's Fluren
Ziehet dahin der Rosse Zweigespann
Fünfundzwanzigmal haltend!«

Eine Polka »Wahlbesprechung« warb für den Ausgleich mit Ungarn. Das Arrangement des Saales hatte sich als so unpraktisch erwiesen, daß die Menschen, die von links und rechts durch Rippenstöße belehrt wurden, daß sie la-

chen müßten, nur wenig von den lokalen Anspielungen verstanden und sich einfach langweilten.

Auf das hyperromantische Ritterschauspiel »Heinz, der Bluthund oder Das Rosengärtlein von Aggstein«, das auf einer kleinen Bühne zur Darstellung kam, folgte die große lyrisch-romantisch-tragisch-komische Operette »Die Sängerfahrt nach Peking«, die »pudelnärrisch executiert« wurde. Dann kam die Pause, in der sich ein Strom von übermüdeten Besuchern lawinenartig aus der Backofenhitze des Saales in den Wintergarten ergoß.

Der neue Chorwalzer »An der schönen blauen Donau« von Johann Strauß war das erste Stück nach der Pause.

Wann immer man in jenen Jahren in Wien humoristische Gelegenheitsgedichte brauchte, etwa heitere Texte für solche Liedertafeln oder für gesellige Vereinsabende, wandte man sich an einen schriftstellernden Beamten der Polizeidirektion namens Josef Weyl. Er war der Haushumorist des Männergesang-Vereins. Man hatte ihm den fertigen Walzer von Johann Strauß zum Textieren gegeben, und Weyls Gedanke war es, diesen Walzer ohne jedes intuitive Eingehen auf den Titel oder gar die Stimmung der Komposition für den gegebenen Anlaß als zeitkritisches Couplet zu textieren. Die Anfangsworte »Wiener, seid froh! Oho, wieso?« waren einfach als

Weil die Wiener im Winter nicht badeten, wurde im Dianabad das Wasserbassin des Schwimmsaals in der kalten Jahreszeit überdeckt und in ein Tanzparkett verwandelt. Im vormärzlichen Dianabad (in der Oberen Donaustraße am Donaukanal) waren zuerst Wannenbäder mit 68 Badekabinen und 78 Zinkwannen (Herren links, Damen rechts!) untergebracht. 1842 baute man die gedeckte Schwimmhalle, 1858 sogar ein Dampfbad – für Damen und Herren – mit tadellos funktionierendem Wärmeapparat. Durch das saisonbedingte Baden entstand der »Dianasaal«, in dem berühmte Faschingsfeste abgehalten wurden. Der traditionelle Narrenabend des Wiener Männergesang-Vereins wurde in der Saison nach der verlorenen Schlacht von Königgrätz aus Respekt durch eine Fasching-Liedertafel ersetzt, bei der der Walzer »An der schönen blauen Donau« am 15. Februar 1867 uraufgeführt wurde.

Links: Stahlstich von E. Willmann; rechts: Xylographie von Charles Maurand

Illustration der tristen politischen Lage gedacht und sind natürlich weit entfernt von den Empfindungen, die Strauß zu dieser Musik inspirierten. Aber Weyl, der drei Texte zu diesem Walzer geschrieben hat und mit keinem zufrieden war, hat Verse gedichtet, die zwar recht unsanglich geraten sind, aber im Endeffekt doch die einzigen originellen Texte für diesen Walzer geblieben sind. Sie glossieren Russen und Polen, Hausherren und Juden, Maler und Börsianer und überragen turmhoch die entsetzlichen, verlogen-romantischen Kitschtexte späterer Ausgaben.

Es stimmt keineswegs, wie man oft lesen kann, daß die Uraufführung des Donauwalzers ein Durchfall gewesen sei. Nein, der Walzer mußte sogar wiederholt werden. Eine Zeitung nannte den »lieblichen Walzer mit seinen einschmeichelnden Rhythmen den einzigen ungetrübten Lichtpunkt der Faschingstafel«. Andere Blätter freilich erwähnten ihn nicht einmal. Manche Kritiker fanden bereits damals den Courths-Mahler-Ton späterer Johann-Strauß-Besprechungen: »Hüpfende Melodien, welche den Lippen der Sänger einem kristallhellen Bergquell gleich entströmten« ... »Da hüpft selbst dem Blasierten das Herz im Leibe, wenn es schon die Beine nicht tun dürfen.« Irgend etwas schien damals immer zu hüpfen!

Der Komponist hat nicht selbst dirigiert, das besorgte der Chormeister des Vereins, Rudolf Weinwurm. Die Diskrepanz zwischen dem Inhalt der Worte und der Botschaft der Töne blieb natürlich unüberhörbar, darüber konnte der freundlichste Beifall nicht hinwegtäuschen. Zu Ignaz Schnitzer, dem Textdichter des »Zigeunerbarons«, soll Strauß später einmal gesagt haben: »Der Walzer war vielleicht nicht reißerisch genug!« Und zu Bruder Josef: »Den Walzer mag meinetwegen der Teufel holen, nur um die Coda tut's mir leid!«

Der Männergesang-Verein hat den Walzer in den folgenden dreiundzwanzig Jahren nur siebenmal angesetzt; alle drei Texte von Weyl waren nämlich, gerade weil er sie aktuell konzipiert hatte, rasch veraltet. Erst als der Herr Oberlandesgerichtsrat Dr. Franz von Gernerth dem Walzer die unpolitischen, noch heute populären, aber penetrant kitschigen Verse »Donau so blau, durch Flur und Au ...« unterlegt hatte, begann mit einer Sommerliedertafel im Meidlinger Dreherpark 1890 die vokale Karriere des herrlichen Opus, das als instrumentale »Symphony in Blue« schon längst die Welt erobert hatte.

Das nächste Kapitel in der Geschichte dieses wohl berühmtesten Walzers aller Zeiten wurde im Sommer desselben Jahres in Paris geschrie-

ben. Das Wiener Strauß-Orchester war bei den
Brüdern Josef und Eduard in Wien eingesetzt.
Johann war also, seinem ursprünglichen Manage-
mentkonzept entsprechend, frei und konnte
Gastspiele annehmen. 1867 lockte ihn – über
Jettys Rat – eine einzige Stadt: die Metropole an
der Seine, wo sich in der großen Weltausstellung
zum letztenmal der Glanz des Zweiten Kaiserreichs entfaltete.

Die Kontakte mit Paris sollen durch den französischen Komponisten und Mäzen Comte
d'Osmond hergestellt worden sein, der Johann
Strauß im Wiener Volksgarten wiederholt begeistert zugejubelt hatte. Verschiedene Pariser Manager fahndeten nach besonderen Attraktionen,
um die aus der ganzen Welt kommenden Besucher der riesigen Ausstellung zu amüsieren. Johann Strauß witterte die Chance. Er war frei.
Nicht frei aber war sein Orchester! – Da nahm
ein Schulkollege, der Verleger Gustav Lewy, die
Angelegenheit in die Hand. Strauß fuhr nach
Breslau, wo der Königlich-Preußische Musikdirektor Benjamin Bilse aus Liegnitz gerade Konzerte gab. Bilse war ein gediegener Musiker,
seine Kapelle war gut – aus einem Teil seines
Orchesters entstand später die Berliner Philhar-
monie. Bilse war bereit, auf eigenes Risiko in
Paris zu konzertieren und als besondere Attraktion Johann Strauß als Gastdirigenten für die
Tanzmusik anzusetzen.

Der erste Schritt, den der Wiener Meister auf
Pariser Boden tat, war ein regelrechter diploma-
tischer Schachzug: Er bat die Gattin des österreichischen Botschafters in Frankreich, ihm
doch die Tanzmusik bei dem großen Fest der
österreichischen Botschaft am 28. Mai 1867 zu
übertragen. Der Botschafter war Fürst Richard
Metternich, der Sohn des verstorbenen Staats-
kanzlers. Man sagte ihm besonders gute Beziehungen zu Napoleon III. nach. Seine Gattin, an
die Strauß sich wandte, war niemand anderer als
die legendäre Fürstin Pauline Metternich; als
kleines Mädchen hatte sie auf dem Schoße ihres
zu Pferde sitzenden Vaters, des Grafen Moritz
Sándor, die tollkühnsten Reiterkunststücke dieses sogenannten »Teufelsreiters« mitmachen
müssen. Eine Operette von Emmerich Kálmán
trägt diesen Namen. Als Botschafterin in Paris
leistete sie im gesellschaftlichen und kulturellen
Leben Außerordentliches. So ist es im Grunde

Ein Orchester von 120 Mann dirigierte Johann Strauß bei den Maskenbällen im neuen Gebäude der Pariser Oper, dem Palais Garnier, im Karneval 1877. Es wurde von dem französischen Kapellmeister Olivier Métra (1830 bis 1889) zusammengestellt, der mit Johann Strauß gemeinsam die Ballmusik bestritt. Strauß dirigierte von ein bis drei Uhr früh (fast nur Walzer), Métra von Mitternacht bis ein Uhr und von drei Uhr bis fünf Uhr früh. Im Orchester spielten 64 Streicher (16 Kontrabässe!) – trotzdem überdröhnten die Bläser alles. Strauß machte verschiedene Experimente, unter anderem jenes, manche Streicherstellen durch Holz zu doublieren, wie es seinerzeit der Quadrillenkönig Musard bei seinen Monsterkonzerten getan hatte.
Stich nach Zeichnung von M. Dick

Abendgesellschaft in den Tuilerien anläßlich der Pariser Weltausstellung 1867
Ölgemälde von Baron

ihr Verdienst, daß Wagners »Tannhäuser« 1861 in der Pariser Grand Opéra aufgeführt wurde, wenn er auch eine üble Aufnahme fand. In Wien lebt heute noch die Erinnerung an die glanzvollen Wohltätigkeitsfeste, die die Fürstin veranstaltet hat, vor allem aber an ihre zauberhafteste Schöpfung, den Blumenkorso im Prater.

1867, im Jahr der Weltausstellung, war Pauline Metternich einunddreißig Jahre alt: häßlich, aber aufregend und exzentrisch. Sie trug den fußfreien Rock, sang pikante Chansons, rauchte Zigarren und veranstaltete Eberjagden, fuhr in den prächtigsten Equipagen, trug die reichsten Toiletten und den kostbarsten Schmuck. Keines ihrer zahllosen Feste war glanzvoller als dieser hochpolitische Ball in der Pariser Botschaft, durch den sie Kaiser Napoleon demonstrieren wollte, daß die Lebenskraft Österreichs durch die Niederlage der jüngsten Zeit keineswegs gebrochen war.

Fürstin Pauline hatte das Gebäude der österreichischen Botschaft in der Rue de Grenelle im Faubourg St-Germain in einen Wundergarten verwandelt. Ein Teil des Gartens war überdacht und so mit dem Tanzsaal verbunden, daß die Gäste nicht wußten, wo der Saal endete und wo der Garten begann. Elektrisch beleuchtete Blumenbuketts, Tropfsteinzacken, plätschernde Kaskaden, ganze Pyramiden duftender Lichtblumengehänge vor Reihen brennender Kerzen erregten das Staunen und Entzücken aller Geladenen. Und hier spielte nun Johann Strauß mit Bilses Orchester zum Tanz und hatte auch »An der schönen blauen Donau« auf dem Programm. Er war mit seinen fünfzig Musikern hinter einem Paravent aus grünen Fächerpalmen in einer Blumennische versteckt, denn nach der Etikette des französischen Hochadels mußten »gewöhnliche Musikanten« bei solchen Festen ungesehen spielen. Nach jedem Tanz brach stürmischer Jubel aus; die Musik erweckte bei den Wienern Heimweh und faszinierte die ausländischen Gäste als bezaubernde Novität. Fürstin Metternich war stolz auf Johann Strauß, von dem sie ihren Gästen soviel erzählt hatte. Dieses Pariser Gastspiel paßte genau in ihre Pläne: sie wollte in Frankreich eine proösterreichische, antipreußische Stimmung erzeugen – mit dem Endziel eines französisch-

österreichischen Bündnisses gegen Preußen. Was konnte diesem Zweck besser dienen als die Walzer, mit denen Strauß schon auf diesem Ball die Franzosen in einen Taumel der Begeisterung versetzte? (Nur die Quadrilles dirigierte er nach französischer Tradition zu langsam, da mußte ihm die Fürstin Pauline während des Tanzes oft diskret zuflüstern: »Schneller, Schani!«) Die Eröffnungsquadrille des Balles tanzten die Souveräne – Kaiser Napoleon und Kaiserin Eugenie, der König und die Königin der Belgier, Kronprinz Friedrich von Preußen und zahllose Herzoge und Herzoginnen, Prinzen und Prinzessinnen – unter dem Stab des Walzerkönigs. Ein besseres Entree konnte Johann Strauß in Paris nicht haben. Noch im Mai folgten drei Konzerte im »Théâtre Italien«, wo Rossini einmal Direktor gewesen war und das in der Geschichte der Oper eine bedeutende Rolle spielt. Das Programm bestand aus zwei Teilen. Bilse dirigierte sein »Orchester allemand« mit den ernsten Nummern, wie der »Freischütz«-Ouvertüre oder einer Schumann-Symphonie, Johann Strauß seinen Walzer »Nachtfalter« oder die Polka »Lob der Frauen«. Die Kritik vermerkte allgemein, daß seine Orchesterführung bei Walzern überzeugender wäre als bei anderen Tänzen. Nach diesem Abend begann seine vertragliche Tätigkeit im Rahmen der Weltausstellung. Die »Exposition Universelle« war das letzte schöne Schaufenster des Zweiten Kaiserreichs vor dessen Untergang. Das Ausstellungspalais auf dem Champs de Mars zwischen der École Militaire und dem Pont d'Iéna bot Platz für 42 000 Aussteller. Von den vorhandenen 149 000 Quadratmetern belegte Frankreich allein 63 700 (Luxemburg sechs!). Es herrschte ein wahres Delirium der Freude, Riesenmengen von Besuchern bestaunten den Ägyptischen Tempel, das Inkadorf, und nur sehr wenige machten sich beim Anblick der größten und schwersten Kanone der Welt (fünfzig Tonnen!), die Krupp ausstellte, Gedanken über die Zukunft. Nie zuvor hatte Paris eine derartige Zusammenkunft von Herrschern zu friedlichen Zwecken erlebt. Da waren neben Kaiser Napoleon III. und dem russischen Zaren die Könige von Preußen, Griechenland, Belgien, Spanien, Schweden und der Sultan. Und sie alle standen im Banne dieser Kavalkade des Fort-

Schritts. Alle huldigten sie jenem Musiker, der die Melodie des Zweiten Kaisserreichs geschaffen hatte.

Während der Ausstellungszeit fand die Premiere der neuesten Operette von Jacques Offenbach statt, »Die Großherzogin von Gerolstein«. War es nicht vermessen, an einen Erfolg in Offenbachs Paris zu glauben?

Es gelang Johann. Die Konzerte fanden in dem exklusiven »Cercle International« auf dem Ausstellungsgelände statt. Für Wien berichtete »Die Presse«. Sie schilderte das elegante Klublokal als »eine Börse für die Industriellen aller Länder, welche ihr Geschäft in dem Bannkreis des in eine Domäne Merkurs verwandelten Marsfeldes festhält«. Der Cercle lag in der Nähe der Pont d'Iëna. Die Kapelle spielte täglich nachmittags und abends, hier dirigierte Strauß seine Piècen zwischen den semiklassischen Nummern Bilses. Die Fürstin Metternich ließ keine Gelegenheit außer acht, um ihre Weltpolitik durch

Das Ausstellungsgelände war das Marsfeld zwischen Pont d'Iëna und École Militaire, also in der Nähe des späteren Eiffelturms. Der »Jardin Réservé« (im Bild) war die beliebte Promenade der Ausstellung. Hier gab es Gärten, Teiche, künstliche Wasserfälle, einen »Pavillon der Kaiserin«, ein Süß- und ein Meerwasseraquarium ... Die Pariser versuchten vergeblich, diesen reizenden Park nicht mit der Ausstellung verschwinden zu lassen.

Stich nach Zeichnung von Robert Geißler, 1867

Karikatur aus »Le Drolatique«, 6. Juli 1867

Nach Paris war London die nächste Station von Johann Strauß. Den »Beethoven oder Mendelssohn der Tanzhalle« nannte »The Illustrated London News« Johann Strauß, als er die Promenadenkonzerte im Londoner Covent Garden Theatre leitete. Bei diesen Konzerten saß man nicht, sondern promenierte durch den Zuschauerraum. Johann Strauß dirigierte im Sommer und Herbst 1867, seine Frau trat als Sopranistin auf.
Xylographie aus der englischen Zeitschrift »Fun«, 1867

Dreivierteltakt zum Sieg zu führen. Henri de Villemessant, Chefredakteur des »Figaro«, hatte vor kurzem sein Wochenblatt in eine Tageszeitung umgewandelt und war ständig auf der Jagd nach Sensationen und Schlagzeilen. Die Fürstin lenkte seine Aufmerksamkeit auf Strauß. Villemessant schlug im »Figaro« kräftig die Reklametrommel für den Wiener Meister und gab Johann Strauß zu Ehren ein großes Fest in der Redaktion seiner Zeitung, auf welchem die Spitzen des Pariser Geisteslebens erschienen: Ambroise Thomas, Alexandre Dumas, Théophile Gautier, Gustave Flaubert ... Strauß revanchierte sich durch ein Diner, das er im Cercle für den ganzen Redaktionsstab gab, und durch Widmung einer »Figaro-Polka«, die Villemessant am 28. Juli in seinem Blatt abdruckte.

Aber das große Spiel der Mächtigen machte dem kleinen Spiel der Musiker einen Strich durch die Rechnung. Am 19. Juni 1867 wurde Kaiser Maximilian von Mexiko nach kurzem

Prozeß durch ein Erschießungskommando seines siegreichen Widersachers Juarez füsiliert. Die ganze Welt wußte, daß Napoleon III. den unglücklichen, weltfremden Bruder des österreichischen Kaisers in dieses Abenteuer hineinmanövriert hatte, weil er glaubte, daß die Südstaaten im amerikanischen Bürgerkrieg siegen würden, und er gerne ein Frankreich ergebenes Mexiko mit ihnen alliiert hätte. Nach dem Sieg der Nordstaaten hatte Napoleon den unglücklichen Kaiser und sein Reich fallenlassen. Das war das Ende des französisch-österreichischen Bündnisplanes. Franz Joseph kam erst am 23. Oktober zur Weltausstellung, besichtigte die österreichische Abteilung, in der bildhübsche Wienerinnen Bier von Mautner und Zuckerln von Gerstner servierten, und erklärte: »Ich bin stolz auf Österreich!«

Am 9. August verabschiedete sich Johann Strauß von den Parisern mit einem Konzert im überfüllten Cercle. Er kam erst viele Jahre später wieder in die Seine-Metropole, um hier 1875 seine Operette »Reine Indigo« (mit dem Donauwalzer als Einlage!) sowie die Pariser Opernbälle des Jahres 1877 zu leiten. Damals war der Donauwalzer mit dem romantischen Text »Fleuve d'Azur« von Jules Barbier in Paris längst populär geworden.

Jetzt aber, 1867, war London die nächste Station von Johann Strauß. Der Prince of Wales, später König Eduard VII., hatte ihn im Cercle International bewundert und »das Nötige« getan. So konnte John Russel, der Leiter der Promenadenkonzerte, melden, daß Herr Johann Strauß, »Kaiserlich-Königlicher Hofkapellmeister to his Imperial Majesty the Emperor of Austria«, für die Leitung der Tanzmusik bei den diesjährigen Promenadenkonzerten gewonnen werden konnte, daß er seine neuesten Musiknummern mitbringen und in London noch welche dazukomponieren würde. Die Konzerte fanden im Covent Garden Opera House statt, Chefdirigent war Giovanni Bottesini, den man den »Paganini des Kontrabasses« nannte. Bottesini ging später als Dirigent der Uraufführung von Verdis »Aida« in die Operngeschichte ein. Das Orchester bestand zum größten Teil aus guten Musikern der italienischen Oper; als Gäste wurden Militärkapellen aus Österreich, Preußen, Italien, Dänemark, Rußland und Frank-

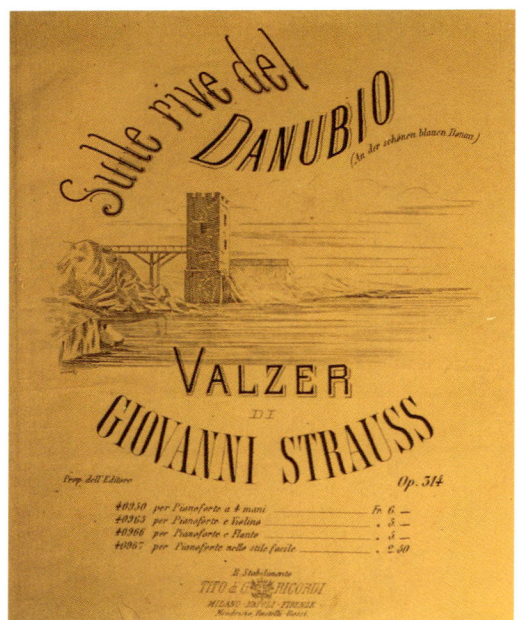

reich angekündigt, auch prominente Sänger und Virtuosen.

Zwischen 15. August und 26. Oktober 1867 hat Johann Strauß dreiundsechzig Promenadenkonzerte im Covent Garden dirigiert. Die Programme wurden nicht im voraus, sondern von Tag zu Tag angekündigt. Strauß leitete keine gesonderte Abteilung; die von Bottesini dirigierten Nummern (Rossini-Ouvertüren, der Marsch aus »Tannhäuser«, ein gesungenes Potpourri aus Gounods »Romeo und Julia« etc.) wechselten in bunter Folge mit den Straußnummern ab, mit der »Annen-Polka« (das meistgespielte Stück), der »Tritsch-Tratsch-Polka«, dem Walzer »Morgenblätter« und an vier Abenden im September – mit »the choral waltz on the beautiful blue Danube« mit englischem Text und 100-Mann-Chor.

Anzahl der Hervorrufe genau verzeichnete. Aus diesem Dokument wissen wir, daß der Donauwalzer viermal auf dem Programm stand und sechsmal außer Programm als Zugabe gespielt wurde, immer durch Hervorrufe mit Wiederholungen ausgezeichnet.

Johann Strauß war in London sehr glücklich. Man verglich ihn gelegentlich mit seinem Vater, der in England noch unvergessen war. »Vivat die Engländer mit vollkommener Herzen's Empfindung« – mit diesen Worten endet das Tagebuch.

Man liest oft, der Donauwalzer sei in Wien durchgefallen und habe erst von Paris und London aus die eigene Heimat erobert. Er ist aber in Wien nicht durchgefallen und stand in Paris und London keineswegs so oft auf dem Programm der Straußkonzerte, daß dies von entscheidender Wirkung hätte sein können. Doch wie dem auch sei, schon wenige Monate nach der Uraufführung galt der Walzer »An der schönen blauen Donau« als die hinreißendste aller Straußkompositionen, als Wiens musikalisches Symbol. Der Verleger Spina mußte Tausende und aber Tausende Ausgaben drucken und in alle Welt versenden. Eine Kupferplatte reichte für 10 000 Abzüge – Spina soll hundert Stück gebraucht haben.

Die Wiener hatten sogar begonnen, ihre gehaßte und gefürchtete Donau zu lieben.

Und sie blau zu sehen!

An etlichen Abenden sang auch Henriette Treffz, die in England noch immer sehr populär war, Mozartarien, ihr unvergessenes Reiterliedchen, »Home, sweet home«, »Down in the valley«, Lieder von Mendelssohn und Franz Abt. Ihr Gatte begleitete sie am Klavier. Sie war nun fast fünfzig Jahre alt geworden, war stimmlich nicht mehr auf der Höhe, mußte einige Male absagen, fand jedoch viel Beifall.

Strauß wußte, was er seinem Publikum schuldig war – und verwendete in einem neuen Walzer und einer neuen Quadrille englische »Hits« des Tages und Lieder aus dem vor kurzem zu Ende gegangenen amerikanischen Bürgerkrieg. Der Walzer wurde später unter dem Titel »Erinnerung an Covent Garden« veröffentlicht.

Der Meister führte ein Tagebuch, in welchem er nicht nur die gespielten Titel, sondern auch die

Im Donauwalzer liegt etwas Melancholisches, Schwermütiges, eine sehnsüchtige Herzlichkeit, ja etwas Auflösendes, um nicht zu sagen etwas Zerfallendes. Ich glaube, Johann Strauß hat darin seine unbewußte Vorahnung des Zerfalles der Monarchie gegeben. Er hat das freilich mit all der Grazie des Österreichers gemacht, die, bedingt durch geographische Gegebenheiten, einen internationalen Charakter im besten Sinne des Wortes erreicht hat.

Der berühmte, unvergessene Kammerschauspieler des Burgtheaters Raoul Aslan über seine »Donauwalzer«-Eindrücke . . .

An der schönen blauen Donau   1825 Johann Strauss 1925   Frühlingsstimmen

Wo Strauß den ersten Walzer schrieb

WALZER DER LIEBE
UND DES TODES

»Herab zur Taillegegend und zu andern
Mag ungestört die Hand des Fremden wandern.
Die Dame aber mag dafür erfassen,
Was Fürstenbauch sie will berühren lassen.«

*(Lord Byron schrieb dies gegen den Walzer. Er hatte
einen Klumpfuß. Saure Trauben?)*

Zum 100. Geburtstag von Johann Strauß erschien dieses noch vom Jugendstil inspirierte Gedenkblatt. Die Abbildung unten zeigt das Landhaus in Salmannsdorf, das Bild in der Mitte den regulierten Donaustrom; er hatte in diesem Jahr auch ein »Jubiläum« – das neue Flußbett war vor genau 50 Jahren fertiggestellt worden. *Aquarell von Gustav Feith, 1925*

Im Jahre 1869 war ein Vierteljahrhundert seit dem Debüt von Johann Strauß beim Dommayer vergangen. Er war als geigender Dirigent, dirigierender Komponist und komponierender Festarrangeur eine Institution geworden, ohne die man sich Wien nicht mehr vorstellen konnte. Obwohl ihm bei der Erlangung des Titels Hofball-Musikdirektor im Jahre 1863 nahegelegt wurde, seine »persönliche Musikleitungs-Wirksamkeit« auf die Allerhöchsten Hofbälle und die Hoflokale (zu diesen zählte auch der k. k. Volksgarten!) zu beschränken, verlief sein Leben trotz des Einsatzes seiner Brüder unter der Peitsche des Terminkalenders; er mußte schreiben, schreiben und wieder schreiben, denn fast bei jedem Ball und jedem Konzert erwartete man eine neue Tanzkomposition von ihm. Nach dem Juristenball drohte der Bürgerball, nach dem Industriellenball eine Faschingsliedertafel. Heute in den Sophiensälen, morgen in den Blumensälen, heute im Redoutensaal, morgen im Volksgarten oder an einem Tag in allen Sälen. So empfand Strauß die Sommer in Pawlowsk, den Frühling und Sommer 1867 in Paris und London, so anstrengend sie auch waren, als Erholung; und als Gelegenheit, einmal nachzudenken und Bilanz zu ziehen.
Das Jahrzehnt seiner großen Walzer ging zur Neige. Es hatte 1860 mit den »Accelerationen« für den Technikerball begonnen, dann kamen 1864 die »Morgenblätter« für den Concordiaball, 1867 der Donauwalzer für die Liedertafel des Männergesang-Vereins und nur fünf Tage später »Künstlerleben« für den Hesperusball, 1868 »Geschichten aus dem Wienerwald« für die Neue Welt und den k. k. Volksgarten, 1869 »Wein, Weib und Gesang« für den Dianasaal. Vor diesem Jahrzehnt war der Johann-Strauß-Walzer entstanden, der die Tanzsäle eroberte. Dieses Jahrzehnt aber schuf den Straußwalzer, der die Seelen der Menschen erobert hat und in der Musikgeschichte seinen bedeutenden Platz einnimmt.
Ob Johann Strauß gewußt hat, daß er allmählich eine völlige Novität erschaffen, daß er Neuland betreten hatte? Er hat es höchstens geahnt, denn bei einer Rede anläßlich der Fünfzig-Jahr-Feier seines künstlerischen Wirkens im Jahre 1894 hat er sein einziges Verdienst in einer Erweiterung der Form gesehen. Allerdings war er im Inneren seines Wesens und in seinen seltenen Reden vor der Öffentlichkeit immer besonders bescheiden, und da er seinem ganzen Naturell nach nicht intellektbetont war, hat er wahrscheinlich das Ausmaß dieser Neuheit gar nicht überblickt. In der Geschichte der Musik ist jede Genietat eine Neuheit ohne Vorläufer. Wir lesen immer, daß Wagners Werk auf Gluck beruht – aber wenn wir einmal »Tristan und Isolde« und die »Iphigenie« nacheinander hören, erfassen wir, daß Wagner doch wie Pallas Athene aus dem Haupt des Zeus gesprungen ist.
Lanner und Johann Strauß Vater hatten Walzer zum Tanzen komponiert, deren beste dem Zu-

hören standgehalten haben. Die Meisterwalzer des Sohnes sind Walzer zum Zuhören, nach denen man auch tanzen kann. Äußerlich hat er die traditionelle Form des Biedermeierwalzers beibehalten: Introduktion, dann fünf Walzerteile, dann eine gekürzte Wiederholung, zuletzt eine Coda als Schlußformel. Aber hier ist alles von einem völlig neuen Geist erfüllt. Die Titel der Walzer sind nicht mehr nur durch Veranstalter oder Widmungsanlässe diktierte Zufallsüberschriften, sie sind vom Komponisten gewählt und zeigen an, woran er sich inspiriert hat. Die Introduktion der vormärzlichen Walzer war meist kurz, ein Ruf zur Aufmerksamkeit, ein Zeichen zum Beginn, die Begleitung der Aufforderung zum Tanz. In den großen Johann-Strauß-Walzern ist die Introduktion ein weites symphonisches Stimmungsgemälde, in welchem der Komponist seiner Phantasie die Zügel schießen läßt. Oft malen sie ein Idealbild des neuen Gesichts der Stadt Wien, die seit der Stadterweiterung nun plötzlich an der Donau und am Wienerwald lag. Diese musikalischen Sonntagsausflüge beginnen meist leise, poetisch, geheimnisvoll und wachsen zu aufregender Größe, ehe der Walzer beginnt. Oft umspielen sie das Hauptthema des späteren Walzers. Der Donauwalzer variiert in der Introduktion den berühmten aufsteigenden Dreiklang des Hauptwalzers. Der »Kaiser-Walzer« beginnt als Marsch, der sich vom zartesten Piano der Geigen und Holzbläser bis zum Forte mit Blech und Schlagwerk steigert – eine Parade, die immer näher rückt? Erinnerungen an Spaziergänge auf den entschwundenen Basteien? Mysteriös wächst aus diesem Marsch das erste Walzerthema – aber im Viervierteltakt! In der Einleitung zu »Geschichten aus dem Wienerwald« hören wir Soli der Oboe, eine Kadenz der Flöte, einen Ländler auf der Zither . . . Vogelgezwitscher? Ein Tanz in der Dorfschenke?

Die Taschenpartitur von »Wein, Weib und Gesang« umfaßt 46 Seiten, von denen die Einleitung fast die Hälfte einnimmt; erst auf Seite 20 beginnt der Walzer. Diese Introduktionen bringen häufigen Wechsel von Takt und Tempo. Die phantasievolle Instrumentation hat die Bewunderung von Brahms und Reger gefunden; hier hat sich Johann Strauß von seiner einstigen Bindung an die Geige freigemacht. Die Instrumen-

tation der Walzerteile selbst bringt fast immer die Hauptmelodie in den Geigen, weil Johann Strauß mit dem Geigenbogen dirigierte und viele Teile des Walzers mitgegeigt hat; er hat sich niemals Geigensoli geschrieben! Aber in den Einleitungen führen Flöten, Klarinetten, Oboen, Celli und Hörner und viele Kombinationen von Instrumenten – auch in der Coda. Da gibt es – wie im Donauwalzer und im »Kaiser-Walzer« – oft noch ein Atemholen, einen melancholischen Rückblick, einen Augenblick tönenden Schweigens, bevor die (manchmal konventionellen) Schlußtakte uns in die Wirklichkeit zurückrufen.

Der letzte Walzer

Johann Strauß gab Robert Stolz die Hand, und das bedeutete für den 19jährigen Grazer Komponisten das Umsteigen von der ernsten zur leichten Muse. Es geschah bei einem Gespräch nach der Wiener Hofopern-»Fledermaus«-Vorstellung vom Pfingstsonntag 1899, in der Strauß die Ouvertüre dirigiert hatte. Stolz schrieb in der Folge viele blendende Walzerlieder, wurde ein hinreißender Strauß-Dirigent und blieb ein Strauß-Fan – bis an sein Totenbett. Wenige Stunden bevor er am 27. Juni 1975 kurz vor seinem 95. Geburtstag im Franziskus-Krankenhaus von Berlin verschied, bat er Gattin Einzi um seinen Dirigentenstab und die Kassette mit seiner Aufnahme des »Kaiser-Walzers«. Er dirigierte, im Bett, zum letzten Male.

Die Walzermelodien sind dem engen Korsett entwachsen, in das der Biedermeierwalzer sie gedrängt hatte. Dort bestanden sie manchmal nur aus acht Takten, manchmal aus sechzehn – bei den Bällen zu Anfang des 19. Jahrhunderts wurden zahllose dieser achttaktigen Phrasen durch die damaligen Gebrauchsmusikkapellen zu endlosen Walzerketten aneinandergereiht. Sie dauerten manchmal eine halbe Stunde, die Musik war reine Addition, führte zu keinem Höhepunkt – danach waren die Tänzer so erschöpft, daß man eine volle Stunde Pause einlegen mußte! Bei Johann Strauß Sohn wachsen die einzelnen Walzermelodien manchmal in die Nähe von Wagnerischer Unendlichkeit. Wenn

Johann Strauß als k. k. Hofball-
Musikdirektor. Roter Frack und
weiße Hosen waren für die
Hofballmusik als »uniformartiges
Dienstkleid« vorgeschrieben, seit
man 1843 bei Hofe beanstandet
hatte, daß bei Hofbällen, wo alles
in Uniform erscheint, »die
Orchesterindividuen in schwarzen
Zivilkleidern zugegen waren«.
Damals hatte es sich um das
Orchester von Strauß Vater
gehandelt.
*Druck nach Aquarell von Theo
Zasche, o. J.*

man kurz vor dem Ausklingen einer Phrase das Ende erwartet, schließt sich überraschenderweise ein neues Thema an und eröffnet den Blick in eine neue Welt. Das berühmte erste Hauptthema der »Geschichten aus dem Wienerwald« hat die ganz ungewöhnliche Zahl von 44 Takten. Völlig neu ist auch der innere Aufbau dieser Meisterwalzer, das Verhältnis der einzelnen Walzermelodien zueinander, die Steigerung von Thema zu Thema. Analog dem Aufbau einer Symphonie?

Neun Monate nach dem Walzer

Erfindungen des Teufels sind seine Walzer und sie tirilieren über die Erde und wirbeln Tausende in's Verderben. Und ich sage Euch, ich war selber im Sophiensaal, beim Schwender, in den Gartenbausälen und auch durch meine Beine prikelten die Notenteufelchen, die dieser Mann mit vollen Händen ausstreut, und ich sah Tausende sich wie wahnsinnig aneinanderschmiegen und in schamloser Umarmung dahinfliegen und ihre Augen funkelten und ihre Wangen glühten und wo sich ein Busen befand, da wogte er, und die Kellner schmunzelten vergnügt und schlenkerten siegreich die schmutzigen Servietten und berechneten die »Lungenbratteln«, die der aufgeregte Tänzer für seine Dame bestellte, und unten in der »Schwemme« rieben sich die Komfortable-Kutscher die Hände, noch weiter unten aber in der »Hölle« thun es die Teufel.
Und ich sage Euch, schauet die Taufbücher an und zählet sie nach die unehelichen Geburten und gehet denselben nach und Ihr werdet finden bei den Meisten, daß der Anfang ein Walzer von Strauß war und dann kam das »Lungenbrattl« und dann . . . und das and're wissens eh'.

Aus »Der Floh«, 2. Februar 1869

Man hat die großen Konzertwalzer von Johann Strauß oft als Walzersymphonien oder symphonische Walzer bezeichnet. Das hieße ihre Originalität verkennen. Nur das Menuett hat seine Unsterblichkeit in der Symphonie gefunden, nicht der Walzer. Das Grundprinzip des Symphoniesatzes ist die Verwandlung, das Spiel, der Kampf zwischen zwei oder drei Hauptthemen. Johann Strauß aber war ein einmaliger Erfinder von Melodien, kein Abwandler seiner Themen. Es fiel ihm leichter, einen großartigen neuen Einfall zu Papier zu bringen, als einen bestehenden zu variieren. In den Introduktionen sind es Improvisationen, Gedankensplitter, aber keine wirklichen Variationen von Themen. Die Hauptteile seiner Walzer sind als Walzer 1, Walzer 2, meistens bis Walzer 5, bezeichnet. Jeder Teil besteht aus zwei Themen, das heißt, Johann Strauß verwendet zehn Walzermelodien in einem einzigen Walzer. Mit Ausnahme von kurzen Überleitungstakten, die meistens vor der Coda stehen, scheinen diese nur in ihrer unveränderten Urgestalt auf. Er hat fast 150 instrumentale Walzer geschrieben, also 1 500 instrumentale Walzermelodien erfunden . . .

Von allen diesen Neuerungen nicht betroffen, liegt unter dem unerreichten Einfallsreichtum der Walzermelodien von Johann Strauß das monotone Hm-ta-ta des Walzerrhythmus. Daran ändert sich nichts. Auch nicht in den letzten beiden großen Alterswalzern, dem »Kaiser-Walzer« (1889) und »Seid umschlungen, Millionen« (1892), der Brahms gewidmet ist. Ein Hm der Bässe, dann das Ta-ta der zweiten Geigen. Unverändert, unveränderlich und zu Zeiten geradezu gespenstisch. Die zauberhafte, sinnliche, in

»Alle Straußwalzer sind Rubato-Walzer. Die Hauptmelodie des ›Kaiser-Walzers‹ ist frei von jedem Rhythmus. So hat ein Kaiser dem andern gehuldigt!« Resultat: Die weltberühmten Straußwalzer aus der Glanzzeit seines Genies eignen sich schlechter zum Tanzen als die unbedeutenderen Walzer seiner Jugendzeit und die seiner Nachfolger. Sie machen nicht nur ein Dutzend Menschen eine Stunde lang glücklich, wie Theodor Fontane gesagt hat. Ihre Welt ist nicht die kurze Spanne einer Ballnacht, zwischen Ekstase und Katzenjammer.

———————————

Mehr Melodien als eine Symphonie von Beethoven enthält ein Walzer von Strauß. Die Gesamtzahl der Johann Strauß'schen Melodien ist sicher weit höher als die der Beethoven'schen ... Die Frage lautet: wird das Kennzeichen des Musikalisch-Schöpferischen durch die Fruchtbarkeit des melodischen Erfindungstriebes bestimmt? Das ist augenscheinlich nicht der Fall, denn wenn Johann Strauß das 10.000fache an Melodien gegenüber Beethoven geschaffen hätte, so würde trotzdem niemand im Ernst daran denken, Strauß als schöpferische Kraft neben Beethoven auch nur zu nennen ...

Paul Bekker, deutscher Musikschriftsteller

———————————

großen Intervallsprüngen auf- und abwärtssteigende Geigenmelodie des Johann-Strauß-Walzers über dem stereotypen, unerbittlichen Abgrund des Hm-ta-ta macht diese Walzer so geheimnisvoll, so zwielichtig – so österreichisch, wie es das Jahrhundert des Walzers von Nestroy bis Schnitzler, von Raimund bis Hofmannsthal, von Waldmüller bis Klimt, von Lanner bis Arnold Schönberg, vom Biedermeier über die Gründerzeit bis zum Ersten Weltkrieg eben war. Das Hm-ta-ta der Bässe und zweiten Geigen ist der Rhythmus, auf dem die Donaumonarchie in einem Rausch von Schönheit ihrem Untergang zutanzte. Die Vorahnung eines kommenden Weltuntergangs kann nicht grausamer dargestellt werden als in dem Hm-ta-ta der Walzer. Sie sind ein Totentanz, gespenstischer, als Holbein ihn gezeichnet hat. Das Schöne und Erleichternd-Österreichische daran ist aber auch das Gegenteil: Diese Walzer entfalten nur dann ihre volle Größe, wenn sie nicht exakt rhythmisch dirigiert werden. Schon beim Grundrhythmus des Wiener Walzertaktes folgt das zweite Viertel rascher auf das erste, als es ihm gebühren würde! Außerdem verlangen die Melodien ununterbrochene leichte Temporückungen von Takt zu Takt. Einer der größten Johann-Strauß-Dirigenten, mein verewigter Freund Robert Stolz, hat mir einmal gesagt:

Was ist überhaupt ein Walzer? Die Franzosen, seit jeher Meister der Definition, sagen im »Dictionnaire Universel«: ein Rundtanz, bei dem sich das Paar um sich selbst und um den Saal dreht. – Wie die Erde, die sich um sich selbst und um die Sonne dreht. Die Franzosen behaupten auch, daß es den Walzer schon immer gegeben habe, jedenfalls schon vor dem Bestehen unserer Welt. Und schon damals habe er als der Tanz der Sinnlichkeit gegolten, als der Tanz der körperlichen Nähe, der Berührung, der »attitude reciproque«. Ein provenzalisches Märchen aus dem 12. Jahrhundert erzählt: Jupiter erschuf die Menschen androgyn, ein jeder war Mann und Frau zugleich. Später trennte er die Geschlechter, da drohte die Menschheit auszusterben. Aber Venus zeigte Erbarmen und lehrte sie den Walzer ... Das Märchen nennt

Der Walzer »Morgenblätter«
wurde beim Ball der
Journalistenvereinigung
»Concordia« am 12. Januar 1864
in den Sophiensälen uraufgeführt.
Für dasselbe Fest hat Jacques
Offenbach seine »Abendblätter«
komponiert.

Rechts: Auf diesem »Wiener
Walzer«-Gedenkblatt von 1892
sind zehn Komponisten, zum Teil
erbitterte Konkurrenten,
»harmonisch« vereint. Um Johann
Strauß gruppiert (links oben
beginnend, im Uhrzeigersinn):
Johann Strauß Vater, Josef Lanner,
Josef Strauß, Eduard Strauß, Josef
Bayer, Carl Millöcker, Philipp
Fahrbach jun., Carl Michael
Ziehrer; unten Mitte: Johann
Schrammel.

114

ihn noch »Volta«. Es ist die Übergangsform vom lateinischen »volvere«, sich drehen, zu »la Valse«, wie das deutsche Wort »walzen«, sich drehen, zu »Walzer«. Die Empörung über die Unsittlichkeit des Volta begann schon im 16. Jahrhundert, als ein Schriftsteller schrieb, den jungen Mädchen würden die großen Schritte und das weite Öffnen der Beine ihrer »honneur« gesundheitlich schaden. Arbeau malt in seiner »Orchésographie« im Jahre 1589 das Schreckgespenst an die Wand, man könnte beim Tanzen sogar das nackte Knie sehen, wenn die Damen nicht mit einer Hand ständig ihr Kleid hielten. Es war ein Tanz des Teufels. Eine moderne Form der Volta kommt im zweiten Akt der Oper »Gloriana« von Benjamin Britten vor. Im deutschen Kulturkreis gilt das Lied vom »Lieben Augustin«, dem Bänkelsänger und Sackpfeifer, der im 17. Jahrhundert in Wien volltrunken in eine Grube voller Pestleichen gefallen sein soll, als erste Walzermelodie. Das Wort »Walzer« erscheint erst in der Mitte des 18. Jahrhunderts. Aber keiner der Tänze im Dreivierteltakt jener Zeit hatte irgend etwas vom Charakter des Walzers, weder der alpine Ländler mit seinem Hopsen, Springen und Stampfen noch das höfische Menuett, bei dem eine durch die Etikette festgelegte Choreographie jede Tanzbewegung vorschrieb. Der Walzer, wie er dem vorigen Jahrhundert sein Gesicht gegeben hat, begann in Deutschland und Frankreich erst nach der Revolution um die Wende des 18. zum 19. Jahrhundert. Er war der demokratische Tanz, bei welchem es keinen Standesunterschied gab, der Herr tanzte ihn mit der Magd. Er war der Tanz, bei welchem das Paar frei von jedem choreographischen Zwang in schwindelerregenden Drehungen Besitz von sich und dem Raum ergreifen konnte. Der »scandalöse Tanz«, wie ihn die Ästhetik der Tanzkunst 1806 nennt, wurde der romantische Tanz, die »Danse privilégiée« der Verliebten schlechthin. Aber er hatte noch keine Musik, die den Walzerrausch in sich trug. Haydn, Mozart, Beethoven und Schubert haben Walzer geschrieben – sie heißen nach einem anderen Walzervorläufer oft noch »Deutsche Tänze« –, aber sie haben mit dieser sehr reizvollen Musik keine Walzergeschichte gemacht. Es waren kurze Melodien, die sich nicht nacheinander und aneinander auf-

bauten, nicht zur Ekstase steigerten. Carl Maria von Weber hat in seinem Rondo-brillant »Aufforderung zum Tanz« die klassische Walzerform mit Introduktion und Coda angewandt. Es stammt aus dem Jahr 1819 – in dem Lanner sein Tanzorchester gründete – und steht somit am Anfang der großen Walzerzeit. Aber es ist doch ein Klavierstück, und die Melodienfolge klingt unerotisch. Hier führt noch keine Seitentür in den Himmel. Weber gab noch keine musikalische Rechtfertigung von Stendhals Ausspruch: »Ein Walzer in einem von tausend Kerzen erleuchteten Saal macht die Herzen so trunken, daß ihre Schüchternheit vergeht.«
Die Musik der Walzerekstase fing mit Lanner und Strauß Vater an: »Ich verstehe, daß Mütter den Walzer lieben, nicht aber, daß sie ihn ihren Töchtern gestatten«, schrieb Vigé in Paris. Nun begann auch die Tanzmusik die Sprache dieses Tanzes zu sprechen – bis bei Johann Strauß Sohn die musikalische Walzerekstase ekstatischer wurde als der Walzertanz und der Straußsche Walzer eine neue Heimat im Konzertsaal suchte.

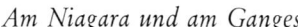

Am Niagara und am Ganges

Der Strauß'sche Walzer ertönt heute nicht nur in Europa, sondern überall, wo man Musik und Tanz kennt und liebt. Am Niagara wie am Ganges, am Euphrat, Missouri, überall ist der Strauß'sche Walzer populär, und man kann überzeugt sein, unter den Nomadenvölkern eher einen Dreivierteltaktigen von Strauß zu hören als das berühmteste Thema eines unserer Altväter der Tonkunst.

Aus »Der Zwischen-Akt«, Wien, 6. März 1860

Es gibt nichts Traurigeres als einen schön gespielten Walzer. Damit sind nicht nur die Klavierwalzer von Chopin gemeint, sondern auch die tiefe Melancholie der Johann-Strauß-Walzer, von deren »lachender Fröhlichkeit« und »unbeschwerter Heiterkeit« so oft in völligem Mißverstehen die Rede ist. »Für mich hat der Straußsche Walzer etwas Tragisches«, hat Felix Weingartner einer Sängerin gesagt. Aber es ge-

hört nun einmal zu den großen Geheimnissen der Musik, daß das Traurigste die Menschen am fröhlichsten macht. Von Puccini stammt der berühmte Ausspruch, man könne die Menschheit dadurch am besten unterhalten, indem man sie zum Weinen bringe, und Schubert fragte einmal einen Freund: »Kennen Sie eine lustige Musik? Ich nicht.«

Valerie: Wenn einer knapp vor dem Tode ist,
dann fängt die arme Seel' bereits an,
den Körper zu verlassen – aber nur die halbe Seel' –
und die fliegt dann schon hoch hinauf und immer höher,
und dort droben gibt's eine sonderbare Melodie,
das ist die Musik der Sphären.
(Stille)
Rittmeister: Möglich, an und für sich . .
(Jetzt spielt die Realschülerin im zweiten Stock einen Walzer von Johann Strauß)

Aus dem Volksstück »Geschichten aus dem Wienerwald«
von Ödön von Horvath

Der Walzer schlägt eine geheimnisvolle Brücke zwischen Liebe und Tod. »Zum Sterben traurig« nannte ein russischer Diplomat die Altwiener Walzer, zu denen der Kongreß tanzte. »Mein Liebeslied muß ein Walzer sein« – aber auch »Danse macabre« ist ein Walzer. Hat es einen tieferen Hintergrund, daß zu Ende des 18. Jahrhunderts beim »Langaus« – einem in rasendem Tempo getanzten Walzervorläufer – Menschen vom Schlag getroffen wurden? Sollte der gefürchtete Kritiker Eduard Hanslick – zu Unrecht nur wegen seines Mißverstehens von Wagner und nicht wegen seines ebenso großen von Puccini und Strauß in Erinnerung geblieben – mit seinem gehässigen Wort vom Johann-Strauß-»Walzerrequiem« einen Funken Wahrheit getroffen haben? In der »Symphonie Phantastique« von Berlioz aus dem Jahre 1830, also auch noch vor der Hochblüte des Wiener Walzers, erleben wir erstmalig einen Walzer in reichstem Orchesterglanz – die Vision der Geliebten auf einem Ball, bevor der Gang zum Richtplatz und der Hexensabbat dem Spiel ein

grausames Ende bereiten. Die Verbindung von Eros und Vergehen ist im Walzer ebenso unentrinnbar wie bei Schopenhauer oder in Wagners »Tristan«. Die großen Meister der Oper haben den Walzer dann verwendet, wenn die Tragödie der Liebe zum Tod führt. Gounod läßt in seiner zu Unrecht als oberflächlich verschrieenen Oper »Faust« (»Margarethe«) den verjüngten Faust das Mädchen Margarethe während einer Walzerszene kennenlernen, und wir verstehen sofort, daß wir am Anfang einer todgeweihten Liebe stehen. Die Walzerszene aus Tschaikowskis »Eugen Onegin« bereitet das Duell vor, in welchem der Liebende Lenski fallen wird. Mozarts Don Giovanni läßt sich vor seiner Höllenfahrt als Tafelmusik eine Melodie aus der Oper »Una cosa rara« von Martin y Soler vorspielen – den ersten aus einem Bühnenstück bekannt gewordenen Walzer. Auch die Hm-ta-tas der italienischen Belcanto-Oper sind hintergründige Brücken von der Liebe zum Tod – wie die Wahnsinnsszene, nach welcher Lucia, die Mörderin aus Liebe, über der Vision ihrer Hochzeit stirbt.

Johann Strauß hat den instrumentalen Walzer zu einer solchen Höhe mit solcher Tiefe geführt, daß es weder für ihn noch für seine Nachfolger eine Weiterentwicklung geben konnte. Aber Johann Strauß entfloh dem Terror der Ballverpflichtungen, Terminkompositionen und Ablieferungsdrohungen. Nach dem Tod seiner Mutter und seines Bruders Josef im Jahr 1870 übergab er die Leitung der Straußkapelle seinem Bruder Eduard; von nun an widmete er seine Schaffenskraft der Operette und darin dem vokalen Walzer. Und die Musik zum »Frühlingsstimmenwalzer« ist die Musik des Abschieds vom Frühling. Kein Walzer hat so lange um seine Klangfarbe gerungen wie dieser Walzer der Kontraste. Sie begannen bei der Uraufführung in der Wohltätigkeitsakademie des Theaters an der Wien am 1. März 1883 durch die Koloratursängerin Bianca Bianchi (sie hieß eigentlich Bertha Schwarz . . .). Johann Strauß spielte ihn instrumental (auch auf seiner Rußland-Tournee 1886), der Kunstpfeifer »Baron Jean« machte ihn mit Schrammelbegleitung populär, der Pianist Alfred Grünfeld zum Klavierwalzer schlechthin . . . Aber jede seiner Operetten brachte den Triumph eines langsamen, leisen, elegischen Gesangswalzers: »Glücklich ist, wer vergißt« ... »Komm in die Gondel« ...

Die volle tragische Kraft des Walzers auf der Bühne hat erst Richard Strauss im »Rosenkavalier« ausgeschöpft. Hier wird ein kleines Walzerthema durch die Kraft der meisterhaftesten Verwandlungen zum Symbol der Trauer des Abschieds, der Tragik des Alterns. In dieser traurigsten aller Opern singt Octavian, wenn die Wirtshauskapelle einen Walzer aufspielt: »Da muß ma weinen, weil's gar so schön is.«

Beziehen wir diesen Ausspruch auch auf unsere Straußfamilie. Der »Rosenkavalierwalzer« ist dem »Dynamidenwalzer« von Josef Strauß ohnehin ähnlich genug ...

Johann Strauß hat den vom Ballsaal erlösten Orchesterwalzer zur höchsten Höhe und damit zum Ende geführt. Was ist außer Franz Lehárs im Todesjahr von Strauß (1899) geschriebenem »Gold und Silber« nachgekommen? Die Militärkapellmeister Carl Michael Ziehrer und Karl Komzak verfertigten brauchbare Tanzwalzer, die nach guten Anfangsthemen in die Banalität ihrer Titel versanken: »Weaner Madln«, »Badner Madln«. Aber die silberne Wiener Operette hat den gesungenen Walzer slawisch und magyarisch umgefärbt. Ihn singen Lehárs Chinesen, Kálmáns Ungarn, die Bulgaren von Oscar Straus. Und in Amerika? In »The Red Mill« von Victor Herbert (1906) ist sogar die Hymne »In Old New York« ein Walzer! Er hielt sich im »Feindesland« des Musicals bei Gershwin, Kern, Porter, Rodgers. In »My Fair Lady« von Loewe gibt es einen Walzer. Leonard Bernstein schrieb in seinem »Divertimento« einen Walzer im ⁵/₄-Takt. Stephen Sondheim schrieb 1973 »Little Night Music«, fast ein Walzer-Musical ...

BÜHNENKOMPONIST
WIDER WILLEN:
OPERETTEN FÜR JETTY

»HEUER, WO DIE DEUTSCHEN HEERE DEN FRANZÖSISCHEN SICH SO
ÜBERLEGEN GEZEIGT, HAT OFFENBACH AUCH IN DEUTSCHLAND –
EINEN STRAUSS GEFUNDEN!«

Der Wiener Possendichter Anton Langer in der Zeitschrift »Hans Jörgel«, 1871.
Im Siegestaumel über »Indigo« verlegte er sogar Wien nach Deutschland.

Mozart war der einzige Österreicher vor Johann Strauß, der eine bedeutende Rolle im musikalischen Theater der Welt spielte. Dabei war, streng juristisch gesehen, Mozart kein Österreicher. Seine Geburtsstadt Salzburg gehörte damals nicht zu Österreich, sondern zum Erzbistum Salzburg, einem mit Österreich, Bayern etc. gleichberechtigten Teil des Heiligen Römischen Reiches Deutscher Nation.
Österreich hat die internationale Entwicklung des Musiktheaters in den ersten siebzig Jahren des 19. Jahrhunderts nur als Publikum mitgemacht, hat in keiner Weise schöpferisch daran Anteil genommen. Die Wiener verfielen bald nach dem Kongreß dem Rossini-Taumel und umjubelten den Meister, als er persönlich nach Wien kam, und Gaetano Donizetti war hier eine Zeitlang sogar Hofkapellmeister. Verdi hat im Kärntnertortheater dirigiert – seine Opern wurden dort viel gespielt –, in jenem Altwiener Theatergebäude, an dessen Stelle sich heute das Hotel Sacher befindet.
Die einzigen Spuren, die diese Triumphe italienischer Opern in Wien hinterlassen haben, waren mehr oder weniger lustige Parodien auf den Vorstadtbühnen. Die französischen Spielopern von Auber und Adam waren in Wien populär, Meyerbeer hat hier persönlich Produktionen seiner Werke geleitet – und doch kam es weder zu einer österreichischen Spieloper noch zu einer österreichischen Grand Opéra. Wien hatte sogar eine Art Pionierstellung im Kampf um

den Aufstieg der deutschen Oper. Aus Bonn kam Beethoven, 1805 wurde sein »Fidelio« im Theater an der Wien uraufgeführt (und blieb hier ohne schöpferische Nebenfolgen), Webers »Freischütz« wurde bald zum Lieblingsstück, Lortzing dirigierte am Theater an der Wien, und Flotows »Martha« war eine Auftragsoper des Kärntnertortheaters.
All dies hat man in Wien zuschauend, zuhörend, oft lethargisch, oft begeistert zur Kenntnis genommen, aber aus eigener Kraft hatte man nichts hinzuzufügen. Die Musik der beliebten Volksstücke jener Jahrzehnte, sogar die poetischen musikalischen Szenen in den Zauberspielen Ferdinand Raimunds wie die witzigen Couplets der Possen von Johann Nestroy klingen so, als ob Mozart und Beethoven, Rossini, Berlioz und Meyerbeer nie gelebt hätten. Manchmal muß man dabei an allerneueste Entwicklungen in Österreich denken, wo die großen Erfolge des amerikanischen und britischen Musicals noch kein international erfolgreiches österreichisches Musicalschaffen befruchtet haben. Wir warten trotz »Helden«, »Freudiana« etc. noch auf »unsere« »West Side Story« ebenso wie auf »unseren« »Barbier von Sevilla« . . .
All das hätte sich wahrscheinlich nicht geändert, hätten nicht seit den späten fünfziger Jahren die für Paris geschriebenen Operetten von Jacques Offenbach in Wien Furore gemacht. Ein Stück Weltgeschichte steht dahinter. In Österreich war das Zweite Kaiserreich Napoleons III. anfangs

nicht verhaßt, und selbst der militärische Konflikt mit dem von den Franzosen unterstützten Sardinien, der 1859 nach der Schlacht von Solferino zum Verlust der Lombardei führte, konnte keinen Franzosenhaß erzeugen. (Dieser begann erst mit der von Napoleon III. mitverschuldeten Erschießung Kaiser Maximilians von Mexiko.) Dazu kam noch, daß Kaiser Franz Joseph I. Wien gerade damals nach Pariser Muster umzubauen begann. Im Dezember 1857 erließ er das Dekret, das die Schleifung der Basteien anordnete, die sich schon in den Napoleonischen Kriegen als veraltet erwiesen hatten, und gab den Auftrag zum Bau der Ringstraße – wienerische Champs-Élysées sollten die Innere Stadt umschließen. Die Ringstraße wurde am 1. Mai 1865 eröffnet. Damals spielte das Theater an der Wien Offenbachs »Schöne Helena«. Mit dem aus Elementen von Antike und Barock, Gotik und Renaissance gemischten Baustil begann die Ringstraße; mit Elementen der Spieloper wie der großen Oper, gemischt mit Walzern der in Paris seit Johann Strauß Vater bestehenden Tradition, und gewürzt durch algerische Cancan-Rhythmen, begann die Operette. Die Operette taucht anscheinend immer dann auf, wenn es irgendwo mit einer monarchischen Staatsform zu Ende geht. Die französische Operette hat die Gesellschaftsform des Zweiten Kaiserreichs persifliert, aber dessen Untergang nicht überlebt. Die spätere Wiener Operette hat sich lachend und weinend mit den Magyaren, Polen und Tschechen der Donaumonarchie identifiziert, aber den Fall des Habsburgerreiches nicht überlebt. Das legitime Bühnenkind der republikanischen Staatsform ist das Musical. Die Verpflanzung der von dem Kölner Jacques Offenbach geschriebenen, jedoch aus französischem Esprit geborenen Operetten nach Wien wurde durch den Konkurrenzkampf dreier Wiener Theater ermöglicht. Ein Kampf um die Erschließung interessanter, moderner Stücke für das Wiener Publikum – geboren aus einem Theaterbetrieb, der sich zum Unterschied von heute auf das Verlangen des Publikums nach neuen Werken stützen konnte und noch kein Museum des alten Repertoires darstellte. Ein Kampf, der die völlige Nichtexistenz einer heimischen Produktion auf dem Gebiet des Musiktheaters zur Voraussetzung hatte.

Den Anfang machte das Carltheater. Es stand in der Jägerzeile, der heutigen Praterstraße, schräg gegenüber von dem Haus, in welchem Johann Strauß 1867 seinen Walzer »An der schönen blauen Donau« geschrieben hat. Der Vorgänger dieser Bühne war das Leopoldstädter Theater, im Biedermeier Schauplatz der ersten Triumphe von Ferdinand Raimund als Schauspieler und Dichter. Wie so viele Theater des 19. Jahrhunderts ist auch dieses einem Brand zum Opfer gefallen. Direktor Carl ließ es 1847 neu erbauen, und zwar von den beiden Architekten, die zwanzig Jahre später das neue Hofoperngebäude am Ring geschaffen haben: Van der Nüll und Siccardsburg. Eine besondere Glanzzeit des Carltheaters waren die Jahre 1854–1860, in denen sich Johann Nestroy dort als ein ideenreicher Theaterdirektor bewiesen hat. Aber es war nicht mehr der sarkastische Satiriker, dessen Extempores der Zensur im Vormärz so viel zu schaffen gemacht hatten. Nicht mehr der zynische Mephisto des Volksstückes, der so viele Illusionen entlarvt hat. Ein enttäuschter, desillusionierter Mann, der die Revolution gut, die Revolutionäre falsch gefunden hat, war nun bereit, dem Bürgertum der Konkordatszeit selbst ein Illusionstheater zu geben.

Nestroy hörte von den Einaktern, die Jacques Offenbach in Paris an seiner eigenen kleinen Bühne herausgebracht hatte. Er verschaffte sich Klavierauszüge und Textbücher. Der Schauspieler und Hausregisseur seines Theaters, Karl Treumann aus Hamburg, besorgte die Übersetzung und der Hauskapellmeister Karl Binder die Orchestrierung. Die rechtliche Grundlage der Unternehmung war schon damals höchst zweifelhaft. Auch war es allen Beteiligten klar, daß diese aus französischem Witz mit etwas rheinischem Karnevalsgeist entstandenen Werke mit ihren Zynismen gegen die Welt Napoleons III. in Wien nicht in ihrer Originalgestalt verstanden werden konnten. Man war in Paris viel eher dazu bereit, sich etwas gegen Napoleon III. anzuhören als in Wien etwas gegen Kaiser Franz Joseph. Wenn also Offenbachs Operetten im Carltheater so ungeheuer einschlugen, dann waren das eben veränderte, eingewienerte Fassungen – im Grunde schon die ersten Wiener Operetten. Die Reihe begann 1858 mit dem Einakter »Die Hochzeit bei La-

Jacques Offenbach, 1819 bis 1880
Fotografie von Nadar

schon nach drei Jahren (1863) einem der traditionellen Theaterbränden zum Opfer. Während dieser drei Jahre aber dirigierte Offenbach hier persönlich seine Operetten in der Originalorchestration, wobei der hagere, nervöse Mann mit dem schwarzumrandeten Zwicker »mit den Füßen aufstampfte und oft mit dem Taktstock ganz laut auf das Pult schlug«. Er gab auch ein Cellokonzert und brachte Gesamtgastspiele der kleinen Pariser Bühne, der »Bouffes Parisiens«, an der er seinen Triumphzug begonnen hatte. Die schönste, eleganteste und traditionsreichste Wiener Vorstadtbühne, das Theater an der Wien, hatte inzwischen (1862) einen neuen Direktor bekommen, der die Goldmine Offenbach auch seinem Theater erschließen wollte. Friedrich Strampfer, bis dahin Leiter des Theaters von Temesvar, war auf der Suche nach einer Sensation. Er stammte aus Sachsen, und sein Erfolgsrezept lautete: Viel auf der Bühne, wenig auf den Damen. »Friedrich der Frivole«, wie man ihn nannte, wollte seiner Kundschaft Prunk und Nacktheit, Zoten und zündende Musik bieten. Gegen seine Unmoral wetterte man sogar von den Kanzeln. Der Theatermann verarmte später und lebte als Farmer in den amerikanischen Wäldern. Aber zur Zeit war Strampfer noch ein Talententdecker ersten Ranges. Er fand jene Diva, die zehn Jahre lang die Königin der Wiener Operette bleiben sollte: Marie Geistinger. Sie stammte aus Graz und hatte ihr vielseitiges Talent als Gesangssoubrette und Charakterdarstellerin in Deutschland entwickelt. Die Geistinger verkörperte das junonische Frauenideal jener Tage, sie war etwas »mol-

ternenschein«. Der große Triumph folgte 1860 mit »Orpheus in der Unterwelt«, wo Nestroy selbst als wienerischer Jupiter von einem Cancan umtanzt wurde, dem man die Herkunft aus Algerien kaum noch anmerkte; er klang eher böhmisch. »Der Polka-Bach« war Offenbachs erster Spitzname in Wien.

Der Komponist war nicht gewillt, dem Wiener Raub wort- und tantiemenlos zuzustimmen. Es kam zu einem Rechtsstreit, der mit einem Vergleich endete – und Offenbach eng mit Wien verband. 1860 legte Nestroy die Direktion des Carltheaters nieder. Gleichzeitig mit seinem Chef schied Karl Treumann aus, er übernahm die Direktion eines neuen Theaters am Donaukanal: Das Treumanntheater stand in der Gegend des späteren Hotel Metropol und fiel

Das Carltheater in der Jägerzeile, der heutigen Prater Straße. Die Abbildung zeigt das Gebäude nach dem Umbau durch die beiden Architekten Siccardsburg und Van der Nüll, 1847.
Aquarell, bezeichnet O. K.

Das Theater an der Wien war die traditionsreichste Wiener Vorstadtbühne. In diesem Haus wurden fast sämtliche Operetten von Johann Strauß und andere der Goldenen Ära uraufgeführt.
Aquarell von K. Bienert, o. J.

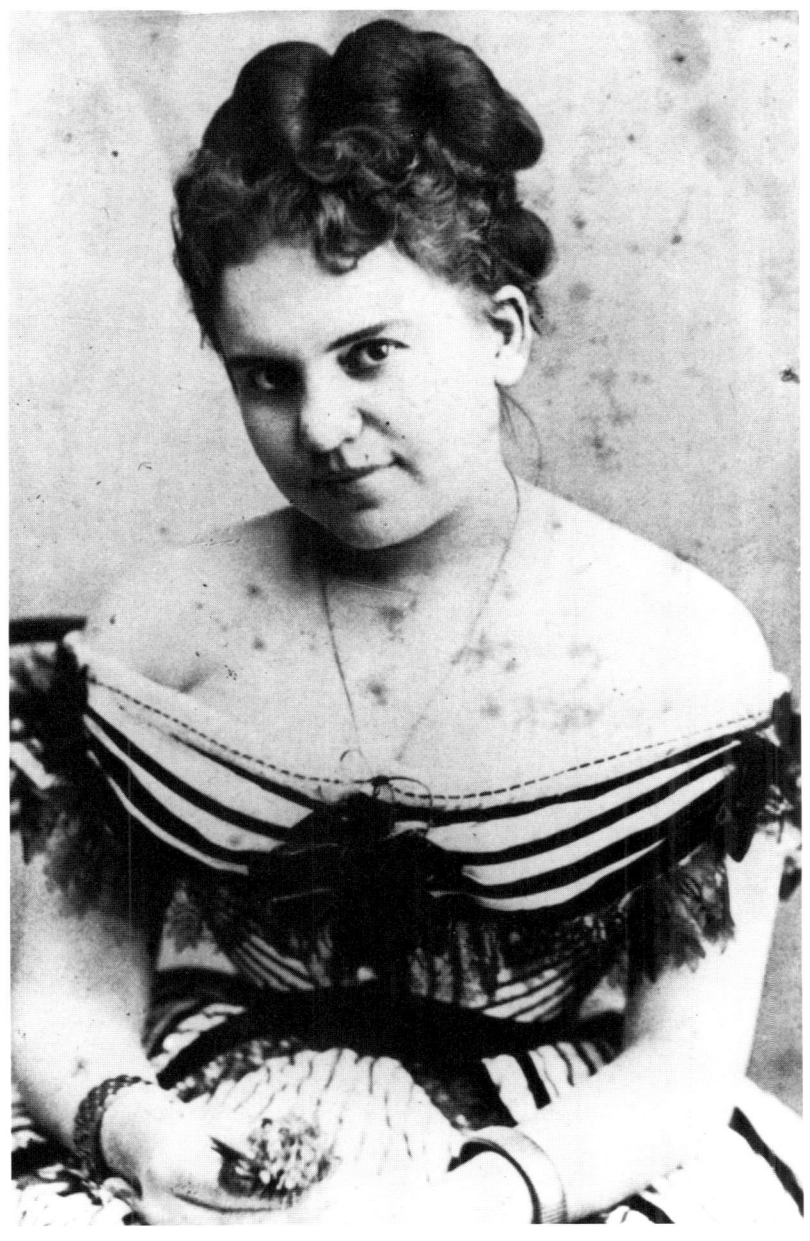

Josefine Gallmeyer,
die Konkurrentin von
Marie Geistinger

nement, nicht ordinär, mit Charme und sehr gerne. Unermüdlich war sie auf der Suche nach Rollen, in denen sie in tiefdekolletiertem Kostüm blanke Haut und in dünnes Trikot gehüllte Beine zeigen konnte. Die Intentionen Strampfers und der Geistinger lagen also auf ein und derselben Linie.

Da brachte Offenbach am 17. Dezember 1864 am Théâtre des Variétés in Paris »Die schöne Helena« mit Hortense Schneider heraus. Strampfer erfaßte die einmalige Chance: Er machte ein hohes Angebot, und schon am 17. März 1865 dirigierte Offenbach die deutsche Premiere seiner »Opéra Bouffe« am Theater an der Wien mit Marie Geistinger als Helena. Offenbach hatte Wien erobert. Donna Maria entfesselte eine Schenkelparade in durchsichtigen Gewändern, sie soll Offenbachs Freundin geworden sein (er fand sie also »besser als die Schneider«), und der Wiener Klatsch nannte sie die »Offenbacchantin«. Der Komponist war bereit, einen Vertrag mit dem Theater an der Wien abzuschließen, durch den er sich verpflichtete, hier jährlich drei Operetten herauszubringen; am Carltheater sollte es jeweils nur eine sein. So erschien 1867 am Theater an der Wien »Die Großherzogin von Gerolstein« mit Marie Geistinger und am Carltheater »Pariser Leben« mit ihrer größten Konkurrentin Josefine Gallmeyer in der Rolle der Handschuhmacherin Gabriele. Die Geistinger und die Gallmeyer waren Todfeindinnen. Ursprünglich waren sie beide bei Strampfer am Theater an der Wien engagiert. Aber die Gallmeyer wurde von Marie Geistinger hinausgedrängt, was dieser nicht schwerfiel – die »fesche Pepi« aus Leipzig war eine geniale Volksschauspielerin, halb temperamentvoller Hanswurst, halb hintergründige Sexgöttin. Die Gallmeyer war völlig undiszipliniert. Wenn es ihr Spaß machte, apostrophierte sie von der Bühne aus ihre Bekannten in den Logen. Sie zerstörte jedes Zusammenspiel durch Extemporieren, sehr oft gegen ihren eigenen Direktor. Als sie eines Tages Strampfer eine Ohrfeige versetzte, wurde sie entlassen.

Wien lag Offenbach zu Füßen. In den Tanzlokalen rackerte man sich nach Leibeskräften mit dem Cancan – die Fiakermilli tanzte ihn im Abendkleid, und überall imitierte man ihren Ruf »Gehst hintri«, zu dem sie mit ihrem Fuß

lert«, à la Rubens oder Makart, sah pikant aus, sang sehr gut und konnte mit reizendem alpenländischem Dialekt wirkungsvoll Pointen setzen. Die Geistinger war eine starke Bühnenpersönlichkeit, man sagte ihr nach, sie habe das Geheimnis der Operette in der Tragik des Komischen und in der Komik des Tragischen gefunden und das Publikum mit lachendem Gesicht zu Tränen gerührt, mit Tränen in den Augen zum Lachen gebracht.

Aber das war nicht alles. Die Geistinger verstand es, sich auszuziehen. Sie tat es mit Raffi-

die Schleppe zurückstieß. Sehr bald begann man mit Versuchen, durch heimische Talente Offenbachs Erfolge zu kopieren.

Franz von Suppé, in Spalato (Split) geboren und ein Verwandter Donizettis, brachte 1860 im Theater an der Wien seinen Einakter »Das Pensionat« heraus, 1863 am Treumanntheater seine Studentenoperette »Flotte Bursche«, 1864 am Carltheater, wo er Kapellmeister war, das Singspiel »Franz Schubert«. Darin erschien Karl Treumann als dichtender und komponierender Liederfürst – ein verdiartiges Terzett zur Melodie von »Ich schnitt es gern in alle Rinden ein« nahm die späteren Schrecken des »Dreimäderlhauses« vorweg.

Seinen ersten ernst zu nehmenden Erfolg hatte Suppé 1865 am Carltheater mit »Die schöne Galathee«. Neu war daran wenig, der Einakter zeigte eine wienerische Variante der mythologischen Figuren Offenbachs.

Auf dem Programmzettel des kurzlebigen Harmonietheaters im 9. Bezirk erschien 1867 zum ersten Mal in Wien der Name eines späteren Meisters der klassischen Wiener Operette, Karl Millöcker, als Komponist der mythologischen Parodie »Diana«. Mit den obligaten Offenbachanklängen gestand die Göttin der Keuschheit in einem Couplet: »Man möchte gern, und ach, man darf es nicht . . .«

Nichts von alledem stellte auch nur im entferntesten eine Konkurrenz für Offenbach dar, der mit seiner zündenden, blitzgescheiten Musik turmhoch überlegen blieb.

Johann Strauß schwieg zu allem. Er schien nicht daran zu denken, abendfüllende Werke für das Theater zu schreiben. Im Gegensatz zu Offenbach, der bis dahin seine beste Musik zu Couplettexten geschrieben hatte – sogar die unter Offenbachs Namen berühmt gewordene Ouvertüre zu »Orpheus in der Unterwelt« ist ein Wiener Potpourriprodukt von Karl Binder –, fühlte sich Strauß als absoluter Musiker. Er hatte kaum Vokalmusik geschrieben, etwas Kirchenmusik in seinen Schülertagen, ein paar Lieder für Jettys Auftreten in Rußland. Und die Erfahrungen, die er mit der späteren Textierung des ohne Worte konzipierten Donauwalzers gemacht hatte, waren verheerend gewesen.

Der Weg, der Johann Strauß am Ende doch zum Theater geführt hat, ist legendenumwoben.

Ich glaube, hier werden die Worte Hofmannsthals aus »Elektra« wohl für immer Gültigkeit haben: »Was die Wahrheit ist, das bringt kein Mensch heraus . . .« Johann Strauß hat in späteren Jahren angedeutet, daß es Offenbach gewesen sei, der ihn zur Operette geführt habe. Doch ließ er unausgesprochen, ob es Offenbachs persönlicher Rat oder die Inspiration seines Wirkens war. Hier setzen die Legenden ein. Sie beginnen mit jenem Ball, den die Wiener Journalistenvereinigung »Concordia« am 12. Januar 1864 in den Sophiensälen gegeben hat. Die Prominenz der Regierung und des Reichsrates, Prominenz aus Kunst und Literatur, Handel und Industrie hörte dort die beiden über Einladung der Concordià für dieses Fest geschriebenen Walzer – Offenbach, der eben vor der Premiere der »Rheinnixen« stand und sich die Presse gewogen halten wollte, lieferte »Abendblätter«. Hiebei soll Offenbach seinem Kollegen geraten haben, doch Operetten zu schreiben; das ist unmöglich, denn Offenbach war auf diesem Ball gar nicht anwesend. Die zweite Legende betrifft ein geheimnisvolles Zusammentreffen, das im selben Jahr im Hotel Goldenes Lamm in der Praterstraße, also nahe der damaligen Wohnung von Strauß, stattgefunden haben soll. Der Wiener Kritiker Franz Gehring berichtete 1883 (also nach Offenbachs Tod!) in der »Deutschen Zeitung« von diesem Gespräch, bei dem Offenbach versucht habe, bei Johann Strauß die Zweifel an dessen Talent für die größere Form zu zerstreuen . . .

Fest steht lediglich, daß die Direktion des Carltheaters nach dem Triumph der »Schönen Helena« am Theater an der Wien konkrete Verhandlungen mit Johann Strauß aufgenommen hat. Wir kennen einen Brief des damaligen Direktors (es war der sächsische Schauspieler Anton Ascher) aus dem Jahre 1866, in dem er Meister Strauß dadurch locken wollte, daß er Anton Langer als Buchautor gewonnen habe. (Langer war ein erfolgreicher Lustspielautor und Schulkollege von Strauß.) Diese Verhandlungen führten zu keinem Resultat.

Die nächste Initiative ging vom Theater an der Wien aus. Direktor Strampfer hatte aus Temesvar den Schauspieler und Regisseur Maximilian Steiner mitgebracht, der als Theatersekretär sehr bald die Seele der Unternehmungen wurde.

Johann Strauß oder Offenbach? Zu Anfang des Jahres 1871 erreichte dieser Kampf in Wien seinen Höhepunkt. Johann Strauß dirigierte im Theater an der Wien »Indigo«, Offenbach am Carltheater »Die Prinzessin von Trapezunt«.
In der Darstellung dieses Karikaturisten siegt Strauß, der allein mit »Indigo« in der Waagschale den vollbepackten Offenbach nebst »Anhängern« aufwiegt.

Steiner nahm die Verhandlungen mit Strauß anstelle des Offenbach-hörigen Strampfer in die eigenen Hände und fand in Henriette Strauß eine aktive und enthusiastische Verbündete – sie wollte nämlich durch ihren Gatten wieder mit dem Theater verbunden sein, wenn auch nicht mehr als Sängerin.

Jetty fand den Trick, der bei ihrem Gatten das Eis brach. Sie entwendete heimlich Manuskripte aus Johanns Schreibtisch, und Steiner ließ sie instrumentieren und textieren; so hörte der Komponist im leeren Theater an der Wien seine Musik von der Bühne herab gesungen – und war begeistert. In einem Brief vom 19. Oktober 1868 beschreibt Jetty ihr Leben mit Johann »auf

Marie Geistinger als Fantasca in »Indigo«

dem Land« (damit meint sie die spätere »Fledermaus-Villa« in der Maxingstraße beim Botanischen Garten von Schönbrunn). Er säße, berichtet sie, »im Hof, am Erdboden, ein Färbhäferl in der Hand und Pinsel, womit er eine Wassertonne ganz niederträchtig schlecht anstreicht«, und »er arbeitet über den Winter fleißig an einer Operette fürs Wiedner Theater«. Es gab Projekte eines »Romulus«, eines »Don Quixote«, man nimmt aber an, daß es sich bei dieser Arbeit um das erste Werk handelte, das Johann Strauß wirklich für die Bühne zu komponieren begonnen hatte: »Die lustigen Weiber von Wien« nach einem Buch des Ungarn Josef Braun, der Suppés erfolgreicher Mitarbeiter war. Für die Bombenrolle einer derb-komischen Volkssängerin kam nur Josefine Gallmeyer in Betracht. Die aber war jetzt an das Carltheater gebunden und mit der im Theater an der Wien allmächtigen Geistinger immer noch verfeindet. Daher scheiterte auch dieses Projekt. Schade, sonst hätte die Geschichte der Wiener Operette mit einem wienerischen Werk begonnen.

Die neidische Geistinger

Johann Strauß suchte seinerzeit für die Gräfin Falconi in »Karneval in Rom« eine passende Vertreterin und fuhr nach Budapest, um mich für diese Partie zu gewinnen. Als Strauß mich gehört hatte, schrieb er eigens eine Arie ... Er sagte mir, daß er die Arie mit mir heimlich studieren müsse, denn wenn die Geistinger davon höre, verlange sie noch ein paar Nummern, und die Operette werde nie fertig werden ...

Karoline Charles-Hirsch, »Neues Wiener Tagblatt«,
25. Oktober 1925

Am 1. August 1869 hatte Wien seine Theatersensation. Strampfer schied aus der Direktion des Theaters an der Wien aus, die neuen Direktoren hießen Marie Geistinger und Maximilian Steiner. Die Wiener definierten die Verteilung der Kompetenzen wie folgt: Der Steiner zeigt, was er weiß – die Geistinger weiß, was sie zeigt. Nun begannen große Tage für dieses Theater. Die Doppeldirektion brachte italienische Operntruppen, sie entdeckte Ludwig Anzengruber als Volksstückautor – und brachte endlich, am 10. Februar 1871: »Indigo« (als »Komische Operette« bezeichnet), die erste Operette von Johann Strauß.

Es war ein gesellschaftliches Ereignis ersten Ranges. Das Haus war ausverkauft, und die Agioteure erzielten Höchstpreise; selbst Hofoperndirektor Johann Herbeck fand für sich nur ein Plätzchen im Orchestergraben. Einige Tage vor der Premiere soll Johann Strauß einen Anfall von Depressionen bekommen haben, als er das Plakat auf den Straßen sah, so sehr fürchtete er sich vor dem lang hinausgeschobenen Bühnendebüt. Nun aber trat er ans Dirigentenpult, von tosendem Beifall umbrandet. Beim Erklingen der ersten Walzermelodie in der Ouvertüre klatschte man mitten in die Musik hinein (das war bis in die Mitte des vorigen Jahrhunderts sogar bei symphonischer Musik üblich) – es war die berühmt gewordene Melodie, die im ersten Akt zu den Worten: »Ja so singt man in der Stadt, wo ich geboren« als Terzett gesungen wird, uns ist sie durch den später vom Komponisten aus Themen der Operette arrangierten Walzer »Tausendundeine Nacht« vertrauter. Der Schriftsteller Wimmer berichtete, daß »man glaubte, jetzt müsse Strauß dem nächsten Primgeiger die Violine aus der Hand reißen, sie ans Kinn schwingen und zum Tanz aufspielen«.

Der Stoff von »Indigo« war orientalisch, die Musik wienerisch. Der Komponist hatte nämlich Melodien seiner nie vollendeten Operette »Die lustigen Weiber von Wien« verwendet, und die Librettisten waren um die Aufgabe nicht zu beneiden, ihre Texte einer bereits vorhandenen Musik anzupassen. – Die Librettisten? Auf dem Theaterzettel zeichnet Maximilian Steiner als Alleinautor »nach einem älteren Sujet«; in Wahrheit mußte er einfach als Theaterdirektor mit seinem Namen die Arbeit (und auch die Sünden) der zahlreichen Mitarbeiter an diesem Buch decken.

Der volle Titel der Operette lautet bekanntlich »Indigo und die vierzig Räuber«. In Theaterkreisen meinte man, dies bezöge sich wohl auf die Textdichter. Eine Komödie des Berliners Adolf Reich um den mutigen Eseltreiber Ali Baba aus »Tausendundeine Nacht« bildete die Grundlage. Dann aber mußten viele andere daran herumdoktern, unter ihnen das später so

prominent gewordene Librettistenduo Richard Genée aus Danzig, Kapellmeister des Theaters an der Wien, und Camillo Walzel aus Magdeburg. Da sie die orientalische Story der wienerischen Musik anzupassen hatten, erfanden sie ein Buch, dessen Humor gerade auf diesem Gegensatz beruhen sollte.

Wir befinden uns in einem imaginären orientalischen Königtum Macassar und sehen eine nach Offenbachs Muster konzipierte Satire auf eine korrupierte Regierung, eine bestechliche Volksvertretung, nichtsnutzige Minister und verluderte Pfaffen. Indigo, der verfressene König, hat ein vielleicht noch heute empfehlenswertes Mittel, um die Staatskassen zu füllen: er besteuert die Frauen nach dem Maß ihrer Schönheit, die Männer nach dem Maß ihrer Klugheit. Da alle als besonders schön bzw. klug gelten wollen, überbieten sie einander im Steuerzahlen. Indigo hat eine Lieblingsbajadere, Fantasca, einen »lustigen Rat« Janio und einen an den Kalchas in der »Schönen Helena« erinnernden Oberpriester Romadour. Dieses Kleeblatt sind Wiener, die auf verschiedensten Wegen hierher verschlagen wurden. Sie reden ein unverfälschtes Lerchenfelderisch, was man auch der Musik nachsagt.

Offenbachs eigentümliche Mischung aus Oppositionsgeist, der aber nie die Grenze des Dazugehörens sprengte, konnte auf Wiener Boden niemals entstehen. Wer ins Theater an der Wien ging, der gehörte dazu. Die Wiener Operette war kein Forum für Opposition. Sie war liberal, verbindlich, entgegenkommend und etwas opportunistisch.

Die Stimmung des Premierenabends hatte die politische Weltlage zum Hintergrund: Frankreich war bei Sedan von den Deutschen besiegt und Wilhelm I. war gerade im Spiegelsaal von Versailles zum Deutschen Kaiser proklamiert worden. Man wollte nun ein wienerisches Operetten-Sedan erleben: den Sieg des Wiener Walzers über den französischen Cancan. Der Text war gespickt mit politischen Anspielungen: So erklärt sich zum Beispiel König Indigo zum Gott, doch gelingt es ihm nicht einmal, es blitzen zu lassen. Man sah darin eine Satire auf Papst Pius IX., unter dem das Erste Vatikanische Konzil (1869) stattfand, das die Unfehlbarkeit des Papstes in Glaubensdingen verkündet

Marie Geistinger als das
Landmädchen Marie in »Carneval
in Rom«

hatte. Als antiklerikaler Witz wurde kolportiert, Pius IX. habe gleich nach dem Konzil einem Lahmen zugerufen: »Steh auf und wandle!« – ohne Erfolg.

Die Premiere wurde enthusiastisch bejubelt. Die Kritik hob die Musik in den Himmel, fand sie opernnah, und das war sie auch im Vergleich zu den gewohnten Volksstücken und Singspielen; doch verdammte man das Buch. Die Musik paßte wenig zu dem an sich langweiligen Text, war aber voll von originellen Einfällen, so etwa das Duett zwischen dem Eseltreiber Ali Baba und seinem lebenden Esel – eine Parallele zur Ziege in Meyerbeers »Dinorah« –, dessen »I-ah« vom Orchester musiziert wurde. Marie Geistinger bot als Fantasca, alias Fanny, eine blendende Leistung, sie trug phantastische Kostüme und war glänzend bei Stimme und Laune. Es gab »formenüberquellende jugendliche Mädchengestalten« bei den Bajaderen, Amazonen und Räuberdamen – und außerdem so viel zu sehen, daß Anton Langer meinte, Johann Strauß habe es doch nicht nötig, »seinen Triumph mit Schneider, Dekorateur, Kaschierer, Goldsticker und Lichteffekt-Fabrikanten zu teilen«. Heute wären Regisseure und Bühnenbildner sehr beleidigt, wenn man so von ihnen spräche.

»Indigo« hat eingeschlagen, lief trotz des schlechten Buches siebzigmal, erschien an den meisten Bühnen Österreich-Ungarns und Deutschlands und kam 1875 unter der persönlichen Leitung von Johann Strauß als »La Reine Indigo« am Théâtre de la Renaissance in Paris heraus. Indigo war hier eine von einer komischen Alten gespielte mannstolle Königin, deren gewagte Schlafzimmerszenen (im Walzerrhythmus) mit dem zum Eunuchen umgewandelten Oberpriester manche Gemüter in Wallung versetzten. Zulma Bouffar aus Brüssel, die einige Jahre zuvor als Handschuhmacherin in »Pariser Leben« Furore gemacht hatte, gab die Fantasca. Offenbach, bei interessanten Frauen gerne unobjektiv, nannte sie die »Patti der Operette«. Andere fanden, sie habe keine Stimme (»elle dit ses chansons«; sie spricht ihre Lieder). Im ersten Finale sangen alle Solisten mit dem Chor als Einlage den Walzer »Danube d'azur«. Bei den armseligen vier Violinen des Theaterorchesters dachte Johann Strauß mit Wehmut an Wien und begriff, warum Offenbach die Wiener Vorstellungen so geliebt hatte.

Der Vertrag von Johann Strauß für »Indigo« beinhaltet »eine zehnprozentige Tantieme der Bruttoeinnahme und von jeder zwanzigsten Vorstellung ein halbes Benefiz«.

»Königin Indigo« wurde 1877 am Theater an der Wien mit Girardi als Eseltreiber gespielt. 1906 kam »Indigo« mit einem völlig neuen Buch unter dem Titel »Tausendundeine Nacht« in dem großen Vergnügungspark »Venedig in Wien« im Prater heraus. In diesem Etablissement konnte man in einem Pseudo-Venedig in Gondeln auf echten Kanälen fahren. Wenige

Wochen nach der Premiere von »Indigo«, am 3. Mai 1871, gab es im Theater an der Wien bereits einen Festabend »Tausendundeine Nacht« von Johann Strauß – das war eine musikalische Revue über die größten Erfolge dieses Theaters; der Meister hatte sie aus Gefälligkeit zusammengestellt und hiefür eine Pièce »Alt- und Neu-Wien« mit Reminiszenzen von Haydn bis zum Donauwalzer geschrieben.

Dann begann Johann Strauß mit der Komposition seiner zweiten Operette, »Carneval in Rom«. Die Arbeit wurde durch seine große Amerikareise unterbrochen, so daß das Stück erst am 1. März 1873 am Theater an der Wien zur Uraufführung kam. Er dirigierte wieder selbst. Nach dem in einer Kritik zitierten Satz »Der zweite Kuß eines schönen Weibes macht das stärkere Verlangen« wurde der Abend mit noch größerer Spannung erwartet als der erste. Man hatte nach »Indigo« von verschiedensten Seiten den Wunsch geäußert, Johann Strauß möge es doch mit einem Werk wienerischen Charakters versuchen, möge »statt Offenbachs Pariser Kokotten Wienerinnen auf dem Tanzboden und in der Küche zeigen« und vom opernhaften Stil abgehen. Der Meister beschritt jedoch den genau entgegengesetzten Weg. Johann Herbeck, der zu seinen größten Verehrern gehörte, hatte ihm nämlich in Aussicht gestellt, den »Carneval« in einer späteren Spielzeit ins Repertoire der Hofoper zu übernehmen; ein Plan, den der Direktionswechsel des Jahres 1875 vereitelte.

Johann Strauß hatte eine Beinahe-Opéra Comique geschrieben. Sie enthält keinen einzigen der berühmt gewordenen Straußwalzer (»Meine Polkaoper«, sagte der Komponist), dafür eine Reihe langer, oft kunstvoll aufgebauter Ensembleszenen. Der Stoff beruht auf einer sehr effektvollen Charakterkomödie von Victorien Sardou, »Il Piccolino«, die Josef Braun nicht sehr geschickt zum Libretto verarbeitet hat. Marie Geistinger hieß nun auch auf der Bühne Marie – sie spielte eine von einem leichtlebigen Maler verlassene Schweizerin, die den Geliebten beim Karneval in Rom sucht und auch findet. Marie verkleidet sich zu diesem Zwecke als Savoyardenknabe, wird von dem treulosen Maler Arthur nicht erkannt und tritt bei ihm als Lehrling ein. Dort schafft sie ihm sämtliche Weiber vom Hals, jagt sie zum Teufel, verpatzt alle Rendezvous und versucht, ihn von der Treulosigkeit aller seiner Geliebten zu überzeugen – bis er endlich in seinem Lehrling die verlassene einzig Getreue wiedererkennt.

Besonders reizvoll ist bei Sardou die Szene, in der Arthur den Savoyardenknaben auf seine Eignung als Modell prüft: Während das Mädchen weint, weil der Maler es in der Verkleidung nicht erkennt, findet Arthur den »Knaben« besonders zum Modell geeignet, weil er »so gut weinen kann«.

Wieder gab es eine fulminante Ausstattung. Vom Karneval bekam man allerdings nicht viel zu sehen – hat nicht schon Goethe gesagt, dieses Fest spotte jeder Beschreibung und Darstellung? Die Geistinger war wieder glänzend, obwohl manche fanden, sie wäre mit ihren vierzig Jahren dem Savoyardenknaben doch schon ein wenig entwachsen, und das grelle Licht, mit dem sie sich immer beleuchten ließ, habe gestört. Im zweiten Akt gab es ein Bacchanale mit Nonnen in feuerroten Kostümen und am Schluß ein großes Ballett, dem ein akrobatischer Clown, ein gelenkiger Kautschukmann, die Show stahl.

Der »Carneval in Rom« gefiel sehr, er erlebte achtzig Reprisen, erschien als erste Straußoperette auch in der Schweiz. Felix von Weingartner, der große Beethovendirigent, hat dieses Werk sehr geliebt und nach dem Ersten Weltkrieg an der Wiener Volksoper wiedererweckt. Die schönste Melodie, das Lied der verlassenen Marie im ersten Bild – »Die Glocken, sie hallen« –, wurde später in ganz anderer Form berühmt: 1935 brachte Oscar Straus, der mit den Sträußen nicht verwandte Meister des »Walzertraums«, in Paris seine Operette »Les Trois Valses« heraus, in der er seine eigene Musik mit der Musik von Strauß Vater und Strauß Sohn verquickte (Straus-Strauß). Ich höre noch immer die Stimme der Yvonne Printemps, wie sie diese Melodie aus dem »Carneval« zu den Worten »Je t'aime quand même« hinhauchte.

Die beiden ersten Operetten von Johann Strauß waren ein Versprechen. Sie enthielten viel blendende Musik und viel dummen Text. Aber Henriette durfte dennoch zufrieden sein.

Das waren die ersten abendfüllenden Bühnenwerke eines österreichischen Meisterkomponisten seit der »Zauberflöte« . . .

400 GEIGEN SPIELEN WIENER WALZER: JOHANN STRAUSS IN AMERIKA

»Und wann mi Ihnere Indianer massakern ..?«

Johann Strauß zu Gilmore, 1872

Johann Strauß hatte St. Petersburg, Paris und London erobert – der logische nächste Schritt war Amerika.

Die wenigsten Amerikaner, die heute im deutschen Restaurant Luchow's in New York bei Sauerbraten die letzten Spuren des Zweiten Weltkriegs tilgen wollen, und die wenigsten von den deutschen Reisenden, die dort ihr Heimweh verjagen, wissen, daß hier einmal das Herz des Showbusineß von Alt-New York geschlagen hat. Die vierzehnte Straße, östlich vom Union Square, war die Straße der Theater und Music Halls, bevor der Broadway ihr den Rang ablief. Hier stand auch die Academy of Music, in der bis zur Eröffnung der Metropolitan Opera die teuersten Opernsänger der Welt dem zahlungskräftigen New Yorker Bürgertum einen Hauch von Old Europe vermittelten. Und im Juli 1872 brachten hier drei Konzerte unter Johann Strauß einen der letzten Triumphe des Dreivierteltaktes, bevor die Musik der Neuen Welt andere, ihre eigenen Wege ging.

Er war aus Boston gekommen, wo er die einzige ernst zu nehmende Attraktion in jenem skurrilen »World Peace Jubilee« war, das einer Parodie auf all das glich, was man in früheren Tagen als »amerikanisch« belächelt hat: Die Reklame für dieses Weltfriedens-Festival verhieß die größten Konzerte aller Zeiten in der »größten Halle der Welt mit dem größten Orchester und dem größten Chor«.

Dieses gigantische Spektakel der Superlative war der Phantasie eines irischen Einwanderers entsprungen. Patrick Sarsfield Gilmore, 1829 in Dublin geboren, war nach Amerika gekommen, weil sein Vater einen Priester aus ihm machen, er aber Musiker werden wollte. Er blies zunächst in verschiedenen Kapellen Cornet, dann aber leitete er während des Bürgerkrieges die Militärkapelle eines Regiments von Freiwilligen aus dem Staate Massachusetts, was ihm später die Durchführung seiner Bostoner Projekte sehr erleichtern sollte. Gilmore komponierte auch; sein Lied »When Johnny comes marching home« wird oft für ein Volkslied gehalten. Aber er fühlte sich zu Größerem, Höherem berufen und hatte einen unbestreitbaren Sinn für das Aufziehen großer Shows. Die Idee seines Lebens war es, das Ende des Bürgerkriegs durch ein musikalisches Monsterfestival zu feiern, zum Preise des Friedens, zur Ehre Gottes und zum Ruhme von Patrick Gilmore. Er hatte sich für dieses Projekt einen Namen ausgedacht, der Enthusiasmus erwecken sollte: »National Peace Jubilee«, Friedensfest der Nation.

Aber erst nach Jahren konnte er das nötige Geld auftreiben, und es gelang ihm erst, als er seinen Wunsch, eine Riesenhalle auf dem »Common« zu bauen (dem Park im Herzen von Boston, wo 1625 die erste weiße Siedlung entstand), endgültig fallenließ. Man baute statt dessen das 30 000 Personen fassende »Coliseum« im St. James Park, genau dort, wo heute das Copley Plaza Hotel steht. Gilmore war ein fabelhafter Organisator. Es gelang ihm, aus 103 Chorgesellschaften von Neu-England einen Chor von 10 000 Stimmen zusammenzustellen. Dabei gewährte er diesen Leuten nicht einmal freies Quartier; jeder der Chorsänger bekam lediglich eine fünfzigprozentige Ermäßigung auf der Eisenbahn und gratis ein Päckchen Hustenbonbons, als Reklame gestiftet von einer Bostoner Firma. Der Kinderchor durfte erst am fünften, dem letzten Tag des Jubilee, auftreten, weil man abwarten wollte, ob das Gebäude nicht etwa einstürzte. Das tat es auch pünktlich – am Ende des Festivals.

Das Orchester erreichte die projektierte Zahl 1 000 nicht, aber immerhin konnte Julius Eichberg aus Düsseldorf, Direktor des Bostoner Konservatoriums, bei der Eröffnung am 15. Juni 1869 die »Tannhäuser«-Ouvertüre mit einem Klangkörper von sechshundert Mann dirigieren. Beim »Ave Maria« von Bach-Gounod erhoben sich zweihundert Violinen, unter ihnen die des berühmten Ole Bull am ersten Pult. Der kühne Plan einer Aufführung der Neunten Symphonie von Beethoven wurde fallengelassen, man begnügte sich mit der Fünften. Eintausend Mann – vereinigte Militärkapellen – spielten Meyerbeers »Krönungsmarsch« – mit vierundachtzig Posaunen, dreiundachtzig Tuben und fünfundsiebzig Trommeln. Glocken und Kanonenschüsse begleiteten das »Sternenbanner« wie auch den Zigeunerchor aus dem »Troubadour«, den Gilmore persönlich dirigierte. Präsident Grant erschien am dritten Tag und war begeistert. Die Gesamtkosten beliefen sich auf 283 000 Dollar. Trotzdem gab es am Ende sogar noch einen kleinen Überschuß von 10 000 Dollar. Es hieß: Wenn einst der Erzengel Gabriel zum Jüngsten Gericht blasen wird, würde Gilmore das leiten.

Aber bis zum Jüngsten Gericht wollte Patrick Sarsfield nicht warten. Außerdem rückte der einhundertste Geburtstag der Vereinigten Staaten näher. Da die Unabhängigkeitsbewegung in Boston begonnen hatte, war dort eine große Vorfeier. Es gab ja schon wieder einen Frieden zu feiern: das Ende des Preußisch-Französischen Kriegs. Und da dieser fraglos im Ausland stattgefunden hatte, ergab sich der ganz natürliche Anlaß zu einem »World Peace Jubilee«, einen Weltfriedensfest, für das Gilmore die Zahlen seines »National Peace Jubilees« mit zwei multiplizieren wollte: 20 000 Mann im Chor, 2 000 im Orchester und ein neues Coliseum für 100 000 Zuschauer. Er baute es in der Nähe des vorherigen, hinter dem heutigen Copley Plaza Hotel. Nach seiner Fertigstellung verfügte es offiziell über 50 000, boshaften Berechnungen zufolge jedoch »nur« über 21 000 Sitzplätze und 9 000 Stehplätze. Wohl versehen mit warmen Empfehlungsbriefen von Präsident Grant an die amerikanischen Botschafter, fuhr Gilmore nach Europa und verpflichtete die besten Militärkapellen Englands, Frankreichs und Deutschlands. Aber er brauchte noch eine ganz besondere, eine Super-Attraktion. Hatte er nicht von den Erfolgen des Wiener Walzerkönigs bei der Pariser Weltausstellung gehört? Gilmore besuchte ihn in dessen Heim in Hietzing. Johann Strauß sprach kein Englisch, Gilmore sehr schlecht Deutsch, also übersetzte ein Sekretär das verlockende Angebot.

Der stets reiseunlustige Strauß wollte nicht annehmen: »Nach Amerika? Was hab ich dort? Hier hab ich Geld, Ehre, Vergnügen und – Wien!« Außerdem, sagte er, fürchte er sich, von Indianern »massakert« zu werden. Aber Gilmore war nicht der Mann, der ein Nein akzeptierte. Er ließ nicht locker und faszinierte Strauß schließlich durch ein einzigartiges Versprechen: »Herr Strauß, Sie werden ein Orchester von 2 000 Mann dirigieren!«

Strauß nahm an. Europäische Quellen nennen ein Honorar von 100 000 Dollar, zu deponieren bei der Wiener Anglo-Bank. Frau Strauß sprach später in einem New Yorker Interview lediglich von 25 000 (hatte sie Steuerprobleme?). Am 1. Juni 1872 reiste Strauß auf der »Bremen« von Bremerhaven ab, um die Neue Welt zu erobern – nicht ohne vorher sein Testament gemacht zu haben. Seine Gattin, zwei Kammerjungfern und ein Diener begleiteten ihn. Mit demselben Schiff reiste auch die Kapelle des preußischen Kaiser-Franz-Garde-Grenadier-Regiments zu Gilmores »Jubilee« in die Neue Welt. Es ging über New York ohne Aufenthalt nach Boston. Johann Strauß stieg im St. James Hotel auf dem Franklin Square ab, das von 1882 bis 1901 das New England Conservatory of Music beherbergte, heute jedoch nicht mehr besteht. Schon bei der ersten Probe war es klar, daß das ver-

In Alt-New York versuchten Kavaliere oft, die Herzen ihrer Angebeteten durch zarte Worte auf illustriertem Briefpapier zu erobern. Dieses hier zeigt den Union Square anno 1880 von der 14. Straße nach Norden. Zwischen Fiakern (made in USA) und Pferdestraßenbahnen zirkulieren fahrbare Reklametafeln der Firmen »Steinway and Sons, Pianos«, »The Great Atlantic and Pacific Tea Co.«, »George Ehret Lager Beer« (unser Walzerkönig war über das New Yorker Bier verzweifelt!) und der Post. Bei Tiffany & Co, links an der Ecke Broadway – 15. Straße, kaufte man kostbaren Schmuck. Die Straße, die in der rechten Bildhälfte nordwärts führt, ist 4th Avenue; wo sie die 18. Straße kreuzt, stand das Clarendon Hotel (Bild unten). Dort hat Johann Strauß im Juli 1872 gewohnt. Die New Yorker stürmten seine Konzerte in dem prachtvoll karminrot-goldenen Saal der Academy of Music, einen Block außerhalb des rechten Bildrandes.

sprochene 2 000-Mann-Orchester nicht existierte. Die – beinahe – 1 000 Mann, die am ersten Tag angeblich vollzählig spielten, reduzierten sich bald auf etwa achthundert. Aber immerhin blieben vierhundert Geigen, vierundzwanzig Posaunen und ein vierundzwanzigfach besetztes Holz. Die Musiker erkannten in Johann Strauß sofort den fachkundigen Führer und gehorchten begeistert seinen Intentionen.

Das Weltfriedensfest dauerte vom 17. Juni bis zum 4. Juli 1872. Schon das Programm des Eröffnungsabends stellte ein Kuriosum ohnegleichen dar: Es umfaßte dreizehn Nummern, unter ihnen das Sextett aus »Lucia di Lammermoor«, gesungen von zweihundert Sängern (der Programmzettel bezeichnet sie als »Bouquet of Artists«), und die Rienzi-Ouvertüre unter Carl Zerrahn aus Mecklenburg, dem langjährigen Leiter der Bostoner »Handel and Haydn Society«. Man gab Choräle und patriotische Lieder zum besten, dazwischen das Schlittschuhläufer-Ballett aus Meyerbeers »Prophet« – als Klaviersolo. Das Paradestück aber war Nr. 11: der Zigeunerchor aus dem »Troubadour«, von Gilmore in »Amboß-Chor« umgetauft, in einer seit dem ersten Jubilee vergrößerten Fassung. Gilmore dirigierte – zumindest versuchte er es – das gesamte Orchester (etwa 1 000 Mann), die vereinigten amerikanischen Militärkapellen (weitere 1 000) und den »Full Chorus« (20 000 Stimmen). Aber das war noch nicht genug. Da die extra angefertigte Riesentrommel (Durchmesser 3,60 m) streikte, arbeitete ein ganzes Corps von Trommeln aus Leibeskräften. Die gleichfalls speziell hergestellte, immer falsch klingende Riesenorgel sollte durch Gasmaschinen Luftzufuhr bekommen; da auch diese streikten, mußte eine kleine Dampfmaschine eingesetzt werden. Gilmore hatte versprochen, daß beim »Amboß-Chor« und beim »Sternenbanner« sämtliche Glocken von Boston läuten würden. Es klappte nicht; aber sechs große Glocken waren im Coliseum selbst im Einsatz ... Gilmores besonderer Stolz waren einhundert aus Birmingham herangeschaffte Ambosse, die von der Bostoner Feuerwehr mit Hämmern geschlagen wurden. Und hinter dem Coliseum stand, eingezäunt, eine Batterie von 16 Kanonen, deren jede durch einen elektrischen Draht mit einem neben dem Dirigenten-

Der zahme Johann vor den Wilden.

pult angebrachten System von telegrafischen Tasten verbunden war. Drückte der Dirigent auf eine oder mehrere Tasten, so böllerten eine oder mehrere Kanonen zum Start, jeweils beim ersten Taktteil und am Ende des Stückes. Frauen fielen in Ohnmacht. Zahllose Subdirigenten waren innerhalb des Chores verteilt, denen sich Gilmore durch Megaphone verständlich zu machen versuchte. Mrs. Gilmore sagte zu ihrem Gatten: »Es hat nur zwei wirklich große Dinge auf der Welt gegeben – die Schöpfung und dein Jubilee!«

Aber zuvor – als Nummer 10 – leitete Johann Strauß, die Geige im Arm und gelegentlich auch spielend, den Grand Concert Waltz »An der schönen blauen Donau« mit hinreißendem Enthusiasmus, unwiderstehlichem Schwung und raffinierten Dirigenten-Nuancen. Als erfahrener Tanzkapellmeister wußte er, wie man Amateurmusiker behandelt. Er brachte Crescendi und Rubati und versetzte die Zuhörer in wahre Ekstasen. Bei späteren Konzerten wechselte er sein Programm und dirigierte die Walzer »Morgenblätter«, »Tausendundeine Nacht«, »Wein, Weib und Gesang«, »Neu-Wien« (infolge des internationalen Rufs unseres Heurigen des öfteren als »Neu-Wein« angekündigt!) und am 29. Juni auch seinen in Boston komponierten »Jubilee Waltz« mit der verwalzerten Sternenbannermelodie. Ständig wurden Wiederholungen erzwungen und als Zugabe meistens noch die »Pizzicato-Polka« gespielt. Johann Strauß, der nur eine Nummer der langen Programme zu dirigieren hatte, war anfangs nicht als Star angekündigt worden – aber mit dem Donauwalzer des Eröffnungsabends war »Electric Strauss« der unbestrittene König dieses Monsterfestivals geworden. Wir wollen es dem Meister und Henriette vergeben, daß sie später gerne erzählten, er habe auch den Riesenchor mit den Subdirigenten und den Kanonen dirigiert . . . Zahllose Johann-Strauß-Bücher haben seine fromme Reklamelüge kritiklos übernommen!

Der dritte Tag des »Jubilee« hieß »Deutscher Tag«. Franz Abt, der Liederkomponist aus Leipzig, dirigierte »Wenn die Schwalben heimwärts ziehn« (. . . wenn die Rosen nicht mehr blühn . . . wenn die Schwalben südlich ziehn . . . dorthin, wo Zitronen blühn . . .). Die erste Strophe sangen 5 000 Soprane unisono, die zweite 5 000 Tenöre unisono, die dritte Strophe 20 000 Chorsänger »in harmony«.

Das erste Interview auf amerikanischem Boden gab Strauß einem Reporter der »New York World« im »Orpheus Club« von Boston bei einem gemeinsamen Empfang für Strauß und Abt. Strauß saß am Klavier, spielte den Donauwalzer, und alle Gäste sangen mit. Mit seinem dunklen Haar und den dunklen Augen, seinem rapiden Sprechtempo und der lebhaften Gestik seines ganzen Körpers machte er auf den Reporter den Eindruck eines Franzosen. »Strauß spricht nur deutsch, aber er lächelt in allen Sprachen«, berichtete dieser und fand das Benehmen des Meisters privat genauso wie auf dem Podium. Strauß erzählte, wie sehr er von Autogrammjägern belagert werde: In Rußland habe er seinen Neufundländer mitgehabt, und da die Russinnen als Souvenirs immer Locken von Strauß verlangten, sei der Hund kahl nach Wien zurückgekommen. So einen Neufundländer könnte er auch jetzt in Boston brauchen! Dann regnete es Komplimente über Amerika: In Deutschland – dort lag nämlich Wien für diesen Reporter, das Wort Österreich kommt in dem Interview überhaupt nicht vor – sei man sparsamer und weniger unternehmungslustig, ein Festival wie dieses wäre dort nicht auf die

Beine zu stellen. In Wien habe er das »World Peace Jubilee« für einen Schwindel gehalten und geglaubt, Amerika sei ohne musikalischen Geschmack; erst der fabelhafte Jubilee-Chor habe ihn eines Besseren belehrt. Und dieses Orchester! In Deutschland (!) benötige er für jedes Konzert neun bis zehn Proben (!!!) (für Beethovens »Neunte« braucht man vier!) – »hier gelang es mit einer Probe, und sogar sehr gut!« Johann Strauß versprach, über seine wundervollen Eindrücke von Amerika noch vor seiner Heimkehr brieflich einer Wiener Zeitung zu berichten – er hatte sich als Meister in der Behandlung der Presse erwiesen, der Reporter war entzückt.

INTERNATIONAL

JUBILEE BALL

AT THE COLISEUM

BOSTON,

Wednesday Evening, June 26,

Under the Direction of

COL. WM. V. HUTCHINGS,

And a Corps of Thirty Marshals, assisted by Two Hundred Floor Managers.

Grand Orchestra led by the celebrated Waltz writer,

JOHANN STRAUSS

Mittwoch, den 26. Juni 1872, fand im Coliseum der »Grand International Ball« statt. Das Entree betrug »fünf Dollar für einen Herrn mit Dame. Jede zusätzliche Dame drei Dollar«. Um acht Uhr begann die Promenade, um zehn Uhr der Tanz, der bis in die frühen Morgenstunden dauerte. Während der Promenade zwischen den Tänzen spielte die »Grand Military Combination«, das waren die vereinigten, am »Jubilee« beteiligten Militärkapellen von England, Frankreich, Deutschland und Amerika, unter Gilmore, laut Ankündigung »die hinreißendste Darbietung, die jemals auf der Welt bei einem Ball zu hören war«. Das Coliseum hatte sich in

einen Ballsaal verwandelt, dem die erlesensten exotischen Pflanzen und 1 000 zusätzliche Gaslampen »märchenhaften Glanz« verliehen. Johann Strauß wechselte mit Gilmore am Dirigentenpult ab. Er und seine Walzer waren hier bereits in Riesenlettern angekündigt. Das Plakat betonte auch, daß die Tanzordnung dem besonderen Geschmack der Tänzer Rechnung tragen, aber auch das Talent des »großen österreichischen (!) Komponisten und Dirigenten« ins beste Licht setzen werde.

Der Abend bot ein wundervolles Bild – man hatte Glück mit dem Wetter, denn noch am Vormittag desselben Tages hatte es einen Wolkenbruch gegeben (Gilmore hätte gesagt: der größte Regen aller Zeiten!), bei welchem es ganz gehörig durch das Dach hereingeregnet hatte. Die Anwesenheit von Präsident Grant samt Gattin – Mrs. Grant erschien mit einer Marie-Antoinette-Frisur, voll von Diamanten und Perlen – gab dem Fest besondere Bedeu-

tung. Die Walzerpaare stürzten gegeneinander und versuchten, mit dem elektrisierenden »Autokraten aus Wien« Takt zu halten. Das »Morgenblatt« brachte spaltenlange Schilderungen der exquisiten Toiletten der Damen. Beim Abendkonzert brachte Johann Strauß – mit einem charmanten Blick vom Podium in den Saal – seine Bewunderung darüber zum Ausdruck, wie perfekt sich der Ballsaal wieder in einen Konzertsaal verwandelt hatte. Fünf Tage hernach wurde der Ball wiederholt.

Klatsch und Tratsch über den »Weltfriedens-Karneval« füllten die Salons in Amerika. »Wissen Sie schon? Gilmore will Kaiser Wilhelm und Fürst Bismarck im Duett auftreten lassen . . . Haben Sie gehört? Eine Frau hat im Coliseum beim Amboß-Chor ein Baby geboren . . . Man kann sich übrigens ganz leicht ohne Karten ins Coliseum hineinschwindeln, wenn man ein Musikinstrument trägt, da wird man nämlich für einen der 2 000 Instrumentalisten gehalten . . .«

50 000 Besucher strömten in das »Coliseum« von Boston, als Johann Strauß 1872 im Rahmen des »World Peace Jubilee« dirigierte und beim Ball seinen Jubilee Waltz mit der verwalzerten Sternenbannermelodie uraufführte. Dieser Jubilee Waltz war der erste seiner drei Beiträge zum 100. Geburtstag der USA. Obwohl die Unabhängigkeitserklärung erst am 4. Juli 1776 vom Kongreß der Kolonien in Philadelphia angenommen wurde, feierte Boston das Jubiläum früher, weil dort schon einige Jahre vorher der blutige Aufruhr gegen England begonnen hatte.

merksam machte, daß die riesige Entfernung der Sänger und Instrumentalisten voneinander doch jede Präzision unmöglich mache, erwiderte er: »In manchen Schlachten von Österreich war die eine Spitze des Heeres von der anderen sechzehn Meilen entfernt.« (Wer diese Schlachten gewonnen hat, sagte er nicht.)

Das Defizit des »Jubilee« betrug 100 000 Dollar, und die seriöse Musikkritik ging mit den Darbietungen umbarmherzig ins Gericht. Sie schrieb enthusiastisch über Johann Strauß, lobte die Peschka-Leutner und einige Militärkapellen, fand aber das ganze Unternehmen in höchstem Grade unkünstlerisch. Gilmore wäre gewiß ein guter Kapellmeister und als Bandleader ein echter Vorläufer von John Philip Sousa, dem Leiter der U. S. Marine Band, und von Edwin Franko Goldman, der im Central Park in New York seine klassische Band-Pop-Konzerte dirigierte. Er behandelte jede Musik wie eine Zirkusnummer, war aber solchen Monstermassen einfach nicht gewachsen. Auch war die Akustik im Coliseum die denkbar schlechteste. Man konnte voraussehen, daß sich bei derart gigantischen Ausmaßen die Töne zu keiner musikalischen Einheit vereinigen würden, und es überrascht keinen, daß in der 165 Meter langen und 105 Meter breiten Halle die Klaviersoli verpufften. Auch das Pianissimo-Tremolo am Anfang des Donauwalzers war von vielen Stellen des Coliseums aus unhörbar. Aber während man anfangs prophezeit hatte, es werde einen Bestseller »Taubheit ist heilbar« geben, klang erstaunlicherweise jedes Fortissimo kraftlos. Allgemein war man sich darüber einig, daß weniger mehr gewesen wäre und eine kleine Zahl erlesener Künstler in der Music Hall von Boston größeren Eindruck gemacht hätte als das Mammut-Spektakel im Coliseum.

Trotzdem hat Gilmores Jubilee eine gewisse »kunstmoralische« Bedeutung in der Musikgeschichte Amerikas. 20 000 Amateursänger, das bedeutete beinahe 20 000 Familien, die sich intensiv mit semi-seriöser Musik befassen mußten. Sehr viele von ihnen taten das auch weiterhin. Und dann: Es gibt keine Feindschaften, wenn man musiziert. Die gemeinsame Anwesenheit der Militärkapellen aus Frankreich, Deutschland, England und Amerika hatte einen unleugbaren Verbrüderungseffekt – nur die Deutschen

Die Eröffnung des Bostoner Festivals der Superlative, vom Zuschauerraum zur Bühne gesehen. Das Coliseum – 165 Meter lang, 105 Meter breit, 32 Meter hoch – sollte laut Prospekt 100 000 Personen fassen und faßte angeblich wirklich 50 000. Am ersten Tag, dem 17. Juni 1872, gab es als Programmnummer zehn den »Amboßchor« aus dem »Troubadour«, bei dem eine Batterie von 16 Kanonen, eine Riesenorgel, Kirchenglocken, 20 000 Chorsänger und 1 000 Mitglieder von Militärkapellen verzweifelt versuchten, mit den 100 aus Birmingham herangeschafften Ambossen Takt zu halten, die von rot uniformierten Feuerwehrmännern mit Hämmern geschlagen wurden.

Gilmore war der beste Public Relations Man für sein »Jubilee«: »Die Kapelle des Preußischen Kaiser-Franz-Garde-Grenadier-Regiments hat den Sieg der Preußen entschieden, weil sie ihm in der Schlacht von Gravelotte mit ihrem klingenden Spiel nicht von der Seite gewichen ist . . .« Er verbreitete zum Beispiel, seine neunundzwanzigjährige Pianistin Arabella Goddard habe schon als vierjähriges Wunderkind Konzerte gegeben, und sie spielte »gehend«, weil sie sitzend die hohen und tiefen Tasten nicht gleichzeitig erreichen konnte.

Einen echten Erfolg aber errang die in Leipzig engagierte Sängerin Peschka-Leutner aus Wien: sie sang sowohl Kontraalt als auch Koloratursopran. Bei den Variationen von Proch ließ sie den Flötisten frei improvisieren und ahmte dann seine Improvisation mit der Stimme nach – weshalb bei der Arie der Königin der Nacht das Programm extra vermerkte: »gesungen wie geschrieben«. Wenn man Gilmore darauf auf-

berichteten, daß die Franzosen sie brüskiert hätten. Andererseits nahm gerade die Garde Républicaine den Strauß-Walzer »Le Beau Danube Bleu« in ihr Jubilee-Programm auf, und auf ausdrücklichen Wunsch der englischen und deutschen Kapellen nahm man Lagerbier vom Alkoholverbot für die Mitwirkenden aus . . .

Verschiedene amerikanische Manager bemühten sich, die Attraktionen von Boston in andere Städte zu holen, wo sie noch besser zur Geltung kommen würden. Johann Strauß bekam viele Anträge, aber er sagte für die drei Konzerte in der Academy of Music von New York erst zu, als er die horrende Abendgage von 1 250 Dollar durchgesetzt hatte. Die Konzerte fanden am 8., 10. und 12. Juli 1872 statt. Die Saison war längst zu Ende, man mußte ein Orchester aus dem Boden stampfen, und mit Hilfe von Carl Bergmann, dem aus Sachsen stammenden Dirigenten der New York Philharmonic Society, gelang es auch, zweiundsechzig gute Musiker aufzutreiben. Die Ankündigung nannte sie »das beste

Die Academy of Music, in der Johann Strauß dirigierte, war das größte Theater New Yorks von 1854 bis zur Eröffnung der Metropolitan Opera. Die Academy stand an der Kreuzung der 14. Straße mit der Irving-Place (Lexington) Avenue, war von außen eher düster, aber der im Stil europäischer Opernhäuser erbaute Innenraum war prächtig. Das Publikum erschien fast stets in Frack und Abendkleid. Am 21. Mai 1866 brannte die Academy (Bild aus »Harper's Weekly«, 9. Juni 1866). Heute steht an der Stelle das Consolidated Edison Building mit der großen Uhr auf dem 160-Meter-Turm, dem Wahrzeichen des Viertels um den Union Square, des Theaterviertels von Alt-New York.

Alt-New York, wie Johann Strauß es sah: die »Grand Central Station« und »Music Hall of the Central Park Garden«

Orchester Amerikas«. »Dwight's Journal of Music«, die seriöseste Musikzeitung der Staaten, schrieb: »Sie hielten zusammen wie eine mazedonische Phalanx und marschierten mit der Standfestigkeit einer römischen Legion zum Sieg der Harmonie . . .« Die Konzerte waren im Stil der ehemals so populären klassischen Pop-Konzerte gehalten. Carl Bergmann dirigierte den ernsten Teil: die »Wilhelm-Tell«-Ouvertüre, das Vorspiel zum dritten Akt »Lohengrin«, Webers Jubel-Ouvertüre etc. Johann Bonawitz spielte Klavier – man konnte den »Tannhäuser«-Marsch in einem Konzert als Klaviersolo, im nächsten als Orchester-Pièce hören.

Aber bei all diesen Nummern herrschte keine wirkliche Aufmerksamkeit, denn man wartete die ganze Zeit nur auf Johann Strauß. Er dirigierte seine Walzer »Morgenblätter«, »Künstlerleben«, »Tausendundeine Nacht« und – immer wieder – »By the Beautiful Blue Danube«. Der damals fünf Jahre alte Walzer war auch in Amerika Favorit Nummer eins. Wieder gab es Wiederholungen und Zugaben, meistens die »Tritsch-Tratsch-« oder »Pizzicato-Polka«, und wieder zauberte Strauß mit einem Minimum an Proben die delikatesten Effekte aus dem Orchester heraus. Nur als er die Musiker im Stile amerikanischer Minstrel-Shows beim »Circassian March« mitsingen ließ, wollte es nicht klappen. Und der »Manhattan Waltz«, den der

Meister laut Anzeige in New York »für die Metropole Amerikas« komponiert hatte (in Wirklichkeit war er aus alten Walzern zusammengestoppelt), wurde nicht, wie geplant, zum zweiten, sondern erst zum dritten Konzert fertig. Er gefiel nicht sehr, und man fand die Verwendung der Melodie »Old Folks at Home« von Stephen Foster in der Coda geschmacklos. Aber das konnte den Sieg von Johann Strauß nicht verkleinern.

Die Kritik war einstimmig überschwenglich. Damals mußte man für Strauß noch Lanzen brechen, wie die folgende geharnischte Verteidigung seiner Musik in der deutschsprachigen New Yorker »Staatszeitung« vom 9. Juli 1872 beweist: »Diese Walzer, Polkas und Galoppaden werden von den klassischen Musikern verdammt und über die Achsel angesehen . . . auch sie haben ihre Stellung im großen Reich der Musik . . . sie sind Kunstwerke, was man auch dagegen sagen mag . . . sie sind nicht für strenge Kunstkenner, sondern für die große Masse geschrieben, denen sie Vergnügen und Freude bringen . . . Allerdings verleiht ihnen erst die persönliche Leitung des Komponisten das richtige Colorit . . .«

Die New Yorker Zeitung »Sun« veröffentlichte am 13. Juli 1872 ein langes Interview, das der Walzerkönig ihrem Reporter im Clarendon Hotel gegeben hatte. Wieder handelte es sich um gute Public Relations, doch zeigt der Text, daß Meister Strauß – wie auf allen seinen Auslandsreisen – das Wesentliche im fremden Land kaum bemerkt hatte (im Gegensatz zu Offenbachs geistsprühenden Kommentaren zu seiner Amerikareise von 1876). »Das geht so den ganzen Tag«, meinte Strauß, als sein Diener ihm zahllose Visitenkarten von Besuchern vorlegte. »Die Amerikaner wollen immer Autogramme, die Deutschen aber Geld.« Frau Jetty, deren gutes Englisch und schöne Zähne (!) vom Interviewer gerühmt wurden, beklagte die Julihitze in New York, fügte aber hinzu, daß die Pferde hier schöner seien als in Wien, und »der Central Park ist schöner als der Prater!« Und: »Kaiser Franz Joseph sagt stets ›Grüß Gott, wie geht's?‹, wenn er meinen Mann im Schönbrunner Park trifft. Er grüßt ihn immer zuerst.« Strauß selbst fand die Eisenbahnen in Amerika lebensgefährlich, die Preise (»Oh du lieber Herrgott! 50 Cents für Rasieren!«) und das Bier schauderhaft. Und Boston ist – natürlich – eine puritanische, langweilige Stadt mit häßlichen Frauen, aber »von New York bin ich ganz entzückt«. Der Interviewer bekam eine Zigarre und ein Autogramm (er war ja kein Deutscher), und er fand das Ehepaar charming.

Am 13. Juli reisten Herr und Frau Strauß mit den drei Bediensteten auf dem Dampfer »Donau« zurück nach Europa – über Bremen.

Seit damals sind über hundert Jahre vergangen, aber die Strauß-Begeisterung in Amerika hat nie aufgehört. – Und Gilmore? Sein Stern begann zu verblassen. Seine Monsterkonzerte bei der Weltausstellung in Philadelphia 1876 zum hun-

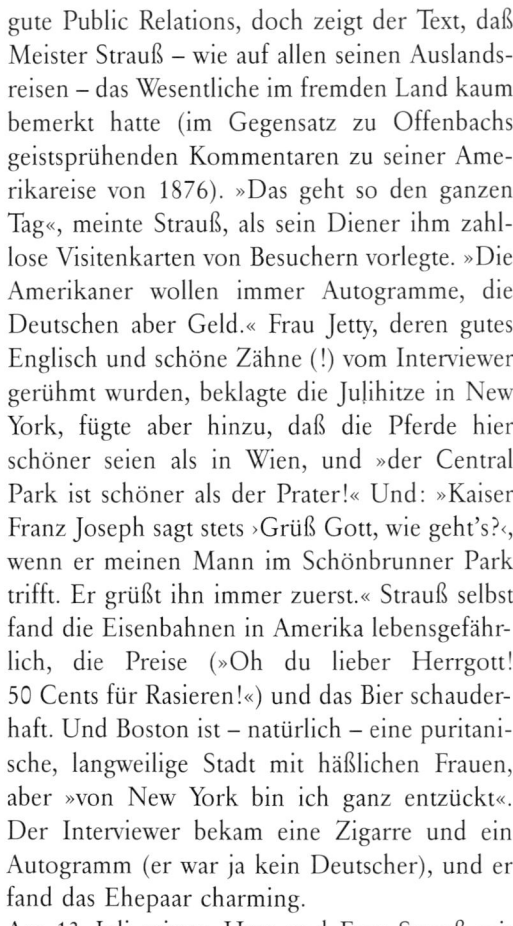

LIST OF CABIN PASSENGERS
OF THE
NORTH GERMAN LLOYD STEAMSHIP
"DONAU",
CAPT. G. ERNST.
Sailing for Bremen via Southampton,
SATURDAY, JULY 13th, 1872.

Mr. Johann Strauss, wife and servants, Vienna. Mr. F. Bendel and wife, Berlin. Hon. Thomas F. Bayard, Delaware. Dr. H. E. Davidson and family, Gloucester, Mass. Dr. R. Rubino, New York. Mr. W.

Die Passagierliste des Dampfers »Donau« vom 13. Juli 1872

dertsten Geburtstag der USA hatten wenig Erfolg. Er dirigierte auf Manhattan Beach, machte Tourneen durch Europa und starb – beinahe möchte man sagen stilgerecht –, als er bei seinem Gastspiel in der Ausstellung von St. Louis anläßlich des 400. Jahrestages der Entdeckung Amerikas 1892 den alten Gilmore-Rummel vergeblich wiederzuerwecken versuchte. »Meine Taschen sind leer, mein Herz ist voll«, lautete das Bekenntnis des exzentrischen Showman, der Strauß nach Amerika gebracht hatte.

EIN BLAUER VOGEL WIRD ZUR »FLEDERMAUS«: DIE GEBURT EINES MEISTERWERKES

»DIE FLEDERMAUS« GILT ALS ÖSTERREICHISCHES NATIONALHEILIGTUM. MIT RECHT – BESONDERS WEIL ANLASS ZU DER TRAURIGEN ÜBERLEGUNG BESTEHT, DASS DAS ÖSTERREICHISCHE MUSIKTHEATER VON MOZART ÜBER JOHANN STRAUSS BIS ALBAN BERG KEIN WERK VON WELTGÜLTIGKEIT HERVORGEBRACHT HAT, BEI DEM KOMPONIST UND TEXTDICHTER ÖSTERREICHER WAREN.

Den Fachleuten des Theaters war es klar, daß nun die wichtigste Aufgabe darin bestand, für Johann Strauß ein gutes Textbuch zu suchen. Seine beiden ersten Operetten waren zwar erfolgreich gewesen – durch die Überfülle der musikalischen Einfälle war man bei »Indigo« und »Carneval in Rom« gerade noch mit einem blauen Auge davongekommen –, man fand, Johann Strauß »triefe von Musik« (das waren die Worte von Brahms), wäre aber ohne Verständnis für die Erfordernisse des Theaters. Später hat er bewiesen, daß er bei einem guten Buch sogar glänzendes Musiktheater schreiben konnte; aber ein solches Buch mußte fertig vor ihm liegen. Seine lockere Beziehung zum Wort und zur dramatischen Situation, auch seine Unbelesenheit machten ihn unfähig, an der Gestaltung eines Buches mitzuarbeiten. Er wußte aber genau, worauf es ankam: »So was möcht' ich hab'n, was auch ins Burgtheater hineinpasset«, soll er einmal gesagt haben. Das ist sogar eine Vorahnung der Idee des Musicals, das so oft auf klassischer Dramenliteratur beruht.

In Wien lebte der rührige Verleger und Theateragent Gustav Lewy, ein Freund von Johann Strauß und Schulkollege aus seinen Tagen im Schottengymnasium. Lewy hatte einen ausgezeichneten Überblick über den europäischen Theatermarkt, insbesondere den französischen, und viel Spürsinn, die gewisse »Nase«. Er war es übrigens, der den Direktor der Wiener Hofoper, Franz Jauner, 1875 auf eine Novität aufmerksam machte, die an der Opéra Comique in Paris eben einen lauen Erfolg gehabt hatte, ihm aber dennoch vielversprechend schien – und damit begann von Wien aus der Siegeszug der »Carmen«. Das Textbuch stammte von zwei französischen Schriftstellern, dem Buchhändler und Satiriker Henri Meilhac und dem Staatsbeamten Ludovic Halévy, einem Neffen des Komponisten der »Jüdin«.

Meilhacs und Halévys guter Ruf in der Theatergeschichte ist besser als ihre Leistungen; sie waren die Librettisten der erfolgreichsten Operetten von Offenbach: »Die schöne Helena«, »Die Großherzogin von Gerolstein« und »Pariser Leben«, doch »Carmen« blieb ihr einziges perfektes Textbuch. Während es heute zum guten Ton gehört, die Textbücher der Wiener Operette banal zu finden – obwohl selbst beim modernen Publikum »Das Land des Lächelns« und »Gräfin Mariza« noch immer volle Kassen machen –, ist es jedoch für jeden Theaterkenner evident, daß die meisten der von Theoretikern als so geistvoll beschriebenen Bücher der Offenbachoperetten diese trotz der glänzenden Musik unspielbar gemacht haben. Noch nie ist eine Bearbeitung wirklich gelungen. Die hochgelobten Fassungen von Karl Kraus bewähren sich nur bei Lesungen, nicht auf der Bühne.

Im Jahre 1872 machte Gustav Lewy die Direktoren des Theaters an der Wien, Marie Geistinger und Maximilian Steiner, darauf aufmerksam, daß am 10. September im Pariser Théâtre du Palais Royal ein neues Lustspiel von Meilhac und Halévy mit ungeheurem Erfolg über die Bretter gegangen war – zwei Stunden Lachen. Auf der Bühne echter Champagner, warmes Souper und echte Küsse. Johlender Beifall, wenn die Schauspieler auf der Bühne beklagten, daß das Publikum dabei nur zusehen dürfe.

Durch Lewys Vermittlung erwarb das Theater an der Wien für teures Geld die deutschsprachigen Aufführungsrechte. Das Stück hieß »Le Réveillon« – und mit dem Titel begann die Unübersetzbarkeit. Dieses »Souper am Weihnachtsabend« bezieht sich auf den turbulenten, lustigen, karnevalhaften, oft mit Maskenbällen verbundenen Weihnachtsabend der Pariser, der eigentlich an unseren Silvesterabend erinnert. »Le Réveillon« war eine Komödie mit Musik. Sie gehörte der in Frankreich so beliebten Kategorie des Vaudeville an, das heißt: musikalische Einlagen aus vorhandenem Material sind vorgeschrieben, der Rest wird vom Bühnenkapellmeister dazukomponiert. Die bei »Réveillon« präzise vorgeschriebenen Einlagen reichten von Liedern aus populären Singspielen bis zur Andeutung einer Nummer aus Rossinis »Wilhelm Tell«. Die neue Musik stammte vom Kapellmeister des Palais Royal, Maestro Barillet. In den (guten alten?) Zeiten vor dem modernen Urheberschutz gab es deshalb so viele gute Stücke, weil jeder von jedem ziemlich ungestraft abschreiben und stehlen durfte, was ihm beliebte. Wo wäre Nestroy geblieben, hätte das Urheberrecht es ihm verboten, fremdes Material zu annektieren?

Die beiden französischen Autoren übernahmen »ihre« Grundidee von dem deutschen Lustspiel »Das Gefängnis«, das 1851 in Berlin uraufgeführt worden war. Die Posse stammte von dem sächsischen Schriftsteller Dr. Roderich Julius Benedix, dessen kuriose Bedeutung in der Literaturgeschichte darin besteht, daß er ein »Shakespeareomanie« genanntes Traktat gegen die Überschätzung des großen Briten geschrieben hat. Er war ein Vielschreiber (seine Gesammelten Werke füllen 27 Bände) und ein Routinier der Situationskomik. Die Grundsituation im »Gefängnis« ist der Besuch des Liebhabers im Hause einer verheirateten Frau während der Abwesenheit ihres Gatten – und als in diesem delikaten Augenblick der Gerichtsdiener erscheint, um den Gatten zur Verbüßung einer Gefängnisstrafe abzuholen, läßt sich der Liebhaber an seiner Statt verhaften, um die Dame nicht zu kompromittieren. Er bewährt sich als echter Kavalier, denn die Dame schuldet ihm Geld . . .

Man hat sich oft gefragt, warum Meilhac und Halévy das Lustspiel nicht ihrem alten Mitarbeiter Offenbach zur Vertonung überließen. Vielleicht haben sie es auch getan, und Offenbach hat abgelehnt. Heute nehmen wir an, sie haben gefühlt, daß Offenbachs Rolle als Kritiker und gleichzeitig Angehöriger des Zweiten Kaiserreichs mit dessen Niederlage im Krieg von 1870/71 zu Ende gegangen war. Beide Teile gingen nun ihre eigenen Wege: er führte die beiden Schriftsteller zu Bizet und »Carmen«, Offenbach zu anderen Buchautoren und zu »Hoffmanns Erzählungen«.

Die Direktoren des Theaters an der Wien entdeckten mit später Bestürzung, welche Katze im Sack ihnen Gustav Lewy da angehängt hatte. Sie waren entschlossen, »Réveillon« nicht zu spielen. Es wird berichtet, der Umstand, daß bei uns das Weihnachtsfest so völlig anders gefeiert wird, sei der Grund der Ablehnung gewesen. Ich glaube nicht daran. Das Weihnachtsfest spielt im französischen Lustspiel überhaupt keine Rolle. Es könnte sich um eine Party zu jedem andern beliebigen Anlaß handeln. Übrigens erleben wir auch in einer sehr populären Oper späterer Jahre einen Réveillon auf der Bühne – und noch nie hat jemand im zweiten Akt von Puccinis »Bohème« Anstoß daran genommen.

Es ist fraglich, ob Frau Geistinger und Herr Steiner das Stück überhaupt gelesen haben. Vielleicht hat sie schon der unverständliche Titel gestört. Jedenfalls taten sie das, was Theaterdirektoren in ähnlichen Lagen so gerne tun: Sie empfahlen »Réveillon« mit Worten höchsten Lobes ihrem stärksten Konkurrenten Franz Jauner, der damals das Carltheater in der Leopoldstadt führte. Jauner versuchte mit allen Kräften, die neuen französischen Operetten von Lecocq als Gegengewicht gegen die im Theater an der Wien aufsteigende Großmacht Johann Strauß hochzuspielen. Er beschäftigte eine Art Hausdichter, den damals schon beinahe siebzigjährigen Karl Haffner aus Königsberg, der für einen

Hungerlohn auf Bestellung Stücke am Fließband schreiben mußte und fallweise auch zu anderer literarischer Sklavenarbeit eingesetzt wurde. Diesmal zur Übersetzung von »Réveillon«. Jauner las sie und lehnte das Stück gleichfalls ab.

Doch Gustav Lewy hatte immer noch rettende Ideen, sobald er in eine prekäre Lage geriet, und der Einfall, den er jetzt hatte, führte zur Geburt des größten Meisterwerkes der Operette. Lewy brachte das Theater an der Wien dazu, »Réveillon« als Grundlage für eine Johann-Strauß-Novität zu akzeptieren. Als Bearbeiter wurde der auch schriftstellerisch begabte Hauskapellmeister Richard Genée eingesetzt. Seine Umarbeitung der Vorlage zur »Fledermaus« ist vielleicht keine literarische Großtat, jedenfalls aber eines der besten Operettentextbücher aller Zeiten. Bei der »Fledermaus«

zeichnen Haffner und Genée gemeinsam als Buchautoren, was – wie Genée später behauptete – lediglich auf einer vertraglich festgelegten Höflichkeit gegenüber dem bettelarmen Autor der ersten Übersetzung beruhte: Er, Genée, hätte mit Haffner keineswegs zusammengearbeitet, sondern lediglich dessen deutsche Rollennamen übernommen. Aus Gaillardin hatte Haffner den Rentier Eisenstein gemacht, aus Fanny die Rosalinde: nur der Liebhaber Alfred blieb Alfred.

Dieser ist übrigens die einzige Figur, die im französischen Original mehr Profil hat als in der »Fledermaus«. Im Original ist er nämlich ein ungarischer Geiger, der in einem bizarren magyarischen Kostüm auftritt; er arbeitet als Hauskapellmeister beim Prinzen Yermontoff – in der Operette Prinz Orlofsky. Zu Anfang von »Réveillon« hört man also nicht (wie in der

---

»Anträge, vor denen die Sünde selbst erröten würde«

Mathilde (abwehrend und abgewandt, mit halber Stimme). Ich bitte, ich beschwöre Sie, verlassen Sie mich!
Wallbeck. Es ist nicht Ihr Ernst! Was fordern Sie? Die Gluth, die hier brennt, Sie haben sie entzündet mit dem himmlischen Strahl Ihres Auges – löschen Sie sie – mit einem Blicke der Gewährung!
Mathilde (unfähig zu sprechen, schüttelt heftig mit dem Kopfe).
Wallbeck. Sie sind jung, schön, reizend – berechtigt zu den süßesten Freuden des Lebens – wollen Sie sich diese versagen? Wollen Sie einer Grille folgen, der Grille einer Pflicht für einen Mann, der nicht ahnet, welchen Schatz von Holdseligkeit er in Ihnen besitzt, wollen Sie Ihre Jugend diesem Manne opfern, der dieses Opfer nicht einmal begreift? (Stand bisher nicht zu nahe, jetzt nähert er sich einen Schritt.)
Mathilde (tritt einen Schritt zurück, wendet sich zu ihm, anfangs unsicher und mit Thränen kämpfend, nach und nach immer fester und entschiedener). Nicht weiter, Herr von Wallbeck, nicht weiter! Ich habe eine bittere Lehre in dieser Stunde erhalten, denn es ist bitter, sich getäuscht zu sehen. Ich hielt Sie für einen edlen Mann und im Ver-

trauen darauf beging ich eine Unvorsichtigkeit, die ich jetzt schwer bereue, die Unvorsichtigkeit Sie einst um Hülfe zu bitten. Ich ward Ihnen Dank schuldig, und jetzt, da Sie mich durch diese Verpflichtung gefesselt wähnen, werfen Sie Ihre Larve ab und verlangen von mir – was ich nicht auszusprechen vermag? Handelt so ein edler Mann? Sie dringen in das Haus eines Mannes, den Sie Freund nennen und wagen seiner Gattin Anträge zu machen, vor denen die Sünde selbst erröthen müßte, der Gattin eines Mannes, der arglos, mit einem Gemüthe wie ein Kind, es nicht glauben würde, wenn er erführe, was ich eben habe hören müssen. Aber Sie haben sich getäuscht! Niemals wird Ihr schändlicher Plan gelingen, niemals, niemals, hören Sie es! Sie haben mich gekränkt, gedemüthigt, beleidigt – der Himmel vergebe es Ihnen – und nun gehen Sie. Ich werde meinem Manne die Verpflichtung entdecken, die ich gegen Sie habe – er wird sie lösen – wir sind dann fertig miteinander.

Aus dem Lustspiel »Das Gefängnis« von Roderich Benedix. Das ist der Vorläufer des Besuches von Alfred bei Rosalinde – oder auch der Sprache von Hedwig Courths-Mahler.

Operette) das gesungene Ständchen des Gesanglehrers, sondern eine auf der Violine gespielte Phantasie über die Oper »Die Favoritin« von Donizetti. Fanny, anscheinend hoch musikalisch, erkennt Alfred an seinem Geigenspiel, und wie der Tenor in dieser italienischen Oper seiner Geliebten mit schmachtenden Kantilenen Treulosigkeit vorwirft, so versteht Fanny, anscheinend auch Opernspezialistin, sofort den gegeigten Vorwurf Alfreds, daß sie ihm einst die Treue brach, als sie sich mit Eisenstein vermählte. Im zweiten Akt ist es sehr komisch, wenn Alfred beim Weihnachtsfest des Prinzen Yermontoff fehlt (er »brummt« ja an Stelle Gaillardins) und das prinzliche Orchester ohne seinen Stammdirigenten miserabel aufspielt ...

Schon im französischen Original dreht es sich um die Rache des Notars dafür, daß er einmal spät nachts nach einem Maskenball von Gaillardin betrunken auf der Straße ausgesetzt wurde und am Morgen zum Gaudium der Passanten im Kostüm heimtorkeln mußte. In »Réveillon« geht er als blauer Vogel auf den Maskenball, in der Operette als Fledermaus.

»Réveillon« ist kein Ausstattungsstück, sondern eine kleine, intime musikalische Komödie: An dem Fest im zweiten Akt nehmen nur acht Personen teil, weder die Ur-Rosalinde noch die Ur-Adele sind dabei, sondern vier uns unbekannte Damen. Genée machte aus diesem Akt den großen Maskenball, an dem sich das Genie von Johann Strauß entzünden konnte. Es war ein dramaturgisch blendender Gedanke, durch Freund Falke nicht nur Eisenstein und den Gefängnisdirektor, sondern auch Eisensteins Gattin Rosalinde und deren Stubenmädchen Adele zum sel-

---

Das Ur-Uhrenduett

Das berühmte Uhrenduett im zweiten Akt der »Fledermaus«, in welchem die als Ungarin verkleidete und maskierte Rosalinde ihrem Gattin die Repetieruhr entlockt, um sie am Morgen nach der Ballnacht als Beweis seiner Treulosigkeit zu verwenden, hat seine Wurzel in »Réveillon«. Gaillardins (Eisensteins) Partnerin ist dort nicht seine Gattin, sondern ein Gast des Prinzen Yermontoff (Orlofsky), das »leichte Mädchen« Metella

Metella: Ich fühle mich nicht wohl.

Gaillardin: Das merkt man Ihnen aber nicht an.

Metella (läßt sich auf das Sofa fallen): Trotzdem kommt es mir vor ... übrigens gibt es ein einfaches Mittel, um festzustellen, ob ich mich täusche oder ob ich wirklich ...

Gaillardin (setzt sich von hinten auf das Sofa): Was für ein Mittel?

Metella: Man muß nur gleichzeitig das Tick-Tack einer Uhr und die Schläge meines Herzens zählen. Wenn jeder Herzschlag einem Tick oder Tack entspricht, bin ich ganz gesund, wenn aber ...

Gaillardin (zieht seine Uhr heraus): Da kann ich Sie gleich überzeugen ...

Metella (ihm tief in die Augen schauend): Wären Sie bereit?

Gaillardin: Sofort. (Die Uhr an seinem Ohr): eins, zwei, drei, vier, fünf, sechs ...

Metella (die Hand auf ihrem Herzen, beide zählen gleichzeitig): eins, zwei, drei, vier, fünf, sieben ...

Gaillardin: Nein, sechs, sechs. Sie haben sich geirrt.

Metella: Ja, ich habe mich geirrt. Wenn Sie wollen, tauschen wir.

Gaillardin (zögert zu begreifen): Wir tauschen ...

Metella: Ja. Ich zähle die Tick-Tacks. Sie zählen die Schläge meines Herzens. Wollen Sie?

Gaillardin (leidenschaftlich): Und ob!

Metella: Geben Sie mir die Uhr.

Gaillardin: Hier ist Sie (er gibt ihr die Uhr).

Metella: (zur Seite, auf die Uhr blickend): Das ist mir recht. (Sie legt die Uhr Gaillardins auf ihr Herz) Sind Sie bereit?

Gaillardin (völlig selbstvergessen): Und ob! Eins, zwei, drei, fünfzehn, eine Million ...

Metella (gleichzeitig zählend): eins, zwei, drei, vier ... jetzt haben Sie sich geirrt!

Gaillardin (mit Feuer): Noch einmal, noch einmal ...

Metella (steht auf): Nein, das hat keinen Sinn. Mir ist jetzt viel besser, als ich gedacht hatte.

---

ben Maskenfest einzuladen – Eisenstein flirtet mit dem Stubenmädchen, das er anfangs nicht erkennt, und verliebt sich in seine als Ungarin verkleidete Gattin, deren Maskierung er gleichfalls bis zum Aktschluß nicht durchschaut. (»Wo ist der Gimpel von einem Ehemann, der seine eigene Frau nicht sofort an der Tournure, an dem Wuchs erkennt, wenn sich diese nicht wenigstens eines Dominos bedient?« meinte allerdings das »Illustrirte Wiener Extrablatt« vom 8. April 1874.)

1873/74 schrieb Johann Strauß in seiner Villa in der Hetzendorfer Straße 18 das größte musikdramatische Meisterwerk der leichten Muse – und er wurde während dieser Zeit oft sehr böse, weil ein Junge im Nachbarhaus die neuen Melodien allabendlich nach dem Gehör nachklimperte. Alles an diesem Text steigerte seine Inspiration zur Höchstform: der Wein, den Alfred und Rosalinde im ersten Akt trinken – der Champagner, der die Ballgesellschaft im zweiten Akt zum Verbrüderungshymnus »Brüderlein und Schwesterlein« vereinigt – und der Slibowitz des besoffenen Gefängnisdieners Frosch im letzten Akt. Adele ist zur Koloratur gewordenes Lachen: im ersten Akt beim Lesen des Einladungsbriefes zum Ball – im zweiten, wenn sie in ihrem berühmten Lied »Mein Herr Marquis« empört leugnet, Eisensteins Stubenmädchen zu sein – im dritten Akt, wenn sie dem Gefängnisdirektor als schauspielerische Talentprobe eine Dame aus Paris vormimt. Auf dem Höhepunkt des zweiten Aktes geht die Liebesfeier mit der Verbrüderung und Verschwesterung der Paare – das hinreißendste »Freude-schöner-Götterfunke«-Ensemble, das Strauß je geschrieben hat – in einen solchen Rausch über, daß die Sprache versagt und nur mehr ein Stammeln im Dreivierteltakt übrigbleibt . . . duidu, duidu, la, la, la . . . Noch in der ersten Niederschrift des Textbuches wurde verlangt, daß man dabei »stets im Takt die Küsse schnalzen hört«. Duidu, duidu, la, la, la . . . Da ist die Erotik der »Fledermaus« – wie auch in der zauberhaften Stelle kurz vor dem Ende des ersten Aktes, an welcher Alfred und Rosalinde so leidenschaftlich »schmusen«, um sich vor dem Gefängnisdirektor glaubwürdig als Ehepaar auszugeben.

Plötzlich gelingt es Johann Strauß, dem man so oft vorgeworfen hatte, seine Operetten seien nur ein sinnloses Potpourri aus Tanznummern, eben diese Tanznummern in den Dienst bezaubernder psychologischer Dramaturgie zu stellen. Walzer- und Polkamotive sind nicht mehr um ihrer selbst willen da, sondern schildern die reizvoll zwielichtigen Charaktere dieser heuchelnden Kleinbürger, die alle etwas sein und haben wollen, was ihnen das Schicksal nicht bestimmt hat. Rosalinde langweilt sich an der Seite ihres Gatten und hätte so gerne einen Liebhaber – aber es gelingt ihr nicht. Eisenstein möchte so gerne auf dem Ball bei den leichtlebigen Ballettratten als siegreicher Don Juan ankommen, aber es gelingt ihm nicht. Und das Stubenmädchen Adele möchte so gerne wie ihre Schwester, die eine kleine Tänzerin geblieben ist, zum Theater. Sie wird eine Kammerzofe bleiben.

Sicherlich hat es Johann Strauß gereizt, nach den beiden Kostümoperetten eine Operette im Frack zu schreiben, nach den exotischen Puppen von »Indigo« und den romantischen Schweizern und Italienern im »Carneval« nun Wiener Gegenwartstheater zu machen. Wiener? Das Stück spielt »in einem Badeort nahe einer großen Stadt«. Aber Wiener Operetten spielen bekanntlich in Ungarn, Italien, Polen, ja sogar in China – in Wien fast nie. Es sind Wiener, obwohl man seit der Neuinszenierung des Theaters an der Wien im Jahr 1905 die Operette manchmal in Paris spielen läßt. Und Gegenwartstheater? So etwas ist Offenbach in »Pariser Leben« gelungen. Theater welcher Gegenwart? Am 1. Mai 1873 hatte Franz Joseph im Prater die große Weltausstellung eröffnet, die als Symbol der wirtschaftlichen Stärke der Donaumonarchie gedacht war. Aber am 9. Mai kam der Schwarze Freitag, an dem alles zusammenbrach. Banken und Industrieunternehmungen »verkrachten«; Vermögen, die vor jedem Ansturm gefeit schienen, zerrannen in nichts; schwindelhafte Firmengründungen platzten, und aus Millionären wurden über Nacht Bettler. Es gab eine Unzahl von Selbstmorden und kaum eine Wiener Familie, in der der Börsenkrach nicht seine Spuren hinterließ. Das war bittere Realität. Aus den charmanten Nichtstuern der »Fledermaus« wurden schon während der Komposition nostalgieumwobene Märchenfiguren einer nur kurz zurückliegenden guten, alten Zeit, in der man noch sorglos lachen, trinken und lieben konnte. Glücklich ist, wer vergißt ... das bezog ein jeder auf sich selbst.

Die Tatsache, daß die »Fledermaus« in kurzer Zeit geschrieben wurde, gab von jeher Anlaß zu allerlei Tratsch. Zunächst flüsterte man, Johann Strauß habe sich Themen aus dem Nachlaß seines jung verstorbenen genialen Bruders Josef angeeignet.

Seriöser ist die Frage der Mitarbeit Genées an der Musik. Sie war zweifellos sehr bedeutend. Obwohl beide Künstler eine ähnliche Handschrift hatten, steht fest, daß wesentliche Teile der ersten Partitur von Genée geschrieben wurden. Gerüchten, er habe Teile der »Fledermaus« selbst komponiert, ist er nie entschieden entgegengetreten. Anzunehmen ist, daß Johann Strauß viele Passagen am Klavier oder am Harmonium Genée vorgespielt, ihm gewissermaßen akustisch diktiert hat, wie etwa das berühmte Melodram am Anfang des dritten Aktes, wo der Gefängnisdirektor am frühen Morgen beschwipst sein Büro betritt, verfolgt von den Walzermelodien der Ballnacht. Interessant, daß es diese Szene schon in »Réveillon« gegeben hat; dort sollten die eingelegten Melodien des zweiten Aktes als Untermalung gespielt werden. Das »Fledermaus«-Melodram, mit dem Strauß nicht die Beschwipstheit, sondern den Kampf gegen diese schildert, und am Schluß im Fagott das Schnarchen des Gefängnisdirektors am Schreib-

tisch wurde oft mit der melodramatischen Szene in Wagners »Meistersingern« verglichen, wo der umherhumpelnde, verprügelte Beckmesser das Preislied von Sachsens Tisch stiehlt. Marie Geistinger, Direktorin des Theaters an der Wien und erste Rosalinde, verlangte auf den Proben, daß diese Szene gestrichen werde (»des is fad, wann so lang nix g'redt wird«). Andererseits ist bekannt, daß die Geistinger auf jede Szene sehr eifersüchtig war, die einem Kollegen Erfolg bringen konnte. So hat Strauß das Couplet der Adele im letzten Akt (»Spiel' ich die Unschuld vom Lande«) erst während der Proben für Frau Charles-Hirsch komponiert und diese Tatsache vor der Geistinger lang geheimgehalten. Im Theater hieß es, Strauß habe das Lied an diese Stelle gesetzt, weil die Geistinger da gerade einen langen Kostümzug hatte und es daher nicht bemerken würde. – Übrigens hat Marie Geistinger am 25. Oktober 1873, lang vor der Premiere, ihre Hauptnummer, den Csárdás, unter der Leitung von Johann Strauß bei einem Wohltätigkeitskonzert im Großen Musikvereinssaal uraufgeführt. Dieser Csárdás sollte ursprünglich eine instrumentale Einlage sein und Rosalinde ihr Ungartum auf dem Ball durch ein Ballett zu dieser Musik beweisen. Dann aber textierte man die Nummer und behielt sie nach dem großen Erfolg im Musikvereinssaal in der vokalen Form bei.

Die zensurierte »Unschuld vom Lande«
Adeles Couplet aus dem dritten Akt der
»Fledermaus«
bei der Einreichung an die Zensur, 5. März 1874:

Spiel ich 'ne Dame von Paris,
die Gattin eines Herrn Marquis,
bleib' ich natürlich ihm nicht treu
und hab' 'nen Adolf nebenbei.
Wir werd'n erwischt im Schlafgemach;
»Ha!« schrei' ich auf und werde schwach,
erbebe, fall' in Ohnmacht auch.
Der Adolf kriegt 'nen Schuß im Bauch.
»Verzeihung!« stammelt der Marquis
und sinkt vor mir auf seine Knie.
Ich lisple »Ich verzeihe Dir!«
und such' 'nen andern Adolf mir.

Bei der Uraufführung, 5. April 1874:

Spiel' ich 'ne Dame von Paris – ah – ah –
die Gattin eines Herrn Marquis – ah – ah
da kommt ein junger Graf in's Haus – ah – ah
der geht auf meine Tugend aus – ah – ah
Zwei Akt' hindurch geb' ich nicht nach,
doch ach im dritten werd' ich schwach,
da öffnet plötzlich sich die Tür,
o weh! mein Mann, was wird aus mir?
Verzeihung flöt' ich, er verzeiht; ah –
zum Schlußtableau, da weinen d' Leut – ah ...

DIE FLEDERMAUS

5. April 1874
Theater an der Wien

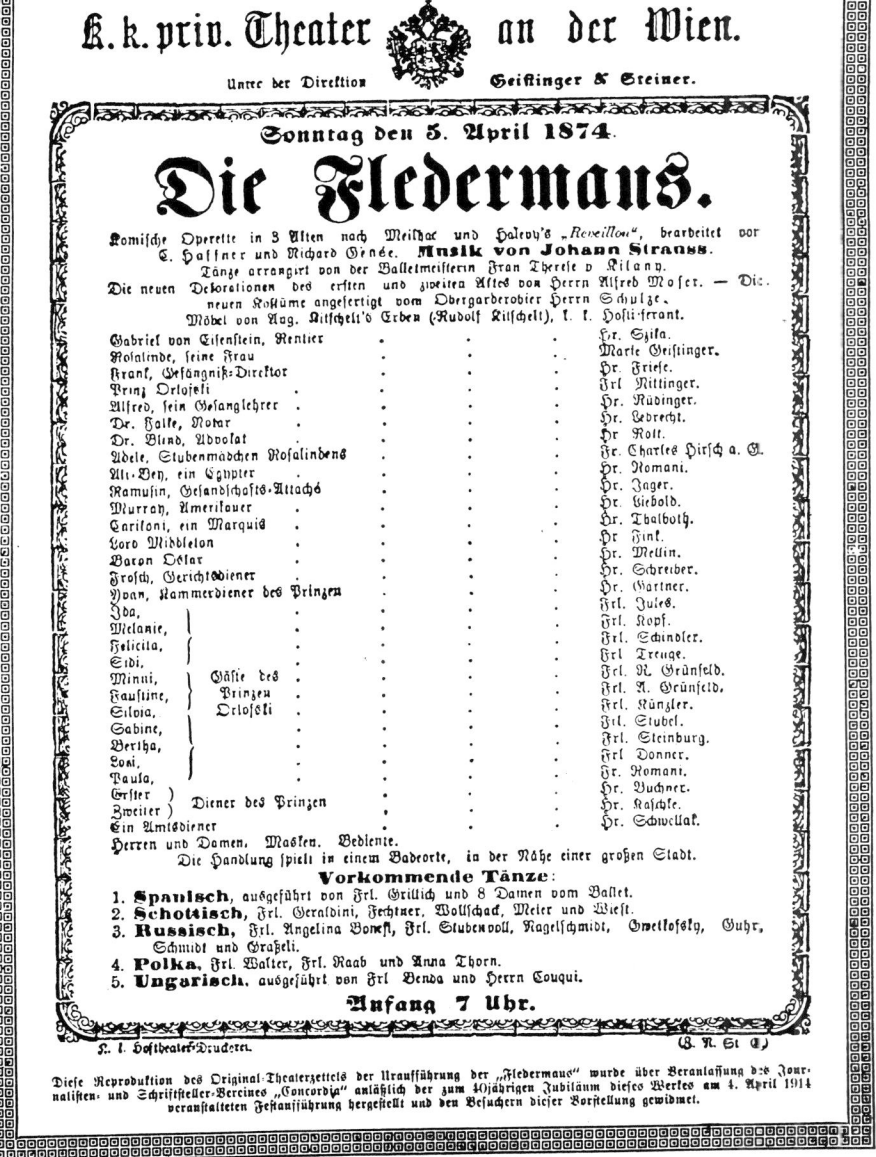

Am 5. März 1874 wurde das Textbuch der Operette – unter dem Titel »Doktor Fledermaus«! – bei der Zensurbehörde eingereicht. Obwohl die k. k. Polizeidirektion das Werk am 20. März zur Darstellung zugelassen hat, wurden in diesen fünfzehn Tagen so bedeutende Textänderungen vorgenommen, daß es anzunehmen ist, der Zensor habe aus Respekt vor dem weltberühmten Autor seine Bedingungen zur Änderung mündlich vorgebracht. Die geänderten Stellen sind nämlich gerade die politisch oder erotisch pikanten, etwa, wenn Eisenstein im Original des Uhrenduetts singen sollte:
»Um mich so zu überlisten,
Muß sie sehr gerieben sein –
Auch weiß sie wie Kommunisten
Nicht zu scheiden Mein und Dein.«
Aber den vom Zensor beanstandeten Satz des Prinzen Orlofsky: »In meinem Haus hat jede Dame das Recht, sich zu verhüllen oder zu enthüllen, so weit sie will«, hören wir noch immer in jeder Vorstellung.

Am Ostersonntag des Jahres 1874, es war der 5. April, leitete Johann Strauß die Uraufführung. Es waren »Walzerostern« für die Wiener, denn am Ostermontag spielte Franz Liszt im Palais Auersperg Schubertwalzer. Die »Fledermaus«-Premiere war eine musikalisch glänzende Vorstellung. Marie Geistinger zog alle Register ihrer Persönlichkeit und ihres Charmes, obwohl sie sich beim Csárdás stimmlich etwas schwer tat. Die Inszenierung wird als sehr effektvoll beschrieben, nur bedauerte man, daß der Chor des Theaters an der Wien seine Fracks mit so wenig Eleganz trug und daß die Tänzer »zerfranst« ausgesehen haben. »Was hilft mer ä Ballett, wenn ich mer dabei muß zuhalten die Augen?« So zitierte die »Morgenpost« mit dem unterschwelligen Antisemitismus jener Tage den angeblichen Ausspruch eines »Börsianers«.

Der Publikumserfolg war ungeheuer, die Kritiken zum überwiegenden Teil ausgezeichnet. Manche freilich fanden das Bühnengeschehen zu gewagt: »Die Ungeniertheit, mit welcher die sich dabei darbietenden Frivolitäten ausgenutzt werden, konnten selbst die prächtigen, einschmeichelnden Melodien unseres Johann Strauß nicht vertuschen«, schrieb der »Wiener Generalanzeiger für die gebildeten Stände« . . .
Der Spielplan des Theaters an der Wien verhin-

145

derte ein wirkliches Ausschöpfen des Erfolges. Die Direktion Geistinger – Steiner war zu stark auf Ensemblegastspiele eingestellt und hatte schon für elf Tage nach der Premiere seit langem eine italienische Opern-Stagione mit Adelina Patti in Verdis »Ernani« angesetzt. Nach der 49. Vorstellung verschwand die »Fledermaus« zunächst vom Spielplan. Erst nach dem Berliner Erfolg wurde sie wieder aufgenommen. Der Darsteller des Frank war inzwischen gestorben. Ein junger Grazer übernahm die Rolle – er sollte der bedeutendste Star der nächsten Operetten von Johann Strauß werden: Alexander Girardi. Später hat er auch den Eisenstein und den Frosch gespielt.

Die »Fledermaus«, deren Bühnenaufführungsrechte durch die »Theater- und Konzert-Agentur Gustav Lewy, k. k. Hofmusikalienhändler in Wien« vergeben wurden, eroberte im triumphalen Erfolg die ganze Welt.

Bizarr war das Schicksal des Werkes in Frankreich. Meilhac und Halévy standen auf dem nach französischem Urheberrecht unanfechtbaren Standpunkt, daß sich der Verkauf der deutschsprachigen Rechte von »Réveillon« lediglich auf das Original bezogen habe, nicht aber auf die Umformung zu einem Operettenlibretto für Johann Strauß. Noch heute gestatten Autoren erfolgreicher Lustspiele anfangs meist keine musikalische Fassung, damit das Sprechstück, das ihnen allein Tantiemen bringt, nicht von der Bühne verschwindet. So hat Franz Molnár außer dem durch die Verhältnisse im Zweiten Weltkrieg bedingten Verkauf von »Liliom« als Musical für Rodgers und Hammerstein keines seiner Stücke zur Komposition freigegeben. Als nun die beiden französischen Autoren nicht erlaubten, die »Fledermaus« in Paris aufzuführen, hatte Lewy wieder einen Geistesblitz. Er ließ Johann Strauß die »Fleder-

Irma Nittinger war der erste Prinz Orlofsky. Ihr Couplet wurde in der zweiten Pause allgemein gesummt. Bis zu Max Reinhardts Berliner Inszenierung wurde diese Rolle fast stets von Damen gespielt.

Der erste Darsteller des Frosch war der Berliner Komiker Alfred Schreiber. Der philosophierende, beduselte, subalterne Gerichtsdiener war ursprünglich eine Episode mit wenig Text. Die Rolle wuchs von Vorstellung zu Vorstellung durch Gags, Extempores, aktuelle Anspielungen. Carl Adolf Friese hatte als Gefängnisdirektor Frank mit seinem beschwipsten Melodram im dritten Akt, das die Geistinger streichen wollte, großen Erfolg.

Die Titelseite des »Kikeriki« vom 25. April 1874 zeigt Johann Strauß als Fledermaus, links von ihm Maximilian Steiner, der Direktor des Theaters an der Wien, rechts Marie Geistinger (Rosalinde) und Irma Nittinger (Orlofsky).

Plakat zu »La Tzigane«, uraufgeführt 1877 im Théâtre de la Renaissance, Paris

maus«-Musik mit Einlagen aus »Cagliostro« und einigen neuen Couplets auf ein völlig neues Textbuch von Victor Wilder und A. Delacour umschreiben. Die aus Problemen des Urheberrechts geborene komische Oper »La Tzigane« (Die Zigeunerin) wurde 1877 im Pariser »Théâtre de la Renaissance« gespielt und stellt ein wahres Original dar. Es ist die Geschichte von einem Prinzen, der eine ihm unbekannte Prinzessin per procura heiratet und ihr in der Hochzeitsnacht durchgeht – genau wie in der Operette »Ein Walzertraum« von Oscar Straus (1907). Besonders grotesk klingt die »Fledermaus«-Ouvertüre mit neuen Einleitungstakten und dem eingelegten Zigeunerlied aus »Cagliostro«. Von Interesse für uns ist jedoch die Tatsache, daß Johann Strauß in der »Tzigane«-Ouvertüre Vortragsinstruktionen eingezeichnet hat, aus denen wir seine diesbezügliche Intentionen bei der »Fledermaus« erkennen können.

»La Tzigane« klingt in manchen Teilen wie eine Vorahnung von Massenet und wurde, besonders durch die Glanzleistung der Offenbach-Diva Zulma Bouffar als Prinzessin, ein Erfolg, vermochte sich aber nicht zu halten. Trotzdem konnte man erst nach Meilhacs Tod die echte »Fledermaus« bei Halévy, der nicht einmal die Musik hören wollte, für Paris durchsetzen. Das versuchten wiederum die Buchautoren von »La Tzigane« – allerdings erfolglos – zu verhindern. Die »Fledermaus« erschien in Kostümen des Zweiten Kaiserreichs 1904 am Théâtre des Variétés unter der Leitung des später an der Metropolitan Opera in New York als Wagnerdirigent tätigen Artur Bodanzky. Direktor Carl Nemeth brachte in der Spielzeit 1985/86 am Opernhaus Graz die einzige Produktion von »La Tzigane«, die es je in Österreich gab. Die deutsche Bearbeitung war übrigens von Hans Weigel.

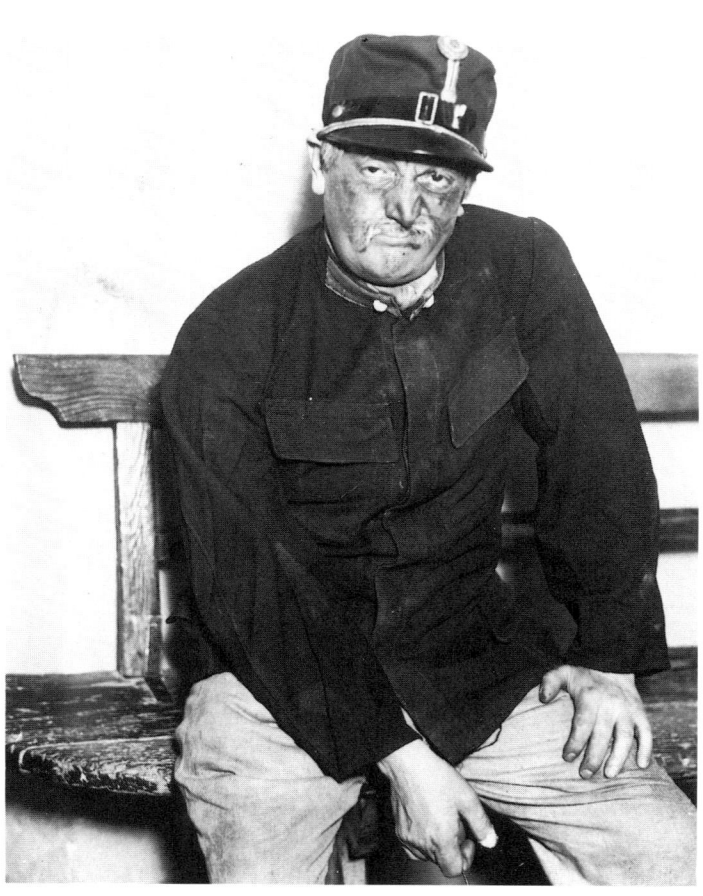

Aus der Bühnengeschichte der »Fledermaus«:

Hans Moser nuschelte bei vielen Gelegenheiten den Frosch. Er war sehr komisch und im Vergleich zu den heute üblichen Outragen eher dezent. Ich habe ihn in der Silvestervorstellung der Wiener Staatsoper im Jahr 1934 in besonderer Erinnerung: Felix von Weingartner, der eben seine zweite Direktion angetreten hatte, dirigierte. Willy Domgraf-Faßbaender – dessen Tochter Brigitte in unseren Tagen auch als Orlofsky berühmt ist –, war Dr. Falke.
In der Salzburger Festspielvorstellung 1926, in der unser Bild entstand, war Richard Tauber der Eisenstein, Fritzi Massary die Adele und Rosette Anday Prinz Orlofsky.

Unten: »Rosalinda« auf dem Broadway: Erich Wolfgang Korngold, stehend, links, bei einer Probe zu der New Yorker Premiere von Max Reinhardts Fassung der »Fledermaus«, die im Jahr 1942 im 44th Street Theatre stattgefunden hat. Es war ein reizender Abend mit stark nostalgischem Einschlag für uns in New York, und es brauchte einige Zeit, bis sich unsere Ohren an den Text gewöhnt hatten: »O jiminy, o jiminy, how sad it is to part like this . . .!« »Happy he, happy she, who forget what cannot be . . .« Rechts, in Uniform, Oscar Karlweis (Orlofsky).

S. 149, links oben: In der Inszenierung von Götz Friedrich an der Hamburgischen Staatsoper, 1978, wurde aus der Fledermaus ein Vampir. Den Frosch spielte übrigens der Komiker Otto Waalkes.

Links unten: Am Deutschen Theater, Berlin, brachte Max Reinhardt 1929 eine der ungewöhnlichsten Inszenierungen der »Fledermaus«.
Rechts unten: Dreißig Jahre nach ihrem Debüt an der Met (»Die tote Stadt«, 1921) beschloß Maria Jeritza ihre Tätigkeit an diesem Hause mit ihrer zwanzigsten neuen Met-Rolle, der Rosalinde.
Eine Starbesetzung war aufgeboten worden – Set Svanholm sang den Eisenstein, unsere schöne Jarmila Novotna den Orlofsky –, um George Washingtons Geburtstag (1951) zu feiern. Die Jeritza hatte diese Rolle unter Richard Strauss gesungen (1920 in Wien), nun dirigierte Eugene Ormandy, Chefdirigent des Philadelphia Orchestra. Dieses Bild wurde in der Eingangshalle der niedergerissenen alten Met (Ecke der 39sten Straße/Broadway) aufgenommen.

Rechts oben: Auch die große Operndiva Joan Sutherland nahm mit der »Fledermaus« Abschied von der Bühne: In der Silvestervorstellung der Londoner Covent Garden Opera, 1990.

Johann Strauß, der so gerne seinen »Carneval in Rom« in der Hofoper erlebt hätte, hat nicht an eine gleiche Würdigkeit seiner »Fledermaus« geglaubt und war über ihren späten Erfolg an den Opernhäusern verwundert. Sie erschien schon 1880 am Hamburger Stadttheater, das Opern und Operetten spielte. Das Werk wurde 1894 von Gustav Mahler neu einstudiert. Die Wiener Hofoper folgte im selben Jahr mit einer Matinee anläßlich des fünfzigjährigen Künstlerjubiläums des Komponisten. Heute steht »Die Fledermaus« im Repertoire der größten Opernhäuser der Welt.

Die »Fledermaus« eignet sich am wenigsten für das Opernhaus

Sehr bald beginnen die Proben in der Oper »Fledermaus«, dann beginnt abermals Aufregung – weil die Fledermaus in diesen Räumen ganz neu ist, und das Schwerfällige des Opernsängers nicht leicht zu beseitigen sein dürfte. Ganz anders, wenn im Wiednertheater 3 höchstens 4 Opernsänger mitwirken, als dort – wo Alles von Opernkräften besorgt werden soll. Die Fledermaus eignet sich am wenigsten für das Opernhaus; doch will sie Jahn fortan in's Repertoire nehmen.
Sollte sie sich in der Oper als Attractionsmittel bewähren, so würde ich diese Operette verfeinern und überhaupt nur Operntheatern überlassen.

Johann an Eduard, 1894

Es ist üblich geworden, beim Fest des Prinzen Orlofsky allerhand Einlagen zu spielen. Sie nehmen die Stelle des von Johann Strauß geschriebenen Originalballetts ein, das aus einer Folge von Nationaltänzen besteht: spanische, schottische, russische, böhmische. Zum ungarischen Schluß gibt es eine orchestrale Wiederholung des Csárdás. Diese Ballettmusik ist nicht besonders stark, aber die heute üblichen Einlagen des Donauwalzers oder des »Kaiser-Walzers« sind musikdramaturgisch abzulehnen, weil dann unmittelbar vor dem Finale mit dem hinreißendsten aller Operettenwalzer bereits ein anderer Walzer zu hören war. Unvergeßlich bleibt mir die Lösung, die Otto Schenk bei seiner »Fledermaus«-Inszenierung am Münchner

Nationaltheater zu Silvester 1974 gefunden hat: Carlos Kleiber dirigierte ganz phantastisch die Schnellpolka »Unter Donner und Blitz«, dazu gab es eine wahre Champagner- und Tanzorgie, bei welcher Chor, Ballett und Solisten gemeinsam ein Mittelding aus Wiener Galopp und Pariser Cancan entfesselten. Wildeste Tänzer: Gundula Janowitz als Rosalinde und Eberhard Wächter als Eisenstein.
Am 22. Mai 1960 besuchte der Schah von Persien die »Fledermaus« der Wiener Volksoper. Anneliese Rothenberger sang die Adele. Ich war damals Dramaturg der Direktion. Wenige Tage vor dieser Vorstellung bekam ich von Direktor Franz Salmhofer (über »höhere« Weisung...) den Auftrag, es möge der »Persische Marsch« von Johann Strauß als Einlage gespielt werden. Ich besorgte die Noten – und stürzte zu Hofrat Salmhofer, denn mir war etwas eingefallen: Der Marsch aus dem Jahre 1864 war einem Schah gewidmet, dessen Dynastie durch die des (damals) jetzigen Herrschers abgelöst worden war... nicht im besten Einvernehmen. Wir spielten den »Persischen Marsch« nicht. Mein Rat an heutige Komponisten: Achtung bei Widmungen an Würdenträger aus dem Nahen Osten...
Mit der Raritätengeschichte der »Fledermaus«-Einlagen könnte man Bände füllen. Zu Silvester 1960 legte Giuseppe di Stefano an der Wiener Staatsoper unter Herbert von Karajan Lehárs »Dein ist mein ganzes Herz« ein, und Erich Kunz sang das Fiakerlied. Herbert von Karajan einmal anders! Am 31. Dezember 1990 und am 1. Januar 1991 dirigierte der weltberühmte Tenor Placido Domingo, wie schon einige Male vorher, an der Wiener Staatsoper »Die Fledermaus«. Als Einlage sang sein katalanischer Tenor-Kollege José Carreras »Dein ist mein ganzes Herz« und »O sole mio«. In der Silvestervorstellung der Londoner Covent Garden Opera 1990 nahm die große australische Super-Operndiva Joan Sutherland (»La Stupenda«) mit Einlagen beim Prinzen Orlofsky Abschied von ihrer glorreichen Bühnenkarriere: Sie sang »Home, sweet home« und gemeinsam mit ihrem Schützling »Big P.« Luciano Pavarotti das Traviata-Duett. Auch Marilyn Horne wirkte mit – in einer Arie aus »Samson et Dalila«).
Und da war jener 16. Februar 1905 in New

York: Der Direktor der Metropolitan, Heinrich Conried, gab eine Benefizvorstellung zu seinen eigenen Gunsten, wobei ihm nach alter Tradition die unentgeltliche Mitwirkung sämtlicher Sänger des Hauses zustand. Also saßen auch sämtliche Stars am Soupertisch des Prinzen. Eine kleine Gruppe parodierte jodelnd Koschats »Verlassn, verlassn bin i«, Antonio Scotti sang die Arie aus »Falstaff«, und Enrico Caruso brillierte gemeinsam mit Lillian Nordica, Louise Homer und Eugenio Giraldoni im »Rigoletto«-Quartett.

»Die Fledermaus« ist für jeden Regisseur eine schwere Aufgabe. Meist sind die Inszenierungen nicht voll durchdacht. Wann erleben wir je den Csárdás, wie er gemeint ist, nämlich als komische Nummer einer Nichtungarin, die schlecht und recht eine Ungarin mimt? Wann sehen wir je im zweiten Akt Adele mit ihrem Fächer so spielen, daß wir verstehen, wieso Eisenstein das eigene Stubenmädchen nicht erkennt?

Zu den ungewöhnlichsten Inszenierungen der »Fledermaus« gehörte die durch Max Reinhardt am Deutschen Theater in Berlin von 1929. Alles war auf eine Synthese von Wort und Tanz gestellt. Während der Ouvertüre wurde die sonst etwas verworrene Vorgeschichte der »Fledermaus« für jedermann dadurch klar, daß man den Schauspieler Tibor von Halmay als Falke im Kostüm der Fledermaus durch die Stadt tanzen sah. Reinhardt verwendete ein gemischtes Ensemble von Sängern und Schauspielern. Eisenstein war ein berühmter Sprechschauspieler, Hermann Thimig, der seinen Text mit äußerster rhythmischer Präzision brachte. Oskar Karlweis spielte den Orlofsky, eine Rolle, die seit der Uraufführung, wie auch schon in »Réveillon«, von einer Frau dargestellt wurde. Ein genialer Komponist, Erich Wolfgang Korngold, fungierte als musikalischer Leiter und Bearbeiter; er nahm schwerwiegende Eingriffe vor. Zunächst mußte er Phrasen der Gesangstimmen, die von Sprechschauspielern nicht gebracht werden konnten, ins Orchester umschreiben. Er legte Nummern aus anderen Straußwerken ein; im ersten Akt gab es ein richtiges Striptease-Duett, bei welchem Adele ihrer »Gnädigen« Rosalinde zu einem Thema aus »Ritter Pasman« ins Negligé half. »Machen Sie sich's luftig, machen Sie sich's duftig«, sang man leider dazu im trivialen Schlagerstil der zwanziger Jahre. Korngold, ein blendender Pianist, dirigierte vom Flügel aus und unterlegte den Dialogen phantasierend Straußmelodien. Der dicke, fleischige, faszinierend häßliche Mann »wurde im Verlauf dieses Abends schön«, berichtete Reinhardts Sohn Gottfried. »Das Licht hat gesungen«, erzählt er vom Werk seines Vaters. Die Aufführung wurde in der ganzen Welt als ein neuer Weg der Operettendarstellung diskutiert. War sie ein Vorläufer moderner Musicalinszenierungen? Oder war sie nach heutigen puristischen Tendenzen geschmacklos? Im Jahre 1933 inszenierte Max Reinhardt »La Chauve-Souris« in französischer Sprache am Théâtre Pigalle in Paris mit Jarmila Novotna als Rosalinde.

In welche Kunstgattung ist die »Fledermaus« einzureihen? Die Autoren haben sie eine »komische Operette« genannt. Die Direktoren vieler Operntheater schämen sich dessen und setzen »Komische Oper« auf den Programmzettel. Ist sie »unser« »Barbier von Sevilla«? Gewiß hat sie viel vom Geist der Spieloper – noch dazu ist sie pikanter, origineller und erfindungsreicher als die meisten Werke von Adam, Auber und Flotow. Und seit Rossini gab es keine Ouvertüre zu einer komischen Oper mehr, die sich an Brio und Brillanz mit der »Fledermaus«-Ouvertüre vergleichen ließe.

Es gibt aber ein Argument, das die »Fledermaus« unwiderruflich zur Operette stempelt: Welchen Sinn hätte die ganze Kunstform, wenn die »Fledermaus« keine Operette ist?

JEAN HIER, GIOVANNI DA: DIE LETZTEN JAHRE MIT JETTY

»OHNE SIE WÄRE ICH NUR EIN EDUARD, MIT TALENT BEGABT . . .«

Johann Strauß

Obwohl die Verbindung von Johann Strauß mit Henriette in der Wiener Gesellschaft als Musterehe galt, war sie innerlich bald zerrüttet. Jetty alterte unheimlich rasch, sah früh matronenhaft aus. Strauß fand in ihr die Mutter, die er unbewußt gesucht hatte. Aber das ruhige Heim, das sie ihm bereitete, trieb ihn in immer steigendem Maße aus diesem Heim hinaus. Durch seine neue, von Jetty geschaffene Verbindung mit dem Theater fand er in die Gesellschaft lustiger junger Leute zurück, womit er sich seiner Frau entfremdete.

Als Managerin hat sich Jetty besonders bewährt. Mit gutem Instinkt riet sie ihrem Gatten meistens zum richtigen Schritt im beruflichen Leben. Er brauchte ihre Initiative, denn er begann träge zu werden. Ohne Jetty hätte er sich niemals entschlossen, die große Reise nach Amerika anzutreten, die seinen Namen in der westlichen Hemispäre so groß gemacht hat. Auch zu einundzwanzig Konzerten in Italien im Jahre 1874 mußte er von seiner Frau gezwungen werden. Es war unmittelbar nach der »Fledermaus«-Premiere. »Giovanni« Strauß spielte in den bedeutendsten Städten Oberitaliens, wurde am 5. Mai 1874 an der Mailänder Scala gefeiert und kam auch in das San-Carlo-Theater in Neapel. Natürlich brachte er auch »Sulle Rive del Danubio« – auf dem Plakat hieß es »Colla Sua Orchestra«. Es war aber das deutsche Orchester Langenbach, das er schon ein Jahr vorher bei der Wiener Weltausstellung dirigiert

hatte. Er schrieb in Italien einen Walzer »Bella Italia« – später nannte er ihn »Wo die Zitronen blüh'n«. Der Chirurg Theodor Billroth, der mit Johann Strauß befreundet war, berichtete einmal, daß man, wo immer sich Johann Strauß in Italien gezeigt hatte, noch lange nachher seine Musik gehört habe.

Es war Jetty noch vergönnt, zwei große Operettenpremieren ihres Gatten mitzuerleben. Am 27. Februar 1875 fand die Uraufführung von »Cagliostro in Wien« statt. Es war die erste Operette, bei der die Firma »F. Zell und Richard Genée« offiziell für den Text zeichnete. Anonym waren die beiden Schriftsteller schon mit den anderen Kollektivautoren an »Indigo« mitschuldig gewesen. Sie gelten als das prominenteste Textdichter-Dioskurenpaar der klassischen Operette, obwohl sie in ihrem ganzen Leben nur eineinhalb gute Libretti geliefert haben, nämlich das des »Bettelstudenten« für Karl Millöcker (1882) und, wenn man sehr wohlwollend urteilt, das Buch zu »Boccaccio« für Franz von Suppé (1879).

Zell und Genée waren ganz verschiedenartige Persönlichkeiten. Genée stammte aus Danzig und betrieb die Schriftstellerei im Nebenberuf. Hauptberuflich war er seit 1868 Dirigent am Theater an der Wien und hatte 1877 auch als Komponist mit der Operette »Nanon, die Wirtin vom Goldenen Lamm« einen vorübergehenden Erfolg. Zell hieß eigentlich Camillo Walzel (»Walzelkönig Johann Strauß«, schrieb ein Wie-

Strauß-Villa in der Maxingstraße 18, damals Hetzendorfer Straße. Hier wohnten Johann und Jetty von 1870 bis 1878.
Aquarell von Carl Zajicek, o. J.

ner Witzblatt), war Magdeburger, und auch er betrieb die Schriftstellerei als Nebenberuf. Im Hauptberuf war er Kapitän bei der Donaudampfschiffahrtsgesellschaft. Stolz führte er den Dampfer »Mátyás Király« zwischen Budapest und Wien. Da auf der Donau im Winter keine Schiffe verkehrten, hatte er viel Zeit zum Schreiben. Er veröffentlichte ein »Handbuch für Donaureisende«, wurde aber schon 1865 vom Theater an der Wien für die deutschen Dialoge der »Schönen Helena« eingesetzt. Die Arbeitsweise des Duos Zell und Genée bestand darin, daß Genée die Gesangtexte verfaßte, während Zell die Dialoge schrieb und die Stoffe fand – das heißt, er fand immer wieder Stücke, aus denen er abschreiben konnte. Als sich durch seine geringen nautischen Kenntnisse die Unglücksfälle auf der Donau bedenklich häuften, wurde Zell 1873 pensioniert. Dafür häuften sich jetzt die Unglücksfälle anderswo.

Der erste war das Textbuch zu »Cagliostro in Wien«. Hier war nur die Grundidee gut – aber immerhin war es der erste wienerische Stoff für Johann Strauß. Alexander Graf von Cagliostro, der bezaubernde Schwindler, bekanntlich eine historische Figur (damals oft mit verschiedenen lebenden Schwindlern der Gründerzeit verglichen), kommt zur Hundertjahrfeier der Türkenbelagerung im Jahre 1783 auf die Wiener Türkenschanze. Zwischen Schaubuden und Schanktischen – aber mit dem Stephansturm im Hintergrund! – erzählt der Wundermann aus Italien den staunenden Wienern, er habe Gutenberg die Buchdruckerkunst gelehrt, das Ei des Kolumbus verzehrt, er könne Gold machen und alten Damen die Schönheit der Jugend wiedergeben. Im zweiten Akt bedrängen ältliche Patientinnen den Quacksalber in einem Sextett »Nimm uns Alten unsere Falten!« . . . Danach folgt die einzige wirklich komische Szene des Stückes: Cagliostro hat einer bejahrten Fabrikantenwitwe gegen ein entsprechendes Honorar eingeredet, daß er ihr bereits die Jugend wiedergegeben habe. Es ist kein Spiegel zur Hand, und Cagliostros Faktotum, der freche Blasoni, bewundert zum Entzücken der Witwe deren jugendlich erstrahlende Schönheit. Dazu hatte Johann Strauß einen hinreißenden Walzer geschrieben (für das Jahr 1783 ebenso anachronistisch wie die Walzer im »Rosenkavalier« für

das Wien Maria Theresias), für wenige Minuten durchströmt jugendliches Feuer die morschen Glieder der Alten, sie dreht sich im Walzertakt mit Blasoni durch das Zimmer, bis ihr der Atem ausgeht. Die Szene mußte dreimal gespielt werden. Es war eine Sternstunde des Theaters. Blasoni war die erste bedeutende Rolle eines vor kurzem engagierten, fünfundzwanzigjährigen singenden Komikers aus Graz, der später ein Stück Wiener Theatergeschichte verkörpern sollte: Alexander Girardi. Er war von Beruf Schlosser gewesen, hatte weder dramatischen noch gesanglichen Unterricht bekommen, wurde aber die letzte große Theaterentdeckung von Friedrich Strampfer. Der seinerzeitige Direktor des Theaters an der Wien führte nämlich

Alexander Girardi, 1858 bis 1918
Ölgemälde von Ludwig Wieden,
1916

Alexander Girardi als Cagliostro,
Henriette Wieser als
Fabrikantenswitwe Adami

CAGLIOSTRO IN WIEN
27. Februar 1875
Theater an der Wien

miere demissionierte sie als Direktorin und versuchte sich, nicht sehr glücklich, auf neuen Pfaden. Heinrich Laube, der bedeutende Ex-Burgtheaterdirektor, führte damals das Stadttheater auf der Seilerstätte (später entstand dort das Varieté »Ronacher«), und Marie Geistinger spielte 1876 bei ihm Klassiker. Ihr Todessprung ins Tragische scheiterte schon daran, daß sie nicht Hochdeutsch konnte. (Statt »verbieten« sagte sie unweigerlich »verbitten«!) Hatte sie als Medea zu sagen: »Jason, ich weiß ein Lied«, dann erwartete man den Csárdás aus der »Fledermaus«. Sie machte später viele Tourneen durch Amerika und gehörte zu den glücklichen Schauspielerinnen, die sich nie alt fühlten. Noch mit siebzig jodelte die Matrone der Operette bei einer Wohltätigkeitsvorstellung im Theater an der Wien mit brüchiger Stimme, tanzte im Ballettrock Cancan und zeigte ihre Beine.

Man war sich darüber einig: Nicht Cagliostro, sondern Johann Strauß war der Alchimist, dessen Genie aus Genée Gold gemacht hatte. Die Operette gefiel, wurde aber kaum im Ausland gespielt. Korngolds Neubearbeitung war ebensowenig erfolgreich wie der Versuch einer Version für Schauspieler durch den Regisseur Hans Gratzer im Wiener Ronacher 1986.

Über Jettys Drängen begab sich Strauß im nächsten Jahr wieder auf große Reise. Er dirigierte in verschiedenen deutschen Städten. Im Juni und Juli 1876 leitete er in Berlin mit der dortigen »Symphonie-Kapelle« Konzerte im Stadtpark und im Zoologischen Garten, darunter einen Festabend anläßlich des hundertsten Geburtstages der Vereinigten Staaten. Er weckte Begeisterung wie immer, aber man war enttäuscht, weil er auch hier nicht mit der Straußkapelle gekommen war, wie ursprünglich angekündigt. Das wäre aber wegen der Bindungen dieser Kapelle in Wien und auch wegen der niemals kompromißbereiten Haltung ihres Leiters Eduard Strauß nicht möglich gewesen. Man fand außerdem, daß Johann Strauß es sich angesichts der hohen Eintrittspreise in Berlin zu leicht gemacht hatte: In jeder der vier Abteilungen der Konzerte dirigierte er nur eine einzige Nummer. Dafür leitete er aber (etwas über zwei Jahre nach der Wiener Uraufführung) die zweihundertste Berliner Vorstellung der »Fledermaus«

zu Anfang der siebziger Jahre seine eigene kleine Bühne, das Strampfer-Theater auf der Tuchlauben, im ehemaligen Saal der Gesellschaft der Musikfreunde, die 1870 ihr neues, von Theophil Hansen erbautes Prachtpalais zwischen Ringstraße und Karlsplatz bezogen hatte.

Marie Geistinger schäumte an diesem Abend vor Wut über den Sensationserfolg ihres jungen Kollegen, der nicht einmal Noten lesen konnte und sie glatt an die Wand spielte. Außerdem fand sie ganz mit Recht ihre eigene Rolle unbedeutend. Sie gab Cagliostros Assistentin, erschien als Zigeunerin, Bauerndirn, Hellseherin, hatte aber weder eine wirkungsvolle Szene noch ein großes Lied. Wenige Wochen nach der Pream Friedrich-Wilhelmstädtischen Theater in Anwesenheit von Kaiser Wilhelm I., den er 1872 nach seiner Rückkehr aus den USA in Baden-Baden kennengelernt hatte, wo Strauß – wegen der Cholera in Wien – den Sommer verbrachte. Kaiser Franz Joseph war bis dahin noch bei keiner Premiere einer Johann-Strauß-Operette erschienen.

In der Direktion der Wiener Hofoper war 1875 nach dem Rücktritt von Johann Herbeck ein sehr bedeutender Theatermann eingezogen: Franz Jauner, der neue Direktor, war nicht gewillt, den Plan seines Vorgängers auszuführen, eine Operette von Johann Strauß zu spielen; es hätte seine eigenen Vorhaben durchkreuzt. Jauner war Wiener, ehemaliger Schauspieler – er sah aus wie der Schillerheld einer Provinzbühne – und hatte vor der Hofoper das Carltheater geleitet. Der Kaiser vertraute ihm die Hofoper an, weil Jauner trotz des Börsenkrachs von 1873 im Carltheater gute Geschäfte gemacht hatte. Jauner wollte aber für den (schon damals!) unsicheren Sessel des Hofoperndirektors nicht den sicheren Sessel in der Direktion des Carltheaters aufgeben, und es gelang ihm tatsächlich, durch einige Jahre beide Bühnen gleichzeitig zu führen. Im ersten Jahr seiner Hofoperndirektion hat er Verdi als Dirigenten an das Institut gebracht, Wagner als Regisseur (im zweiten Jahr auch als Dirigenten) – und er wollte Johann Strauß für sein Carltheater haben. Jauner war ein phantasievoller Mann von großer Überredungskunst – seine Behandlung Richard Wagners war ein Meisterstück der Theaterdiplomatie –, und es gelang ihm, Strauß vom Theater an der Wien wegzulocken, wo nach dem Ausscheiden der Geistinger Maximilian Steiner als Alleindirektor zurückgeblieben war. Jauner hatte sehr gute Beziehungen zu Paris und ließ dort von den beiden Schriftstellern, welche die französische Fassung von »Indigo« geschrieben hatten, ein Buch für Johann Strauß verfertigen. Nach einer anderen Version hatte Johann Strauß selber das Buch in Auftrag gegeben. Karl Treumann besorgte die Übersetzung, aber die Pariser Autoren lieferten so langsam, daß Johann Strauß viel Musik nach dem französischen Urtext komponieren mußte, obwohl er gar nicht Französisch konnte.

Am 3. Januar 1877 hatte »Prinz Methusalem«

Josef Matras als Sigismund, Fürst von Trocadero (links) und Wilhelm Knaak als Cyprian, Herzog von Ricarac (rechts) in »Prinz Methusalem«. Links: Antonie Link als Prinz Methusalem

PRINZ METHUSALEM
3. Januar 1877
Carltheater

am Carltheater Premiere, mit Johann Strauß am Pult. Der Abend wurde dank der Musik enthusiastisch aufgenommen. Der Stoff war eine läppische Satire auf Kleinstaaterei und Staatsumwälzungen, der eher dem Talent Offenbachs entgegengekommen wäre. Jauner verfügte über keine Diva von der Ausstrahlung einer Geistinger, aber auch Antonie Link konnte in der Titelrolle, einer Hosenrolle, schöne Beine zeigen. Getragen wurde der Abend von drei glänzenden Komikern: Josef Matras, Wilhelm Knaak und Karl Blasel. Matras, der später im Wahnsinn gestorben ist, war der Fürst von Trocadero. Die Komik des Norddeutschen Wilhelm Knaak, der den Herzog von Ricarac gab, und die des Wieners Karl Blasel (Wiens erster Menelaus in der »Schönen Helena«) als Gesandter Mandelbaum boten gute Kontraste. Die Geschichte von dem Operettenkrieg zwischen Trocadero (siebzig Soldaten) und Ricarac (zweihundert Soldaten) bestätigte das Wort von Johann Strauß, man müsse mit seinen Librettisten unbedingt per du sein, denn »du Esel!« klinge natürlicher als »Sie Esel!«. Zu dem Couplet »Das Tipferl auf dem i« veröffentlichte das Witzblatt »Die Bombe« eine Zusatzstrophe: »Zu einer guten Operett' gehört ein Text, der fein und nett ...« Jettys Schreiben an Eduard Hanslick (»Freund Hansl!«) war ein Kunstwerk diskreter Pressemanipulation.

Der äußere Erfolg war groß. Das Lied »O schöner Mai«, eine Erinnerung an die entschwundene Jugendzeit, der Schlußwalzer »O Du mein Feldmarschall« und das Duett nach Shakespeares Worten von Nachtigall und Lerche aus »Romeo und Julia« gehören zu den schönsten Eingebungen des Komponisten.

Die Naivetät ist glücklicherweise unserer sonst so klugen Zeit noch nicht verloren gegangen, ich habe in der Schönen Helena Ehemänner, in der Großherzogin von Gerolstein Stabsoffiziere und zu meiner angenehmen Überraschung in Prinz Methusalem sogar ein düpiertes Publikum lachen sehen.

Jetzt scheinen sich die Librettisten über das Publikum lustig zu machen. Aus Daniel Spitzers »Wiener Spaziergängen«.

Aber Johann Strauß war am Carltheater nicht glücklich, er fand das Orchester schlecht und hat dort nicht mehr dirigiert. Er musizierte aber noch während der Direktion Jauner in der Hofoper. Bei der »Hofopernsoiree« im Dezember 1877 – eigentlich dem ersten Opernballvorläufer – war die Bühne durch Fächerpalmen (aus »Aida«) und Bananenstauden (aus der »Afrikanerin«) zu einem Prunksalon umgezaubert worden. Der Kaiser saß in der Hofloge, von der eine pompöse Freitreppe zum Tanzboden hinabführte. Am Fuß der Loge spielte das Hofopernorchester. Vor Mitternacht kam Johann Strauß und dirigierte ein Potpourri »Alt- und Neu-Wien«.

Von Januar bis März desselben Jahres hatte Strauß die Opernbälle in Paris dirigiert und wurde dort schon als alter Freund begrüßt. Die Stadt war stolz auf ihr neues Opernhaus, das soeben eröffnete Palais Garnier, und die Opernbälle unter dem Ehrenschutz der Gattin des Präsidenten, Madame la Maréchale de MacMahon, waren Feste von strahlendem Glanz. Man hatte ein hundertzwanzig Mann starkes Orchester aus den besten Musikern von ganz Paris zusammengestellt. Der beliebte französische Tanzkomponist Oliver Métra teilte sich mit Strauß die Leitung: Strauß dirigierte von drei bis fünf Uhr morgens, vorher und nachher dirigierte Métra. Strauß musizierte auch bei einem Ball des Präsidenten der Republik im Palais Élysée, bei einem Fest »Tausendundeine Nacht« in der Großen Oper (sie war durch Blumen und Licht in den Bois de Boulogne verwandelt worden) und gab ein »Concert d'adieu« zu wohltätigem Zweck im Foyer des Opernhauses. Er tat auch alles, was nötig war, um keine Ressentiments aus der Zeit des Deutsch-Französischen Krieges zu wecken. (Anfangs tat er sich mit Métras Musikern schwer.) Mit einer hohen Spende trat er der französischen Musikervereinigung bei und verzichtete beim letzten Opernball auf Gage und Autorenrechte. Widerstrebend mußte dies auch Métra tun. Johann Strauß erhielt das Ritterkreuz der Ehrenlegion. Jetty hatte Johann, wie immer, gut beraten ...

Johann Strauß lebte nach dem Lebensprinzip, von allem, was unangenehm sein könnte, keine Notiz zu nehmen. Dazu gehörten auch Krankheit und Tod. Jetty litt seit langem an der Gicht,

Volksschüler der Strauß-Kunde wissen, daß Johann Strauß einen komponierenden Vater gleichen Namens und zwei komponierende Brüder hatte. Mittelschüler, daß »Der Rosenkavalier« von Richard Strauss ist und daß der gleichfalls nicht mit den Sträußen verwandte Oscar Straus reizende Operetten geschrieben hat. Hochschülern aber bietet sich ein unübersehbarer Forschungsstoff: Wollen Sie vielleicht ein Orgelstück von Abraham Strauß mit einer Motette von Melchior Strauß vergleichen? Oder, wie stillos, nach einer Messe von Christoph Strauß einen Marsch von Jules Strauß anhören? Achtung bei Josef Strauß! Machen Sie unseren Meister des »Dorfschwalben«-Walzers nicht für die Oper »Fausts Leben und Taten« verantwortlich – sie stammt von einem gleichnamigen Hofkapellmeister aus Baden. Wenn Ihnen doch einmal eine Verwechslung passieren sollte, Kopf hoch! Sie haben bedeutende Vorgänger. Verdi soll, als ihm der junge Richard Strauss seine Oper »Guntram« schickte, ausgerufen haben: »Er soll bei seinen Walzern bleiben!«

Bei Frankreich empfehle ich besondere Vorsicht. Da gab es einen populären Walzerkomponisten aus Straßburg namens Isaac Strauß. Um das Unglück voll zu machen, war er von 1852 bis 1870 französischer Hofkapellmeister und leitete die Opernbälle. Viele begeisterte Urteile der Franzosen über Strauß bezogen sich auf Isaac, nicht auf Johann. Als beide Komponisten in Frankreich bei dem Verleger Henri Heugel erschienen, erfand dieser die Bezeichnung »Strauß de Vienne« und »Strauß de Paris«. Und wenn Sie sich über den »Walzer nach Motiven aus dem Troubadour« von Isaac Strauß entsetzen, vergessen Sie nicht die »Maskenball-Quadrille« von »Strauß de Vienne«...

sie war von der Pariser Reise 1877 leidend heimgekehrt. Ein Erpresserbrief eines ihrer Söhne soll den Schlaganfall verursacht haben, dem Henriette Strauß am 8. April 1878 erlag. Ein sechsspänniger Leichenwagen der »Entreprise des Pompes Funèbres« führte die »kalte Nachtigall«, wie sie ein Dichter nannte, bei strömendem Regen zur Hietzinger Pfarrkirche. Unter den Trauergästen sah man den Hofoperndirektor Franz Jauner, Hofopernkapellmeister Hans Richter, die Operettendiva Josefine Gallmeyer, den Operettenstar Alexander Girardi sowie den Komponisten-Kollegen Karl Millöcker. Nur einen sah man nicht: Johann Strauß. Bruder Eduard nahm die Kondolenzen entgegen – Johann war mit seiner Schwester nach Italien abgereist. Geflohen. So groß war seine Unfähigkeit, den Ernst des Lebens zu ertragen.

Aber es sollte sich nur zu bald herausstellen, daß der Ernst des Lebens auf ihn wartete. Jetty hatte viel hinterlassen, insbesondere Schmuck, der teils aus den Tagen ihrer Karriere als Sängerin, teils von Baron Todesco stammte. Es ist nicht bekannt, wieviel Johann Strauß von den unehelichen Kindern seiner Frau gewußt hatte. Jetzt meldeten sie sich. Jetty hatte nur eine Tochter und deren drei Kinder testamentarisch bedacht, der geschiedene Gatte der bedachten Tochter, Baron Gustav von Dreyhausen, lehnte im Namen seiner Kinder die Annahme des Vermächtnisses ab – als letztes Zeichen der Verachtung für »dieses unnatürliche Weib«, das »seit ihrer Heirat die Kinder ignoriert hatte«.

Johann Strauß war Jettys Bedeutung für seine künstlerische Entwicklung wohl bewußt – in ihrer Zeit schrieb er seine aufregendsten Walzer und die »Fledermaus«. Aber er hat von Jetty nur selten gesprochen. Auch Interviewern und seinem ersten Biographen hat er wenig über sie erzählt. Es scheint, als habe er die Erinnerung an sie auslöschen wollen.

WIE HAT JOHANN STRAUSS DIRIGIERT?

ES GIBT KEINE BEWEGUNG DES KOPFES, DIE DER ELEKTRISCHE STRAUSS NICHT VERWENDET, WENN ER DEN DIRIGENTENSTAB SCHWINGT, UND ER ERINNERT AN EINEN FÄCHER, WENN ER DEN TAKT SCHLÄGT. WIE IMMER WAR STRAUSS DIRIGENT, SCHAUSPIELER UND GLEICHZEITIG SEIN ENTHUSIASTISCHSTER ZUHÖRER. ER VERWENDET DIE GEIGE, BOGEN, JEDEN MUSKEL SEINES GESICHTES, ELLBOGEN UND HÜFTEN, UM SEINE WÜNSCHE AUF DIE MUSIKER ZU ÜBERTRAGEN.

Aus »Boston Post«, 26. Juni 1872

Johann Strauß galt als ein brillanter Dirigent. Richard Wagner und Hans von Bülow schufen ein neues Image für den Dirigenten der klassischen Musik, Strauß tat dasselbe auf seinem Gebiet. Äußerlich betrachtet, war er das, was man heute einen Showdirigenten nennen würde. Er tänzelte auf das Podium, und sobald er sich in die Schlacht warf, machte alles an ihm Musik: der Kopf, die Augen, das Haar, die Arme und Hände, Beine und Füße. Sein ganzer Körper war ununterbrochen in Bewegung. Wenn er mitgeigte, wechselte sein Körper zwischen allen möglichen Formen der Halbmondposition, von »Bauch hinein« bis »Bauch heraus«. Wenn er gerade nicht geigte, war die meistbeschriebene Stellung der hoch erhobene rechte Arm, der linke hielt die Geige rechtwinkelig gegen den Oberschenkel. Johann Strauß gestikulierte lebhaft, durchmaß mit seinen Sprüngen die ganze Weite des Podiums und stampfte gelegentlich auch mit den Füßen auf – wenn auch nicht so laut und so störend wie Offenbach.

War er wirklich ein Showdirigent? Nein, denn alles an ihm war ehrlich. Wo immer er auftrat, fand man seine Interpretationen unerwartet und neuartig. Er dirigierte seine Walzer viel langsamer, als es üblich war. Kein Takt war dem andern gleich. Überall gab es überraschende Nuancen: ein plötzliches Ritardando, ein unerwartetes Accelerando, ein überraschendes Piano nach einem Forte oder umgekehrt.

Franz Lehár berichtet, daß er noch in hohem Alter die Einleitung des Walzers zum Orchester gewandt, den Walzer selbst zum Publikum blickend dirigierte.

Er strahlte einen Enthusiasmus, eine Begeisterung aus, die bewirkten, daß das Orchester seinen extremsten Wünschen folgte. Er war bei seinen Konzerten Komponist, Dirigent – aber auch sein eigener Zuhörer. Die Worte in Franz Werfels Gedicht »Der Dirigent«: ». . . zwang er, ihm noch Größeres zuzutrauen«, hätten auf Johann Strauß gepaßt.

Mit welchem der modernen Dirigenten könnte man Johann Strauß vergleichen?

Am ehesten mit Leonard Bernstein, zu dessen geplantem Neujahrskonzert es durch sein Ableben (1990) nicht mehr kommen sollte.

Wie dirigiert man Johann Strauß?

Vielleicht ist diese Frage lächerlich, denn dafür gibt es ebenso eiserne Regeln wie für das Dirigieren von Beethoven oder Wagner. Eher sollte man fragen: Wie dirigiert man Johann Strauß nicht – denn viele Leuchten unter den Dirigenten der klassischen Musik sind an Johann Strauß gescheitert. Der größte Johann-Strauß-Dirigent meiner Erinnerung war Robert Stolz – ausgerechnet er kam niemals zu den Ehren eines Neujahrskonzerts und wurde erst mit über 80 Jahren Dirigent der »Fledermaus« an der Wiener Staatsoper und des »Zigeunerbarons« an der Volksoper – lange nach seinen Trium-

Die drei Lieblings-Stellungen des Kapellmeisters Joh. Strauß.
(Angehenden Dirigenten zur Nachahmung empfohlen.)

Stellen Sie sich einen Gecken vor, der jüdisch aussieht und – wenn er seine 200 Musiker dirigiert – so leidenschaftlich wird und so beeindruckt von der Bedeutung des Klanges, daß er, vollkommen wie ein Schauspieler, darstellt, was er spielt. Mit dem Bogen in der einen Hand und der Geige in der andern bewegt er sich wie die Sänger beim Terzett in »Norma«. Der Haß der Priesterin, der gefällige Zauber der Adalgisa, die auch in schwierigen Umständen bleibende stoische Ruhe des Pollione, all das wird durch ausgiebige Schauspielerei so ausgedrückt, daß kein Wunsch offenbleibt. Wenn er seine eigene Musik dirigiert, zum Beispiel seine Walzer, dann überläßt er sich willenlos dem Geist, der in dieser Stunde von ihm Besitz ergreift. In einigen Passagen, welche, wie wir vermuten, besondern Gefühlsausdruck brauchen, kommt ihm der Dirigent zu Hilfe. Dann erreicht seine Pantomime die volle Perfektion großer Kunst. Die Wiener sind über diese Art, ein Orchester zu leiten, begeistert. Ich finde es unwürdig.

Aus »Boston Transcript«, 17. Juni 1872; Bericht einer Wiener Korrespondentin der Zeitung »Alberny Argus«

Dieser Johann Strauß unserer Tage hat viel von dem Dirigententalent seines Vaters ererbt. Wie sein Vater, dirigiert er nicht nur, sondern führt sein Orchester wirklich. Durch sein eigenes Beispiel führt er die Musiker dazu, seinen Tanzweisen einen ganz besonderen Ausdruck und eine besondere Bedeutung zu geben – jenes Vorwärtseilen und dann wieder Zurückhalten, welches ihm so wesentlich erscheint.

Aus »The Morning Post«, London, 16. August 1867

Aber ein eigenartiger Genuß war es doch, den kleinen graziösen Wiener Walzerkönig an der Arbeit zu sehen; es dirigierte eben alles an ihm, der Bogen seiner Geige, diese selbst, außer ihr Hand, Kopf, Augen, Körper und die Füße des Meisters. Alles taktiert und tanzt mit, sodaß man es wohl begreifen kann, wie er es zu Stande bringt, die leicht beweglichen Wienerinnen in seinen Concerten unmittelbar zum Tanze zu zwingen, sei es auch nur, daß ihre Füße unter dem Tisch den Takt schlagen und der Oberkörper die Tanzrhythmen markiert.

Aus »Vossische Zeitung«, Berlin, Mai 1876

Seine Art zu dirigieren war eigenartig und launenhaft. Er liebte es, mit dem ganzen Körper Bewegungen zum Takt der Musik zu machen – dies tat er nicht, wenn er schwierige Repertoirenummern dirigierte. In seinem Sommerfrack schwang er sich tänzelnd auf den Platz vor der Kapelle und zeigte den Brillantring, der auf seiner rechten Hand glänzte. Nach der Introduktion zum Walzer ergriff er die Geige und begann mitzuspielen, mit Gefühl, Leidenschaft und Feuer. Ständig änderte er das Tempo, den Rhythmus und brachte überraschende Nuancen. Wenn ein breites Gesangsthema dahinfloß, dann flatterte er wie ein Schmetterling. Die Aufmerksamkeit war immer auf ihn konzentriert, der im Glanz seiner Jugend, Schönheit und Eleganz stand.

Aus der Zeitschrift »Artist«, 1894, über Johann Strauß als Dirigent in Pawlowsk während der fünfziger Jahre

Karikatur von Franz Gaul (Aquarell), um 1880

phen mit den New Yorker Philharmonikern während der Kriegsjahre.

Von Robert Stolz habe ich gelernt, wie gefährlich die Behandlung des Rhythmus ist. Ein starrer Rhythmus ist tödlich in der Interpretation von Johann Strauß (wie überhaupt in der ganzen Wiener Musik). Sogar die Polkas und Märsche verlassen in gedehnten Vorhalten und Ritardandi den ehernen Rhythmus – zum Unterschied von preußischen Militärmärschen; ein altes Witzwort sagt, österreichische Märsche seien Märsche für verlorene Schlachten. Ganz besonders wichtig ist das aber beim Dirigieren der Walzer. Nur Tanzwalzer haben einen starren Rhythmus, und die Straußwalzer sind dem Tanzsaal entwachsene Walzer zum Zuhören. Wenn man nach ihnen tanzen will, muß man sie bearbeiten – Einleitung und Coda streichen und das Hm-ta-ta diktieren lassen. Viele Walzer schwächerer Komponisten sind als Tanzwalzer besser. Man muß es beim Dirigieren von

Straußwalzern im Gefühl haben, wo der Rhythmus herrscht und wo er verschwindet. Walzer in voll-rhythmischem Dreivierteltakt sind Ländler – dazu gehören die amerikanischen Walzer, etwa der Walzer aus »My Fair Lady« or »Falling in love« von Rodgers. Das berühmte Anfangsthema des Donauwalzers wächst von einem Ritardando zu einem brillanten Accelerando so kühn, daß es zu einem richtigen Walzerrhythmus dabei überhaupt nicht kommt. Der muß dann im zweiten Thema umso spontaner zünden. Dasselbe gilt für den »Kaiser-Walzer«. Als ihn Robert Stolz mit den New Yorkern einstudierte, sagte er in seinem unbeholfenen Englisch bei der Probe zum ersten Thema: »No Rhythmus! Sing it frei! Wie eine Lied by Schubert.«

Der klassische Dirigent des »freien« Johann-Strauß-Spielens unserer Tage ist Carlos Kleiber. Man bewunderte das bei seiner »Fledermaus« (Bayrische Staatsoper und Schallplatte) wie bei seinem Wiener Neujahrskonzert.

Das richtige Walzertempo – Strauß in New York

Wir müssen gestehen, daß wir von Johann Strauß etwas gelernt haben. Wir müssen verstehen, daß wir unrecht hatten und daß er uns gezeigt hat, wie man es macht. Wir haben die Walzer zu rasch gespielt: in einem Tempo, welches keine Feinheiten und keine Schattierungen zugelassen hat. Wir haben in einem Tempo gespielt, daß man schwindelig wurde, und haben dann getadelt, daß es ausdruckslos war. Ein Walzer soll graziös dahingleiten und nicht ein verrückter Wirbelsturm sein. Die Walzer von Strauß sind hervorragende Kompositionen und werden von allen erstklassigen Musikern als solche anerkannt. Weil sie so glänzend sind, müssen sie so gespielt werden, daß man ihre Bedeutung versteht. Es ist wirklich wunderbar, wie ein Pianissimo oder Forte, ein Ritardando oder ein Crescendo, ein emphatischer Akzent oder eine andere ausdrucksvolle Nuance die Wirkung des gesamten Stücks verbessert und erhöht. Nur so erhält es Leben und Farbe. Wer die Walzer von Strauß unter der Leitung des Komponisten erlebt hat, wird dies bemerkt haben und nie vergessen.

Aus »Dwight's Journal of Music«, New York, 27. Juli 1872

. . . ja vorzüglich war das Orchester und das, was nach dem Tempo des Dirigenten gesungen werden mußte. Aber innerlich zufrieden war ich mit der Aufführung deshalb nicht, weil man glaubte, bei einer Oper von Strauß gibt es kein langsam gehaltenes Tempo, der ewige Fehler der Dirigenten, sei es dort oder da! Herzlich grüßend

Dein Jean.

Johann Strauß an Gustav Lewy

FLUCHT ZUR JUGEND:
OPERETTEN TROTZ LILY

>»UND TRIFFT ZUFÄLLIG DER GEMAHL
EIN HERRCHEN MIR ZU FÜSSEN,
SO WIRD GALANT IN SOLCHEM FALL
ER BEIDE AUGEN SCHLIESSEN.
SO DENKE ICH DIE EHE MIR –
IST'S IHNEN RECHT, HEIRATEN WIR.«

Couplet aus der nie vollendeten Operette »Die Lustigen Weiber von Wien«

Die Villa in Schönau bei
Leobersdorf hat Johann Strauß
1880 als Sommersitz gekauft.
Anonymes Aquarell, o. J.

BLINDEKUH

*18. Dezember 1878
Theater an der Wien*

Genau fünfzig Tage nach Jettys Tod, am 28. Mai 1878, stand Johann Strauß in der Karlskirche wieder als Bräutigam vor dem Altar. Die Braut war ein achtundzwanzigjähriges Mädchen aus Köln, die im Trauungsbuch der Pfarre St. Karl Borromäus als Ernestine Henriette Angelika Dittrich aufscheint. Privat wurde sie Lily genannt. Lily war Gesangstudentin und Schülerin des Hofkapellmeisters Heinrich Proch, der 1869 die Eröffnungsvorstellung im neuen Hofoperngebäude am Ring dirigiert hatte. Er fungierte als Trauzeuge. Strauß wollte nach dem Tod seiner Gattin nicht mehr in seiner Villa in der Hetzendorfer Straße wohnen und war in das Hotel Victoria gezogen. Dorthin soll Proch dem Meister seine Schülerin zum Vorsingen gebracht haben. Strauß hat sie nicht engagiert, aber geheiratet. So lautet zumindest die offizielle Version. Es gibt allerdings einen Bescheid der Deutschen Botschaft vom 23. April 1878, in welchem dem jungen Mädchen über ihr früheres Ansuchen bestätigt wird, daß es keiner »obrigkeitlichen Eheerlaubnis« bedürfe. Wir trauen Johann Strauß schnelle Entschlüsse zu – aber es ist doch anzunehmen, daß die beiden einander schon zu Lebzeiten Jettys gekannt haben.

Lily war um fünfundzwanzig Jahre jünger als ihr Gatte, blauäugig, blond und trug Zöpfe, die bis zu den Knöcheln reichten. Auf keinem der uns erhaltenen Bilder sieht sie besonders hübsch aus, aber sie hatte große Erfolge bei Männern.

Ihr sängerisches Talent scheint nicht groß gewesen zu sein, da sie es weder vor noch nach der Ehe mit dem weltberühmten Mann zu irgendeinem Engagement gebracht hat. Die rasche Verwandlung des Witwers zum Bräutigam hat in Wien natürlich Sensation gemacht. Der Klatsch malte sich das Zusammenleben mit dem um so vieles jüngeren Mädchen ebenso drastisch aus wie seinerzeit die Ehe mit der älteren Frau. Sprach man in den Salons über die angehende Sängerin, so zitierte man gerne die Worte der Adele aus der Fledermaus: »Bei meinen Leistungen hat man oft gesagt, es geht an . . .«

Das Ehepaar zog bald nach der Hochzeit in das nach Jettys Ideen erbaute neue Palais in der Igelgasse 4. Dort, so wie auch in der Villa Schönau bei Leobersdorf, die Strauß 1880 als Sommersitz gekauft hatte, erschöpfte sich das Privatleben der beiden in banalen Streiten und banalen Versöhnungen. – Auch bei ihren Sommeraufenthalten im Badeort Wyk auf der Insel För in der Nordsee. Der »Nordsee-Bilder-Walzer« mit seiner Schilderung der Brandung in der Coda ist eine Erinnerung an jene Tage.

Die häuslichen Krisen konnten bei der Popularität des Komponisten nicht geheim bleiben. Es gab ein allgemeines Schmunzeln, als am 18. Dezember 1878 bei der Premiere der neuen Johann-Strauß-Operette »Blindekuh«, wieder im Theater an der Wien, ein Couplet gesungen wurde: »So a Weiberl, das wär' mei' Passion.« Die Operette gefiel nicht. Das Buch war ein

Lily – zwei mögliche Biographien

Es ist möglich:
Die junge Gesangsstudentin war kalt und gefühllos und wollte durch die Heirat mit Johann Strauß als Sängerin Karriere machen.
Lily dachte nur an sich und hatte weder für die Kunst noch für die Persönlichkeit ihres Gatten Verständnis.
Lily beging die Geschmacklosigkeit, ihren Gatten mit dem Direktor des Theaters an der Wien zu betrügen.
Lily benahm sich in der Direktionskanzlei als Boß und verärgerte dadurch prominente Persönlichkeiten des Theaterlebens.
Lily ließ sich auch dann nicht aus dem Theater an der Wien verdrängen, als Johann Strauß auszuwandern drohte.
Lily war das weitere Schicksal von Johann Strauß gleichgültig. Sie hat seinem Namen Schande bereitet. Der Bannfluch aller Biographen über Lily!

Es ist aber auch möglich:
Die junge Musikstudentin hat sich auf den ersten Blick in den weltberühmten Komponisten verliebt und seinen Heiratsantrag angenommen.
Lily erwartete jene Zärtlichkeit, die ein älterer Mann einem jungen Mädchen zu bieten hat. Sie hatte aber eine Komponiermaschine geheiratet.
Lily fühlte sich von ihrem Gatten vernachlässigt, verliebte sich in Franz Steiner und hat sich offen dazu bekannt.
Lily arbeitete in der Verwaltung des Theaters und geriet dabei in Konflikt mit dem Librettisten F. Zell, dessen Schwäche sie verstanden hat.
Lily willigte in die einvernehmliche Scheidung und blieb bei Steiner – auch als er in mißlicher Finanzlage das Theater aufgeben mußte.
Lily machte keine Anstrengungen, zu ihrem Mann zurückzukehren. Alles war ihr recht, wenn sie nur nicht mehr seine Gattin sein mußte.

Machwerk rund um einen Gutsbesitzer, der sich von der Verschwendungssucht seiner zweiten Frau durch die Heirat seiner Tochter aus erster Ehe mit einem ihm unbekannten reichen Neffen aus Amerika kurieren will – bis, was jeder von Anfang an gewußt hatte, der Liebhaber der Tochter den Amerikaner spielt und das Mädchen heiratet. Im Theaterjargon hieß es, Johann Strauß habe diesmal die »Treffz-Sicherheit gefehlt«. »Die Bombe« schrieb, nur ein »kurzsichtiger Esel« könne das Textbuch zu »Blindekuh« angenommen haben. Weder Girardi als dummpfiffiger Hausdiener mit seinem netten Frühlingslied, bei dem das Orchester Schwalbengezwitscher nachmacht, gelang es, den Abend zu retten, noch dem fünfjährigen Mädchen, das als Tänzerin im Schluß-Cancan auftrat.
Über fünfzig Jahre später wurde eine ganz unbedeutende Polkamelodie aus dieser Operette zum Weltschlager. Peter Kreuder hat daraus einen Dreivierteltakt gemacht, und als in Willy Forsts Film »Burgtheater« Hans Moser »Sag' zum Abschied leise Servus« anstimmte, wußten nur die wenigsten, daß es sich um eine Melodie von Johann Strauß handelte. Bravo, Kreuder! Es ist seit Karl Kraus Mode geworden, Bearbeiter über die Achsel anzusehen. Warum eigentlich? Wieviel Phantasie gehört nicht dazu, aus einer schwachen Nummer einen Weltschlager zu machen!

Angelika Dittrich (»Lily«), 1850 bis 1919

Julie Kopacsi-Karczag und Mila Theren in »Das Spitzentuch der Königin«

Eugenie Erdösy debütierte in dieser Operette als König von Portugal.

DAS SPITZENTUCH
DER KÖNIGIN

1. Oktober 1880
Theater an der Wien

Lily zeigte an ihrem Gatten wenig Interesse. Seinem Schaffen stand sie fremd gegenüber, vom Mann war sie enttäuscht. Sie stand zwar im Mittelpunkt der Wiener Gesellschaft, aber auch das bedeutete ihr nichts. Und Johann Strauß, den die Frauen der ganzen Welt vergötterten, fühlte zum erstenmal Erfolglosigkeit. War er vor dem nahenden Alter zu einer Jugend geflohen, der er nicht gewachsen war? Andererseits nahm auch er an Lilys Problemen keinen Anteil. Jedenfalls blieb er sehr in seine Welt versponnen. Nach dem Durchfall von »Blindekuh« ging man so weit, aus den privaten Problemen des Mei-

sters Hinweise auf ein Erlahmen seiner Schaffenskraft herauszulesen. Davon war jedoch keine Rede, denn am 1. Oktober 1880 hatte im Theater an der Wien »Das Spitzentuch der Königin«, eine seiner schönsten und erfindungsreichsten Partituren, Premiere. Ein Jahr zuvor hatten Zell und Genée den Dichter Boccaccio zum Helden einer Operette von Suppé gemacht, jetzt versuchte es Genée mit Cervantes (»Ein Genie, ein verkanntes!«). Sein Mitarbeiter war Heinrich Bohrmann-Riegen, Direktor der »Komischen Oper«, also des Ringtheaters; auch diesem Team gelang nur ein langweiliges Qui-Pro-Quo um den portugiesischen Königshof Anno 1580. Girardi hieß Don Sancho, war der Lehrer des jungen Königs (der vierten Hosenrolle in der Geschichte der Straußoperetten!) und erregte Furore mit einer Unterrichtsstunde in Tschechisch und einem Couplet mit Zusatzstrophen über Johann Strauß (»Er kann die Sterne rebellisch, die Jungfrau und den Bär verrückt machen...«). Strauß hatte bei diesem Werk eine der Spieloper nahe Musik von ganz besonderem Erfindungsreichtum geschrieben. Der Konzertwalzer »Rosen aus dem Süden«,

den er später aus Melodien dieser Operette zusammenstellte, gehört zu seinen allerschönsten. Die erste Walzermelodie erscheint in der Operette als Huldigung des Königs auf sein Leibgericht, die Trüffel, und beweist, daß schon 1580 im Operettenportugal die Operettenliebe durch den Operettenmagen ging. Für eine Neufassung schuf Karl Pauspertl durch eine Kombination von Melodien aus dem Walzer »Künstlerleben« und dem »Kaiser-Walzer« ein effektvolles Tenorlied: »Du Märchenstadt im Donautal«.

Im Frühling dieses Jahres war Maximilian Steiner gestorben. Er hatte mit dem Theater an der Wien Konkurs gemacht, doch war dieser wieder aufgehoben worden. (Man könnte eine Geschichte der Wiener Privattheater des 19. Jahrhunderts als eine Geschichte von zahllosen Konkursen verfassen!) Steiner hatte in den letzten Jahren die Führung des Theaters seinem Sohn Franz überlassen, der nach dem Tod des Vaters 1880 offiziell Direktor wurde und seine Ära mit dem »Spitzentuch der Königin« einleitete.

Die Bombe platzte in der Familie Strauß, als Anna, die unverheiratete Schwester des Komponisten, ihrem Bruder erzählte (»was ganz Wien ›eh schon lang‹ gewußt hat!«), daß Lily mit Franz Steiner ein Verhältnis hatte. Johann Strauß wußte nichts davon, und es ist verständlich, daß sich die Proben zu seiner nächsten Operette am Theater an der Wien unter großen seelischen Belastungen für ihn und gewiß auch für Lily abspielten. In zahllosen Tratschereien brachte man den Titel der Operette, die am 25. November 1881 herauskam, mit dem Privatleben des Komponisten in Verbindung: »Der häusliche Krieg« – mit Lily, »Der lustige Krieg« – mit Girardi ...

Auf der Bühne war er nicht so lustig. Im 18. Jahrhundert soll einmal zwischen zwei sächsischen Duodezfürsten ein Krieg um eine Ballerina entbrannt sein. In der Operette führen der Fürst von Massa-Carrara und der Doge von Genua ihren Privatkrieg wegen einer Ballettänzerin, lassen ihn aber hauptsächlich von den Damen austragen. Das Publikum jubelte über die Musik und zwang Alexander Girardi, der als geschwätziger Marquese Sebastian ein hellseidenes Rokokokostüm und einen Dreispitz trug, den Walzer »Nur für Natur« dreimal zu singen. Gi-

Alexander Girardi als Sebastian in
»Der lustige Krieg«

DER LUSTIGE KRIEG

26. November 1881
Theater an der Wien

Caroline Finaly als Gräfin Violetta
von Massa-Carrara

Figurinen zum »Lustigen Krieg«

rardi, halb Hanswurst von gestern, halb Burgschauspieler von morgen, pointierte die Zweideutigkeiten des Liedes mit Blicken, Gesten und dem eigentümlichen Klang seiner Stimme (er sang in hoher Tenorlage) unnachahmlich. Johann Strauß haßte solche Schlagereinlagen, auf denen Girardi jedoch stets energisch bestand. Strauß hatte dieses Walzerlied erst im letzten Augenblick komponiert (oder in einem Skizzenbuch gefunden?). Da Zell und Genée sich weigerten, diese Einlage zu textieren, hat der Volkssänger und Musikalienhändler Franz Wagner »Nur für Natur« gedichtet, ein frivoles Walzercouplet über einen Flirt auf der Hirschjagd. »Der lustige Krieg« wurde ein ungeheurer Publikumserfolg. Doch nur wenige Tage nach der Premiere, am 8. Dezember 1881, brannte das Ringtheater ab, wobei fast vierhundert Menschen den Tod fanden. Das Feuer brach vor Beginn der zweiten Vorstellung von Offenbachs »Hoffmanns Erzählungen« aus. Am Vortag hatte Johann Strauß der ersten Vorstellung beigewohnt. Nach dem Brand ging für längere Zeit kaum jemand ins Theater. Trotzdem konnte die nächste Sommerspielzeit des Theaters an der Wien am 1. September 1882 mit der 99. Vorstellung der Straußoperette eröffnet werden.

Vorwürfe des Textdichters Zell (1886)

Im »Lustigen Krieg« drangsalierte uns Frau Lili und Direktor Steiner arg wegen Kürzung der Prosa, Verlängerung der Musiktexte, wodurch manche Undeutlichkeiten herauskamen, für die »Nacht« arbeiteten wir mit total gebundener Marschroute! Da war uns (ebenfalls von Frau Lili) Zeit, Ort, Personen, ja der Schauplatz des dritten Aktes vorgeschrieben und es wäre villeicht ganz anders geworden, wenn wir aus freier Initiative hätten arbeiten können! Aber!!! In einem gleicht sich die Arbeit dieser vier (recte fünf) Werke, was die Collaboration betrifft, vollkommen!!! Sie, lieber Freund, hatten Vertrauen zu uns, zu sich und – (erinnern Sie sich wohl an diese Tatsachen!!!) Sie komponierten die ersten Akte – meist ohne zu wissen, was der 2. und 3. Ihnen für Aufgaben stellen würde – und siehe da, der Erfolg stellte sich – mehr und minder! – jedesmal ein!

Die Angelegenheit Lily spitzte sich so zu, daß Strauß, vielleicht zum erstenmal in seinem Leben, in eine tiefe seelische Krise geworfen wurde. Franz Steiner hatte nämlich Lily als seine Assistentin an das Theater an der Wien engagiert. Er gab ihr volles Pouvoir im Hause. Sie verlangte in seinem Namen Kürzungen der Prosa, Verlängerungen von Musikstücken, sie bestimmte Schauplätze und trieb die Librettisten zur Verzweiflung – wobei Steiner und Lily sachlich nicht selten im Recht waren.

Johann Strauß war nun fest entschlossen, dem Theater an der Wien kein Stück mehr zu überlassen. Er dachte sogar ernstlich daran, auszuwandern, nach Paris. Irgendwohin. Nur weg von Wien! In dieser Verfassung erreichte ihn ein Angebot aus Berlin. Das Friedrich-Wilhelmstädtische Theater sollte umgebaut werden, und der Direktor, ein sehr fähiger Regisseur namens Julius Fritzsche, bot Strauß an, dieses Theater 1883 mit einer Uraufführung zu eröffnen.

Strauß willigte ein. Die Premiere von »Eine Nacht in Venedig« am 3. Oktober dieses Jahres blieb die einzige in seinem Leben, die nicht in Wien stattfand. Dieses Theater widmete sich in der Folge besonders der Pflege von Johann-Strauß-Operetten. Später hieß es »Deutsches Theater«, an dem Max Reinhardt wirkte.

Wieder hatten Zell und Genée eine durchaus reizvolle Grundidee aus einem französischen Stoff verstümmelt: daß es sich um die komische Oper »Le Chateau Trompette« handelte, gestanden sie erst nach dem verunglückten Premierenabend.

Wir befinden uns im venezianischen Karneval in der Nacht vom Rosenmontag zum Faschingsdienstag – die Lagunenstadt bedeutete ja für Österreich seit der Abtretung Venetiens an Italien (1866) den Traum vom verlorenen Paradies. In dieser Faschingsnacht sind alle gleich, Hochgeborene und Niedriggestellte, Reiche und Arme, Adel und Volk. Aber jeder will etwas von

Rose Streitmann als Ciboletta, Alexander Girardi als Caramello in »Eine Nacht in Venedig«

jedem. Sieger bleibt das Volk: Fischermädchen, Barbier, Maccaronikoch – geprellt wird der Adel: der Herzog von Urbino, zu dessen geplantem Schäferstündchen mit der Senatorsfrau es nicht kommt, und die venezianischen Senatoren, denen der Herzog die erwarteten Vorteile nicht zukommen läßt. Die Librettisten hatten ein müdes Buch gezimmert, aber Johann Strauß, in Spitzenform seiner musikalischen Inspiration, machte dazu ein bezaubernd wienerisches Ansichtskarten-Venedig mit Lagunen im Mondschein, Maccaroni und girrenden Tauben auf dem Markusplatz. Das stimmungsvolle erste Finale mit dem Kontrapunkt zwischen dem Gondellied, das eine Berliner Kritik mit Schubert verglich, und dem Spottwalzer der Venezianer ist ein Höhepunkt im Schaffen des Komponisten.

Je näher die Berliner Premiere rückte, um so mehr fürchtete sich Johann Strauß. Er soll, was bei einem dramatischen Komponisten unver-

zeihlich ist, lediglich die Gesangstexte gekannt und die Dialoge erst auf den Proben kennengelernt haben.

Schon drei Monate vorher hatte sein Verleger Gustav Lewy ihn bedrängt, die Beziehungen zum Theater an der Wien wieder aufzunehmen. Und Lily? Noch im Juli 1882 schrieb ihr Johann, als sie in Franzensbad auf Kur weilte: »Lauf mir nicht davon, bleibe doch!« Vergebens. Das k. k. Landesgericht in Zivilrechtssachen hatte am 9. Dezember 1882 die einverständliche Scheidung der Ehegatten von Tisch und Bett ausgesprochen, und über die Angelegenheit Lily begann etwas Gras zu wachsen. Allerdings manövrierte das Theater an der Wien trotz des großen Erfolgs von Millöckers »Bettelstudent« wieder einmal haarscharf am Rande des Konkurses. Das Polizeibezirkskommissariat Mariahilf gab an, daß im Jahre 1883 gegen Franz Steiner 153 Klagen beim Handelsgericht, 47 Klagen beim Landesgericht und 123 beim Bezirksge-

Alexander Guttmann (Senator Delaqua) mit Rose Streitmann

Jani Szika als Caramello in der Berliner Uraufführung mit Ottilie Collin (Annina)

richt Mariahilf anhängig waren. Trotzdem wußte Johann Strauß, daß seine neue Operette an dieser Bühne herauskommen müßte, und stimmte einer Zweitpremiere am Theater an der Wien – eine Woche nach der Berliner Uraufführung – zu.

Unter Originalgenies

Genée. Na schaust, Zell, ich hab' Dir's gleich g'sagt, mir werden derwischt werden.
Zell. Aber ich bitt' Dich, wer hätt' denn das g'wußt, daß die Journalisten auf einmal so kritisch werden? Wir haben ja immer aus dem Französischen übersetzt: Die »Fatinitza«, die hat früher »Circassienne« geheißen, der »Bettelstudent« »Guitarrero«, die »Nacht in Venedig«, die haben wir aus dem »Chateau Trompette« umgemodelt.
Genée. Ja, aber früher haben wir nur übersetzt, jetzt haben wir auch dazugedichtet.
Zell. . . . Ja, freilich, freilich, das ist unser Malheur, aber ich dachte . . .
Genée. Du dachtest? Uebertreib' net!

Aus »Der Floh«, 14. Oktober 1883

Am 3. Oktober 1883 erstrahlten das Portal, das Vestibül und das Foyer des Neuen Friedrich-Wilhelmstädtischen Theaters in elektrischem Licht. In der Pause meinten manche, Siemens & Halske hätten auch gleich das Libretto liefern sollen. Der Zwischenvorhang des Theaters zeigte die Köpfe von Strauß, Suppé, Millöcker, Zell und Genée. Ein Wiener kommentierte: »Der Zell ist doch nicht mehr so jung, das Bild ist sicher von einer alten Vorlage kopiert«, worauf man ihm antwortete: »Bei Zell ist alles von einer alten Vorlage kopiert.« Johann Strauß dirigierte und wurde bei seinem Erscheinen am Pult lebhaft begrüßt. Die Ouvertüre verpuffte vollkommen, weil man Zuspätkommende hereinließ; die Stühle des neuen Theaters machten beim Auf- und Niederklappen großen Lärm, und außerdem galten aus unerklärlichen Gründen die mit »links« bezeichneten Karten für »rechts« und umgekehrt. Auch gab es viele schlechte Sitze. Die ersten beiden Akte wurden

freundlich aufgenommen; in der Pause allerdings kommentierte ein wortspielgewandter französischer Gast »Monsieur *Zell* doit etre très *gené* ce soir« . . . Der Skandal brach im dritten Akt beim Lagunenwalzer aus, der mit dem Text gesungen wurde:
»Nachts sind die Katzen ja grau,
Nachts tönt es zärtlich miau . . .«
Da rief plötzlich jemand aus dem Publikum: »Miau«. Andere Miau-Rufe folgten. Manche riefen: »Aufhören!« Begleitet von einer chaotischen Fuge aus zahllosen Miaus ging der Lagunenwalzer zu Ende. Die Melodie gefiel, Johann Strauß wollte eine Probe aufs Exempel machen und ließ den Walzer zweimal wiederholen – beide Male unter tosenden »Miaus« der Zuhörer. Laut späterer Erklärung der Textdichter war der Walzer als Grotesknummer für Girardi konzipiert, der ihn verbissen-zornig als eifersüchtiger Barbier singen, wobei die Zither das Miauen der Katzen imitieren sollte. In Berlin sang diesen Walzer aber der Herzog, wodurch alles sinnlos wurde. So sinnlos wie der Einfall, durch das Miauen von Katzen Zorn und Eifersucht ausdrücken zu wollen. Die Berliner Premiere kam schlecht und recht über die Runde. Am nächsten Tag sang der Herzog einen neuen Text:
»Täuschende Bilder so schön,
Müßt ihr am Morgen vergehn?«
Aber die Zither imitierte weiter die Katzen.

»Zell und Genée bei der Arbeit« – so sah die zeitgenössische Karikatur deren »Anleihen« bei der französischen Bühnenliteratur.

Die Wiener Presse war zu der Sensationspremiere nach Berlin gekommen und berichtete in Österreich über den Skandal wie über ein Politikum – einen zweiten Verlust der Hegemonie in Deutschland, ein neues Königgrätz. Dem Korrespondenten der »Vossischen Zeitung« verweigerte das Wiener Telegrafenamt die Annahme einer Depesche, in der er berichten wollte, daß die »Österreichisch-Deutsche Allianz auf das Ernsteste gefährdet sei«.

Johann Strauß dirigierte am 9. Oktober 1883 unter enthusiastischem Beifall die Wiener Premiere. Nach den Ereignissen in Berlin hatte er sich im letzten Augenblick dazu entschlossen. Girardi hat den Katzentext abgelehnt. Er sang:
»Ach, wie so herrlich zu schau'n
Sind all die reizenden Frau'n . . .«
(Warum hat es noch nie jemanden gestört, daß sich im neuen Text das Wort Goncolier auf »La Donna è Mobile« reimt?

Der richtige Durchbruch der »Nacht in Venedig« kam erst mit der glänzenden Bearbeitung der Musik durch Erich Wolfgang Korngold und des Librettos durch Ernst Marischka. Das Theater an der Wien brachte sie 1923 mit Richard Tauber heraus. Korngold hatte aus einer früher kaum beachteten Melodie im »Simplicius« das Auftrittslied des Herzogs »Sei mir gegrüßt, du holdes Venezia« gemacht, ohne das man sich eine Vorstellung dieser Operette heute kaum mehr denken kann. Auch das war ein echter Dienst an Johann Strauß. Mir sind besonders die Vorstellungen dieser Neufassung unvergeßlich, in denen Maria Jeritza 1929 an der Wiener Staatsoper das Fischermädchen Annina gesungen hat. Das Auftrittslied, das Korngold für sie nach einer Melodie aus »Ritter Pasman« arrangiert hat, wurde bald vergesssen. Zu einem richtigen Dauerbrenner entwickelte sich aber ein Schwipslied, das der Komponist Rudolf Kattnig und der Dirigent Anton Paulik (nach der »Annen-Polka«) für Esther Réthy als Annina in einer Produktion der Staatsoper in der Volksoper (1948) eingelegt haben. Man hat wiederholt erfolglos – um Korngolds Tantiemen zu ersparen – Wiederaufnahmen der Urfassung versucht.

Wie ging es mit Lily weiter? Als Steiner wegen drückender Schulden 1884 das Theater an der Wien verlassen mußte, folgte sie ihm nach Deutschland, wo die beiden geheiratet haben. Viele Jahre später tauchte Lily in Berlin als Inhaberin eines Fotoateliers auf. Im Alter hat man sie manchmal schweigend um die Straußvilla in Schönau gehen sehen. Vergessen und in größter Armut starb sie in Bad Tatzmannsdorf 1919 an Krebs. Dort befindet sich auch ihr Grab.

Lily wurde das Lieblingsopfer der Johann-Strauß-Literatur. Wie war ihr wahrer Charakter? War sie verliebt und wurde enttäuscht? War sie kalt und karrieresüchtig? Eines steht fest: Unter den drei Gattinnen von Johann Strauß war sie die einzige mit normalen menschlichen Reaktionen. Auf den Berliner Proben zur »Nacht in Venedig« sah man eine junge Dame geschäftig mit den Textdichtern, dem Regisseur und dem Verleger konversieren. Bei der Premiere saß sie in der Proszeniumsloge. Es war Frau Adele Strauß.

ZUR KAISERLICH-KÖNIGLICHEN WALZEROPER!
ADELE GREIFT EIN

»DER DUALISMUS AUF EDLEM, KÜNSTLERISCHEM FELDE. UNGARN
HAT IN DIESER OPER STETS DAS LETZTE WORT.«

Wilhelm Frey über »Ritter Pásmán«, »Neues Wiener Tagblatt«, 1892

»Liebste theuerste Adele! Du glaubst – wenn ich da in diesem Marterstübchen sitze, denke ich an nichts anderes als an Fritz Simrock in Berlin, Friedrichstraße 171. Du irrst! Schreib' ich auch an die Verlegerseele (ich brauche sie doch, um Dich so reichlich schmücken zu können) fast täglich – so sollst Du hierin nichts Anderes erblicken, als daß ich aus Liebe zu Dir an ihn so viel schreibe . . .
Dein Jean.«

An Adele Strauß kann ich mich sehr gut erinnern. In meiner Gymnasialzeit, in den zwanziger Jahren, war sie eine rüstige Siebzigerin, obwohl sie es nicht gerne hatte, wenn man sie als solche bezeichnete. Sie sah noch immer gut aus, und journalistische Panegyriker schrieben über die elfenbeinblasse Schönheit, die feurigen dunklen Augen der gesellschaftlich und künstlerisch sehr einflußreichen alten Dame und verglichen sie gelegentlich mit einer orientalischen Prinzessin. Adele hatte eine prachtvolle Wohnung auf der Wieden, Gußhausstraße Nr. 12, nicht weit von dem Palais, in dem sie mit ihrem Mann gewohnt hat. Bei ihr verkehrten die prominentesten Persönlichkeiten aus Politik und Kultur. Frau Johann Strauß – nur so wollte sie genannt werden – wachte über das Schicksal der Werke ihres Gatten, ließ durch Bearbeitungen die weniger erfolgreichen der Vergessenheit entreißen, autorisierte Biographien und betrieb den Bau des Denkmals. Aber aufmerksamer als alles andere überwachte sie die Verrechnung der Tantiemen – und sie war für Verleger und Theaterdirektoren eine sehr harte Partnerin. Sie galt als geizig, geldgierig – im Grunde war sie mißtrauisch und hatte nur zu ihrer eigenen Familie Vertrauen.

Mit dem Inkasso und der Anlage der außerordentlich großen Einkünfte hatte sie leider den Mann ihrer Schwester Louise betraut, Josef Simon, der später heftig in französischen Franken spekulierte, wodurch ein Großteil des Vermö-

gens verlorenging. Aber immerhin gelang es ihr, eine Verlängerung der Schutzfrist für musikalische Werke ihres Gatten zu erwirken – mehr davon später.

Gegen nichts, was Adele getan hat, war irgend etwas einzuwenden; nur ihre Art, in abendfüllender Aktivität priesterliche Pietät penetrant zur Schau zu stellen und fanatisch ihre Sendung zu betonen, machte diese walzerkönigliche Witwe zu einer wahren Nervensäge. Seit Richard Wagner zu seiner Gattin Cosima gesagt hatte, auch sie gehöre mit ihm in das Ruhmesmausoleum, hörte es die Wahrerin des Walzergrals nicht ungern, wenn man sie »die Cosima im Dreivierteltakt« nannte. Für viele aber war sie »die lästige Witwe«.

Alle ihre guten und schlechten Eigenschaften zeigten sich in embryonaler Form schon während der ersten Jahre ihres Lebens mit Johann Strauß. Die Dame, die 1883 während der Proben zu »Eine Nacht in Venedig« in Berlin das große Wort führte, war Frau Adele Strauß, aber noch nicht als Gattin des Meisters. Sie war am Neujahrstag 1856 in Wien als Adele Deutsch geboren und heiratete im Jahre 1874 Anton Strauß, den Sohn des Bankiers Albert Strauß; der alte Sonderling, der seinem Dienstpersonal lateinische Verse vorlas und mit Grillparzer bekannt war, wohnte im Hirschenhaus und beriet die mit ihm nicht verwandte Mutter der Straußbrüder mitunter in Finanzfragen. Es ist anzunehmen, daß Adele – übrigens nach drei Ehejahren bereits Witwe geworden – Johann schon sehr früh gekannt hat. Im November 1882 schrieb ihr Schwiegervater Albert – sie war eben in Budapest –, daß Johanns Schwester Netty Frau Lily gestürzt habe: Sonst trüge er »noch immer seine Hörner in Demut«. Adele verstand den Meister. Sie konnte sich denken, daß sich Strauß nach dem Zusammenbruch seiner Ehe mit Lily und der dadurch bedingten Entfremdung vom Theater an der Wien in einer seelischen und beruflichen Krise befand. Adele soll die Erneuerung der alten oberflächlichen Bekanntschaft mit den Worten begonnen haben: »Ich trage einen der berühmtesten Namen der Welt.« Die Beziehung wurde bald sehr eng.

War Adele die richtige Frau für Johann? Jetty war seine Managerin gewesen und um sieben Jahre älter. Lily um 25 Jahre jünger. Adele wurde seine Super-Managerin und war um 31 Jahre jünger. Sie vereinigte in extremer Weise viele gute und schlechte Eigenschaften seiner ersten Frauen: »Johanns Erzählungen . . .«

Johann und Angelika Strauß wurden am 9. Dezember 1882 vom Wiener Landesgericht einverständlich geschieden. Am 19. April 1883 schenkte Strauß durch einen vor dem Bezirksgericht Wieden geschlossenen Vertrag Frau Adele Strauß unwiderruflich eine lebenslängliche jährliche Rente von 4.000 Gulden. Da Angelika Strauß noch lebte, war eine Wiederverheiratung des Komponisten in Österreich unmöglich. Johann Strauß unterhielt gute Beziehungen zum Herzog Ernst von Sachsen-Coburg-Gotha, einem im »Nebenberuf« nicht erfolglosen Komponisten von Opern und Operetten, dem er 1863 eine Polka Française »Neues Leben« gewidmet hatte. Ein Wiener Freund der herzoglichen Familie war jener Erzherzog Johann, der später unter dem Namen Johann Orth mit der Tänzerin Milli Stubel ausgewandert und auf der Seereise nach Amerika verschollen ist. Erzherzog Johann war Amateurkomponist, und Johann Strauß half ihm gelegentlich, seine Walzer zu instrumentieren. Nun revanchierte sich der Erzherzog, indem er den sächsischen Herzog um Hilfe in Johann Strauß' Eheangelegenheit bat. Am 8. Dezember 1885 bestätigt die k. k. Niederösterreichische Statthalterei das Ausscheiden von Johann Strauß aus dem Staatsverband zum Zweck des Erwerbes

der sächsischen Staatsbürgerschaft. Am 24. Juni 1886 wird ihm der Erhalt seiner neuen Staatsangehörigkeit vom Herzogtum Sachsen-Coburg-Gotha bestätigt, wo er pro forma eine Wohnung genommen hat. Am 28. Januar 1887 legt er in Gotha den Staatsbürgerschaftseid ab. Am 11. Juli 1887 trennt Herzog Ernst nach sächsischem Recht die Ehe von Johann Strauß, der (wie Adele) schon früher zum protestantischen Glauben übergetreten war. Die Trauung von Johann mit Adele Strauß erfolgte am 15. August 1887 in Coburg, zunächst auf dem Standesamt, anschließend in der Hofkirche.

In Coburg entstanden wesentliche Teile der Operette »Simplicius«. Sie wurde Herzog Ernst gewidmet.

Im Totenbeschauprotokoll vom 3. Juni 1899 steht: »Johann Strauß, evangelisch-Augsburgischer Confession, Zuständigkeitsort Coburg in Deutschland« . . .

In Wiener Hofkreisen hat man Johann Strauß den Wechsel der Staatsbürgerschaft und die Eheschließung zeitlebens sehr übelgenommen. Erst das Ehrengrab auf dem Zentralfriedhof sollte die nächste Würdigung werden, die seine Heimat ihm gewährte. Er bekam keine Orden und wurde niemals Ehrenbürger von Wien. Richard Heuberger, der angesehene Kritiker und Komponist der Operette »Der Opernball«, erzählte, wie bei einer Einladung von Johannes Brahms zu einem Bankett für Strauß sich alle entschuldigen ließen: die Präsidenten der »Ge-

Johann und Adele im zweispännigen Wagen. Strauß war gelegentlich zu Spazierfahrten zu bewegen, nie zu Spaziergängen.

sellschaft der Musikfreunde«, die Minister, alle höheren Beamten, alle Hofschauspieler und Opernsänger.

Bei der Beurteilung von Adeles Charakter ist zu bedenken, daß man es ihr nicht leicht gemacht hat. Neider haben ihr schon die Sünde niemals verziehen, daß sie überhaupt Frau Strauß wurde. Außerdem war der Österreicher par excellence durch sie Staatsangehöriger von Sachsen-Coburg-Gotha geworden. – Johann Strauß ein Sachse! Ein Witzwort meinte sogar, der »Kaiser-Walzer« (1889) wäre einer der besten Walzer, die je von einem Sachsen geschrieben wur-den ... Dabei hätte ihn die Staatsbürgerschaft des Herzogtums Sachsen-Coburg-Gotha nie-mals zum »Sachsen« gemacht, denn Coburg zählt stammesmäßig zum Fränkischen, lediglich die bis 1918 regierende Dynastie stammte aus dem Sächsischen.

Johann und Adele haben seit 1883 zusammen-gelebt. Er konnte, ohne eine Unwahrheit zu sa-gen, seine neue Lebensgefährtin als »Frau Strauß« vorstellen. Vom ersten Augenblick an griff sie radikal ein. Sie übernahm das Unter-nehmen Johann Strauß mit Haut und Haar. Jo-hann schrieb ihr überschwenglich-zärtliche Lie-

Adele Strauß und Johannes Brahms auf der Veranda der Strauß-Villa in Bad Ischl. Brahms nannte diese Besuche seinen »Hofdienst bei Adele« ...

Adele Strauß besaß mehrere Fächer, deren Blätter Widmungen und Vignetten von Künstlern und Schriftstellern trugen. Auf dem abgebildeten sind Autographen unter anderem von: Leopold Horowitz, Stella Hohenfels, Michael von Munkacsy, Joseph Joachim, Richard Strauss, Eugen (sic!) d'Albert, Carl Goldmark, Sarah Bernhardt, Paul Lindau, Johann Strauß, Adolf von Sonnenthal, Josef Lewinsky, Eduard Hanslick, Johannes Brahms, Charlotte Wolter, Alexander Girardi.

besbriefe von Zimmer zu Zimmer – und einen »Adelen-Walzer«. Er hat auch ihre kleine Tochter Alice ins Herz geschlossen (1896 komponierte er für ihre Hochzeit ein Präludium für Orgel, Geige und Harfe). Strauß fühlte sich sehr wohl und konnte sich wieder auf das konzentrieren, was ihm wirklich Freude machte: Komponieren und Tarockieren. Alles andere besorgte Adele.

In beruflicher Hinsicht begriff sie mit großer Klugheit, worauf es jetzt ankam: Der Terror von Zell und Genée, die sich für unentbehrlich hielten, mußte ein Ende nehmen. Für Strauß mußte eine neue theatralische Stoffwelt erschlossen werden. Als Strauß 1883 in Budapest eine Vorstellung seiner Operette »Der lustige Krieg« dirigierte, arrangierte Adele ein Treffen mit dem dort sehr populären Nestor der ungarischen Romanciers Maurus Jokai, dem »ungarischen Balzac«. Für beide Partner ergab sich daraus große Inspiration. Jokai, Chefredakteur einer führenden Budapester Zeitung, liberaler Reichstagsabgeordneter, erwies sich auch privat als blendender, phantasievoller Fabulierer und Erzähler. Seine Beliebtheit beruhte auf einer sehr großen Zahl von Romanen und Novellen, die das Leben in Alt-Ungarn fesselnd schildern. Schon beim ersten Gespräch wies Jokai den Komponisten auf seine Novelle »Saffi« hin, die auch in deutscher Sprache erschienen war und eine poesievolle Mädchengestalt in den Mittelpunkt einer märchenhaft ausgeschmückten Geschichte aus dem Ungarn der ersten Jahrzehnte nach der Türkenbefreiung stellte.

Strauß war von der Idee fasziniert, und Adele begriff, daß es ihm damit gelingen könnte, von der augenblicklichen Ungarnmode in einem Bühnenwerk zu profitieren. Die Ungarn waren die einzigen gewesen, deren Revolte Kaiser Franz Joseph im Jahre 1849 nicht aus eigener Kraft, sondern nur mit russischer Hilfe niederschlagen konnte. Sie waren auch die einzigen, die 1867 in der Umgestaltung des Habsburger Reiches zur Doppelmonarchie die Anerkennung ihrer Eigenstaatlichkeit unter einem eigenen König durchgesetzt hatten. Dieser König war in Personalunion gleichzeitig Kaiser von Österreich; so wurde am 8. Juni 1867 Kaiser Franz Joseph in der Kirche des heiligen Mathias in Budapest die Stephanskrone aufs Haupt ge-

setzt. Seither galt vielen denkenden Kreisen in Österreich das ungarische Modell als Vorbild für eine moderne Gestaltung des Vielvölkerreiches. Die Sonne über Österreich schien im Osten aufzugehen.

Jokai, der kein dramatisches Talent besaß und mit seinen Bühnenwerken nie Erfolg hatte, empfahl seinen in Wien lebenden Übersetzer Ignaz Schnitzer für die Ausarbeitung des Buches. Schnitzer war Journalist, hatte Gedichte von Petőfi übersetzt – und erfand den neuen Titel »Der Zigeunerbaron«.

Bei einem der traditionellen Abendessen in der Igelgasse (Gulasch mit Champagner!) wurde 1883 das denkwürdige Abkommen zwischen Strauß, Jokai und Schnitzer geschlossen.

Der Dichter Ignaz Schnitzer – ein nationales Talent

Zudem fließt der Melodienquell des Meisters jetzt schon so spärlich wie die Wien an heißen Sommertagen, und viele neue Einfälle hat Meister Johann bei der Composition des Zigeunerbarons nicht gehabt. Einer der schlechtesten war es jedenfalls, den »Zigeunerbaron«, diese opernhafte Gliederpuppe, in Musik zu setzen.

Wir haben über dieses Gebilde schon zu viele Worte verloren. Es erübrigt sich daher noch, die Schülerarbeit des Herrn Schnitzer zu classificiren: Geographie: Ungenügend.

Geschichte: Ganz ungenügend.

(Der zweite spanische Erbfolgekrieg hat nicht Spanien zum Schauplatze gehabt.)

Deutsche Syntax: Ganz ungenügend.

(Man sagt nicht: »Er wurde emigrirt!« wie es in der Rolle des Herrn Friese steht.)

Orthographie: Ausgezeichnet.

(Das Textbuch wurde gedruckt.)

Rechnen: Vorzüglich.

Aus »Der junge Kikeriki«, 1. November 1885

Johann Strauß war wie verwandelt. Noch nie hatte er mit solcher Konzentration zwei Jahre fast unterbrochen an einem Werk gearbeitet. Zum zweiten (und letzten) Mal in seinem Leben bewies er, daß er bei einem schlagkräftigen Buch mehr als nur ein Potpourri gesungener Tanzmelodien liefern konnte, daß er wirklich musikdramatisches Talent besaß, Figuren musikalisch charakterisieren und theatralische Spannung erzeugen konnte.

Schnitzer und Strauß waren ein ideales Team. Sie arbeiteten in der Igelgasse, in der Villa Schönau, in Franzensbad, in Marienbad; im August 1885 auch im Nordseebad Ostende Oft hat Strauß fertige Texte von Schnitzer komponiert. Manchmal wieder hat Schnitzer Johann Strauß den Inhalt einer Szene erzählt und ihn zuerst lange Komplexe komponieren lassen, die er nachträglich textierte: so etwa das große erste Finale, bei dem die Zigeuner den aus der Verbannung heimgekehrten Barinkay zum Woiwoden, zum Baron der Zigeuner, ausrufen.

Die Figuren des Buches sind gutes Theater. Da ist Barinkay, dessen Vater wegen Kollaboration mit den Türken nach der Befreiung durch Prinz Eugen landesverwiesen wurde, jetzt aber seine inzwischen verfallenen Güter wieder in Besitz nehmen darf. Da ist Saffi, das romantische Zigeunermädchen, die Barinkay hilft, den vergrabenen Familienschatz zu finden. Und vor allem der aufgeblasene, reiche Schweinefürst Zsupán, dessen Fach das Schreiben und das Lesen nie gewesen ist. Bei der Umformung von Jokais Erzählung durch Schnitzer mußten viele Details und Feinheiten zugunsten theatralischer Einfachheit geopfert, manchmal auch vulgarisiert werden. Später sagte man bei dem Auftrittslied Zsupáns: »Mein idealer Lebenszweck« – das ist Jokai! – »ist Borstenvieh und Schweinespeck« – das ist Schnitzer! Schnitzer gab Strauß auch Gelegenheit zu musikalischer Landschaftsmalerei. Ein Meisterstück ist schon der Anfang, das Gefühl unendlicher Einsamkeit über der ungarischen Tiefebene, mit den Rufen der Wachtel und des Kuckucks – wie barbarisch sind doch viele der modernen Inszenierungen, die das Auftrittslied des Barinkay mit großem Chor an den Beginn verlegen!

Der »Zigeunerbaron« war neu. So neu, daß man bei den Proben im Theater an der Wien große Zweifel am Gelingen hegte. Es war nicht ganz leicht, nach den Karikatur-Operetten in Offenbachimitation nun den richtigen Stil für diese romantisierten, aber doch irgendwie realen Figuren einer nationalen Phantasiehistorie zu finden. Noch bei der Generalprobe war die Stimmung eher gedrückt, und Johann Strauß soll

hernach einen Weinkrampf bekommen haben. Adele aber stand zu »ihrem Werk« und hat Johann Strauß ermutigt.

Die Premiere am 24. Oktober 1885, dem Vorabend des 60. Geburtstags des Komponisten, wurde zu dem vielleicht größten Triumph seines Lebens. Agioteure hatten für Plätze das Fünffache ihres Preises erzielt. Regie führte Franz Jauner. Sein Glanzstück waren schon in der Hofoper die großen Massenszenen gewesen, und hier konnte er sich wieder einmal richtig austoben. Im ersten Finale stürzten die Zigeuner kreischend mit Kind und Kegel so wild auf die Bühne, daß sich, wie ein Witzblatt schrieb, die Zuschauer die Taschen zuhielten. Jauner war eigens nach Raab gefahren, um ein echtes Zigeunerlager zu studieren; er hatte dort einen Zigeunerwagen und eine blinde Schimmelmähre gekauft, die auf der Bühne Furore machten. Im letzten Akt gab es einen fulminanten Einzug der aus Spanien heimkehrenden Krieger, mit echten Pferden, Kürassieren und Marketenderinnen. Niemand beanstandete das vollkommene Chaos der Daten und Schauplätze – der Erbfolgekrieg unter Maria Theresia, um den es sich da dreht, wurde überhaupt nicht in Spanien ausgefochten!

Zwei heimgekehrte Wiener sangen das Liebespaar: Karl Streitmann hatte den »Troubadour« am Prager Landestheater gesungen und war ein Barinkay mit glänzendem Tenor. Für die Saffi hatte sich Johann Strauß die Annina seiner Berliner »Nacht in Venedig« geholt, eine Wienerin namens Müller mit dem Künstlernamen Ottilie Collin. Beide brillierten mit ihrem weltberühmt gewordenen Duett von der Trauung durch den Dompfaff mit zwei Störchen als Zeugen – Schnitzer hatte auf Wunsch des Komponisten den Refrain auf die Vokale i und a aufgebaut: »Wie mild sang die Nachtigall ihr Liedchen durch die Nacht; die Liebe, die Liebe ist eine Himmelsmacht . . .« Natürlich schoß Girardi in der Rolle des Schweinezüchters den Vogel ab – im dritten Akt kam er vom Feld zurück: in feuerrotem Mantel, vollbeladen mit Uhren als Kriegsbeute, und erzählte von seinen angeblichen kriegerischen Heldentaten – ein liebenswert gemeiner Miles Gloriosus aus dem ungarischen Barock. Von seinen stereotypen Zsupánaussprüchen hören wir in heutigen Aufführun-

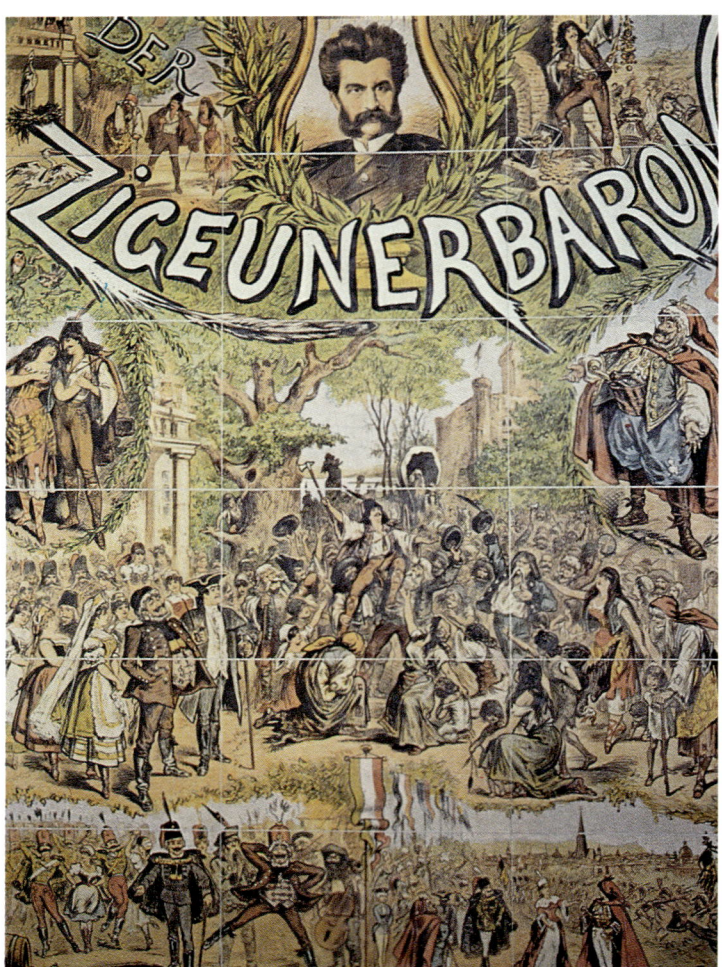

Plakat zum Zigeunerbaron. Am Tag nach der Uraufführung schrieb »Die Presse«: »Der Meister hat sich zu den künstlerisch reineren Formen der, man möchte fast sagen, seriösen Operette hindurchgerungen, von welcher aus nur ein kurzer Schritt zur Oper zu machen übrig bleibt.«

Links unten: Karl Streitmann (Barinkay) und Ottilie Collin (Saffi)

Rechts unten: Aus der Kritik des »Illustrirten Wiener Extrablatts«, ebenfalls 25. Oktober 1885: »Wir haben es da mit einer Universal-Zigeunerin (Antonie Hartmann) zu tun, welche Vergangenheit und Zukunft entschleiert, welche singen, wahrsagen und stehlen kann und obendrein Besitzerin zweier schlafender Geheimnisse und einer aufgeweckten Pflegetochter (Ottilie Collin) ist.«

»In der Operette läßt sich alles
schnell machen, auf das Zeichen
des Orchesterdirigenten erscheint
ein Zigeunertrupp, der den ersten
Tenoristen sofort zum Woiwoden
ausruft.« (»Wiener Leben«,
1. November 1885)
*Druck nach Aquarell von Theo
Zasche, 1885*

Alexander Girardi als Zsupan.
»Der Humorist« vom 23. Februar
1886 schrieb zur 100. Aufführung:
»Girardi war im Zigeunerbaron
eine Rolle zugeteilt, aus der ein
anderer schlechterdings nichts
hätte machen können. Sein
Schweinezüchter ist ein
Kabinettstück liebenswürdiger
Persiflage und
zwerchfellerschütternder Komik.«

gen noch immer: »Ah, dos is ausgezeichnet«, währenddem man zeitgenössischen Berichten zufolge am meisten über sein ewiges »Genug an dem« gelacht hat.

Schnitzer und Strauß haben an ihrem Werk noch nach der Premiere weitergearbeitet. Das zweite Finale hatte zunächst nur eine ungarische Nationalmelodie enthalten: das Werberlied, mit dem Obergespan Graf Homonay Soldaten für den Krieg gegen Spanien anwirbt; es ist eine alte Zigeunermelodie. Aber der Akt endete noch mit dem großen Walzer. Erst in der 75. Vorstellung brachte Johann Strauß die neue Version: jetzt endete der Akt mit einem Zitat des Rákóczimarsches. Alle, die der Meinung waren, Österreich habe beim Ausgleich mit Ungarn den kürzeren gezogen, sahen im »Zigeunerbaron« ein Symbol dieses Dualismus: zwei Akte spielten in Ungarn, nur einer in Österreich. Man suchte Parallelen zwischen der Musik und der Politik des Tages: Wie die Ungarn die Siebenbürger Deutschen magyarisierten, so germanisierten die Wiener Walzer von Meister Strauß die Magyaren ...

Jedenfalls war die Ausschaltung der scheinbar Allmächtigen, Zell und Genée, richtig gewesen, auch wenn sich daraus im Theater an der Wien intern eine delikate Situation ergab. Franz Jauner hatte 1880 das Theater gekauft und an Franz Steiner verpachtet, der es wegen seiner Schulden 1884 aufgeben mußte und mit Lily Strauß nach Deutschland ging. Jauner hätte das Theater gerne selber geleitet; doch hatte er nach seinem Ausscheiden als Hofoperndirektor das Ringtheater geführt und war nach dem tragischen Brand von 1881 wegen Fahrlässigkeit zu einer Freiheitsstrafe verurteilt worden; die Behörden verweigerten die Konzession. Da verkaufte Jauner das Theater um 664 000 Gulden an die junge Schauspielerin Alexandrine von Schönerer, eine Schwester des Reichstagsabgeordneten Georg Ritter von Schönerer, der 1882 den radikal-antisemitischen »Deutsch-Nationalen Verein« gegründet hatte. Sie überließ gegen einen Jahrespachtzins von 50 000 Gulden die Führung des Theaters Camillo Walzel alias F. Zell. Es konnte dem Textdichter nicht angenehm sein, daß gerade unter Direktor Walzel eine Straußoperette, die F. Zell nicht textiert hatte, diesen Triumph errungen hat.

»Die Fledermaus« blieb das populärste Werk von Johann Strauß, aber »Der Zigeunerbaron« ist sein bedeutendstes im Gesamtbild der Operettengeschichte. Nirgends zuvor war seine Musik so opernnahe wie hier. Da eine gewisse »Prosa-Pußta«, deren Weite man noch bei der Premiere kritisiert hatte, später drastisch reduziert wurde, bekam dieses Werk den Charakter einer Spieloper. Das trifft allerdings auf alle Werke aus der Epoche der »goldenen Wiener Operette« zu. Sie sind Spielopern mit längeren Dialogen, stärkerer Betonung des tänzerischen Elements, schweren Ensembles und brauchen Opernstimmen. Aber nur der »Zigeunerbaron« schlägt durch die Entdeckung des Ungartums und insbesondere durch die komische Rolle des Zsupán eine Brücke zur »silbernen Periode« der Wiener Operette, die nach der Jahrhundertwende einsetzte und durch ihre Meister Lehár, Kálmán, Fall, Straus und andere dieser Kunstgattung zum erstenmal zu einer gattungsmäßigen Individualität verhalf. Man mag diese »silbernen Operetten« lieben oder verdammen, man mag sie sogar »blechern« finden – sie haben unleugbar ein aus den nationalen Elementen der Donaumonarchie entstandenes künstlerisches Eigengesicht und viel mehr spielbare Bücher als die klassische Operette. Die silberne Operette beginnt mit dem Zsupán. Aber auch mit dem verlogenen, tragischen zweiten Finale, in welchem Barinkay auf Saffi verzichten will, weil sich herausgestellt hat, daß sie die Tochter des letzten türkischen Paschas ist; er aber hat sein Herz einer armen Zigeunerin geweiht. Und mit dem unsinnigen Hurra-Patriotismus, mit dem man begeistert in den Finale-Krieg zieht, ohne zu wissen, gegen wen und warum.

Adele Strauß verstand es meisterhaft, den Triumph des »Zigeunerbarons« durch Reklame weiter anzuheizen. Man erzählte sich von einem Gimpel, der Barinkays Auftrittswalzer pfeifen könne, man verkaufte »Zigeunerbaron«-Bartwichse, und man hörte mit Staunen, daß die Werkelmänner Johann Strauß eine Million Gulden für die Leierkastenrechte des »Schatz-Walzers« geboten hätten, der Meister habe sich jedoch 24 Stunden Bedenkzeit erbeten ...

Da der augenblickliche Hang zum musikalischen Purismus allen Bearbeitungen klassischer Werke skeptisch gegenübersteht, hat eine Welle pseudowissenschaftlich angepriesenen Urfassungsterrors bereits zahllose Produktionen von »Carmen« und »Hoffmanns Erzählungen« zerstört. Verdächtigerweise betrifft dies fast immer Werke, bei denen die urheberrechtliche Schutzfrist abgelaufen ist, sodaß nun Fabrikanten von »Urfassungen« dafür Tantiemen kassieren. Bei Verdi ist das bewiesen. Ich will nicht behaupten, daß dies auf die Hersteller der skurrilen »Urfassung« des »Zigeunerbarons« zutrifft, die 1990 am Opernhaus Zürich herauskam. Autoren sind der Dirigent Nikolaus Harnoncourt, der durch seine authentischen Interpretationen barocker Musik weltberühmt wurde (und auch den »Zigeunerbaron« wunderschön dirigiert hat), und Dr. Norbert Linke, Professor an der Universität Duisburg, Vorstand der Deutschen Johann-Strauß-Gesellschaft. Ich finde schon das Prinzip verfehlt – interessant ist nicht die Urfassung, sondern die letzte, mit der die Urautoren zufrieden waren. »Der Zigeunerbaron« war die erste Operette, die Johann Strauß ganz allein, ohne die nicht unbedeutende Assistenzarbeit von Richard Genée, geschrieben hat. Wir wissen, daß Johann Strauß ein musikalisches Genie war, aber nichts von Dramaturgie verstand und ihm

außer der »Fledermaus« und dem »Zigeunerbaron«, die blendende Bücher haben, kein gültiges Bühnenwerk gelungen ist. Im Falle des »Zigeunerbarons« ist das Material der Uraufführung nicht mehr genau herstellbar. Außerdem hatte Johann Strauß dem Regisseur Franz Jauner vor der Uraufführung ein Werk von untragbarer Überlänge eingereicht. Jauner hat als Theaterpraktiker Striche vorgenommen, die vielleicht Johann Strauß nicht recht waren, aber den Welterfolg mitbegründet haben. In Zürich hörte man Instrumentationsretuschen, umgestellte Nummern, veränderte Finali. Man erlebte aber den Auftritt des Zsupán, effektlos im Duett mit Ottokar, und nicht den fabelhaften altgewohnten Auftritt mit dem Schweinezüchter-Couplet. Graf Homonay kam in zweiten Akt nicht mit dem Werberlied – flau und wirkungsarm. Statt zweier Pausen, wie sie Strauß konzipiert hatte, gab es bei dieser »Urfassung« nur eine an einer eindrucksvollen Stelle des zweiten Aktes. Und was man szenisch bei dieser »Urfassungs-Uraufführung« erleben mußte: Eine durchinszenierte Ouvertüre – den Auftritt der Zigeuner aus dem modernen Hauptbahnhof von Zürich, die dann im Publikum bettelten. Die Heimkehr der Krieger als Krüppel – plötzlich schien Johann Strauß als schlechter Komponist, weil er keine Krüppelmusik geschrieben hat. Der Regisseur Jean-Louis Martinoty und der Bühnenbildner Hans Schavernoch haben die Nennung ihres Namens klugerweise verboten. Müssen wir uns nun auch vor einer »Urfassung« der »Fledermaus« fürchten, bei der Frosch ja nur eine winzige Nebenrolle war . . .?

Es war naheliegend, daß Strauß die Zusammenarbeit mit Schnitzer fortsetzen wollte. Der Schriftsteller schlug auch einen hübschen Stoff mit einer guten Girardirolle vor, die mittelalterliche Legende vom »Schelm von Bergen«, doch wurde das Projekt fallengelassen, als Johann Strauß erfuhr, daß Gilbert und Sullivan in ihrer Operette »Der Mikado« dasselbe Thema behandelten: ein Scharfrichter, dem das Köpfen kein Vergnügen macht.

Im Jahre 1886 dirigierte Strauß Konzerte in Rußland (wo man sogar eine eigene Zigarettensorte mit seinem Namen startete). Er brachte von dort zwei prachtvolle Rappen heim in die Igelgasse.

181

. . . »Mein idealer Lebenszweck . . .« – wie um Himmelswillen bringt ein ungarischer Schweinezüchter die Gedankenverbindung vom idealen Lebenszweck zuwege – ». . . ist Borstenvieh, ist Schweinespeck«. Nichts anderes als den träfenen Schweinespeck mußte der Jude Schnitzer, der später sogar unter seinen jüdischen Kollegen wegen seines Nägelbeißens höchst unbeliebt war, in seine dichterische Phantasie einbeziehen, um nicht den Verdacht allzujüdischer Orientierung aufkommen zu lassen. Allen jedoch, die es nicht wissen sollten, sei mitgeteilt, daß der Text des Duettes »Wer uns getraut«, der durchaus nicht jüdisch anmutet, gar nicht von Ignaz Schnitzer ist, sondern von Ludwig Ganghofer stammt, der Johann Strauß dieses Gedicht gelegentlich eines Diners auf die Menükarte schrieb, wohl als ihm der Meister der Töne seine Not um ein brauchbares Liebesduett anvertraute. Ein deutliches Wahrzeichen für die innere seelische Not, in der sich Johann Strauß damals befunden haben mag, das den Beweis liefert, daß Strauß den schönsten Einfall seines »Zigeunerbaron« der dichterischen Inspiration eines artverwandten Menschen verdankt.

Aus dem NS-Agitationsblatt »Der Stürmer«

Er und Adele fühlten, daß man in der Operette weiter neue Wege beschreiten müsse, aber beide sahen nicht klar, wohin es nach dem »Zigeunerbaron« gehen sollte. Da gab es ein Projekt um Shakespeares »Was ihr wollt«, das Max Kalbeck, der Kritiker des »Neuen Wiener Tagblatts«, bearbeiten sollte, und Ludwig Ganghofers Vorschlag eines »Ulrich von Liechtenstein« (inklusive Donauweibchen!). Nun hatte 1886 die Oper »Der Trompeter von Säckingen« von Victor Nessler Furore gemacht. Warum also nicht eine Operette nach einem altdeutschen Stoff? Und so gab es dann 1887 wieder eine der üblichen Johann-Strauß-Premieren mit verunglücktem Text im Theater an der Wien. »Simplicius« war kein Erfolg. Das Buch stammte von dem jungen Autor Victor Léon, der freilich später durch die »Lustige Witwe« der prominenteste Textdichter der silbernen Ära werden sollte. Girardi spielte den von einem Einsiedler erzoge-

nen Waldmenschen, einen Parsifal des Dreißigjährigen Krieges mit einer Löwenmähne. Grimmelshausen hat dieser Figur in seinem berühmten Roman aus dem 17. Jahrhundert eine bedeutende literarische Fassung gegeben. Die nicht sehr geglückte Premiere wurde überdies durch eine kurze Panik gestört: In der ersten Reihe rief eine Dame plötzlich: »Feuer!«, das Publikum – es war erst sechs Jahre her, daß das Ringtheater gebrannt hatte – stürzte zu den Ausgängen. Aber Direktor Walzel beruhigte das Publikum von der Bühne aus, und Johann Strauß brachte das Lied des Einsiedlers, das durch die Panik unterbrochen worden war, zur Wiederholung. Die genaue Ursache des Zwischenfalls hat man nie erfahren. Angeblich hatte die Feder eines Chorsängers an einer Gasflamme Feuer gefangen und etwas Brandgeruch verbreitet.

Seit Johann Herbeck die Absicht geäußert hatte, den »Carneval in Rom« in der Hofoper zu spielen, sprach man immer wieder von der möglichen Verbindung von Johann Strauß mit der Oper. Der Komponist machte sich auch ganz ernstliche Hoffnungen, daß Hofoperndirektor Wilhelm Jahn den »Zigeunerbaron« zur Uraufführung annehmen werde. Es geschah nicht.

Aus dem »Simplicius Simplicissimus« von Hans Jacob Christoffel von Grimmelshausen, den man den Parsifal des 17. Jahrhunderts nannte, wurde ein Operetten-Parsifal von Victor Léon mit Musik von Strauß. Alexander Girardi als Simplicius

Einerseits wollte Jahn keine Operette in der Oper spielen, andererseits war Ignaz Schnitzer ohne Wissen von Johann Strauß 1884 eine Bindung mit dem Theater an der Wien eingegangen: Nachdem die Behörden Jauner in diesem Jahr die Genehmigung zur Führung des Theaters verweigert hatten, wollte er Schnitzer als Strohmann vorschieben. Das verschaffte ihm zwar nicht die Konzession, wohl aber dem Theater an der Wien den »Zigeunerbaron« – Jauner wurde nicht Direktor, aber er kam als Regisseur.

Seit langem hatten einflußreiche Kreise Jahn zu bewegen versucht, er möge doch bei Strauß eine Oper bestellen. Jahn hat sich anfangs gesträubt, schließlich aber doch nachgegeben.

Strauß war entschlossen, es noch einmal mit dem Ungartum zu versuchen, das noch immer populär war und ihm zu seinem größten Erfolg verholfen hatte. Nun lebte damals in Wien ein sehr prominenter Autor, dessen Person eine Brücke zwischen der deutschen und ungarischen Literatur darstellte, Ludwig Dóczi. Er verkörperte die für Alt-Österreich so kennzeichnende Verbindung des Politikers mit dem Literaten. Dóczi stammte aus Ödenburg, war zweisprachig erzogen und arbeitete sich im Staatsdienst zum engsten Mitarbeiter des Grafen Julius Andrássy hinauf, des ersten Ministerpräsidenten der neuen konstitutionellen Regierung Ungarns. 1887 hatte die Schauspielerin Katharina Schratt, die dem Kaiser nahestand, am Burgtheater in Dóczis Schauspiel »Letzte Liebe« gespielt. Die eigentliche Spezialität des Literaten Dóczi aber waren Küsse. Schon 1884 war am Burgtheater sein Verslustspiel »Der Kuß« uraufgeführt worden, in dem der später berühmt gewordene Schauspieler Hugo Thimig an dieser Bühne debütiert hatte. Dóczi galt als Künstler des Künstlichen. Man nannte seine Prosastücke »Operntexte ohne Musik« und lobte seine Verse als besonders geistvoll und pikant. Bei der Oper, die er für Johann Strauß schrieb, scheint ihn diese Gabe leider verlassen zu haben, wenn er sein erprobtes Spezialgebiet mit folgenden Reimen beschrieb:
»'s gibt Küsse ganz verschiedener Weise –
man küßt bald laut, bald leise . . .«
Dóczi hat Goethes »Faust« ins Ungarische übersetzt und Madáchs »Tragödie des Men-

schen« ins Deutsche. Er war ein profunder Kenner der ungarischen Literatur und brachte Johann Strauß als Stoffvorlage eine Ballade des 1882 verstorbenen ungarischen Dichters János Aranyi. Die Oper behandelt die Geschichte des ungarischen Königs Karl Robert aus dem Hause Anjou im 14. Jahrhundert, der der reizenden Frau seines glatzköpfigen Vasallen Pásmán einen Kuß (auf die Stirn!) raubt, für den sich der blamierte Landedelmann dadurch rächt, daß er seinerseits der Königin einen Kuß gibt. Ebenfalls auf die Stirn!

Unschuldige Busserls

Das Buch, das mit seinen wunderschönen Versen Allen welche es gelesen, riesig gefallen hat, ist als Oper für die Bühne vom Dichter zu wenig dramatisch behandelt worden . . . Ich will dem Doczi keine Vorwürfe machen, aber wegen des bisserl unschuldigen Busserls so viel Skandal zu schlagen, paßt heute der corrumpirten Gesellschaft nicht. Heute wäre es dem Publikum sympathischer gewesen – der König hätte die ehrbare Rittersfrau verführt.

Jean an Eduard, 22. April 1892

Die Premiere von »Ritter Pásmán« fand am Neujahrstag 1892 an der Wiener Hofoper statt. Sie blieb eine gesellschaftliche Sensation, künstlerisch wurde sie kein Erfolg. Jahn dirigierte mit wenig Enthusiasmus und nahm viele Tempi ganz anders, als Strauß sie gemeint hatte. Aber das Werk, das nach wenigen Vorstellungen verschwand, wäre wahrscheinlich ohnehin nicht zu retten gewesen. Die »komische Oper« ist undramatisch und unkomisch. Johann Strauß hatte eine Musik geschrieben, von der man im guten und schlechten Sinne sagte, »man hätte sie ihm nicht zugetraut«. Die Partitur beweist eine ganz erstaunliche technische Meisterschaft. Es meistersingert in diesem Werk auf ungarisch, es gibt chromatische Phrasen, die an Tristan erinnern, kunstvoll gebaute Chorsätze und vor dem dritten Akt ein fugiertes Vorspiel. Johann Strauß zeigte sich auch hier als Erfinder wundervoller Melodien – eine dramaturgische Verarbeitung der Themen hat er jedoch niemals versucht. Es gibt in »Ritter Pásmán« auch keine Leitmotive im Sinne Wagners. Trotz brillanter Einfälle blieb alles Halbheit. Wahrscheinlich bestand der erste Fehler darin, daß die Hofoper Johann Strauß die vertragliche Bindung auferlegt hatte, die Oper durchzukomponieren. Hätte er sein Werk auf Musik mit Dialogen aufbauen können, so hätte er sich mehr zu Hause gefühlt.

Die Bibliothèque Nationale in Paris besitzt einen undatierten Brief von Johann Strauß an Franz Jauner (wahrscheinlich 1890), in welchem der Komponist ein Fiasko der Oper voraussieht und bemerkt, er hätte in derselben Zeit vier Operetten schreiben können; sogar den Durchfall von dreien davon hätte er in Kauf genommen ...

Die einzige Oper:
RITTER PASMAN
1. Januar 1892
K. K. Hof-Operntheater

Corpus delicti Pásmán

> *Franzensbad, 8. August 1891*
> *... kann ich nicht umhin, zu gestehen, daß mich mein heroischer Entschluß, eine Oper zu schreiben, nicht selten mit Kummer erfüllt. An den Ausgang habe ich noch vorläufig nicht Zeit zu denken – doch werd' ich mit dem Pasman erst fertig sein, dann kommen die abscheulichen Geburtswehen, die ohne Kaiserschnitt nicht denkbare Überlieferung des corpus delicti, welches schon nach dem ersten Bade zu ersaufen das Mißgeschick haben wird.*

Johann Strauß an seinen Freund S. Priester

Der Abend, der nach dem ersten Akt von Adeles »Lohnklatschern« in Schwung gebracht wurde, zündete nur zweimal wirklich: im zweiten Akt, als die beliebte Mezzosopranistin Marie Renard ein Lied sang, mit dem sich der alte Walzerkönig inkognito in sein eigenes Reich eingeschmuggelt hatte (»Er ist ja jung – ich halt ihn in guter Erinnerung«, seufzt die illegal geküßte Schloßfrau). Am echtesten kam Johann Strauß, wie man ihn liebte, im dritten Akt beim großen Ballett der Königshochzeit zur Geltung: zuerst Walzer, dann Polka, am Ende ein Csárdás – wobei zum erstenmal ein Cymbal im Orchester der Hofoper verwendet wurde. Auch in der

Musik behielt Ungarn das letzte Wort. In diesem Ballett durfte Strauß als absoluter Musiker über Dóczi siegen – »O Pásmán, alter Esel du, du armer alter Ritter« ...

Noch einmal hat man Musik aus »Ritter Pásmán« in der Hofoper gehört: 1896 sang Marie Renard in der »Fledermaus« den Pásmán-Walzer, weil ihr der Csárdás zu hoch lag. – Strauß hatte für ihre Rosalinde einen anderen Csárdás komponiert, der nie gesungen und später in das Ballett »Aschenbrödel« eingelegt wurde.

Im Oktober 1894, anläßlich der großen Johann-Strauß-Feiern zum Jubiläum des halben Jahrhunderts, das seit seinem Debut beim Dommayer vergangen war, brachte Dóczi dem Meister eine Torte, mit Pásmánnoten aus Zucker verziert. Seufzte Strauß: »Endlich hast du meiner Musik etwas Genießbares unterlegt.«

Ein Jahr nach der »Pásmán«-Premiere wollte Wilhelm Jahn die Ballettmusik in die durchgefallene Oper »Die Rantzau« von Mascagni – als Rettungsversuch – einlegen. Strauß wies das empört ab. »Wenn meine Ballettmusik stark genug ist, eine fremde Oper zu halten, dann soll sie mein eigenes Werk tragen«, schrieb er an Eduard.

Strauß konnte doch noch einen Triumph an der

»Da nahm ich mir ein Weib dazu, verschwunden sind mir Glück und Ruh«, singt der ungarische Landedelmann Ritter Pasman, der nach dem Prinzip Zug um Zug, Kuß für Kuß seine gekränkte Familienehre rettet. Franz von Reichenberg, der die Titelrolle kreierte, war ein echter »Basso profundo«: Bei den Bayreuther Festspielen gab er den ersten Fafner. Er endete in geistiger Umnachtung.

S. 185, links:
Was wäre die Wiener Operette ohne die Stars aus Ungarn gewesen? Ilka Palmay stammte aus Kaschau, wurde Ungarns erste Operettensängerin und sang später ihre Rolle auf deutsch, in England auf englisch. Die erste Fürstin Ninetta hat einen Roman »Theaterschminke« und eine Gedichtsammlung »Aus wundem Herzen«, beides auf ungarisch, publiziert.

FÜRSTIN NINETTA
10. Januar 1893
Theater an der Wien

JABUKA
(Das Apfelfest)
12. Oktober 1894
Theater an der Wien

Rechts: »Ein Schritt zur ewigen Vollendung – Kurzum, das Höchste ist eine Pfändung.« Es war der Höhepunkt der Girardi-Zeit. In »Jabuka« erschien der Unentbehrliche, Unersetzliche, als Gerichtsdiener Joschko, für den der Inbegriff aller irdischen Glückseligkeit das Pfänden ist, das er aber zu seinem Leidwesen nur selten vollziehen kann, weil »jeder Lump seinen Pump mit Zinsen heut' zurück gibt«. Diesmal amtiert er beim »Apfelfest« unter den Serben Südungarns. Jeder Bursche, der eine Dorfschöne liebt, beißt in deren Apfel; erwidert das Mädchen seine Liebe, so beißt auch sie hinein. Ist es manchmal wohl ein »saurer Apfel«? Johann Strauß hatte seinen Operntraum noch nicht ganz ausgeträumt. Der Erfolg der »Verkauften Braut« war bestimmend für das slawische Milieu, jener der »Cavalleria« für das Intermezzo vor dem letzten Akt. Die Uraufführung war ein Teil der Feiern zum fünfzigjährigen Künstlerjubiläum des Meisters, an denen ganz Wien Anteil nahm.

Hofoper erleben: Die »Fledermaus« zog am 28. Oktober 1894 ein, zunächst als Nachmittagsvorstellung, später als richtiger Bestandteil des Repertoires.

Es gehörte zur Tragik im Leben von Johann Strauß, daß er die erste echte österreichische Walzeroper nicht schaffen konnte. Sie gelang erst viele Jahre später einem Nicht-Österreicher, nämlich seinem Namensvetter Richard Strauss, mit dem »Rosenkavalier«. Andererseits konnte der alternde Johann Strauß weder zum Walzerschreiben für die Ballsäle noch unbelastet zur Operette zurückfinden: »Es kommt mir schwer an, mich wieder an die gemeine Dudelei gewöhnen zu können.« Obwohl er durchaus nicht ausgeschrieben war – der »Kaiser-Walzer« entstand zwei Jahre nach »Simplicius«, sein herrlicher Konzertwalzer »Seid umschlungen, Millionen« erklang erstmals im selben Jahr wie »Ritter Pásmán« –, schuf er als Operettenkomponist nur mehr Nieten. Neue Librettisten, die Adele unter Journalisten (» . . . nur mit denen sich nicht verderben . . .«), Lustspielfabrikanten und einflußreichen Kritikern aufgetrieben hatte, lieferten Mittelmaß. Aus diesen Spätwerken blieben lediglich Augenblicke in der Erinne-

rung haften; aus »Fürstin Ninetta« (1893), deren Premiere Kaiser Franz Joseph besucht hat, eine neue Pizzicato-Polka als Begleitung eines Kinderballetts. Julius Bauer, Redakteur des »Neuen Illustrierten Extrablatts«, und Hugo Wittmann, Feuilletonredakteur der »Neuen Freien Presse«, hatten das Buch geschrieben, das nach dem Grundsatz »Eine Krähe hackt der anderen kein Auge aus« tolerant rezensiert wurde. Aus »Jabuka« (1894) blieb eine serbische Volksmelodie. In diesem Stück geht es um die Brautschau bei dem herbstlichen Apfelfest in Südserbien, bei dem jeder Junge seiner Erwählten einen Apfel gibt, den sie zum Zeichen ihres Ja oder Nein annimmt oder zurückweist – Nachempfindung der eben in Wien erfolgreichen »Verkauften Braut«, aber auch Vorahnung jener slawischen Note, welche die silberne Operette zum Symbol des multinationalen Österreich machen sollte. Und aus »Waldmeister« (1895) schließlich die letzte große Walzermelodie von Strauß, »Trau, Schau, Wem«, und die Erinnerung an Alexander Girardi als sächselnder Botanikprofessor. Dieses Walzerthema, eigentlich eine Umkehr der ersten Dreiklangtakte des Donauwalzers, ist das Hauptthema der Ouver-

türe, die Claudio Abbado beim Neujahrskonzert der Wiener Philharmoniker 1991 einer unverdienten Fast-Vergessenheit entrissen hat. Bei der letzten Wiederholung des Dreiklangthemas im Walzertakt spielen die Geigen eine bezaubernde Gegenmelodie, die angeblich (sehr angeblich!) Johannes Brahms seinem Freund Johann Strauß heimlich in die Partitur hineingeschrieben hat.

Von Girardi wurde Strauß in seiner Verzweiflung über das Nichtgelingen der letzten Werke immer mehr abhängig: »Sie allein haben über das Sein oder Nichtsein zu entscheiden!« – »Sei mir gut und lobe mich!« – »Der Xandl wird's schon richten« – das waren die Beschwörungsformeln, die aber nicht mehr halfen. Girardi hatte Eheprobleme – und außerdem war er verstimmt. Unter der Direktion Walzel (der nun ausgeschieden war), war er am Theater an der Wien mit eigenem Kapital beteiligt gewesen und hatte sich so ein legales Mitspracherecht geschaffen. Nicht mehr unter Fräulein von Schönerer, die er haßte und deren Amateurregien er elend fand.

In Wahrheit aber war er dieser »Girardi-Operetten«, die er immer wieder retten mußte, müde

geworden. – Bei der letzten Operette von Johann Strauß, »Die Göttin der Vernunft« (1897), die in der unstraußischsten aller Welten spielt, nämlich der Französischen Revolution, hat er nicht mehr mitgemacht. Girardi hatte jenen Weg zu beschreiten begonnen, der ihn am Abend seines Lebens auf die Bühne des Burgtheaters brachte. Und Johann Strauß, der seit »Simplicius« keiner seiner Premieren mehr dirigiert hatte (bei »Waldmeister« leitete er nur die Ouvertüre), ließ sich vor seiner letzten Uraufführung krank melden und blieb zu Hause.

Adele hat es noch erlebt und zum Teil sogar veranlaßt, daß außer der »Fledermaus« noch der »Zigeunerbaron« (1910) und »Eine Nacht in Venedig« (1929) in der Wiener Oper gespielt wurden. 1906 erschien der »Zigeunerbaron« an der Metropolitan Opera in New York. Der dritte Akt spielte dort vor Schloß Schönbrunn, und Zsupán brachte aus dem spanischen Krieg eine Menge Gefangene mit – lauter Stars der Met, die sich durch ein Lied die Freiheit erkaufen konnten! Unter ihnen befand sich auch Enrico Caruso – er ersang sie sich durch das Duett aus »Die Macht des Schicksals« mit Antonio Scotti. »Dos wor ausgezaichnet!«

Bei der New Yorker Neuinszenierung des Jahres 1959 war Saffi die Tochter des Grafen Rákóczi, dessen Name auf der letzten Silbe betont wurde, damit es sich auf »clear to see« reimt.

»Genug an dem!«

Im Jahre 1986 brachte die Met eine neue »Fledermaus« in der Inszenierung von Otto Schenk, eine von mir ins Englische übertragene Fassung von Peter Weiser. Jeffrey Tate dirigierte.

Ein Dauerbrenner der amerikanischen Operettenwelt ist »The Great Waltz«. Der Titel bezieht sich auf eine von Erich Wolfgang Korngold und Julius Bittner nach Melodien von Strauß Vater und Sohn zusammengestellte Operette »Walzer aus Wien« (Theater an der Wien, 1931).

Auf einem amerikanischen Theaterzettel nimmt die Liste der »Bearbeiter« und Verballhorner jeweils viele Zeilen ein. Man muß es erlebt haben, wenn der Vater Strauß zum Gondellied aus der »Nacht in Venedig« auftritt und sich mit seinem Sohn zur Melodie von »Wer uns getraut« zankt . . .

DIE GÖTTIN DER VERNUNFT
13. März 1897
Theater an der Wien

WALDMEISTER
4. Dezember 1895
Theater an der Wien

Als Kammerkätzchen Jeanne in »Waldmeister« entfaltete die Wiener Schauspielerin Therese Biedermann, die von Heinrich Laube entdeckt wurde und in Kinderrollen am Burgtheater begonnen hatte, »alle Kobolde ihres Humors« (»Fremdenblatt«). Die Premiere war »unter persönlicher Leitung des Komponisten« angekündigt, er dirigierte aber nur die Ouvertüre. Der Abend stand im Schatten der Girardi-Krise. Girardi wollte noch bei den Proben ausspringen, weil ihm die Rolle nicht gefiel und weil sein zerrüttetes Familienleben eine große nervliche Belastung für ihn darstellte. Seine Frau, die beliebte Schauspielerin Helene Odilon, betrog ihn mit einem Baron Rothschild.

JOHANN STRAUSS LIEBTE BAD ISCHL

DAS »FREIE«, SO GLAUBT ER, IST ÜBERHAUPT NUR EINE GROSSE ERKÄLTUNGSANGELEGENHEIT. DARUM GEHT ER AUCH FAST NIEMALS AUS; DIE STRASSEN, DENKT ER, GEHÖREN ZUM FAHREN. DAS SOGENANNTE SPAZIERENGEHEN KENNT ER BLOSS AUF DEM LANDE, ÜBT ES ABER AUCH NUR SO WEIT, ALS DAS GASTHAUS »ZUR G'STÖTTEN« VON ISCHL ENTFERNT IST. DAS IST AUF DER EBENSEER LANDSTRASSE, UND DORT MUSS ER HIN, WEIL DORT SEINE STÄNDIGE TAROCKPARTIE IHRE SITZUNGEN HÄLT.

Meyerbeer und Brahms, Bruckner und Mahler, Ignaz Brüll und Ziehrer, Lehár, Oscar Straus, Leo Fall und Kálmán. Nicolai und Bauernfeld, Strindberg, Sudermann und Galsworthy – eine Aufzählung der prominenten Stammgäste Bad Ischls würde Bände füllen. Johann Strauß kam erstmals im Jahr 1855 und war von 1892 bis 1898 regelmäßig Sommergast; der Tod raffte ihn hinweg, als er die Sommerreise des Jahres 1899 nach Ischl vorbereitete. Strauß wohnte zuerst in verschiedenen Villen in Kaltenbach (unter anderem in der des Kunstmäzens Nikolaus Dumba), dann mietete er – und kaufte schließlich – die Villa Erdödy. Sie gehörte einer berühmten Familie: die ungarische Gräfin Anna Maria Erdödy war mit Beethoven befreundet; ihr Gatte, Graf Peter Erdödy, gehörte zu dem Wiener Aristokraten-Konsortium, das Beethoven 1809 eine lebenslängliche Jahresrente aussetzte, damit er nicht zu Napoleons Bruder, König Jerome von Westfalen, als Kapellmeister nach Kassel ginge. Heute steht an der Stelle der Villa Erdödy ein Hochhaus – keine Gedenktafel weist auf den Vorgängerbau hin.

Johann Strauß hat sich in Ischl wohlgefühlt, er fand den Regen inspirierend, nahm Solbäder, spielte Tarock und Billard, holte oft Brahms zu Gast und besuchte seine Stammlokale – das Café Ramsauer, in dem Girardi verkehrte (an der Mauer sind Gedenktafeln für Johann Strauß, Girardi und Robert Stolz), und das Gasthaus Zur G'stötten. Der Weg jenseits der Ebenseer Brücke, der zum G'stötten-Wirt führt, wurde anläßlich des fünfzigjährigen Künstlerjubiläums, 1894, »Johann-Strauß-Promenade« genannt. Nach dem Gratulationsbesuch des Ischler Bürgermeisters in Wien stiftete er 400 Gulden für die Armen Ischls, mit der Bitte, »auch die Armen Ebensees mit einem Schärflein zu bedenken«. Seine Stieftochter Alice trat 1895 vor ihrer Heirat mit Marquis Bayros in Ischl vom mosaischen zum katholischen Glauben über.

Gelegentlich dirigierte Strauß noch in Ischl. Als ein Hochwasser am 30. und 31. Juli 1897 Bahnen, Straßen und fünf Brücken zerstört hatte, gab er am 12. August im Garten seiner Villa Erdödy ein »Ländliches Promenade Concert«, bei dem Mitglieder des Hofs und Hochadels am Buffet bedienten und Adele in »künstlerischen Buden und Zelten« Bilder verkaufen ließ. Man schuhplattelte, und der spätere Operettenstar Fritz Werner sang Chansons. Meister Strauß dirigierte die mit der k. k. Salinenkapelle vereinigte Kurkapelle: »Fledermaus«-Ouvertüre, Donauwalzer – und eine »Kriegsabenteuer« genannte Polka nach Themen aus dem »Zigeunerbaron«. Reinertrag: 3 000 Gulden!

Seit 1960 veranstaltet die Ischler Operettengemeinde unter der musikalischen Leitung von Eduard Macku allsommerlich Operettenfestspiele, die auch das Werk von Johann Strauß pflegen.

»Herr des Weißen Elefanten«

nannte sich König Tschulalongkorn von Siam, der
im Juni 1897 nach Bad Ischl kam. Er war eines
der (angeblich) 362 Kinder von den (angeblich)
84 Haremsfrauen, die sich sein Vater, König Maha
Mongkut, gehalten hatte. Ihn und die englische
Gouvernante, welche die jungen Prinzen am si-
amesischen Königshof unterrichtete, kennen wir
aus dem Musical »Der König und ich« von Rodgers und Hammerstein. Tschulalongkorn war im
Jahr 1897 nach Europa gekommen, weil ihn der
1896 zwischen England und Frankreich über
Siam abgeschlossene Vertrag beunruhigte. Vor seiner Visite beim Kaiser in Wien besuchte er Ischl;
die rote Königsfahne mit dem weißen Elefanten
wehte drei Tage lang über dem Hotel Bauer. Im
Hoftheater von Ischl spielte man ihm zu Ehren am
17. Juni die »Fledermaus«; der König erschien
nicht, sondern sandte eine Delegation von Prinzen. Johann Strauß dirigierte die Ouvertüre und
bekam den »Elefanten-Orden Erster Klasse«.

In seiner Villa in Kaltenbach bei Ischl verbrachte Johann Strauß die letzten Sommer seines Lebens. »Mein Aufenthalt hier vollkommen nach meinen Wünschen. Erstens perfektes Regenwetter! Das lebhafte Rauschen des nah liegenden Baches unendlich symphatisch, und im geheizten Zimmer Noten schreiben! Je mehr es draußen stürmt und tobt, desto wonniglicher ist mir zu Mute! Nur kein Sonnenschein zur Arbeit!« (Johann Strauß an seinen Freund S. Priester, Ischl, 21. Juni 1894) – Wen wundert es da, daß das Bild mit der pittoresken Holzbank nicht in freier Natur, sondern im Atelier des Fotografen aufgenommen wurde!

Wie Johann Strauß war auch Brahms – hier auf der Veranda der Strauß-Villa – regelmäßig Sommergast in Ischl. Er schätzte den Wiener Meister sehr und zeigte das auch, indem er Straußwalzer blendend am Klavier spielte, die Instrumentation pries und das Opfer brachte, auf Gesellschaften bei Johann Strauß die Familie des Hausherrn von seinen gefürchteten Sarkasmen zu verschonen, die sich allerdings manchmal über die Gäste ergossen.

DER DÄMONISCHE SPIESSBÜRGER: JOHANN STRAUSS PRIVAT

»VOR DEM GESETZE DER NATUR HEISST'S SICH BEUGEN, DIESER MACHT GEGENÜBER SIND WIR OHNMÄCHTIG. DER ZAHN DER ZEIT REISST ALLES MIT SICH FORT. DESHALB BRÜDERL WOLLEN WIR ES NOCH VERSUCHEN, WENIGSTENS DURCH KECKHEIT UNSEREN GESUNDEN HUMOR, DAS EINZIGE, WAS IN UNS NOCH GESUND, SO LANG DER MACHT DER VERNICHTUNG ALS KÄMPFER GEGENÜBERZUSTELLEN, BIS UNS ENDLICH DER ATHEM AUSGEHEN MUSS.«

Johann Strauß an seinen Bruder Eduard, ohne Datum

Johann Strauß hat komponiert. Das ist so ziemlich das einzige, was wir mit Bestimmtheit über sein Privatleben aussagen können. Zu viele Klischees haben ihn zeitlebens umgeben; aufgebaut von sensationslüsternen Reportern, von Bewunderern, die zugleich willige Opfer der Massenhypnose waren, und nicht zuletzt von ihm selbst. Das Klischee des Stürmers und Drängers, der sich mit Enthusiasmus auf die Barrikaden der Revolution von 1848 gestellt hat und mutig dem ultrakonservativen Vater politisch und musikalisch entgegentrat, hat er selber dadurch zerstört, daß er in den folgenden Jahren unablässig und nicht besonders erfolgreich um die Gunst von Kaiser Franz Joseph gebuhlt hat. Viel schwerer zu zerstören ist jenes wuchernde Klischee aus Kitschwörtern der schriftlichen und mündlichen Straußliteratur um den heiteren Sorgenbrecher, den strahlenden Freudenspender, den frohen Genius der Wiener Heiterkeit, den lachenden Zauberer, Bezauberer und Verzauberer.
Wie heiter, wie lachend, wie strahlend, wie froh war der Mann eigentlich, der mit der Geige im Arm die Menschheit lachen und tanzen machte – mit einer Musik, deren Grundnote eine tiefe, beinahe schaurige Melancholie ist? Wieweit entsprang sie seinem Charakter? Entstand sie aus seelischem Schmerz und Leid? War Johann Strauß, der ständig bewunderte und umschwärmte Mann, vielleicht ein buckelloser Rigoletto, der eigenem Leid zum Trotz seinen

Hof, der die ganze Welt war, zum Lachen brachte? War ihm, wie Verdis grandiosem Hofnarren, des Menschen Erbe, die Träne, versagt? Was dachte, was fühlte, was empfand der seltsame große Unbekannte, von dem es kein einziges Bild gibt, auf dem er lächelt? Man hat ihn in seinen letzten drei Lebensjahrzehnten in der Öffentlichkeit hauptsächlich als Dirigenten seiner Operetten gesehen: Da stand er am Pult, das unter Lorbeerkränzen ganz verschwunden war, und hypnotisierte sein Publikum allein schon mit dem Spiel seiner von weißem Glacéleder bedeckten Hände, an denen schwere Armbänder mit Anhängsel hingen. Nach den Aktschlüssen kam er vor den Vorhang, etwas zurechtgemacht, preßte die linke Hand mit einer charakteristischen Geste ans Herz und sandte gekünstelte, halb gebrochene, verklärte Blicke über das Nobelpublikum bis hinauf zur johlenden Galerie. Der Drang zu gefallen, der Zwang zu gefallen und die Angst, am Ende nicht zu gefallen, waren die ewigen Peitschen über seinem Leben. Durch sie wurde er gezwungenermaßen zu einem Meister in der Behandlung von Publikum und Presse. »Ich muß Melodien schreiben, die im Ohr bleiben«, hat er einmal gesagt, »denn die armen Leute auf der Galerie haben ja nicht das Geld, sich Klavierauszüge zu kaufen.«
Johann Strauß hatte eine unglückliche Kindheit im zerrütteten Familienleben seines Elternhauses gehabt. Er vergötterte mit verzweifelter

Liebe seinen allseits bejubelten Vater, der ihm verboten hatte, Musiker zu werden. Das erzeugte in ihm eine alle Maße übersteigende Liebe zur Mutter, der es gelang, ihrem treulosen Gatten aus Rache das Ärgste anzutun; sie erschuf in ihrem Sohn einen zweiten Johann Strauß, von dem sie hoffte, daß er der einzige werden würde. Johann hing an seiner Mutter, die ihm nicht nur das Leben gegeben, sondern auch die Basis zu seinem Weltruhm geschaffen hatte.

Von allen meinen Kollegen ist mir Strauß einer der liebsten, wenn nicht der liebste überhaupt.

Johannes Brahms

Johann Strauß ist der musikalischste Schädel der Gegenwart. Es leben alle musikalischen Genies von Bach bis Johann Strauß!

Richard Wagner

Johann Strauß ist ein ganz eigener. Ich verehre nicht bloß den Künstler, sondern auch den Menschen.

Anton Rubinstein

Die Menschen werden erst gesund werden, wenn es dazu kommt, daß sie ohne Schuhe Strauß'sche Walzer tanzen.

Pfarrer Kneipp

Ich bin gegenwärtig damit beschäftigt, einen Auto-Komponierapparat zu vervollkommnen, der Straußophon heißen und jedermann in die Lage versetzen wird, seinen Bedarf an Walzern selbst und sofort herzustellen. Das Straußophon wird rascher arbeiten, als es Herr Johann Strauß bisher vermochte.

Edison

Johann Strauß wurde dreimal geheiratet. Drei Gattinnen haben von ihm total Besitz ergriffen und ihn entmündigt. Jetty heiratete einen lebenslustigen, die Nächte bei Wein und Musik durchschwärmenden Gesellschaftsfanatiker; die ehemalige Sängerin wollte sich durch ihn ihre

verlorene Welt des Theaters zurückerobern – sie hat sich in der Börsen- und Finanzwelt ihres früheren Liebhabers gelangweilt, aber trotzdem ihrem um sieben Jahre jüngeren, genialen Gatten, der in ihr noch einmal eine Mutter gefunden hatte, im richtigen Augenblick brutal vorgehalten, daß »mein Baron« ihr mehr bieten konnte. Sie hat Johann Strauß zum Theaterkomponisten gemacht – aber sie schuf ihm auch jene von so vielen Ehemännern ersehnte und zugleich gefürchtete traute Häuslichkeit, durch die er zum Spießbürger wurde. Das war die große Überraschung für Lily, die junge Gesangelevin, die gedacht hatte, in dem weltberühmten Mann ihren glanzvollen Entdecker und Manager zu heiraten. Vor der Umformung durch Jetty wäre Johann Strauß wahrscheinlich auch trotz des Altersunterschiedes Lily gewachsen gewesen. So aber zerbrach die Ehe, und ein Zermürbter war reif für die Heirat durch Adele. Diese um mehr als dreißig Jahre jüngere, härteste seiner Manager-Mütter umschlang die Millionen des kostbaren Künstlerlebens an der schönen blauen Donau mit den Frühlingsstimmen tantiemenhungriger Liebe und machte aus dem Rattenfänger in Pension einen Einsiedler in Glacé.

Dem musikalischen Genie von der unvorstellbaren Schaffenskraft eines Johann Strauß konnte aber keine seiner Frauen etwas anhaben. Er komponierte immer. Tags, nachts, spazierend, im Fiaker sitzend, schlafend, liegend, wachend und träumend. Am liebsten schrieb er stehend an einem großen Pult. Niemals komponierte er am Klavier. Obwohl er in seiner Jugend sehr gut Klavier spielte – er ist sogar gemeinsam mit Bruder Josef öffentlich als Pianist aufgetreten –, hatte er wenig innere Beziehung zu diesem Instrument, ja er hat sogar einmal gesagt, die Tasten führten seine Inspiration in eine falsche Richtung. Da er in späteren Jahren überlange, damenhafte, modisch-spitzgeschnittene Fingernägel hatte und außerdem schwere Armbänder trug, war ihm das Klavierspiel auch technisch zu schwierig geworden; man schilderte es als hart und gehackt.

Merkwürdigerweise war sein Lieblingsinstrument das Harmonium. Wenn er eine am Stehpult erfundene Phrase kontrollieren wollte, ging er zu diesem Instrument. Johannes Brahms fand

Links: Das Arbeitszimmer des Palais in der Igelgasse öffnete sich nach dem Garten – hier komponierte Johann Strauß, meistens an diesem Stehpult, in dem berühmten karierten Pepita-Hausanzug.
Kolorierte Xylographie von Theo Zasche, o. J.

Auf dem Bild rechts das Arbeitszimmer in der Ischler Strauß-Villa. In Ischl arbeitete Strauß ebenfalls an einem Stehpult, das er manchmal auch auf die Veranda tragen ließ

eine der seltenen Gelegenheiten, herzlich zu lachen, wenn Johann Strauß in seiner Villa in der Hetzendorfer Straße, wo die »Fledermaus« entstanden ist, Polkas auf dem Harmonium spielte. Aber schließlich soll er ja als junger Mann sogar an der Orgel der Kirche Am Hof über Walzer- und Polkamotive phantasiert haben. Sein Harmonium war ein Geschenk amerikanischer Freunde nach der Amerikatournee von 1872. In seinem prachtvollen Palais in der Igelgasse in der Vorstadt Wieden, das er sich nach Jettys Ideen hatte erbauen lassen und in das er 1878 mit Lily eingezogen war, verwendete Strauß in späteren Jahren ein speziell für ihn hergestelltes »mehrspieliges« Harmonium mit zwei Manualen. Auf einem weichen Smyrnateppich pendelte er in seinem Arbeitszimmer – dem »Allerheiligsten«, das im Hochparterre gelegen war und sich nach dem Gartenhof öffnete – zwischen Stehpult und Harmonium hin und her. Am

Stehpult befand sich ein Läutwerk, durch das er Adele aus dem oberen Stockwerk herabrufen konnte, wenn er ihr eine neue Melodie vorspielen wollte. Viele Melodien fielen ihm nachts ein. Den Walzer aus »Simplicius« zu den Worten »Ich denke gern zurück an mein entschwund'nes Glück« kritzelte er auf sein Leintuch. Manchmal lallte er im Halbschlaf Melodien und rief Adele die Namen und Reihenfolge der Töne zu, die sie notierte. Er hat auch erzählt, daß ihm schon komplette Melodien im Traum eingefallen wären, darunter die merkwürdigen beiden Orchesterstücke aus dem Jahr 1895, die er »Traumbilder« nannte – es sind beinahe symphonische Dichtungen; die zweite ist ein Porträt von Adele (es ist die »Sinfonia domestica« von Johann Strauß!) in einer musikalischen Sprache, die Goldmark nachempfindet, Mahler und Lehár in kurioser Verbindung vorausahnt und so eigentümlich unstraußisch ist.

Die letzten beiden Jahrzehnte seines Lebens hat Johann Strauß in diesem Palais in der Igelgasse gewohnt, die gleich nach seinem Tod in Johann-Strauß-Gasse umbenannt wurde. Das Palais steht nicht mehr. Es war ein vornehmes, einstöckiges Bürgerpalais im Pseudorenaissance-Stil der Ringstraßenzeit, angefüllt mit Erinnerungsstücken an die Karrieren von Vater und Sohn, voll von kostbaren Geschenken, eleganten Möbeln, manchen echten Kunstwerken und sehr viel Kitsch – ganz wie jenes Bild, auf dem die Gnomen den Tieren des Waldes, den Fröschen, Raben und Eulen, die Melodien von Johann Strauß beibringen.

Strauß war ein Spätschlafengeher und ein Spätaufsteher. Der Morgen war der geregelten Komposition am Stehpult gewidmet – in einem Negligé aus braunem oder schwarzem Samt oder von hellstem englischem Flanell, bald glatt, bald gestreift, bald gewürfelt. Dort blies er ungeheure Dampfwolken aus seiner türkischen Weichselrohr-Pfeife oder aus einem alten Meerschaumkopf an langem Rohr und arbeitete konzentriert. Nach dem Mittagessen machte sich

Nach meiner k. k. Hoflieferantenüberzeugung gibt es gegen die häufig durch Strauß'sche Tanzmusik hervorgerufenen Katarrhe der Luftwege nur ein probates Mittel, die berühmten Hoff'schen Malzpräparate.

Karl Hoff, Erfinder des Hoff'schen Malzextrakts

Ich halte die Form, in der Ihr Walzerkönig regiert, für eine sehr glückliche und segensreiche. Ihm hätte ich nie widersprochen.

Fürst Bismarck

Gern gestehe ich, etwa das »Perpetuum mobile« gelegentlich mit viel größerem Vergnügen dirigiert zu haben als manche viersätzige Symphonie. Und bei den Walzern aus dem »Rosenkavalier« – wie sollte ich da nicht an den lachenden Genius Wiens gedacht haben?

Richard Strauss

bei ihm meist eine gewisse Nervosität bemerkbar. Am Nachmittag beschäftigte er sich mit dem, was ihm die allergrößte Freude machte: einer Partie Billard im allerengsten Kreise, etwa mit dem Geschäftsmann Priester, dem lustigen Maler Mosé oder dem Archivar Johannes Batka aus Preßburg. Wo immer er sich aufhielt, in der Igelgasse, in seinem Schloß in Schönau, in seiner Villa in Bad Ischl, überall gab es einen Billardtisch. War er allein, dann karambolierte er stundenlang mit sich selbst. Er sammelte Fachliteratur über das »königliche Spiel«, das er auch Adele und seine Stieftochter Alice erlernen ließ. Sein Billardzimmer in der Igelgasse nannte er gerne zärtlich »mein Kaffeehaus«. Am Billardtisch war ein Zählapparat angebracht; wenn der Meister nicht »bei Stoß« war, ließ er ihn gelegentlich höchstpersönlich etwas rascher laufen – so konnte er seine Partner behutsam, aber sicher beschwindeln. Auch Tarock spielte er gerne und mogelte auch hiebei. Es machte ihm eine unbändige Freude zu gewinnen, und er konnte sich über die verdutzten Gesichter der übers Ohr gehauenen Verlierer, der »Wurzen«, halb totlachen. Es ging ihm dabei überhaupt nicht ums Geld, es wurde immer nur um ganz kleine Einsätze gespielt. Bei solchen Gelegenheiten im kleinen, intimen, allerengsten Kreis zeigte sich Strauß von der besten Seite. Da war er lustig, gelöst, unterhaltsam. Wie ein Kind freute er sich darüber, daß es in der Igelgasse einen zweiten Mann namens Johann Strauß gab – seinen Fleischhauer. Gerne erzählte er beim Champagner wahre, erfundene oder übertriebene Räubergeschichten aus seiner Jugendzeit und begleitete die Erzählungen mit so lebhaften Gesten, daß man von ihm manchmal als einem »französischen Wiener« sprach.

Zu dem engeren Straußkreis gehörten interessante Persönlichkeiten der Wiener Gesellschaft, so etwa Carl Goldmark, der Komponist der Oper »Die Königin von Saba« (man nannte ihn den »Makart der Musik«), der Pianist und Lehrer Theodor Leschetitzky, der Chirurg und Brahms-Freund Theodor Billroth, der burgenländische Bildhauer Victor Tilgner (mit der dicken Nase und dem aufgezwirbelten Schnurrbart, ein richtiges Altwiener Original!), der Klavierfabrikant Ludwig Bösendorfer, prominente Librettisten und Kritiker, nicht zu vergessen der

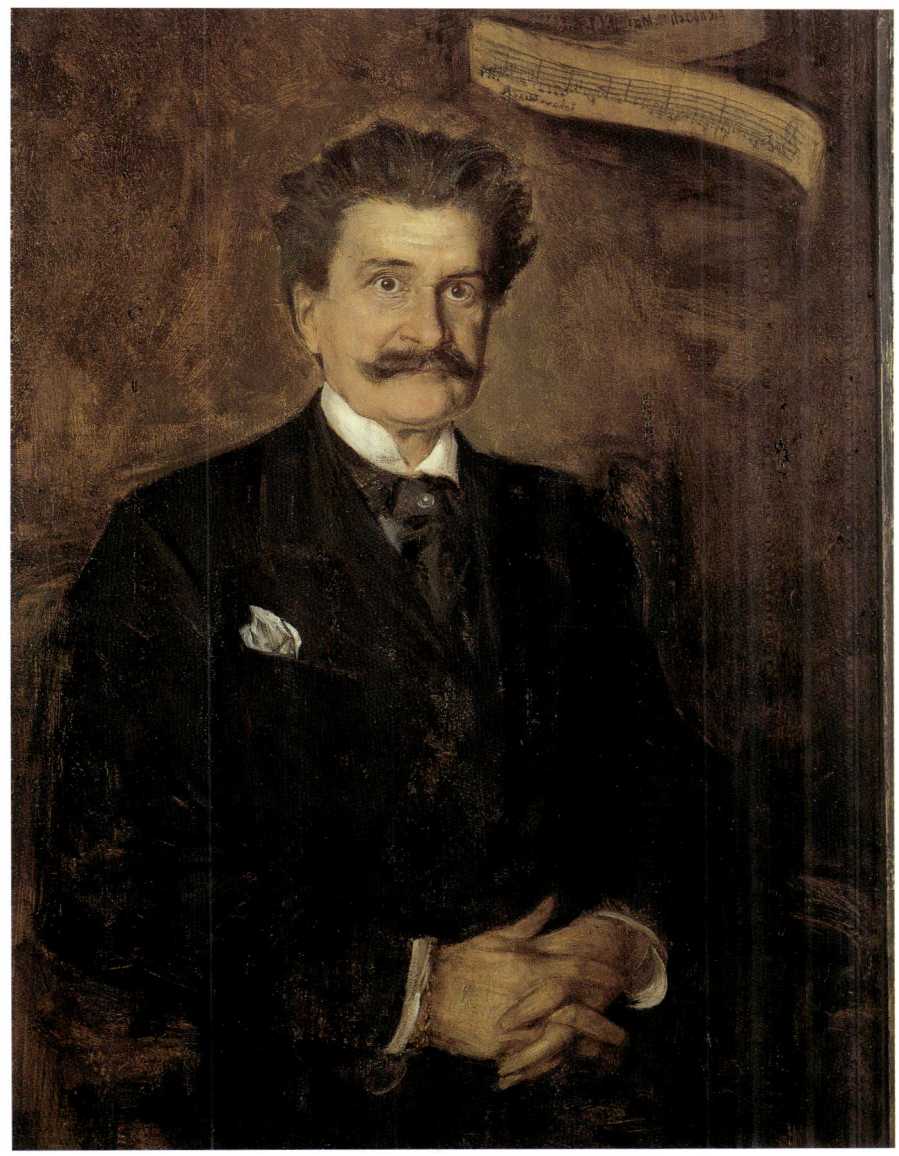

selbst die Tarockpartner, und verschwand in sein Arbeitszimmer.

Johannes Brahms gehörte zu seinem Freundeskreis, kam in seine Wohnung, war vielleicht sein Tarockpartner und bewunderte seine Erfindungskraft und Instrumentationstechnik. Er hat Straußwalzer ganz wundervoll am Klavier gespielt. Aber Johann Strauß hat die Musik von Brahms kaum bemerkt. Er empfand eine stille Scheu vor dem kühlen Norddeutschen und zögerte meistens, in seiner Gegenwart selbst zu musizieren – wie auch in Gegenwart des bekannten russischen Komponisten Anton Rubinstein, der gleichfalls gerne Straußwalzer am Klavier spielte. Anton Bruckner stellte die Musik von Strauß weit über die seines symphonischen Kollegen Brahms; Strauß hat wohl an Bruckner zur erfolgreichen Premiere von dessen Siebenter Symphonie ein Glückwunschtelegramm geschickt, sonst aber auch von Bruckners Musik keinerlei Notiz genommen. Um so gespannter lauschte er den Erzählungen Anton Bruckners, nachdem dieser von den Bayreuther Festspielen zurückgekehrt war.

———————————

. . . nie Tänzer

Innigst geliebte Adele!
Wie hast Du Deinen Jean außer Rand und Band gebracht! Da hast Du's. Wie er übermütig wird, – da hast Du's. Scherzen, lachen – springen, sogar tanzen möchte er, obzwar ihm das Letztere sehr schwer fallen dürfte – war er doch nie Tänzer! Du hast mir heute so viel mich Beglückendes ins Ohr geflüstert – Du darfst es mir nicht verdenken – wenn ich aus dem Becher der Freude, Lust, Glückseligkeit schlürfe nach Herzenslust.
Laß uns lustig sein Adele – on ne vit qu'une fois. Es sendet Dir die herzlichsten Umarmungen in Unzahl Dein wonnetrunkener J e a n.

Johann an Adele

———————————

Der junge Strauß hat als Wagnerianer gegolten, er hatte, wie erinnerlich, in seinen Konzerten manchmal Wagner gebracht und im Volksgarten die »Tannhäuser«-Ouvertüre gespielt, bevor das Werk von der Hofoper aufgeführt wurde. Obwohl es damals üblich war, in derartigen Konzerten Teile aus neuen Opern zu bringen, be-

Der Münchner Malerfürst Franz Lenbach sah Johann Strauß – ganz im Stil der Zeit – dämonisch-visionär.
Ölgemälde, 1895

berühmte Pianist Alfred Grünfeld – Strauß hat von ihm gesagt, er spiele seine Walzer schöner, als sie geschrieben seien. Beim Speisen ließ Johann Strauß manchmal überhaupt keine Konversation zu: »Es würde die Köchin beleidigen!« Er liebte ein gewisses Speisesaalzeremoniell. Wer Torte mit dem Messer aß, wurde nie wieder geladen. Aber in jeder Situation, auch in dieser, war er von dämonischem Schaffensdrang besessen. Von Zeit zu Zeit machte er sich neben dem Gedeck Notizen auf Zetteln, Manschetten, Taschentüchern und Geldnoten. Oft sprang er abrupt auf, verließ den Eßtisch bzw. das Billard,

zeugt dies, daß Johann Strauß Sohn mit der Zeit ging. Später hat Strauß an Wagner kein Interesse mehr gezeigt. Als Wagner selbst seine Werke in Wien inszenierte und dirigierte, als Hofoperndirektor Franz Jauner Wien zur Wagnerstadt machte, ging das spurlos an Johann Strauß vorüber. Wie alles. Erst fünf Jahre nach Wagners Tod besuchte er einmal mit seiner Frau die Bayreuther Festspiele.

Immer und überall hat Strauß komponiert. Seine kluge Gattin Adele hatte an zahllosen Stellen der Wohnung Zettel und weiche englische Bleistifte bereitgelegt – auch immer in seine Rock- und Hosentaschen gesteckt, und hat so manche kostbare musikalische Gedanken ihres Gatten der Nachwelt – und dem von ihr erwarteten Nachlaß – gerettet. In vielen seiner Werke hat Strauß die Natur besungen: »Geschichten aus dem Wienerwald«, »An der schönen blauen Donau«, »Wo die Zitronen blühen«, »Nordseebilder« – ob er jedoch jemals etwas davon bewußt gesehen hat, bleibt mehr als fraglich. Er hat große Reisen unternommen – nach Paris, Rußland, Deutschland, nach England und Italien, nach Amerika –, aber er hat kein Land erlebt. Außer ein paar banalen Reminiszenzen, etwa über die Tarife der Friseure, kennen wir kaum eine Bemerkung über den Charakter eines dieser Länder.

»Mein Kaffeehaus« nannte Johann Strauß sein geliebtes Billardzimmer in der Igelgasse. Auf unserem Bild setzt er eben zum Stoß an; er spielt mit Alexander Girardi (dieser raucht, wie immer, seine Zigarre) und Ignaz Schnitzer (vorne), dem Textdichter des »Zigeunerbarons«.
Druck nach Aquarell von Theo Zasche, o. J.

In der Praterstraße 54 wohnten Johann und Jetty von 1863 bis 1870. In einem großen Teil der ehemaligen Wohnung ist heute eine Strauß-Gedenkstätte eingerichtet.
Aquarell von Carl Zajicek, o. J.

Er geht fast niemals aus

Das »Freie«, so glaubt er, ist überhaupt nur eine große Erkältungsangelegenheit. Darum geht er auch fast niemals aus; die Straßen, denkt er, gehören zum Fahren. Das sogenannte Spazierengehen kennt er bloß auf dem Lande, übt es aber auch nur so weit als das Gasthaus »Zur G'stätten« von Ischl entfernt ist. Das ist auf der Ebenseer Landstraße, und dort muß er hin, weil dort seine ständige Tarockpartie ihre Sitzungen hält.

Geistige Interessen hatte Johann Strauß überhaupt keine. Er las außer Libretti kein Buch, besuchte selten Theater, Konzerte oder eine Opernvorstellung. Seine offizielle Erklärung hiefür war, er wolle nichts hören, was er später unbewußt in seinen Werken entlehnen könnte – eine Vorsicht, die ein Mann von seinem unglaublichen Einfallsreichtum gewiß nicht nötig gehabt hätte. Viel lieber ging er »zu den Schrammeln« (das berühmte Wiener Heurigenquartett aus zwei Geigen, Klarinette, Gitarre) und in primitive Unterhaltungslokale in den Vorstädten. Er liebte Kunstpfeifer und jodelnde Fiaker.

Das Schrammel-Quartett musiziert bei Johann Strauß (dritter Herr von links), der dessen Klang (2 Geigen, Klarinette, Gitarre) sehr liebte. In der Mitte sitzt Johannes Brahms mit dem schneeweißen Vollbart, links hinter ihm steht der Maler Hans Makart. Die vierte Dame von links ist die berühmte Carmen-Sängerin Pauline Lucca. *Druck nach Aquarell von Theo Zasche, o. J.*

Tarockpartie in Ischl. Johann Strauß konnte es vertragen, wenn man eine seiner Operetten oder einen seiner Walzer als weniger gelungen bezeichnete – aber wehe dem, der es gewagt hätte zu sagen, er spiele schlecht Tarock. *Aquarell von Theodor Zajaczkowski, 1898*

195

Strauß war ein »schöner Mann« mit ausdrucksvollen Augen unter dichten Brauen, und er wußte, daß es zu seinem Beruf gehörte, zu gefallen. Wie sein Vater ging auch er immer äußerst elegant gekleidet, in einer merkwürdigen Mischung aus Alt-Wien und neuester Mode. Man kannte seine enganliegenden karierten Pepitaanzüge, seine beigefarbenen Paletots, die Schuhe aus hellem Tuch und Glanzleder, die extravaganten, schief in seidene Krawatten gesteckten Brillantnadeln, die kostbaren Edelsteine an seinen nervösen Fingern und seine mit Federn oder Blumen geschmückten Strohhüte. Er trug diese Kleidung aus Berufspflicht wie ein Soldat seine Uniform.

Er hatte ein einziges Hobby, ohne es je wirklich zu pflegen: er war ein guter Zeichner und hat in den sechziger Jahren durch einige Monate bei dem Landschaftsmaler Anton Hlawaček Stunden genommen. Als Honorar kaufte er dem Künstler ein Bild ab! Am besten gelangen ihm Karikaturen seiner Bekannten, die er auf Gesellschaften vermöge seiner guten Beobachtungsgabe blitzschnell zu Papier bringen konnte.

Hoch, mein Engel

Nachts.

Meine heißgeliebte Adele!

Es geht ganz lustig zu in meinem Innern, fröhliche Melodien summen mir im Kopf, das von Freude, Glückseligkeit übervolle Herz schlägt lustig den Takt dazu. Soll ich da ans Schlafengehen denken? Doch ein Dir gegebenes Wort zu halten, ist mir heilig – daher ich dem übermüthigen Treiben ein Ziel setzen muß und es mir nur noch gestattet sein soll, derjenigen zu gedenken, welche die Macht besitzt, Seele und Herz in so rosige Stimmung zu versetzen. Hoch mein Engel Adele! Du bist die Herrin meines Glückes, meines Lebens! Dich umarmend Dein ewig Dein Jean.

Johann an Adele

Merkwürdigerweise galt Johann Strauß als Nichttänzer. Konnte er wirklich nicht tanzen? Er hatte ein gewisses Verständnis für Bühnenchoreographie. Bei den Proben zum »Lustigen Krieg« tanzte er mit Fräulein Finaly und brachte ihr die gewünschten Tanzschritte bei; das gleiche tat er mit Ottilie Collin auf den Proben zu »Simplicius«.

Johann Strauß hieß im Volksmund »Schani« und unterzeichnete Briefe an Freunde gerne mit »Jean«. Im Grunde hatte er keine Freunde, nur viele gute Bekannte. Auch die Beziehungen zu seinen Familienmitgliedern außer zu seiner Mutter waren nicht wirklich herzlich. Seine zwei Schwestern sah er gelegentlich. Mit den beiden Brüdern verbanden ihn die Geschäftsin-

---

»Die schönste Sommernacht kommt mir vor wie eine Blondine«

Nun muß ich schon sagen, jetzt wird's in Ischl schön, die Leute verlieren sich – und wie ich hier – wird's nicht mehr aufhören zu regnen. Eine prachtvolle Aussicht für mich. Ich liebe es, wenn ich in einer sympathischen Wohnung arbeiten kann, bei schlimmer, ja trostloser Witterung (für andere).

Wahrhafte Wonnen aber für mich; ich schreibe in einer Nacht bei stürmender Witterung doppelt so viel als in der schönsten Sommernacht. Diese kommt mir vor wie eine poetisch angehauchte fade Blondine...

---

teressen im Busineß der Unterhaltungsmusik. Er hatte volles Verständnis für Josefs bedeutendes Talent, und doch lassen seine Briefe unterschwellig sein Behagen darüber erkennen, daß der Bruder in Rußland einen weit geringeren Erfolg hatte als er selbst und daß in London niemand Josef wollte. Die Beziehungen zu Eduard waren immer kühl. Johann Strauß konnte es nicht recht verwinden, daß sein Bruder in der Öffentlichkeit als »der Feschere« galt und fühlte, daß »der schöne Edi« seine Popularität außermusikalischen Gründen zu verdanken hatte. Johann Strauß, der sich selbst auf seiner Visitenkarte als »Ritter des persischen Sonnen- und Löwenordens« auswies, machte sich gleichwohl darüber lustig, daß sich Eduard »Brasilianischer Hofkapellmeister« titulierte. Wie erniedrigend muß es für Johann gewesen sein, als er in den Jahren seiner schwächeren Operetten Bruder Eduard, den Leiter der Straußkapelle, geradezu anbetteln mußte, seine neuesten Kompositionen auf das Programm zu setzen!

Die Beziehungen von Johann Strauß zu den Menschen waren deshalb so lose, weil er sich von jedermann ausgenützt fühlte. Er wurde nicht müde, seine Verleger Haslinger und Simrock in Briefen als Spitzbuben und Schurken zu bezeichnen. Viel inniger waren seine Beziehungen zu Tieren! In den Stallungen im Gartenhof seines Palais in der Igelgasse standen die beiden prachtvollen Rappen, die er 1886 als Honorar für Konzerte in Rußland nach Wien gebracht hatte. Strauß liebte Croquet, seinen weißen Bernhardiner. Als das Tier verendete, nahm seinen Platz ein brauner Dackel ein, der in den letzten Stunden des Meisters bei ihm sein durfte. Mit großem Stolz führte er seinen Gästen den Papagei Jacquot vor, aus dessen Krächzen man mit einiger Phantasie die Anfangsnoten des Donauwalzers heraushören konnte.

Und da waren die beiden blau- und grüngoldenen Pfauenhähne auf der Terrasse seines schloßartigen Landsitzes in Schönau bei Leobersdorf, nahe der Südbahn, zwischen Wien und dem Semmering. Hier verbrachte der alternde Komponist viele Sommer, hier hat er sich vielleicht unter allen Orten am wohlsten gefühlt. In der Ruhe der ländlichen Abgeschiedenheit war er am meisten er selbst. Er liebte die Kastanienalleen und verschönerte mit kindlichem Besitzerstolz die Gartenrondeaus mit Geranien und Pelargonien. Einmal brachte er aus einem nordischen Seebad viele Kisten bunter Strandkiesel mit, Feuersteine und Muscheln, trug sie von Beet zu Beet, ordnete sie am Boden an und freute sich an den Kombinationen. In Schönau wurde Johann zum Gemüsegärtner; er pflanzte Erdbeeren, Salat und Spargel. Hier wurde er auch zum Koch: »Ich löste Bohnen aus den Hüllen, schnitt die Spitzel an den Fisolen ab und zupfte die Beeren der Ribisel in Einsiedetöpfe...« Und er konnte den geliebten violetten Seidenschlafrock tagsüber tragen.

Das Seelenleben von Johann Strauß barg ein Geheimnis. Er hatte Angst...

Angst vor der Natur. Brahms erzählte, daß er sich schon 1872, also mit 47 Jahren, von zwei Männern stützen ließ, als er zu Brahms auf einen kleinen Hügel bei Baden-Baden steigen mußte.

Wenn Strauß aus einer Oper (!) spielt

da wird er fürchterlich malitiös und gewalttätig: er will aus dem Klavier mit beiden Händen a tout prix alles herauskriegen, was er in die Partitur hineingelegt hat: Soli, Chöre, Orchesterbegleitung, Glockengeläute und Zofengelächter. Natürlich will das alles aus den zehn Fingern (von denen noch dazu mehrere mit schweren und leichten Ringen auf die Tasten klappern) nicht recht hervorkommen, und Strauß bricht bald die Begleitung ab, um die zweite Singstimme anzudeuten, bald die Singstimme, um mit beiden Händen eine charakteristische Begleitfigur der Oboen und Fagotte herauszuarbeiten, was ein nettes Chaos ergibt. Er irrt hie und da, besonders wenn er von der Ambition erfaßt wird, auch den Text mitzusingen (noch dazu mit der Pfeife im Mund).

Aus »Die Presse«, 7. Oktober 1894

Er hatte Angst vor Reisen. Im Eisenbahnzug fuhr er bei herabgelassenen Gardinen. Ging es durch einen Tunnel oder über eine Brücke, dann legte er sich flach auf den Boden des Waggons. Bei Steigungen oder Fahrten über Viadukte trank er Champagner.

Strauß hatte Angst vor dem Alleinsein – und doch graute ihm vor Partys.

Er hatte Angst vor dem Altern. Beim Erscheinen des ersten grauen Haares ließ er Haar und Bart pechschwarz färben. Die Brennschere des Friseurs sorgte für den Schwung der seinen Anbetern so teuren Locken. Strauß haßte es, sich fotografieren zu lassen und nannte bei Gesprächen über die Vergangenheit nie Daten.

Er hatte Angst vor theatralischen Mißerfolgen seiner Bühnenwerke und resignierte schließlich in der Verzweiflung über sein Unvermögen, aus seinen Librettisten ein wirklich brauchbares Buch herauszupressen.

Angst vor der Armut. Trotz seines in Wertpapieren und Liegenschaften glänzend angelegten großen Vermögens stand das Schreckgespenst eines Alters in Mittellosigkeit immer vor ihm.

Er hatte Angst vor dem Sonnenschein. Das Auf und Ab seiner eigenen Gemütsschwankungen glich dem Aprilwetter. Am liebsten komponierte er bei Sturm und Regen. Aus Bad Ischl schrieb er einmal an Girardi, eine schöne Sommernacht käme ihm vor wie eine fade Blondine. Angst vor der Krankheit. Zeitlebens litt er an Neuralgie, und in den letzten fünfzehn Jahren seines Lebens besonders an Kopfneuralgie, Lungenkatarrh und Gicht. Er nahm Moorbäder in Franzensbad und verbrachte die letzten Sommer seines Lebens in Bad Ischl, wo er Linderung für seinen Rheumatismus suchte. Seine Sehkraft nahm so rapid ab, daß er nach seinem siebzigsten Lebensjahr mangels Kontakt mit der Bühne nicht mehr im Theater dirigieren konnte – da sprach er davon, sich umzubringen. Aber er hatte natürlich auch Angst vor dem Tod. Jeden Gedanken an Sterben, jedes Wort darüber vermied er mit solcher Konsequenz, daß er weder zum Begräbnis Jettys noch zu dem seiner Mutter ging.

Johann Strauß, mein Gatte

Über den Künstler Johann Strauß ist viel geschrieben worden – den Menschen kennen nur wenige. Und doch hat dessen persönliche Wesensart vielleicht mehr als sonst auch die künstlerische bestimmt. Echte Liebenswürdigkeit, vom Wiener Grundton durchzogen, nahm alle gefangen, die ihm begegneten. Sein Lächeln, sein schalkhaft blitzendes Auge, sein bezaubernder Humor übersonnten alle Nichtigkeiten des Alltags, alle Banalitäten des Lebens. Naiv wie ein Kind, war er doch ernst und bedacht in Fragen seiner Kunst. In seiner wahrhaft übertriebenen Bescheidenheit war er der strengste Beurteiler seiner Arbeit, am glücklichsten in der Einsamkeit seines Studios und engster Häuslichkeit.

Frau Johann Strauß (Adele), 1926

Angst vor den Frauen? Vielleicht sogar das. Wir kennen keine einzige stürmische und leidenschaftliche Liebe von Johann Strauß. Zum Phänomen Johann Strauß gehörte aber das Image des großen Erotikers, dem er einmal, mit Lily, vergeblich versuchte nachzuleben. Und Adele, die er aus dem oberen Stockwerk manchmal nachts in das Erdgeschoß rief, um ihr auf dem Harmonium vorzuspielen, hat nach seinem Tod den gartenlaubenhaften Briefwechsel Johanns mit seinem russischen Flirt Olga veröffentlicht, um das Image des großen Verführers auch posthum nicht zu zerstören. Seine reizenden, verspätet-gymnasiastenhaften Briefe an Adele hätten es in Gefahr gebracht.

Was hätte ein Psychoanalytiker zu einem Patienten mit so vielen Phobien gesagt? Vielleicht hätte er ihm erklärt, daß auch er für seine Frauen sicherlich kein leichter Partner sei. Vielleicht hätte er ihn sogar geheilt. Aber hätte Johann Strauß dann noch komponieren können? Eine Umfrage aus dem Jahr 1890 hat Königin Victoria, Bismarck und Johann Strauß als die populärsten Menschen der Welt bezeichnet. Johann Strauß war also populärer als Kaiser Franz Joseph, und das hat ihn sehr gefreut. Ein Schneider kolportierte in Wien eine Parallele zwischen Kaiser Franz Joseph und Johann Strauß: beide seien seine Kunden und beide die pünktlichsten Zahler.

Ein einziges Mal, für die Dauer von fünf kurzen Worten, ist Johann Strauß geistig über den Mann ohne Eigenschaften, der er war, hinausgewachsen und zu einem Seher geworden. Im Jahr 1888 schrieb er aus Franzensbad völlig zusammenhanglos am Ende eines Briefes an seinen Billardpartner Priester: »Österreich wird bald Schläg' kriegen.« Dann komponierte er wahrscheinlich weiter.

NACHKLÄNGE IN
DUR UND MOLL

»Musiker wie Johann Strauss haben die Menschheit in
Schlaf und Träume gewiegt. Um sie für ihre Mühen zu
entlohnen – denn das Kind schlägt in der Wiege um sich
wie ein junger Esel – müsste man von der Vorsehung eine
Verlängerung ihres Lebens erlangen.«

Alphonse Daudet, 1894

Bis zur Mittagsstunde des 6. Juni 1899 konnten die Wiener im Trauergemach des Palais in der Igelgasse Abschied nehmen. Nun standen Tausende auf den Straßen, durch die der Leichenzug ging: aus der Igelgasse zum Theater an der Wien, von dort zur Hofoper, dann zur evangelischen Kirche in der Dorotheergasse, wo der Sarg eingesegnet wurde, vorbei am Musikverein und über den Schwarzenbergplatz hinaus zum Zentralfriedhof, wo Johann Strauß in einem Ehrengrab der Stadt Wien neben Johannes Brahms seine letzte Ruhestätte fand. Viele meinten, der Journalisten- und Schriftstellerverein Concordia, dessen Ehrenmitglied Johann Strauß war, und Frau Adele hätten das Leichenbegängnis zu düster und pompös inszeniert; eine einfache Wienerin, die letztwillig verfügt hatte, bei ihrem Begräbnis Straußwalzer zu spielen, habe mehr vom Geiste eines Johann Strauß gezeigt.

Dem Zug voran ritt auf einem Rappen ein Herold in altspanischer Tracht; er trug ein schwarzes Szepter, um anzudeuten, daß hier ein König zu Grabe getragen wurde. Dann folgten, von Rappen gezogen, sechs Blumenwagen, mit einhunderteinundsechzig Kränzen beladen. Acht Rappen waren vor den Leichenwagen gespannt, auf dem unter einem gläsernen, von vier weinenden Engeln verzierten Dach der Nickelsarg lag – unter Szepter und Krone. Am offenen Grab sprach Bürgermeister Dr. Karl Lueger. In einigen Zeitungen nahmen die Berichte über das Ableben des populärsten Österreichers volle zehn Seiten ein, also blieb nicht viel Raum für Nachrichten über die Demonstrationen vor dem Rathaus, bei denen am 4. Juni sechstausend Arbeiter als Protest gegen eine geplante, angeblich arbeiterfeindliche Gemeinderatsordnung so lange »Nieder mit Lueger!« riefen, bis berittene Polizei in die Menge sprengte.

In seinen letzten Jahren hatte sich Johann Strauß kaum mehr in der Öffentlichkeit gezeigt. Er trat immer seltener auf, und Spaziergänger war er nie gewesen. Die Sommer verbrachte er nach dem Verkauf des Schönauer Landsitzes seit 1892 in Bad Ischl, wo er die Solbäder gegen seine unerträglich gewordenen rheumatischen Beschwerden nahm. Er hatte dort, wie wir wissen, im Vorort Kaltenbach, nahe der Traun, bei einem schönen Wald die gräflich Erdödysche Villa mit großem Garten und Stallungen gemietet (1897 kaufte er sie gemeinsam mit Schwager Simon) und fühlte sich, wie so viele bedeutende Musiker vor und nach ihm, in dem reizenden Ort sehr wohl. Es regnet viel in Ischl – und gerade das brauchte er zur Inspiration.

Johann Strauß war älter geworden, aber trotz der geringen Erfolge seiner letzten Bühnenwerke hatte seine Schaffensfreude nicht nachgelassen. Im letzten Lebensjahr arbeitete er zum erstenmal an einem Ballett. Der Kritiker Eduard Hanslick, der wie viele andere in den Operetten von Johann Strauß hauptsächlich gesungene Tanzmusik sah, hatte ihn in einem Artikel dazu aufgefordert. Wegen der schlechten Erfahrungen, die Strauß mit seinen Librettisten gemacht hatte, entschloß sich die Zeitschrift »Die Waage« 1898 zu einem Preisausschreiben für einen heiteren Stoff, um vielleicht auf diesem Weg neue Autoren zu entdecken. Unter den Preisrichtern befand sich auch der neue Direktor der Wiener Hofoper, Gustav Mahler. Wir erinnern uns, daß schon sein Amtsvorgänger Wilhelm Jahn das erfolgreiche Ballett aus »Ritter Pasman« nach dem Durchfall dieser Oper in Mascagnis gleichfalls durchgefallene Oper »Die Rantzau« einlegen wollte und daß Strauß abgewinkt hatte – wenn sein Ballett eine schlechte Oper retten könnte, warum nicht seine eigene? Das neue Ballett sollte die dritte Johann-Strauß-Premiere an der Oper werden. Unter den 700 Einsendungen wurde der Entwurf eines Salzburger Autors A. Kollmann preisgekrönt: Es war eine moderne Vision des Aschenbrödel-Märchens, die in einem Warenhaus spielte. Aus dem Prinzen war der Chef geworden, aus Aschenbrödel die Stieftochter der Putzmacherin. Johann Strauß hat bis wenige Tage vor seinem Tod mit dem Choreographen der Hofoper an seinem Ballett gearbeitet, konnte aber nur mehr das halbe Werk fertigstellen. Da Mahler den Torso ablehnte, komponierte der Schöpfer des berühmten Balletts »Die Puppenfee«, Josef Bayer, das Werk im Auftrag von Adele zu Ende, und »Aschenbrödel« wurde 1901 am Berliner Opernhaus uraufgeführt.

Anläßlich der Enthüllung des Denkmals für Ferdinand Raimund vor dem Deutschen Volkstheater fand am Abend des 31. Mai 1898 in diesem Haus eine Feier statt, bei der Johann Strauß zum letztenmal ein neues Orchesterwerk dirigiert hat. Es hieß »Klänge aus der Raimundzeit«, und Strauß verwendete Melodien von seinem Vater und Josef Lanner, Lieder von Wenzel Müller – den man den »Einlagen-Mozart« der Volksstücke des Wiener Biedermeier genannt hat – und auch das »Brüderlein fein, einmal muß geschieden sein« von seinem Lehrer Joseph Drechsler. Anschließend spielte man Fragmente aus Raimunds Zaubermärchen mit dem Schauspielerpaar, das so viele Operetten von Johann Strauß aus der Taufe gehoben hatte: Alexander Girardi und Marie Geistinger. Über das Auftreten der hochbetagten Künstlerin be-

merkte das »Illustrirte Wiener Extrablatt« ungalant: »Schwesterlein fein, einmal . . .« Zwischen den Szenen sprach eine junge Schauspielerin als »Phantasie« verbindende Worte; sie erlangte später am Burgtheater als Rosa Albach-Retty Berühmtheit und wurde die Großmutter des Filmstars Romy Schneider.

Die Künstlerin, die das sagenhafte Alter von 106 Jahren erreichte, sprach mit mir an ihrem 100. Geburtstag, zu Weihnachten 1974, über diesen Abend im Volkstheater.

Johann Strauß hatte noch nie eine Vorstellung der Hofoper dirigiert. Gustav Mahler lud ihn ein, am Pfingstmontag, dem 22. Mai 1899, zugunsten des Pensionsinstitutes eine Wohltätigkeitsvorstellung der »Fledermaus« zu leiten; sie wurde zu Lebzeiten des Komponisten nur als Matinee angesetzt. Aber Strauß fühlte sich der Anstrengung nicht mehr gewachsen, dirigierte bloß die Ouvertüre und blieb bis zur Pause in seiner Loge. Als das zweite Finale wie immer wiederholt werden mußte, war er nicht mehr

Dieses »Potpourri aus dem Ballett Aschenbrödel« in vierhändiger Klavierfassung veröffentlichte der Verlag Josef Weinberger, Wien, 1901

anwesend. An diesem Abend soll er sich die Erkältung zugezogen haben, die dann eine Lungenentzündung und sein Ableben am 3. Juni zur Folge hatte.

Das war der Schlußtakt in der großen Coda des Jahrhunderts, die 1896 mit dem Tod Anton Bruckners und 1897 mit dem Tod von Johannes Brahms begonnen hatte. Die Berliner Oper gab zu Ehren des großen Toten eine Reihe von »Fledermaus«-Vorstellungen unter der Leitung von Richard Strauss. Bei der offiziellen Gedächtnisfeier stellte Strauss die »Maurerische Trauermusik« von Mozart der Ouvertüre voran und schob in jeder Pause einen Walzer ein. In ihrer ständigen Spalte »Stammbuchverse« schrieb die »Berliner Morgenpost«: »Bravo! schallt's aus dem Saal heraus – und wütend Applaudieren! Johann im Bund mit Richard Strauss – die Firma muß reüssieren!«

Nun übernahm Adele das künstlerische und materielle Erbe. Sie regierte als »Walzerkönigin« – klug und geschäftstüchtig, hart und unkonziliant, umschmeichelt und gefürchtet. Sie wurde das unerreichte Vorbild aller Komponistenwitwen der späteren, silbernen Operettenära. Johann Strauß ist als wohlhabender Mann, aber nicht als Millionär gestorben. In seinem Testament fungierte nicht Adele, sondern die Gesellschaft der Musikfreunde als Universalerbin. Der Nachlaß bestand aus drei Häusern in

Wien, der Ischler Villa, Wertpapieren, Pretiosen und Bargeld. Er wurde auf ungefähr 800 000 Kronen geschätzt, war aber stark belastet, und die Gesellschaft der Musikfreunde hatte mit der Erbschaft die Aufgabe übernommen, die Ansprüche Adeles und verschiedene Leibrenten sicherzustellen: an die Stieftochter, die beiden Schwestern, die Dienerschaft etc. Adele hatte aufgrund eines Schenkungsvertrages aus dem Jahr 1883, der im Testament bestätigt wurde, eine Jahresrente von 4 000 Gulden zu bekommen; nach der 1892 eingeführten Kronenwährung waren das 8 000 Kronen. Außerdem sollten Adele sämtliche Autorenrechte gehören. Einen interessanten Einblick in dieses Kapitel der Vergangenheit ist die Einkommensteuervorschreibung für Johann Strauß im Verwaltungsjahr 1887. Sein Gesamteinkommen betrug damals 9 274 Gulden, die Steuervorschreibung 1 180. Daraus ergibt sich: die Rente Adeles war in der Höhe fast der halben Einkünfte aus dem Jahr 1887 festgelegt, das Gesamtvermögen von Johann Strauß hatte bei seinem Tod die vierzigfache Höhe seines Jahreseinkommens von 1887 erreicht – und die Steuer betrug in seiner Einkommensklasse zirka 13 Prozent! Gute alte Zeiten ... Heute wäre er wahrscheinlich gezwungen gewesen, bei der Steuererklärung seinen Wohnsitz in Coburg-Gotha geltend zu machen. Da Johann Strauß sehr produktiv war – die Opuszahlen erreichen beinahe 500 – und ihm außerdem jedes neue Werk aus der Hand gerissen wurde, war sein künstlerischer Nachlaß nicht groß: das unvollendete Ballett »Aschenbrödel«, ein Walzer für Bad Ischl, einige Gelegenheitsstücke und die beiden merkwürdigen »Traumbilder«, Orchesterphantasien vom Charakter symphonischer Dichtungen. Adele erreichte erst bei Mahlers Nachfolger, Hofoperndirektor Felix von Weingartner, die Aufnahme von »Zigeunerbaron« und »Aschenbrödel« ins Repertoire, bei Staatsoperndirektor Franz Schalk 1929 die von »Eine Nacht in Venedig«. Außerdem war sie unermüdlich in ihren Versuchen, die weniger bekannten Werke des Verstorbenen in neuer Gestalt der Vergessenheit zu entreißen. Das hatte schon im letzten Lebensjahr ihres Gatten begonnen. Franz Jauner hatte einige Jahre zuvor zum zweitenmal die Direktion des Carltheaters übernommen; er war nicht

Die »Walzerkönigin« Adele Strauß in ihrer Wohnung

mehr sehr erfolgreich. Suppé war 1895 gestorben, Millöcker komponierte nicht mehr (sein Tod am Silversterabend 1899 setzte den Schlußstrich unter das Jahrhundert), die letzten erfolgreichen Nachzügler unter den Meistern der goldenen Operettenzeit erschienen im Theater an der Wien: der komponierende Hofrat Carl Zeller mit seinem »Vogelhändler« und dem »Obersteiger«, und der komponierende Kritiker Richard Heuberger mit dem »Opernball«. Jauner hatte keine Gelegenheit mehr, seine Löwenpranke als Regisseur großer Ausstattungs- und Massenstücke zu zeigen. Aber er war noch immer ideenreich, versuchte es erstmals mit einer amerikanischen Operette von Victor Herbert und hatte mit »Die Geisha« des Engländers Sidney Jones seinen letzten Erfolg. Im Jahre 1898 bat er Johann Strauß, der ihm für die glanzvolle erste Inszenierung des »Zigeunerbarons« Dank schuldig war, um eine neues Werk. Doch Strauß wollte nicht mehr – oder fühlte sich der Aufgabe nicht mehr gewachsen. Da präsentierten ihm Jauner und Adele (gemeinsam mit dem Verleger Josef Weinberger) einen originellen Plan: Er sollte zustimmen, daß unter seiner Aufsicht ein Mann gemeinsamen Vertrauens aus älteren Melodien eine neue Operette zusammenstellt. Strauß war einverstanden. Man einigte sich auf Adolf Müller jun., Kapellmeister des Theaters an der Wien, der den ersten »Zigeunerbaron« einstudiert und auch schon als Komponist Erfolge gehabt hatte (das Buch zu seiner Operette »Des Teufels Weib« übersetzte Theodor Herzl aus dem Französischen!).

So gab es denn nach dem Tod von Strauß am Carltheater im Oktober 1899 noch eine Johann-Strauß-Operetten-Premiere. Das neue Stück war eine amüsante Verwechslungskomödie aus der Zeit des Wiener Kongresses mit dem Titel »Wiener Blut«; das Libretto hatten Victor Léon und Leo Stein geliefert, die später mit der »Lustigen Witwe« eines der besten Operettenbücher geschrieben haben. Man bekam die Polkas »Gut bürgerlich«, »Leichtes Blut« und »Vergnügungszug« zu hören – pikant garniert mit dem »Deutschen Kriegermarsch« aus den Zeiten des Deutsch-Dänischen Krieges von 1864! –, verwoben mit berühmten Straußmelodien, besonders mit dem Titelwalzer »Wiener Blut«. Die Zeitungen fabulierten von dem Urlaub, den sich

Johann Strauß vom Himmel genommen habe, und verglichen ihn in jenen Hochtagen des Wagnerfanatismus mit Titurel, der im »Parsifal« aus dem Grabe singt. Aber die synthetische Operette machte keine Kasse. Jauner wurde von Gläubigern verfolgt und jagte sich am 23. Februar 1900 im Direktionszimmer des Carltheaters eine Kugel in den Kopf. Seit der Wiederaufnahme im Theater an der Wien 1905 erweist sich »Wiener Blut« immer wieder als eines der bühnenwirksamsten Werke des Genres.

Adele hat auch später noch versucht, das Experiment »Wiener Blut« zu wiederholen. Aber keine der sogenannten »Belebungsoperetten« mit Straußmusik schlug ein. »Die Göttin der Vernunft« brachte es, aus dem Milieu der Französischen Revolution nach Wien transportiert, unter dem Titel »Reiche Mädchen« im Raimundtheater (1909) trotz Girardi (er spielte einen Wiener Bürger, der Millionär wird und wieder verarmt) nur zu einem Achtungserfolg. Nicht viel besser erging es im selben Theater der Operette »Die tolle Therese« mit Musik nach Strauß Vater oder 1928 in Berlin »Casanova«, bei welchem die Musik durch Ralph Benatzky im Stil der Tänze der zwanziger Jahre bearbeitet war. Nach Adeles Tod machte Erich Wolfgang Korngold 1930 in Berlin »Das Lied der Liebe« zu einem persönlichen Erfolg für den großen Tenor Richard Tauber. Eine Melodie aus dem Nachlaß von Johann Strauß wurde 1935 durch die von Oskar Stalla zusammengestellte Operette »Die Tänzerin Fanny Elßler« zu einem posthumen Strauß-Evergreen: »Draußen in Sievering blüht schon der Flieder«. Ohne dauerhaften Erfolg blieben »Die Straußbuben« nach Melodien von Johann und Bruder Josef (Raimundtheater, 1946).

Das Autorenrecht beinhaltet in jedem Staat verschiedene Schutzfristen. In den Vereinigten Staaten von Amerika erlischt der Schutz des Werkes spätestens 50 Jahre, in Deutschland und Österreich 70 Jahre nach dem Tod des Autors. In den zwanziger Jahren dieses Jahrhunderts war diese Schutzfrist noch auf 30 Jahre beschränkt. Da Johann Strauß 1899 gestorben war, sollte seine Musik 1929 frei werden. Adele Strauß aber kämpfte für eine Verlängerung der Schutzfrist und erreichte 1929 beim Parlament die Verlängerung auf 32 Jahre durch ein Gesetz, das man »Lex Johann Strauß« nannte, obwohl es natürlich auch alle anderen Komponisten betraf. Adele hoffte, innerhalb dieser zwei Jahre eine weitere Verlängerung der Schutzfrist durchkämpfen zu können. Sie starb am 9. März 1930, und die Musik von Johann Strauß wurde ab 31. Dezember 1931 frei. Die fünfzigjährige Schutzfrist wurde erst 1933 Gesetz und erfaßte nicht mehr rückwirkend die Musik von Johann Strauß. Gerüchte wollten nicht verstummen, daß der österreichische Finanzminister undurchsichtige Bindungen zur Schallplattenindustrie gehabt habe und ihr dazu verhelfen wollte, für ihren Bestsellerkomponisten keine Tantiemen zahlen zu müssen.

Die seltsamste Johann-Strauß-Bearbeitung

Arnold Schönberg spielte Geige, Alban Berg Harmonium, Anton von Webern Cello, als man am 27. Mai 1921 im Festsaal der Schwarzwald'schen Schulanstalten in der Wallnerstraße 9 ihre Bearbeitungen von Straußwalzern für Kammerorchester aus der Taufe hob. Arnold Schönberg hatte diese Idee, weil der unter seiner Leitung stehende »Verein für musikalische Privataufführungen« Geld brauchte. Es gelang, durch die Eintrittspreise zu diesem Konzert und eine darauffolgende Versteigerung der kuriosen Originalmanuskripte Beachtliches einzunehmen. Der von Alban Berg bearbeitete Walzer erzielte 5 000 Kronen, der Weberns 9 000, Schönbergs zwei Bearbeitungen brachten zusammen 31 000 Kronen (allerdings lizitierte Schönberg immer mit, um die Preise hinaufzutreiben). Die Bearbeitungen halten sich an die Originale, nur Berg veränderte die Einleitung zu »Wein, Weib und Gesang«. Aber Arnold Schönberg ließ 1925 in seiner Bearbeitung des Kaiserwalzers am Schluß vor dem Hauptthema Haydns Kaiserhymne anklingen; er hatte die Bearbeitung für ein Festival der Wiener Musik in Spanien geschrieben – für sieben Instrumente, weil man in derselben Besetzung seinen »Pierrot Lunaire« spielte. Wie wäre man über diese Geschmacklosigkeit hergezogen, hätte sie einen weniger erlauchten Namen zum Autor . . .

Schon zu Lebzeiten von Johann Strauß bearbeiteten Klaviervirtuosen gerne seine Musik zu Bravourpiècen, aber seit dem Erlöschen der gesetzlichen Schutzfrist wurde Johann Strauß der meistbestohlene, meistausgeraubte, meistgeplünderte Komponist der Weltgeschichte.

Wir wollen gerecht sein: Peter Kreuder hat eine Polka aus der Operette »Blindekuh« (1878) vom Vierachteltakt in Dreivierteltakt umgeschrieben und daraus »Sag' zum Abschied leise Servus« gemacht. Franz Grothes »An der Donau, wo der Wein blüht« stammt von dem »Herz-Töne«-Walzer von Strauß Vater. Beide Nummern wären ohne die »Entlehnung« heute mit Recht vergessen. Daher: Mildernde Umstände, Freispruch! Aber wie viele andere Bearbeiter haben sich den Goldrausch am Tantiemenstrom für ihre eigenen Taschen dienstbar gemacht! Es geht so weit, daß man viele Kompositionen von Strauß gar nicht mehr im unbearbeiteten Original spielen kann – Verleger »verfügen nicht« über die Originalmateriale. Bearbeiter mit Beziehungen geben sich als Strauß-Verehrer aus, aber sorgen dafür, daß man an den Rundfunkanstalten Strauß nur mehr in mit ihrem Namen urheberrechtlich geschützten Bearbeitungen hören kann – man muß froh sein, wenn sie, um die Tantiemen einzustecken, nur einen Akkord (oder auch gar nichts) ändern und wir nicht den Geschmacklosigkeiten der Talmi-Phantasie enttäuschter Nicht-Komponisten ausgesetzt sind. Warum spielen wir eigentlich nicht Beethoven »in der Bearbeitung von . . .«? Warum muß gerade der arme Schani die als Verbesserung, Modernisierung, frecherweise sogar als Forschung getarnte Leichenschändung erdulden? Dem Unfug müßte ein neues Gesetz das Handwerk legen.

Auch die gängigen Operetten hören wir fast nur mehr in Bearbeitungen. Die erfolgsgeschwellten Bearbeiter der »Fledermaus« und des »Zigeunerbarons« mögen einmal eine brauchbare von »Blindekuh« schaffen . . .

Bei ihren finanziellen Verhandlungen schob Adele meistens den Mann ihrer Schwester, den Bankier Josef Simon, vor. Durch diesen Strohmann kaufte sie im Jahre 1900 ein Viertel des Theaters an der Wien, das sie bis 1913 behielt. So stand der Schatten von Johann Strauß bei dem durch die Komponisten Lehár, Kálmán

Die Seefestspiele in Mörbisch führen regelmäßig Strauß-Operetten auf; unser Bild zeigt die Seebühne mit Kulissen zum »Zigeunerbaron« (oben).
Links: »Die Fledermaus« ist ein Lieblingsstück des sonst Operetten manchmal skeptisch gegenüberstehenden Regisseurs Otto Schenk, der sie in Wien, Berlin, Zürich, München und New York inszeniert hat. Und die Johann-Strauß-Konzerte unter Dr. Karl Böhm, dem Jünger von Richard Strauss, waren Höhepunkte der Wiener Festwochen 1975. Die beiden Künstler, die gemeinsam Werke von Weber, Berg und Verdi an der Wiener Staatsoper herausgebracht haben, schufen für eine Gemeinschaftsproduktion von ORF und ZDF diese »Fledermaus« der Opernstars im Jahre 1972: Eberhard Wächter als Eisenstein, Gundula Janowitz als Rosalinde (Bild), Renate Holm als Adele, Erich Kunz als Gefängnisdirektor; Schenk brillierte – wie in einigen anderen seiner Inszenierungen – auch in dieser als Frosch. Wolfgang Windgassen, der große Wagnertenor – eine ungewöhnliche Besetzung – war Orlofsky.
Rechts: In der Amsterdamer »Fledermaus« von 1987 führte Johannes Schaaf Regie, Nikolaus Harnoncourt dirigierte, und den Orlofsky sang – ein Sängerknabe. Bei Werken des 18. Jahrhunderts ist Harnoncourt weniger konziliant!

Silvester-»Fledermaus« in der
Wiener Staatsoper 1990/91:
Brigitte Faßbaender als Orlofsky,
Heinz Holecek als Frosch.
Die ausgelassene Stimmung beim
Fest des Prinzen Orlofsky erreicht
ihren Höhepunkt –
Champagnerlaune und Makart-
Prunk in der Inszenierung von
Otto Schenk. Der Dirigent war
Placido Domingo.

S. 206, Mitte: Neuinszenierung der
»Nacht in Venedig« in der
Originalfassung an der Wiener
Volksoper (Direktor Eberhard
Wächter), 1989. Regie: Otto
Schenk

S. 206, oben: Bei der Londoner
Covent-Garden-»Fledermaus«
1977/78 war Hermann Prey als
Eisenstein zu hören, als Rosalinde
Kiri Te Kanawa, als Frosch Josef
Meinrad. Zubin Mehta dirigierte.
Die aus Englisch und Deutsch
gemischte Textfassung besorgte
Gerhard Bronner.

Unten: »Seine Majestät der Walzer« regiert in der 1990 auf Initiative von Intendant Ernst Wolfram Marboe vom österreichischen Fernsehen (ORF) unter Generalintendant Gerd Bacher aufgezeichneten sechsteiligen Fernsehserie »Strauß Dynasty«. Der Produzent Kurt J. Mrkwicka ließ im Rosenhügelstudio und an Originalschauplätzen durch ein internationales Team unter Leitung des amerikanischen Regisseurs Marvin J. Chomsky (»Roots«, »Holocaust«) nach einem Drehbuch des Prager »Amadeus«-Film-Autors Zdenek Mahler in Koproduktion mit ZDF, Antenne 2 (Frankreich), RAI, Spanien und Schweiz drehen. Unsere Bilder zeigen eine Ballszene mit Stephen McGann als »Schani« Strauß und die Hochzeit seiner Eltern (Anna: Lisa Harrow, Johann: Anthony Higgins).

und Leo Fall bewirkten Aufstieg der silbernen Operette im Theater an der Wien zwar nicht künstlerisch, aber doch finanziell im Hintergrund. Adele kannte sich im Gestrüpp des Verlagsrechts glänzend aus und gab den Verlegern manche harte Nuß zu knacken. Bei den meisten Operetten gehörten fünfzig Prozent der Autorenrechte Johann Strauß (nunmehr seiner Witwe), die andere Hälfte den Textdichtern Auf Adeles Rat hatte jedoch Strauß die »Fledermaus« voll aufgekauft und die Textdichter abgefunden. Nun versuchte sie dies auch beim »Zigeunerbaron«, aber der Textautor Ignaz Schnitzer war schlau genug, abzulehnen.

Es wirft ein interessantes Licht auf jene Tage der Hausmusik, wenn man liest, in welcher Form die Operetten und Tanzkompositionen von Johann Strauß von den Verlegern gedruckt wurden. Fast immer gab es Ausgaben für großes Orchester, kleines Orchester, für Klavier, für Violine und Klavier, sogar für Flöte und Klavier. Man konnte aber schon 1869 den Donauwalzer auch für Violine und Gitarre, für Flöte und Gitarre, auch für Gitarre allein kaufen. Klavierausgaben erschienen »vierhändig«,

»zweihändig«, »zweihändig leicht«, »zweihändig-Kinderball«. Können Sie sich den »Kaiser-Walzer« für Geige ohne Begleitung vorstellen? Den »Schatz-Walzer« aus dem »Zigeunerbaron« für Flöte allein? Auch das war im Druck erhältlich.

Das Werk von Johann Strauß ist lebendig geblieben. Man sagt so oft, er habe als absoluter Musiker kein dramatisches Talent gehabt. Trotzdem ist er der einzige Komponist des 19. Jahrhunderts (lediglich mit Ausnahme der in England und Amerika so unendlich populär gebliebenen Operetten von Gilbert und Sullivan), von dem bis auf den heutigen Tag vier Operetten ständig auf dem Repertoire stehen (»Fledermaus«, »Zigeunerbaron«, »Nacht in Venedig«, »Wiener Blut«); eine davon, die »Fledermaus«, auch im Spielplan der großen Opernhäuser der Welt. Alle wurden sie verfilmt, manche sogar mehrfach.

Strauß' beste Tanzkompositionen leben auf Bällen, im Rundfunk, auf Schallplatten und im Fernsehen.

Offizielle Statistiken stimmen selten, aber es ist doch anzunehmen, daß die weltweite Fernseh-

---

Das Leichenbegängnis

Aus dem Garten begaben sich die Trauergäste nach vorne. Es war kurz vor 3 Uhr, als der Sarg ins Freie gebracht wurde. Und dann setzte sich der Zug in Bewegung. Voran ritt ein Szepterträger, ihm folgten zwei Laternenträger, dann kamen die sechs Blumenwagen. Und nun kam der Leichenwagen. Acht Rappen zogen ihn. Reitknechte mit schwarzen Gerten, in altspanischem Kostüm, faßten die Pferde am Zügel. Spiegelblank glänzte hinter den Scheiben der Nickelsarg mit seinen goldenen Arabesken. Zu beiden Seiten des Sarges schritten je vier Wappenträger. Auf dem Wappen war der Buchstabe S. zu lesen. Je acht Fackelträger bildeten die äußere Begleitung, und hinter dem Sarge wurden auf rothen Sammtkissen die zahlreichen Orden und Ehrenzeichen, mit denen Fürstengunst den Meister bedacht hatte, einhergetragen. Auf einem Kissen trug ein Hausoffizier die Lyra und den Taktstock nach, und auf einem vierten Kissen ruhte die Geige mit dem schwarzen Flor.

Hinter dem Sarge schritten dann die männlichen Mitglieder der Familie, die Direktions-Mitglieder der Gesellschaft der Musikfreunde, die Professoren des Konservatoriums, die Künstler und die Deputationen folgten. In Trauerequipagen fuhren die unglückliche Witwe mit den Damen der Familie. In den Straßen, die der Leichenzug passirte, brannte in den Gaskandelabern das Licht. Viele Geschäfte hatten gesperrt und Trauerfahnen ausgesteckt. Der Kondukt nahm seinen Weg durch die Igelgasse, über die Wiedener Hauptstraße, durch die Schleifmühlgasse und Magdalenenstraße am Theater an der Wien vorbei, auf dessen Giebel schwarze Fahnen in leichtem Winde flatterten, über die Friedrichstraße und quer durch die Ringstraße, die Operngasse und Tegethoffstraße zum Neuen Markt und durch die Plankengasse zur evangelischen Kirche A.B. in der Dorotheergasse Nr. 18.

Aus dem »Fremdenblatt«, 7. Juni 1899.

Die Dirigenten der
Neujahrskonzerte der Wiener
Philharmoniker: Clemens Krauss
(rechts oben), Josef Krips (rechts
unten), Willy Boskovsky (links
oben), Lorin Maazel (links unten)

Herbert von Karajan (rechts
unten), Claudio Abbado (links
unten), Carlos Kleiber (links
oben), Zubin Mehta (rechts oben).

übertragung des alljährlichen Neujahrskonzerts der Wiener Philharmoniker aus dem blumengeschmückten Großen Musikvereinssaal das meistgesehene Fernsehprogramm der Welt ist. Wie viele Länder? Das ändert sich von Jahr zu Jahr; ich glaube, derzeit sind es etwa sechzig. Die Fernsehübertragungen finden seit 1959 statt, seit 1969 in Farbe. Balletteinlagen des Staatsopernballetts (früher auch des Volksopernballetts und gemischter Gruppen), jahrelang choreographiert von Gerlinde Dill, sind nur dem Fernsehpublikum sichtbar – manchmal wird live an anderen Orten getanzt, manchmal sind es Voraufzeichnungen.

In der Tiefe meines Schreibtisches ruht eine Busennadel. Sie trägt den ersten Takt des Donauwalzermotivs in Brillanten. Die Nadel stammt aus dem Besitze des Meisters Johann Strauß. Der Verwalter des künstlerischen Erbes und Schwager von Johann Strauß, der Großindustrielle und Besitzer des Theater an der Wien-Gebäudes, Herr Simon, überreichte mir die Nadel nach dem Erfolge der »Lustigen Witwe« mit dem Bemerken, daß sie hiedurch an den würdigsten Nachfolger von Johann Strauß gelänge.

Franz Lehár

Die Zeit der Neujahrkonzerte ist die »philharmonische Stunde«, vormittags 11 Uhr, seit 1952 auch am Silvesterabend. Als Geburtsstunde dieser legendären Serie gilt jenes Außerordentliche Konzert der Philharmoniker, das Clemens Krauss – der während seiner Zeit als Staatsoperndirektor, 1929 bis 1934, niemals eine Strauß-Operette dirigiert hat! – am Silvestermorgen des ersten Kriegsjahres, am 31. Dezember 1939, mit einem ausschließlich den Werken von Johann Strauß Sohn (einschließlich der von Johann mit Bruder Josef komponierten »Pizzicato-Polka«) gewidmeten Programm leitete. Aber die Beziehungen der Strauß-Familie zu Silvesterkonzerten, zum Goldenen Saal und zu den Wiener Philharmonikern sind ein viel älteres kostbares Stück Wiener Musikgeschichte. Schon Johann Strauß Vater dirigierte in den vierziger Jahren des vorigen Jahrhunderts beim Sperl in der Leopoldstadt Konzerte, die am Silvesterabend begannen und in den Morgenstunden des 1. Januar endeten – für das Konzert zur Jahreswende 1846/47 schrieb er seine »Neujahrs-Polka«. Alle drei Strauß-Brüder dirigierten am 15. Januar 1870 beim ersten Ball der Gesellschaft der Musikfreunde in ihrem neuen Heim, dem Musikvereinsgebäude. Johann Strauß widmete der Gesellschaft zu diesem Anlaß seinen Walzer »Freut euch des Lebens«, dessen Titelblatt das Bild des neuen Musikvereinsgebäudes (deutlich am Ufer des noch nicht regulierten Wienflusses stehend) ziert. Diesen Walzer dirigierte übrigens Claudio Abbado beim Philharmonikerball 1990. In der Nacht des 4. November 1873 dirigierte Johann Strauß anläßlich eines Festabends für die nach Wien zur Weltausstellung gekommene chinesische Kommission Werke von seinem Vater, von Lanner und den Donauwalzer mit den Philharmonikern. Als Eduard Strauß die Strauß-Kapelle übernahm, konzertierte er regelmäßig im Großen Musikvereinssaal, gelegentlich mit Johann als Gastdirigent. Hier fanden große Ehrungen für den Meister anläßlich seines fünfzigjährigen Dirigentenjubiläums statt (1894), hier dirigierte Felix von Weingartner bei der Hundertjahrfeier des Strauß-Geburtstages (1925) ein Straußprogramm, bei dem der Wiener Männergesang-Verein den von ihm 1867 aus der Taufe gehobenen Donauwalzer sang.

Aber die große Tradition der Neujahrskonzerte begann mit jenem Konzert unter Clemens Krauss. Was müssen sich die Wiener gedacht haben, als man in diesen Konzerten 1941, im Jahr des Angriffs auf Rußland, den »Russischen Marsch« hörte? 1942 die Polka-Schnell »Unter Donner und Blitz«? 1943 »Sphärenklänge«? 1944 »Aus der Ferne«, Polka mazur von Josef Strauß – und 1945 sinnigerweise die Polka-Schnell desselben Autors »Ohne Sorgen«? Während des Krieges dirigierte Krauss, 1946 Josef Krips, dann wieder Krauss, nach dessen Tod (1954) übernahm der phänomenale ehemalige Konzertmeister Willy Boskovsky die Neujahrskonzerte und leitete sie bis 1979, also fünfundzwanzig Jahre lang. Boskovsky erlangte damit Weltruhm. Oft spielte er dirigierend auch Geige in der alten Stehgeigertradition. Er trug eine gleichfalls berühmt gewordene weiße Blume im linken Knopfloch und lächelte öfter, als Johann Strauß es tat – nicht nur, wenn Schlagwerker Franz Broschek in der Polka-Schnell »Auf der Jagd« in Jägertracht einen Schuß abfeuerte, in der »Explosions-Polka« einen gelben Feuerwehrhelm aufsetzte und das »Plappermäulchen« von Josef Strauß im farbigen Kopftuch mimte, oder wenn Franz Zamazal bei den »Dorfschwalben aus Österreich« Vogelpfeifen, Ruten, Ratschen, Ambosse und Holztrommeln zu Stars machte.

»Ist es wahr, daß Johann Strauß auch mit der Geige im Arm dirigiert hat wie der Boskovsky?« fragte man mich einmal in USA . . .

Nach dem von vielen bedauerten Abgang von Boskovsky wollten sich die Konzerte »seriöser«, mit weniger Klamauk, präsentieren. 1980 kam Lorin Maazel im mitternachtsblauen Smoking, er dirigierte auch Offenbachs Ouvertüre zu »Orpheus in der Unterwelt« und wurde mit widerlichen rassistischen Flugzetteln begrüßt Er leitete die Konzerte bis 1986 und spielte auch gelegentlich Geige. Im Neujahrskonzert 1982 liefen zwei Männer zur Balustrade, zogen sich vollständig aus und demonstrierten für Menschenrechte – man schrieb damals viel über »die Nackerten vom Musikverein«. 1987 verzauberte der bereits von seiner schweren Krankheit gezeichnete Herbert von Karajan, der auch eine Vokalnummer – den »Frühlingsstimmenwalzer« mit der farbigen Sopranistin Kathleen Battle – einlegte. 1988 kam Claudio Abbado als frischgebackener Generalmusikdirektor von Wien – ich bin sehr stolz, daß er über meine Empfehlung mit der Johann-Strauß-Quadrille nach Verdis »Un ballo in maschera« einen Riesenerfolg erzielte (er dirigierte wieder 1991, mit waffenscheinpflichtigen Fortissimi). 1989 bewunderte man Carlos Kleiber, wahrscheinlich unter den Lebenden der Johann-Strauß-Experte Nummer eins, 1990 den insbesondere mit Märschen und Ouvertüren erfolgreichen polyglotten Pultvirtuosen Zubin Mehta. »Ja – aber der Boskovsky . . .« sagen die Älteren noch immer zu dieser Parade internationaler Weltdirigenten. Der unvergeßliche Willy Boskovsky verstarb im Frühjahr 1991.

Der Goldene Saal und Johann Strauß sind auch bei den traditionellen Bällen der Wiener Philharmoniker eng verbunden, seit Felix von Weingartner den ersten Ball (1924) mit dem Donauwalzer eröffnet hat. Wilhelm Furtwängler dirigierte dort den Donauwalzer (1950) und den »Kaiser-Walzer« (1951 und wieder in seinem Todesjahr 1954), Clemens Krauss »Rosen aus dem Süden« (1952), Herbert von Karajan den »Kaiser-Walzer« (1958) – aber auch Karl Böhm, Boskovsky, Carl Schuricht, Zubin Mehta, Horst Stein, Carlos Kleiber, André Previn, Placido Domingo und Claudio Abbado erschienen als Strauß-Dirigenten dieses musikalischsten aller Wiener Bälle. Die Strauß-Dynastie hat das große Wunder unseres Goldenen Saales mitgeprägt.

Die Komponisten der »leichten Muse« haben ein merkwürdiges Schicksal, sie schaffen meist Eintagsfliegen. Schon die nächste Generation hat ihre Namen vergessen. Aber einige ganz wenige Werke und ganz wenige Komponisten erhalten von der Nachwelt eine Rangerhöhung und rücken an die Seite der Ewigen: Johann Strauß und Offenbach, Gershwin und Bernstein, Lehár, Kálmán, Robert Stolz . . . und?

Anläßlich des 150. Geburtstages von Johann Strauß im Jahre 1975 hat Peter Weiser, Generalsekretär des Wiener Konzerthauses, das hochinteressante und überall sehr diskutierte Experiment gewagt, Straußwalzer – wie es der Komponist selbst getan hatte – mit den Meisterwerken des Jahrhunderts zu konfrontieren: mit »La Valse« von Ravel, »Romeo und Julia« von Prokofieff, »Mathis der Maler« von Hindemith. Haben sie bestanden? Wird es zu einer ständigen Integration kommen? Dann dürften wir auch andere Spitzenwerke klassischer Unterhaltungsmusik, wie »Danse Macabre« von Saint-Saëns, »Valse Triste« von Sibelius oder die »Ungarischen Rhapsodien« von Liszt in seriösen Symphoniekonzerten nicht ablehnen. Wo ist also die heutige Heimat der Straußwalzer, die doch die Gefängnismauern der Ballsäle – in denen man in unserer Zeit viel weniger Walzer tanzt – seit jeher zu durchbrechen suchten? In den Herzen der Menschen?

Claudio Abbado dirigierte den »Kaiser-Walzer« nach der Vierten Symphonie von Gustav Mahler. Die Phantasie wurde angeregt. Mahler und Strauß – was haben sie gemeinsam, außer daß beide durch den Theateragenten Gustav Lewy vertreten wurden? Aber dieser Anfang des »Kaiser-Walzers« . . . der mysteriöse Pianissimo-Marsch in Streichern, Holz, Schlagwerk . . . der geheimnisvolle Ruf der Oboe . . ., »wer hat dies Liedel erdacht?« . . . Mahler? Und dieser spukhafte Ländler im zweiten Satz der Symphonie . . . »wie einen am schönsten Tage im lichtübergossenen Wald oft ein panischer Schreck überfällt«, hat Mahler gesagt . . . hm-ta-ta . . . Freund Hein spielt die Fiedel und geleitet aus dem Diesseits . . . in ein Straußsches Jenseits? Das innere Auge blickt weit, weit zurück.

Als Johann Strauß im Jahr 1899, zwölf Tage vor seinem Tod, in der Wiener Hofoper die Ouvertüre zur »Fledermaus« dirigieren sollte, empfing ihn Hofoperndirektor Gustav Mahler mit besonderer Herzlichkeit. »Mir soll einer sagen, daß der Mahler net freundlich ist!« berichtete Strauß. Dachte Mahler siebzehn Jahre zurück, als er am Stadttheater Laibach den »Lustigen Krieg« dirigierte (Orchester: 18 Mann)? Fünf Jahre zurück – als er am Hamburger Stadttheater die »Fledermaus« neu einstudierte? Mahler arbeitete gerade damals, im Mai 1899, an dieser Vierten Symphonie mit den Worten aus »Des Knaben Wunderhorn«: »Kein' Musik ist ja nicht auf Erden, die unsrer verglichen kann werden.« Der große Verkannte nahm den großen Nie-Verkannten an der Hand. Er führte ihn in die Orchesterprobe.

Und in unser Jahrhundert.

Aber die Klassiker von Bach bis . . . werden trotzdem unter sich bleiben. Und er in ihrem Reich.

DIE WERKE VON
JOHANN STRAUSS SOHN

Abkürzungen:
UA = Uraufführung
ED = Ersterscheinungsdatum in Wien (wenn nicht anders angegeben)
Th. a. d. Wien = Theater an der Wien

Opus	Titel
210	Abschied von St. Petersburg. Walzer (urspr.: Mes adieux à St. Pétersbourgh), UA 1858, ED 1859
179	Abschiedsrufe. Walzer, UA 1856, ED 1856
ohne	Abschieds-Walzer in F-Dur
234	Accelerationen. Walzer, UA 1860, ED 1860
424	Adelen-Walzer. UA 1886, ED 1887
	Ade, nun fahre dahin. (Fürstin Ninetta, Nr. 1 a)
68	Aeolstöne. Walzer, UA 1849, ED 1850
130	Aesculap-Polka. UA 1853, ED 1853
299	Afrikanerin-Quadrille. (L'Africaine), UA 1865, ED 1866
335	Ägyptischer Marsch. UA 1869, ED 1870, s. Egyptischer Marsch. Ahnt mancher wohl. (Indigo, Nr. 3)
102	Albion-Polka. ED 1852
ohne	Albumblatt für Nikolaus Dumba. Nur Autograph.
33	Alexander-Quadrille. UA 1847, ED 1847
198	Alexandrinen-Polka. Polka française, UA 1857, ED 1858
	Allein, allein. (Waldmeister, Nr. 6)
	Alle maskiert. (Eine Nacht in Venedig, Nr. 6)
158	Alliance-Marsch. UA 1854, ED 1855. Als Directrice war ich. (Göttin der Vernunft, Nr. 8 a)
	Als flotter Geist. (Zigeunerbaron, Nr. 4)
	Als ich ein Backfisch war. (Fürstin Ninetta, Nr. 10)
	Als ich noch war Grisette. (Göttin der Vernunft, Nr. 13)
	Also, du bist ein Freiersmann. (Simplicius, Nr. 4)
	Altdeutscher Walzer. Aus »Simplicius«
9	Amazonen-Polka. UA 1845, ED 1845
ohne	American Exposition Waltz. ED 1876
477	An der Elbe. Walzer, UA 1897, ED 1897
366	An der Moldau. Polka française aus »Fledermaus«, ED 1874
314	An der schönen, blauen Donau. Walzer, UA 1867, ED 1867
425	An der Wolga. Polka Mazurka, urspr.: Mon salut, UA 1886, ED 1887
117	Annen-Polka. UA 1852, ED 1852
53	Annika-Quadrille. UA 1848, ED 1848
415	Annina. Polka Mazurka aus »Eine Nacht in Venedig«, ED 1884
	Apfelfest, Das. s. »Jabuka«
36	Architecten-Ball-Tänze. Walzer, UA 1847, ED 1847
176	Armenball-Polka. UA 1856, ED 1856
	Aschenbrödel. Nachgelassene Ballett-Fragmente Aschenbrödel-Quadrille Aschenbrödel-Walzer
76	Attaque-Quadrille. UA 1850, ED 1850
454	Auf dem Tanzboden. Musikalische Illustration zu Defreggers Gemälde, UA 1893, ED 1894
373	Auf der Jagd. Polka schnell aus »Cagliostro in Wien«, UA 1875, ED 1875
	Auf feurigem Pferde dahin zu jagen. (Waldmeister, Nr. 1)
345	Auf freiem Fuße. Polka aus »Indigo«, UA 1871, ED 1871
ohne	Auf Leben und Tod. Polka schnell; nicht gedruckt
436	Auf zum Tanze! Schnell-Polka, UA 1888, ED 1889, ED privat 1888
478	Aufs Korn. Marsch, UA 1898, ED 1898
	Aufs Pferd, aufs Pferd! (Simplicius, Nr. 1)
	Aufzugsmarsch aus »Eine Nacht in Venedig«
219	Auroraball-Polka. Polka française, UA 1859, ED 1859
87	Auroraball-Tänze. Walzer, UA 1851, ED 1851
165	Aurora-Polka. UA 1855, ED 1855
292	Aus den Bergen. Walzer, UA 1864, ED 1865
347	Aus der Heimath. Polka Mazur aus »Indigo«, UA 1871, ED 1871
20	Austria-Marsch. UA 1846, ED 1846
ohne	Autograph Waltzes
38	Bachus-Polka. UA 1847, ED 1847
187	Bagatelle, Une. Polka Mazur, UA 1857, ED 1857
351	Bajadere, Die. Polka schnell aus »Indigo«, UA 1871, ED 1871
	Bajaderen Wahlspruch sei, Der. (Indigo Nr. 1b)
303	Bal champêtre. Quadrille, UA 1865, ED 1866
150	Ballg'schichten. Walzer, UA 1854, ED 1854
272	Ballo in maschera, Un. Quadrille nach Verdis Oper, UA 1862, ED 1863
380	Ballsträußchen. Polka schnell, UA 1878, ED 1878
378	Banditen-Galopp. Aus »Prinz Methusalem«, UA 1877, ED 1877
	Barrikaden-Lieder, s. Freiheits-Lieder
276	Bauern-Polka. Polka française, UA 1863, ED 1864
ohne	Bauersleut' im Künstlerhaus. Lied, Ludwig Anzengruber, nachgelassenes Werk
199	Beau monde, Le. Quadrille nach russischen Motiven, UA 1857, ED 1858
361	Bei uns z'Haus. Walzer, UA 1873, ED 1874
31	Belagerung von Rochelle, Die. Quadrille nach der Oper von Balfe, UA 1846, ED 1847
194	Berceuse, La. Quadrille, UA 1857, ED 1857
18	Berglieder. Walzer, UA 1845, ED 1846
	Beschwerdebuch. (Göttin der Vernunft, Nr. 16)
159	Bijouterie-Quadrille. UA 1855, ED 1855
242	Bijoux-Polka. Polka française, UA 1860, ED 1861
	Bilder-Couplet: Wie die Chroniker vermelden. (Aus »Jabuka«)
372	Bitte schön! Polka française aus »Cagliostro in Wien«, UA 1875, ED 1875
	Blindekuh. Operette, UA 18. 12. 1878 Th. a. d. Wien
59	Blitz, Der. Quadrille nach Halevy's Oper, UA 1848, ED 1848
	Blond muß es sein. (Prinz Methusalem, Nr. 2)
271	Bluette. Polka française, UA 1862, ED 1863
111	Blumenfest-Polka. UA 1852, ED 1852
ohne	Blumenflur. Walzer. Nicht gedruckt.
	Bolero: Welch' holdes Bild. (Spitzentuch der Königin, Nr. 1)
213	Bonbon-Polka. Polka française, UA 1858, ED 1859
86	Bonvivant-Quadrille. UA 1850, ED 1851
135	Bouquet-Quadrille. UA 1853, ED 1853
417	Brautschau. Polka aus »Der Zigeunerbaron«, UA 1885, ED 1886
	Brüderlein und Schwesterlein. (Fledermaus, Nr. 11b)
58	Brünner Nationalgarde-Marsch. UA 1848, ED 1848
145	Bürgerball-Polka. UA 1854, ED 1854
295	Bürgersinn. Walzer, UA 1865, ED 1865
306	Bürgerweisen. Walzer, UA 1866, ED 1866
55	Burschenlieder. Walzer, UA 1848, ED 1848
389	Burschenwanderung. Polka française, UA 1880, ED 1881
ohne	Caecilien-Polka = Olga-Polka, op. 196, UA 1857. Cagliostro in Wien. Operette, UA 27. 2. 1875 Th. a. d. Wien
369	Cagliostro-Quadrille aus »Cagliostro in Wien«, UA 1875,
	ED 1875
370	Cagliostro-Walzer aus »Cagliostro in Wien«, UA 1875, ED 1875
248	Camelien-Polka. UA 1861, ED 1861. Carneval in Rom. Komische Operette, UA 1. 3. 1873 Th. a. d. Wien
270	Carnevals-Botschafter. Walzer, UA 1862, ED 1863
357	Carnevalsbilder. Walzer aus »Carneval in Rom«, UA 1873, ED 1873
133	Caroussel-Marsch. UA 1853, ED 1853. Cavatine: Nichts kann mich rühren. (Indigo, Nr. 11)
	Champagnerlied: Die Majestät wird anerkannt. (Fledermaus, Nr. 11 a)
211	Champagner-Polka. UA 1858, ED 1859
239	Champêtre. Polka Mazurka, UA 1860, ED 1861
259	Chansonette-Quadrille. (Nach Liedern der Pariser Cancanistin Rigolboche), UA 1861, ED 1862
ohne	Chor und Marsch zur Hochzeit des Kronprinzen Rudolf. Nicht gedruckt.
262	Colonnen. Walzer, UA 1862, ED 1862
457	Comitat geht in die Höh'! Das. Polka schnell aus »Jabuka«, ED 1894
	Commandiert, instruiert. (Der lustige Krieg, Nr. 8)
206	Concordia. Polka Mazur, UA 1858, ED 1858
267	Concurrencen. Walzer, UA 1862, ED 1862
191	Controversen. Walzer, UA 1857, ED 1857
	Covent-Garden. Walzer. Siehe »Erinnerung an«. Walzer
	Csárdás für Sopran. (Fledermaus, Nr. 10)
	Csárdás aus »Ritter Pásmán«
207	Cycloiden. Walzer, UA 1858, ED 1858
6	Cytheren-Quadrille. UA 1844, ED 1845
13	Czechen-Polka. UA 1845, ED 1846
305	Damenspende. Polka française, UA 1866, ED 1866. Dames de St. Pétersbourgh, Les. UA 1886, s. »Wiener Frauen«
19	Dämonen-Quadrille. UA 1845, ED 1846
ohne	Da nicken die Giebel. Polka Mazurka aus »Die Göttin der Vernunft«
	Das ist gegen mein Prinzip. (Spitzentuch der Königin, Nr. 5)
	Das ist ja nicht mehr zu ertragen. (Waldmeister, Nr. 4)
	Das wär' kein rechter Schiffersknecht. (Zigeunerbaron, Nr. 12)
2	Debüt-Quadrille. UA 1844,

PERSONENREGISTER

(Kursiv gesetzte Ziffern beziehen sich auf Bildtexte)

MEIN DANK

gilt zunächst der Deutschen Johann Strauß Gesellschaft und dem Wiener Institut für Johann Strauß Forschung, deren Publikationen mir eine wertvolle Hilfe waren, das Buch auf den neuesten Stand der Forschung zu bringen.

Dann dem Verlag Ueberreuter (Cheflektorin Dr. Marion Pongracz) für die Idee, dieses Buch in völliger Neugestaltung herauszubringen. Der hervorragenden Lektorin Dr. Regina Zwerger, die voll Phantasie immer einsprang, wenn ich nicht ablieferte. Das gleiche gilt für Dr. Ingrid Hänsel, die für die Bebilderung zuständig war. Mein Dank gilt Frau Anneliese Stoy, der Pressebetreuerin Frau Daniela Enzi und allen Damen und Herren des Verlages.

Ich danke den Hingeschiedenen, die Meister Johann noch gekannt und mir von ihm erzählt haben: Robert Stolz, Oscar Straus, meine unvergessene Großmutter Hofrätin Bertha Frydmann von Prawy. Dann der Bibliothekarin im Schloß Pawlowsk bei Leningrad, die mir historisches Material nach Wien zum Studium mitgab; Frau Blanka Amundson, die mit mir die Boston Public Library of Congress in Washington durchwühlt hat, bis wir »Manhattan Waltz« und »American Exposition Waltz« entdeckten; Jutta Waldmüller-Perisson in Paris, der ich das Material zu »La Tzigane« verdankte, bevor das Werk in Österreich gespielt wurde; Helga Schmidt, seinerzeit Covent Garden Opera in London, die Details über die Promenadenkonzerte gefunden hat. Ohne Francis Robinson, den allwissenden Vizedirektor der Metropolitan Opera in New York, und ohne Ed Lester, den Producer-Pionier von Los Angeles, wäre ich beim Amerika-Kapitel nicht weitergekommen. Ich danke auch der New York Historical Society und dem Museum of the City of New York. Der hervorragende polnische Dirigent Zygmunt Latoszewski half mir in Warschau. In Bad Ischl durchwühlte ich mit Dr. Silvia Müller, Leiterin der Operettengemeinde, das Archiv des Gemeindeamtes und erfuhr viel über Johann Strauß an der Traun. Ich danke dem seinerzeitigen Intendanten Professor Dr. Hans Pischner von der Deutschen Staatsoper Berlin für Details aus Deutschland – auch Hochschulassistentin Dr. Sigrid Wiesmann und Dr. Gottfried Heindl, ehemals Direktor für Kulturelle Angelegenheiten beim Bundestheaterverband.

Frau Dr. Brigitte Zessner-Spitzenberg und Herr Dr. Robert Kittler vom Bildarchiv der Österreichischen Nationalbibliothek waren schöpferische Mitarbeiter. Ich danke Hofrat Dr. Günter Brosche, dem Leiter der Musiksammlung der Nationalbibliothek, Dr. Günter Düriegl (Direktor des Historischen Museums der Stadt Wien), Herrn Johann Ziegler von der Musiksammlung der Wiener Stadt- und Landesbibliothek, meinem allwissenden Freund Professor Otto Strasser von den Wiener Philharmonikern und den Fotografen Viktor Harrandt, Prof. Franz Hubmann, Josef Palffy, Dr. Wolfgang Schaller und Axel Zeininger.

Ich weiß nicht mehr, was ich in den letzten fünfzig Jahren an Sekundärliteratur gelesen habe. Natürlich habe ich mir über Hans Weigels blendend geschriebene »Flucht der Größe« Gedanken gemacht, die Artikel von Max Schönherr in der »Österreichischen Musikzeitschrift« über Paris und London waren mir wertvoll, auch Franz Mailers Rundfunkserie und Professor Alexander Weinmanns Werkverzeichnis.

Zu meinen Freunden! Hätte Senta Wengraf mich nicht menschlich durch viele Krisen geschleust, hätte ich dieses Buch nie schreiben können. Ich habe es in aller Welt geschrieben, in Flugzeugen, in Miami, an der Yale University (wie danke ich meiner dortigen Mitarbeiterin Ulrike Rainer!) und in meinem Büro in der Wiener Staatsoper. Ich danke meiner leider verschiedenen, verehrten Kammersängerin Maria Jeritza dafür, daß ich das Amerika-Kapitel in ihrem Haus in Newark schreiben durfte, und ihrer lieben Sekretärin Liesl Hilfreich. Paul Vetricek half mir in Archiven.

Mein Dank gilt auch Herrn Fritz Molden, dem Verleger der Urfassung dieses Buches.

Ich habe über zehn Jahre an diesem Buch gearbeitet. Es war eine schöne Zeit.

Marcel Prawy

BILDNACHWEIS

Archiv des Autors: S. 61 rechts, 71, 90 rechts, 94, 106 rechts,
131 beide, 133, 136 beide, 137 beide, 148 unten
Archiv der Wiener Philharmoniker: S. 208 links unten,
209 rechts oben
Clive Barda, London: S. 149 rechts oben
Gert von Bassewitz, Hamburg: S. 149 links oben
Bibliothek der Technischen Universität, Wien: S. 80, 81
Bulloz, Paris: S. 102 unten
Foto Fayer, Wien: S. 209 links unten
Foto Gittenberger: S. 208 links oben
Foto Palffy, Wien: S. 208 rechts unten, 209 links oben
Foto Schikola, Wien: S. 208 rechts oben
Historisches Museum der Stadt Wien: S. 6, 8, 9, 19 beide, 22
beide, 24 oben, 25, 26 beide, 30 beide, 32, 33, 35 beide, 38, 39,
42 beide, 43, 48, 49 beide, 51, 52, 54, 56, 57, 59, 61 links, 68
rechts, 69 links und rechts unten, 73, 75 links und rechts oben,
79, 82, 88, 93, 96, 99, 101, 102 oben, 104 unten, 105 links, 108,
111, 115, 122 beide, 125, 134, 135, 146 links, 152, 154, 161,
162, 163, 168 beide, 175 oben, 179 beide, 191 beide, 193, 194
unten, 195 unten, 200, 201
Siegfried Lauterwasser: S. 209 rechts unten
Sadge Leblang: S. 149 rechts unten
ORF-Bildarchiv: S. 204 links unten, 206 oben und unten
Österreichische Nationalbibliothek, Bildarchiv: S. 55, 64, 68
links oben und unten, 69 rechts oben, 74 beide, 75 unten, 87,
95, 104 oben, 123, 127, 146 rechts, 149 links unten, 155, 156
oben, 164, 165 links, 166 beide, 167 beide, 169 rechts, 170, 172,
174, 175 unten, 178 rechts, 182, 184, 185 links, 186, 188 links
und rechts unten; Druckschriftensammlung: S. 15, 21, 24 unten,
62 beide, 89 alle, 90 links, 132, 160; Musiksammlung: S. 194
oben, 195 oben; Theatersammlung: S. 145, 148 oben
Jaap Pieper, Heemstede: S. 204 rechts unten
Privatarchiv: S. 63, 83, 100, 121, 124, 138, 147 rechts, 156
unten, 158, 165 rechts, 169 links, 178 links unten, 185 rechts,
188 oben
Seefestspiele Mörbisch: S. 204 oben
Wiener Stadt- und Landesbibliothek, Musiksammlung: S. 20, 34,
45, 84, 105 rechts oben und unten, 106 links oben und unten,
107 beide, 112, 113, 114, 116 beide, 117 beide, 118
Wiener Stadt- und Landesbibliothek, Plakatsammlung:
S. 178 oben
Axel Zeininger, Wien: S. 205 alle, 206 Mitte